Obra Completa de C.G. Jung
Volume 8/2

A natureza da psique

Comissão responsável pela organização do lançamento da
Obra Completa de C.G. Jung em português:
Dr. Léon Bonaventure
Dr. Leonardo Boff
Dora Mariana Ribeiro Ferreira da Silva
Dra. Jette Bonaventure

A comissão responsável pela tradução da Obra Completa de C.G. Jung sente-se honrada em expressar seu agradecimento à Fundação Pro Helvetia, de Zurique, pelo apoio recebido.

**Dados Internacionais de Catalogação na Publicação (CIP)
(Câmara Brasileira do Livro, SP, Brasil)**

Jung, Carl Gustav, 1875-1961.
  A natureza da psique / C.G. Jung ; tradução de Mateus Ramalho Rocha. – 10. ed. – Petrópolis, Vozes, 2013.
  Título original: Die Dynamik des Unbewussten
  Bibliografia.

  21ª reimpressão, 2024.

  ISBN 978-85-326-0680-8
  1. Psicanálise I. Título.

09-00544   CDD-150.1954

Índices para catálogo sistemático:
1. Psicanálise junguiana: Psicologia   150.1954

C.G. Jung

A natureza da psique

8/2

Petrópolis

© 1971, Walter-Verlag, AG, Olten

Tradução do original em alemão
intitulado
Die Dynamik des Unbewussten (Band 8)
Partes II-XVII

Editores da edição suíça:
Marianne Niehus-Jung
Dra. Lena Hurwitz-Eisner
Dr. Med. Franz Riklin
Lilly Jung-Merker
Dra. Fil. Elisabeth Rüf

Direitos exclusivos de publicação em
língua portuguesa:
1984, Editora Vozes Ltda.
Rua Frei Luís, 100
25689-900 Petrópolis, RJ
www.vozes.com.br
Brasil

Todos os direitos reservados. Nenhuma
parte desta obra poderá ser reproduzida
ou transmitida por qualquer forma e/
ou quaisquer meios (eletrônico ou
mecânico, incluindo fotocópia e
gravação) ou arquivada em qualquer
sistema ou banco de dados sem
permissão escrita da editora.

CONSELHO EDITORIAL

Diretor
Volney J. Berkenbrock

Editores
Aline dos Santos Carneiro
Edrian Josué Pasini
Marilac Loraine Oleniki
Welder Lancieri Marchini

Conselheiros
Elói Dionísio Piva
Francisco Morás
Gilberto Gonçalves Garcia
Ludovico Garmus
Teobaldo Heidemann

Secretário executivo
Leonardo A.R.T. dos Santos

PRODUÇÃO EDITORIAL

Aline L.R. de Barros
Marcelo Telles
Mirela de Oliveira
Otaviano M. Cunha
Rafael de Oliveira
Samuel Rezende
Vanessa Luz
Verônica M. Guedes

Conselho de projetos editoriais
Isabelle Theodora R.S. Martins
Luísa Ramos M. Lorenzi
Natália França
Priscilla A.F. Alves

Tradução: Dom Mateus Ramalho Rocha, OSB

Diagramação: AG.SR Desenv. Gráfico
Capa: 2 estúdio gráfico

ISBN 978-85-326-2424-6 (Obra Completa de C.G. Jung)

ISBN 978-85-326-0680-8 (edição brasileira)
ISBN 3-530-40708-9 (edição suíça)

Este livro foi composto e impresso pela Editora Vozes Ltda.

Sumário

Prefácio dos editores, 7

Prefácio deste volume, 11

II. A função transcendente, 13

III. Considerações gerais sobre a teoria dos complexos, 39

IV. O significado da constituição e da herança para a psicologia, 53

V. Determinantes psicológicas do comportamento humano, 60
   A. Fenomenologia geral, 61
   B. Fenomenologia especial, 66

VI. Instinto e inconsciente, 72

VII. A estrutura da alma, 83

VIII. Considerações teóricas sobre a natureza do psíquico, 104
   A. A questão do inconsciente sob o ponto de vista histórico, 104
   B. Importância do inconsciente para a Psicologia, 112
   C. A dissociabilidade da psique, 119
   D. Instinto e vontade, 125
   E. Consciência e inconsciente, 131
   F. O inconsciente como consciência múltipla, 137
   G. *Pattern of behaviour* (forma comportamental) e arquétipo, 148
   H. Considerações gerais e perspectivas, 166

Epílogo, 177

IX. Aspectos gerais da psicologia do sonho, 186

X. Da essência dos sonhos, 235

XI. Os fundamentos psicológicos da crença nos espíritos, 254

XII. Espírito e vida, 274

XIII. O problema fundamental da psicologia contemporânea, 295

XIV. Psicologia analítica e cosmovisão, 315

XV. O real e o suprarreal, 340

XVI. As etapas da vida humana, 343

XVII. A alma e a morte, 361

Referências, 373

Índice onomástico, 379

Índice analítico, 383

Prefácio dos editores

O oitavo volume da Obra Completa compreende sobretudo trabalhos em que são expostos os conhecimentos fundamentais e as hipóteses de trabalho essenciais de C.G. Jung. Seis ensaios provêm do livro *Über psychische Energetik und das Wesen der Träume* (*A respeito da energética psíquica e da natureza dos sonhos*), publicado pela primeira vez em 1948. Com estes escritos Jung tomou posição, naquela altura, a respeito das críticas e objeções que se levantavam contra sua obra *Wandlungen und Symbole der Libido* (*Transformações e símbolos da libido*, publicada em 1912; nova edição, com o título: *Symbole der Wandlung – Símbolos da transformação –* publicada em 1952; OC, 5). Desta forma, ele documentou e ampliou sua teoria da libido, que principiou a elaborar em torno de 1912, mas que só concluiu em 1928. Nesse entretempo, discutiu os conceitos psicanalíticos de Freud, no ensaio "Versuch einer Darstellung der Analytischen Theorie" ("Tentativa de exposição da teoria analítica") (1913; OC, 4), e resumiu de maneira muito clara suas próprias experiências e ideias. Todos estes trabalhos constituem o pressuposto básico para a compreensão da Psicologia Analítica ou Complexa.

É sobretudo o capítulo "Considerações teóricas sobre a natureza do psíquico" que nos permite conhecer o ponto de vista epistemológico do autor. Nesse trabalho são analisados os conceitos de "consciência" e "inconsciente" na sua evolução histórica e em sua vinculação com o conceito de instinto. Esta questão preocupava Jung já desde 1919, como se pode deduzir de seu escrito "Instinkt und Unbewusstes" ("Instinto e inconsciente"). O resultado desses estudos proporcionou-lhe as bases para a sua teoria dos arquétipos.

"Sincronicidade: um princípio de conexões acausais" foi incluído neste volume, porque versa sobre fatos determinados pelos instintos ou pelos arquétipos e que não podem ser compreendidos mediante o princípio da causalidade. Trata-se, pelo contrário, de coincidências significativas que trazem uma nova dimensão à compreensão científica. O fato de Jung ter hesitado em publicar este escrito que vinha revolucionar a ciência parece-nos muito compreensível. Ele só veio a publicá-lo juntamente com um ensaio do famoso físico e detentor do Prêmio Nobel, Prof. W. Pauli, da Eidgenössische Technische Hochschule (Escola Superior Técnica Federal) de Zurique, em *Naturerklärung und Psyche* (Explicação da natureza e psique) (Zurique: Rascher, 1952). A teoria da sincronicidade mostra-nos a existência de conexões entre os conhecimentos da moderna Física e a Psicologia Analítica, em um campo fronteiriço ainda bem pouco explorado e de difícil acesso da realidade.

Em torno destes três trabalhos fundamentais se agrupam os estudos tematicamente conexos. Além dos mencionados ensaios: "A respeito da energia psíquica e da natureza dos sonhos", o espaço maior é ocupado por estudos isolados, extraídos dos livros *Von den Wurzeln des Bewusstseins* (*As raízes da consciência*) (1954) e *Wirklichkeit der Seele* (Realidade da alma) (1934), bem como *Seelenprobleme der Gegenwart* (Problemas espirituais da atualidade) (1931).

Atenção especial merecem aqui mais dois outros estudos: "As etapas decisivas da vida" e "A função transcendente". O ensaio "As etapas da vida humana" se ocupa com o problema do processo de individuação, tarefa que se coloca principalmente na segunda metade da existência, ao passo que "A função transcendente" – escrito em 1916, mas só publicado quarenta anos mais tarde – analisa o caráter prospectivo dos processos inconscientes. É daqui que os estudos de Jung sobre a "imaginação ativa", componente essencial da experiência psíquica e das discussões no âmbito da Psicologia Analítica, têm o seu ponto de partida.

Os trabalhos menores sobre cosmovisão, realidade e suprarrealidade, sobre espírito e vida, assim como sobre a crença nos espíritos, ocupam-se com conceitos teóricos, sob um ponto de vista empírico. O autor procura também entender essas questões em seu aspecto fenomenológico, para, em seguida, explorá-las sob o ponto de vista psicológico.

A natureza da psique

Para a edição do presente volume, a comunidade herdeira das obras de Jung nomeou a Sra. Lilly Jung-Merker e a Srta. Dra. Elisabeth Rüf como novas integrantes do corpo editorial. O índice onomástico e o índice analítico foram elaborados pela Srta. Marie-Luise Attenhofer e pela Sra. Sophie Baumann-van Royen e, posteriormente, pelo Sr. Jost Hoerni. A eles deixamos aqui expresso o nosso agradecimento pelo seu cuidadoso trabalho. Na tradução dos textos gregos e latinos tivemos a assistência da Dra. Marie-Louise von Franz, trabalho este que merece todo nosso agradecimento.

Pelos editores,

F.N. Riklin

Prefácio deste volume

Este ensaio foi escrito em 1916. Recentemente foi descoberto por estudantes do Instituto C.G. Jung de Zurique e impresso, como edição privada, em sua versão original provisória, porém traduzida para o inglês. A fim de preparar o manuscrito para a impressão definitiva, retoquei-o estilisticamente, respeitando-lhe, porém, a ordem principal das ideias e a inevitável limitação de seu horizonte. Depois de 22 anos, o problema nada perdeu de sua atualidade, embora sua apresentação precise de ser complementada ainda em muitos pontos, como bem o pode ver qualquer um que conheça a matéria. Infortunadamente, minha idade avançada não me permite assumir esta considerável tarefa. Portanto, o ensaio poderá ficar, com todas as suas imperfeições, como um documento histórico. Pode dar ao leitor alguma ideia dos esforços de compreensão exigidos pelas primeiras tentativas de se chegar a uma visão sintética do processo psíquico no tratamento analítico. Como suas considerações básicas ainda são válidas, pelo menos no momento presente, ele poderá estimular o leitor a uma compreensão mais ampla e mais aprofundada do problema. E este problema se identifica com a questão universal: *De que maneira podemos confrontar-nos com o inconsciente?*

Esta é a questão colocada pela filosofia da Índia, e de modo particular pelo budismo e pela filosofia do Zen. Indiretamente, porém, é a questão fundamental, na prática, de todas as religiões e de todas as filosofias.

O inconsciente, com efeito, não é isto ou aquilo, mas o desconhecimento do que nos afeta imediatamente. Ele nos aparece como de natureza psíquica, mas sobre sua verdadeira natureza sabemos tão pouco – ou, em linguagem otimista, tanto quanto sabemos sobre a natureza da matéria. Enquanto, porém, a Física tem consciência da natureza modelar de seus enunciados, as filosofias religiosas se exprimem em termos metafísicos, e hipostasiam suas imagens. Quem ainda está preso a este último ponto de vista, não pode entender a linguagem da Psicologia: acusá-la de metafísica ou de materialista, ou no mínimo, de agnóstica, quando não até mesmo de gnóstica. Por isso, tenho sido acusado por estes críticos ainda medievais, ora como místico e gnóstico, ora como ateu. Devo apontar este mal-entendido como principal impedimento para uma reta compreensão do problema: trata-se de uma certa falta de cultura, inteiramente ignorante de qualquer crítica histórica e que, por isso mesmo, ingenuamente acha que o mito ou deve ser historicamente verdadeiro ou, do contrário, não é coisíssima nenhuma. Para tais pessoas, a utilização de uma terminologia mitológica ou folclórica com referência a fatos psicológicos é inteiramente "anticientífica".

Com este preconceito as pessoas barram o próprio acesso à Psicologia e o caminho para um ulterior desenvolvimento do homem interior cujo fracasso intelectual e moral é uma das mais dolorosas constatações de nossa época. Quem tem alguma coisa a dizer, fala em "deveria ser" ou em "seria preciso", sem reparar que lastimosa situação de desamparo está ele, assim, confessando. Todos os meios que recomenda são justamente aqueles que fracassaram. Em sua compreensão mais profunda, a Psicologia é *autoconhecimento*. Mas como este último não pode ser fotografado, calculado, contado, pesado e medido, é anticientífico. Mas o homem psíquico, ainda bastante desconhecido, que se ocupa com a ciência é também "anticientífico" e, por isso, não é digno de posterior investigação? Se o mito não caracteriza o homem psíquico, então seria preciso negar o ninho ao pardal e o canto ao rouxinol. Temos motivos suficientes para admitir que o homem em geral tem uma profunda aversão ao conhecer alguma coisa a mais sobre si mesmo, e que é aí que se encontra a verdadeira causa de não haver avanço e melhoramento interior, ao contrário do progresso exterior.

II

A função transcendente[*]

Por "função transcendente" não se deve entender algo de misterioso e por assim dizer suprassensível ou metafísico, mas uma função que, por sua natureza, pode-se comparar com uma função matemática de igual denominação, e é uma funçãc de números reais e imaginários. A função psicológica e "transcendente" resulta da união dos conteúdos *conscientes* e *inconscientes*.

A experiência no campo da psicologia analítica nos tem mostrado abundantemente que o consciente e o inconsciente raramente estão de acordo no que se refere a seus conteúdos e tendências. Esta falta de paralelismo, como nos ensina a experiência, não é meramente acidental ou sem propósito, mas se deve ao fato de que o inconsciente se comporta de maneira compensatória ou complementar em relação à consciência. Podemos inverter a formulação e dizer que a consciência se comporta de maneira compensatória com relação ao inconsciente. A razão desta relação é que: 1) os conteúdos do inconsciente possuem um valor liminar, de sorte que todos os elementos por demais débeis permanecem no inconsciente: 2) a consciência, devido a suas funções dirigidas, exerce uma *inibição* (que Freud chama de censura) sobre todo o material incompatível, em consequência do que, este material incompatível mergulha no inconsciente; 3) a consciência é um *processo momentâneo de adaptação*, ao passo que o inconsciente contém não só todo o material esquecido do passado individual, mas todos os traços funcionais herdados que constituem a es-

131

132

---

[*] Publicado em *Geist und Werk*, estudo comemorativo do 75º aniversário de Daniel Brody. Rhein-Verlag, Zurique, 1958.

trutura do espírito humano e 4) o inconsciente contém todas as combinações da fantasia que ainda não ultrapassaram a intensidade liminar e, com o correr do tempo e em circunstâncias favoráveis, entrarão no campo luminoso da consciência.

133   A reunião destes fatos facilmente explica a atitude complementar do inconsciente com relação à consciência.

134   A natureza determinada e dirigida dos conteúdos da consciência é uma qualidade que só foi adquirida relativamente tarde na história da humanidade e falta, amplamente, entre os primitivos de nossos dias. Também esta qualidade é frequentemente prejudicada nos pacientes neuróticos que se distinguem dos indivíduos normais pelo fato de que o limiar da consciência é mais facilmente deslocável, ou, em outros termos: a parede divisória situada entre a consciência e o inconsciente é muito mais permeável. O psicótico, por outro lado, acha-se inteiramente sob o influxo direto do inconsciente.

135   A natureza determinada e dirigida da consciência é uma aquisição extremamente importante que custou à humanidade os mais pesados sacrifícios, mas que, por seu lado, prestou o mais alto serviço à humanidade. Sem ela a ciência, a técnica e a civilização seriam simplesmente impossíveis, porque todas elas pressupõem persistência, regularidade e intencionalidade fidedignas do processo psíquico. Estas qualidades são absolutamente necessárias para todas as competências, desde o funcionário mais altamente colocado até o médico, o engenheiro e mesmo o simples "boia-fria". A ausência de valor social cresce, em geral, à medida que estas qualidades são anuladas pelo inconsciente, mas há também exceções, como, por exemplo, as pessoas dotadas de qualidades criativas. A vantagem de que tais pessoas gozam consiste precisamente na permeabilidade do muro divisório entre a consciência e o inconsciente. Mas para aquelas organizações sociais que exigem justamente regularidade e fidedignidade, estas pessoas excepcionais quase sempre pouco valor representam.

136   Por isso não é apenas compreensível, mas até mesmo necessário que, em cada indivíduo, este processo seja tão estável e definido quanto possível, pois as exigências da vida o exigem. Mas estas qualidades trazem consigo também uma grande desvantagem: O fato de serem dirigidas para um fim encerra a inibição e ou o bloqueio de todos os elementos psíquicos que parecem ser, ou realmente são incompatíveis

A natureza da psique   15

com ele, ou são capazes de mudar a direção preestabelecida e, assim, conduzir o processo a um fim não desejado. Mas como se conhece que o material psíquico paralelo é "incompatível"? Podemos conhecê-lo por um ato de julgamento que determina a direção do caminho escolhido e desejado. Este julgamento é parcial e preconcebido, porque escolhe uma possibilidade particular, à custa de todas as outras. O julgamento se baseia, por sua vez, na experiência, isto é, naquilo que já é conhecido. Via de regra, ele nunca se baseia no que é novo, no que é ainda desconhecido e no que, sob certas circunstâncias, poderia enriquecer consideravelmente o processo dirigido. É evidente que não pode se basear, pela simples razão de que os conteúdos inconscientes estão *a priori* excluídos da consciência.

Por causa de tais atos de julgamento o processo dirigido se torna   137
necessariamente unilateral, mesmo que o julgamento racional pareça plurilateral e despreconcebido. Por fim, até a própria racionalidade do julgamento é um preconceito da pior espécie porque chamamos de racional aquilo que nos parece racional. Aquilo, portanto, que nos parece irracional está de antemão fadado à exclusão, justamente por causa de seu caráter irracional, que pode ser realmente irracional, mas pode igualmente apenas parecer irracional, sem o ser em sentido mais alto.

A unilateralidade é uma característica inevitável, porque neces-   138
sária, do processo dirigido, pois direção implica unilateralidade. A unilateralidade é, ao mesmo tempo, uma vantagem e um inconveniente, mesmo quando parece não haver um inconveniente exteriormente reconhecível, existe, contudo, sempre uma contraposição igualmente pronunciada no inconsciente, a não ser que se trate absolutamente de um caso ideal em que todas as componentes psíquicas tendem, sem exceção, para uma só e mesma direção. É um caso cuja possibilidade não pode ser negada em teoria, mas na prática raramente acontecerá. A contraposição é inócua, enquanto não contiver um valor energético maior. Mas se a tensão dos opostos aumenta, em consequência de uma unilateralidade demasiado grande, a tendência oposta irrompe na consciência, e isto quase sempre precisamente no momento em que é mais importante manter a direção consciente. Assim um orador comete um deslize de linguagem precisamente quando maior é seu empenho em não dizer alguma estupidez. Este momento é crítico porque apresenta o mais alto grau de tensão energética que

pode facilmente explodir, quando o inconsciente já está carregado, e liberar o conteúdo inconsciente.

139   Nossa vida civilizada exige uma atividade concentrada e dirigida da consciência, acarretando, deste modo, o risco de um considerável distanciamento do inconsciente. Quanto mais capazes formos de nos afastar do inconsciente por um funcionamento dirigido, tanto maior é a possibilidade de surgir uma forte contraposição, a qual, quando irrompe, pode ter consequências desagradáveis.

140   A terapia analítica nos proporcionou uma profunda percepção da importância das influências inconscientes, e com isto aprendemos tanto para a nossa vida prática, que julgamos insensato esperar a eliminação ou a parada do inconsciente depois do chamado término do tratamento. Muitos dos pacientes, reconhecendo obscuramente este estado de coisas, não se decidem a renunciar à análise, ou só se decidem com grande dificuldade, embora tanto o paciente quanto o médico achem importuno e incoerente o sentimento de dependência. Muitos têm inclusive receio de o tentar e de se pôr sobre seus próprios pés, porque sabem, por experiência, que o inconsciente pode intervir, de maneira cada vez mais perturbadora e aparentemente imprevisível, em suas vidas.

141   Antigamente se admitia que os pacientes estariam preparados para enfrentar a vida normal, quando tivessem adquirido suficiente autoconhecimento prático, para poderem entender, por exemplo, seus próprios sonhos. Mas a experiência nos tem mostrado que mesmo os analistas profissionais, dos quais se espera que dominem a arte de interpretar os sonhos, muitas vezes capitulam diante de seus próprios sonhos e têm de apelar para a ajuda de algum colega. Se até mesmo aquele que pretende ser perito no método se mostra incapaz de interpretar satisfatoriamente seus próprios sonhos, tanto menos se pode esperar isto da parte do paciente. A esperança de Freud no sentido de que se poderia esgotar o inconsciente, não se realizou. A vida onírica e as instruções do inconsciente continuam – *mutatis mutandis* – desimpedidas.

142   Há um preconceito generalizado segundo o qual a análise é uma espécie de "cura" a que alguém se submete por um determinado tempo, e em seguida é mandado embora curado da doença. Isto é um erro de leigos na matéria, que nos vem dos primeiros tempos da psi-

A natureza da psique   17

canálise. O tratamento analítico poderia ser considerado um reajustamento da atitude psicológica, realizado com a ajuda do médico.
Naturalmente, esta atitude recém-adquirida, que corresponde melhor às condições internas e externas, pode perdurar por um considerável espaço de tempo, mas são bem poucos os casos em que uma
"cura" realizada só uma vez possa ter resultados duradouros como
estes. É verdade que o otimismo, que nunca dispensou publicidade,
tem sido sempre capaz de relatar curas definitivas. Mas não devemos
nos deixar enganar pelo comportamento humano, subumano, do
médico; convêm termos sempre presente que a vida do inconsciente
prossegue o seu caminho e produz continuamente situações proble-
máticas. Não precisamos ser pessimistas; temos visto tantos e excelentes resultados conseguidos na base da sorte e através de trabalho
consciencioso. Mas isto não deve nos impedir de reconhecer que a
análise não é uma "cura" que se pratica de uma vez para sempre, mas,
antes do mais e tão somente, um reajustamento mais ou menos completo. Mas não há mudança que seja incondicional por um longo período de tempo. A vida tem de ser conquistada sempre e de novo.
Existem, é verdade, atitudes coletivas extremamente duradouras,
que possibilitam a solução de conflitos típicos. A atitude coletiva capacita o indivíduo a se ajustar, sem atritos, à sociedade, desde que ela
age sobre ele, como qualquer outra condição da vida. Mas a dificuldade do paciente consiste precisamente no fato de que um problema
pessoal não pode se enquadrar em uma norma coletiva, requerendo
uma solução individual do conflito, caso a totalidade da personalidade deva conservar-se viável. Nenhuma solução racional pode fazer
justiça a esta tarefa, e não existe absolutamente nenhuma norma coletiva que possa substituir uma solução individual, sem perdas.

A nova atitude adquirida no decurso da análise mais cedo ou mais   143
tarde tende a se tornar inadequada, sob qualquer aspecto, e isto necessariamente por causa do contínuo fluxo da vida, que requer sempre e
cada vez mais nova adaptação, pois nenhuma adaptação é definitiva.
Por certo, pode-se exigir que o processo de tratamento seja conduzido
de tal maneira que deixe margem a novas orientações, também em
época posterior da vida, sem dificuldades de monta. A experiência nos
ensina que isto é verdade, até certo ponto. Frequentemente vemos que
os pacientes que passaram por uma análise exaustiva têm considera-

velmente menos dificuldade com novos reajustamentos, em época posterior. Mesmo assim, entretanto, tais dificuldades são bastante frequentes e por vezes assaz penosas. Esta é a razão pela qual mesmo os pacientes que passaram por um tratamento rigoroso muitas vezes voltam a seu antigo médico, pedindo-lhe ajuda, em época posterior. Comparativamente à prática médica em geral, este fato não é assim tão incomum, todavia contradiz tanto um certo entusiasmo despropositado da parte dos terapeutas quanto a opinião segundo a qual a análise constitui uma "cura" única. Em conclusão, é sumamente improvável que haja uma terapia que elimine todas as dificuldades. O homem precisa de dificuldades; elas são necessárias à sua saúde. E somente a sua excessiva quantidade nos parece desnecessária.

144 A questão fundamental para o terapeuta é não somente como eliminar a dificuldade momentânea, mas como enfrentar com sucesso as dificuldades futuras. A questão é esta: que espécie de atitude espiritual e moral é necessário adotar frente às influências perturbadoras, e como se pode comunicá-la ao paciente?

145 A resposta, evidentemente, consiste em suprimir a separação vigente entre a consciência e o inconsciente. Não se pode fazer isto, condenando unilateralmente os conteúdos do inconsciente, mas, pelo contrário, reconhecendo a sua importância para a compensação da unilateralidade da consciência e levando em conta esta importância. A tendência do inconsciente e a da consciência são os dois fatores que formam a função transcendente. *É chamada transcendente, porque torna possível organicamente a passagem de uma atitude para outra*, sem perda do inconsciente. O método construtivo de tratamento pressupõe percepções que estão presentes, pelo menos potencialmente, no paciente, e por isso é possível torná-las conscientes. Se o médico nada sabe dessas potencialidades, ele não pode ajudar o paciente a desenvolvê-las, a não ser que o médico e o paciente dediquem conjuntamente um verdadeiro estudo a este problema, o que, em geral, está fora de questão.

146 Por isto, na prática é o médico adequadamente treinado que faz de função transcendente para o paciente, isto é, ajuda o paciente a unir a consciência e o inconsciente e, assim, chegar a uma nova atitude. Nesta função do médico está uma das muitas significações importantes da *transferência*: por meio dela o paciente se agarra à pes-

A natureza da psique 19

soa que parece lhe prometer uma renovação da atitude; com a transferência, ele procura esta mudança que lhe é vital, embora não tome consciência disto. Para o paciente, o médico tem o caráter de figura indispensável e absolutamente necessária para a vida. Por mais infantil que esta dependência possa parecer, ela exprime uma exigência de suma importância, cujo malogro acarretará um ódio amargo contra a pessoa do analista. Por isso o importante é saber o que é que esta exigência escondida na transferência tem em vista: a tendência é considerá-la, em sentido redutivo, como uma fantasia infantil de natureza erótica. Isto seria tomar esta fantasia, que em geral se refere aos pais, em sentido literal, como se o paciente, ou seu inconsciente, tivesse ainda ou voltasse a ter aquelas expectativas que a criança outrora tinha em relação a seus pais. Exteriormente, ainda é aquela mesma esperança que a criança tem de ser ajudada e protegida pelos pais; mas, no entanto, a criança se tornou um adulto, e o que era normal na criança é impróprio para o adulto. Tornou-se expressão metafórica da necessidade de ajuda não percebida conscientemente em situação crítica. Historicamente é correto explicar o caráter erótico da transferência, situando sua origem no *eros* infantil, mas, procedendo desta maneira, não entenderemos o significado e o objetivo da transferência, e interpretá-la como fantasia sexual infantil nos desvia do verdadeiro problema. A compreensão da transferência não deve ser procurada nos seus antecedentes históricos, mas no seu objetivo. A explicação unilateral e redutiva torna-se absurda, em especial quando dela não resulta absolutamente nada de novo, exceto as redobradas resistências do paciente. O tédio que surge, então, no decorrer do tratamento nada mais é do que a expressão da monotonia e da pobreza de ideias – não do inconsciente, como às vezes se supõe, mas do analista, que não entende que estas fantasias não devem ser tomadas meramente em sentido concretista e redutivo, e sim em sentido construtivo. Quando se toma consciência disto, a situação de estagnação se modifica, muitas vezes, de um só golpe.

O tratamento construtivo do inconsciente, isto é, a questão do seu significado e de sua finalidade, fornece-nos a base para a compreensão do processo que se chama função transcendente.

147

148   Não me parece supérfluo tecer aqui algumas considerações acerca da objeção, frequentemente ouvida, de que o método construtivo é mera sugestão. O método, com efeito, baseia-se em apreciar o símbolo, isto é, a imagem onírica ou a fantasia, não mais *semioticamente*, como sinal, por assim dizer, de processos instintivos elementares, mas *simbolicamente*, no verdadeiro sentido, entendendo-se "símbolo" como o termo que melhor traduz um fato complexo e ainda não claramente apreendido pela consciência. A análise redutora desta expressão nos oferece unicamente uma visão mais clara daqueles elementos que a compunham originalmente. Com isto não queremos negar que um conhecimento mais aprofundado destes elementos tenha suas vantagens até certo ponto, mas ele foge da questão da finalidade. Por isso a dissolução do símbolo neste estágio da análise é condenável. Entretanto, já de início, o método utilizado para extrair o sentido sugerido pelo símbolo é o mesmo que se emprega na análise redutiva: recolhem-se as associações do paciente que, de modo geral, são suficientes para uma aplicação pelo método sintético. Aqui, mais uma vez, esta aplicação não é feita em sentido semiótico, mas simbólico. A pergunta que aqui se põe é esta: Qual o sentido indicado pelas associações A, B, C, quando vistas em conexão com o conteúdo manifesto dos sonhos?

149   Uma cliente solteira sonhou que alguém lhe entregava uma antiquíssima espada maravilhosa, ricamente ornamentada, desenterrada de um túmulo.

Associações da paciente

A adaga de seu *pai*, que ele certo dia fez brilhar ao sol, diante dela, causou-lhe profunda impressão. Seu pai era, sob qualquer aspecto, um homem enérgico, de vontade forte, com um temperamento impetuoso, e dado a aventuras amorosas. Uma espada *céltica* de bronze. Minha paciente se gloria de sua origem céltica. Os celtas são temperamentais, impetuosos, apaixonados. Os ornamentos têm um aspecto misterioso, *antiga tradição*, runas, sinais de antiga sabedoria, civilização antiquíssima, herança da humanidade, trazidos do túmulo para a luz do dia.

Interpretação analítica

A paciente tem um pronunciado complexo paterno e um rico tecido de fantasias eróticas em torno da figura do pai, que ela perdeu ainda cedo. Ela se coloca sempre no lugar da mãe, embora com forte resistência contra o pai. Nunca foi capaz de aceitar um homem semelhante ao pai, e por isto escolheu sempre homens fracos e neuróticos, mesmo contra a própria vontade. Na análise verificam-se também violentas resistências contra o médico-pai. O sonho desenterrou seu desejo de ter a "arma" do pai. Uma antecipação teórica apontaria aqui imediatamente para uma fantasia fálica.

Interpretação construtiva

É como se a paciente tivesse necessidade de tal arma. Seu pai tinha a arma. Era enérgico e vivia de conformidade com isto, e assumia também todas as dificuldades inerentes a seu temperamento; por isso, embora vivesse uma vida apaixonada e excitante, não era neurótico. Esta arma é uma herança do gênero humano, que jaz sepultada na paciente e veio à luz do dia através de um trabalho de escavação (a análise). A arma se relaciona com o discernimento, a sabedoria. É um meio de ataque e de defesa. A arma do pai era uma vontade apaixonada e inquebrantável, com a qual ele abriu seu próprio caminho através da vida. Até o momento, a paciente tem sido o contrário do pai. Ela está a ponto de perceber que a pessoa pode também querer alguma coisa e não precisa de ser impulsionada pelos outros, como sempre acreditou. O querer, que se fundamenta na sabedoria da vida e no discernimento das coisas, é uma herança da humanidade, que está presente também na paciente, embora até o momento tenha ficado enterrada, pois, sob este aspecto, a paciente é também filha de seu pai, mas não levou devidamente em conta este fato por causa de seu pendor de criança lamurienta e amimada. Era extremamente passiva e dada a fantasias sexuais.

150   Neste caso, já não há necessidade de analogias complementares por parte do analista. As associações da paciente fornecem todo o material requerido. Pode-se objetar dizendo que o tratamento do sonho é feito na base da sugestão. Mas quanto a isto, esquece-se inteiramente que uma sugestão jamais poderá ser aceita sem uma disponibilidade correspondente, ou, se for aceita depois de alguma insistência, não demorará a se dissipar. Uma sugestão aceita por longo tempo pressupõe sempre uma forte disponibilidade psicológica suscitada pela própria sugestão. Esta objeção é, portanto, infundada e atribui à sugestão uma força mágica que ela absolutamente não possui, pois, a ser assim, a terapia da sugestão teria um efeito imenso, e tornaria completamente inúteis os procedimentos analíticos. Mas isto está longe de acontecer. Além disto, a objeção de que se trata de sugestão não leva na devida conta o fato de que as próprias associações da paciente nos revelam o significado cultural da espada.

151   Depois desta digressão, voltemos à questão da função transcendente. Temos observado que, durante o tratamento, a função transcendente se parece, por assim dizer, com um produto artificial, por ser sustentada substancialmente pelo analista. Mas se o paciente tem de se sustentar sobre seus próprios pés, ele não pode depender permanentemente de ajuda externa. A interpretação dos sonhos seria ideal, um método ideal de sintetizar os materiais conscientes e inconscientes, mas na prática a dificuldade de analisar os próprios sonhos é demasiado grande.

152   Para produzir a função precisamos do material do inconsciente. Aqui, a expressão mais facilmente acessível do processo inconsciente que deparamos em primeiro lugar são os sonhos. O sonho é, por assim dizer, um produto puro do inconsciente. As alterações que o sonho experimenta no processo de tomada de consciência, embora sejam inegáveis, podem ser consideradas de menos importância, porque provêm também do inconsciente e não são deformações intencionais. As possíveis modificações da imagem original do sonho derivam de uma visão mais superficial do inconsciente e por isso são constituídas de material inconsciente também utilizável. São *criações posteriores da fantasia*, na linha do próprio sonho. Isto se aplica também às representações subsequentes, que ocorrem no estado de semissonolência ou surgem "espontaneamente", assim que a pessoa desperta. Como o sonho se origi-

A natureza da psique   23

na no sono, ele contém todas as características do *abaissement du nive-au mental* (Janet), ou seja, da baixa tensão energética: descontinuidade lógica, caráter fragmentário, formações de analogias, associações superficiais de natureza verbal, sonora ou visual, contaminações, irracionalidade de expressão, confusão etc. Com o aumento da tensão energética, os sonhos adquirem um caráter mais ordenado, tornam-se dramaticamente compostos, revelam uma conexão clara de sentido e cresce o valor de suas associações.

Como a tensão energética durante o sono é geralmente muito   153
baixa, os sonhos, comparados com os conteúdos conscientes, são também expressões inferiores de conteúdos inconscientes, muito difíceis de entender sob o ponto de vista construtivo, mas, frequentemente, mais fáceis de compreender sob o ponto de vista redutivo. Por isso, de modo geral, os sonhos são inadequados ou dificilmente utilizáveis quando se trata da função transcendental, porque impõem exigências muitas vezes demasiado grandes ao sujeito.

Por isso, devemos agora voltar nossas vistas para outras fontes: 154
há, por exemplo, as interferências no estado de vigília, as chamadas "associações livres", as ideias "sem nexo", as falhas de memória, os esquecimentos, os atos sintomáticos. Este material geralmente é mais valioso para o processo construtivo do que para o redutivo. É excessivamente fragmentário e lhe falta uma conexão mais ampla, indispensável para a compreensão de seu sentido.

Diverso é o que se passa com as *fantasias espontâneas*. Geral-   155
mente elas assumem uma forma mais ou menos composta e coerente, e frequentemente contêm elementos claramente significativos. Alguns pacientes são capazes de produzir fantasias em qualquer *tempo*, deixando que elas "surjam" livremente, eliminando a atenção crítica. Estas fantasias podem ser utilizadas, e, embora esta seja uma capacidade especial, é possível desenvolver esta capacidade de produzir fantasias, mediante exercícios especiais, de sorte que o número de pessoas que a possui tem aumentado de maneira considerável. Esse treinamento consiste primeiramente nos exercícios sistemáticos de eliminação da atenção crítica, criando, assim, um vazio na consciência, que favorece o surgimento de fantasias que estavam latentes. Uma das condições preliminares, todavia, é que as fantasias realmen-

te dotadas de libido estejam de fato latentes. Isto, evidente, nem sempre acontece. E neste caso requerem-se medidas especiais.

156 Antes de entrar na discussão destes métodos, devo ceder a um sentimento pessoal que me diz estar o leitor a interrogar-nos, aqui, com suas dúvidas: Que se pretende, propriamente, com tudo isto? Será absolutamente necessário trazer à tona conteúdos inconscientes? Não basta que eles próprios se manifestem por si mesmos, de maneira geralmente desagradável? Para que forçar o inconsciente a vir à tona? Uma das finalidades da análise não é, pelo contrário, esvaziar o inconsciente de suas fantasias e, deste modo, torná-lo ineficaz?

157 Não me parece descabido considerar estas dúvidas um pouco mais detalhadamente, pois os métodos utilizados para trazer os conteúdos inconscientes à luz da consciência podem parecer novos, insólitos e talvez mesmo estranhos. Por isso, precisamos primeiramente discutir estas objeções naturais, a fim de que elas não nos venham perturbar, quando começarmos a demonstrar os métodos em questão.

158 Como dissemos anteriormente, precisamos dos conteúdos inconscientes para complementar os da consciência. Se a atitude consciente fosse "dirigida" um mínimo que fosse, o inconsciente poderia fluir de maneira completamente espontânea. É isto o que acontece, de fato, com todas aquelas pessoas que parecem ter um nível pouco elevado de tensão da consciência, como, por exemplo, os primitivos. Entre os primitivos não são necessárias medidas especiais para se alcançar o inconsciente. Em parte alguma são necessárias medidas especiais para isto, pois as pessoas que menos conhecem o seu lado inconsciente são as que mais influência recebem dele, sem tomarem consciência disto. A participação secreta do inconsciente no processo da vida está presente sempre e em toda parte, sem que seja preciso procurá-la. O que se procura aqui é a maneira de tornar conscientes os conteúdos do inconsciente que estão sempre prestes a interferir em nossas ações, e, com isto, evitar justamente a intromissão secreta do inconsciente, com suas consequências desagradáveis.

159 Neste ponto, o leitor certamente perguntará: Por que não se pode deixar o inconsciente agir como bem entender? Aqueles que ainda não tiveram algumas experiências desagradáveis neste sentido, naturalmente não encontrarão motivos para controlar o inconscien-

te. Mas aqueles que as tiveram em quantidade suficiente, acolherão com alegria a mera possibilidade de o fazer. É absolutamente necessário para o processo consciente que a atitude seja dirigida, mas isto, como vimos, acarreta inevitavelmente uma certa unilateralidade. Visto que a psique é um sistema autorregulador, como o corpo vivo, é no inconsciente que se desenvolve a contrarreação reguladora. Se a função consciente não fosse dirigida, as influências opostas do inconsciente poderiam manifestar-se desimpedidamente. Mas é precisamente o fato de ser dirigida que as elimina. Isto, naturalmente, não inibe a contrarreação que se verifica, apesar de tudo. Mas sua influência reguladora é eliminada pela atenção crítica e pela vontade orientada para um determinado fim, porque a contrarreação como tal parece incompatível com a direção da atitude. Por isso, a psique do homem civilizado não é mais um sistema autorregulador, mas pode ser comparado a um aparelho cujo processo de regulagem automático da própria velocidade é tão imperceptível que pode desenvolver sua atividade a ponto de danificar-se a si mesma, enquanto, por outro lado, está sujeita às interferências arbitrárias de uma vontade orientada unilateralmente.

Quando a reação é reprimida, ela perde sua influência reguladora. 160 Começa, então, a ter efeito acelerador e intensificador no sentido do processo consciente. É como se a reação consciente perdesse sua influência reguladora e, como consequência, toda a sua energia, pois se cria uma situação na qual não somente não há uma reação inibidora, mas sua energia parece acrescentar-se à energia da direção consciente. Inicialmente, isto ajuda a levar a efeito as intenções conscientes, mas, como estas não são controladas, podem impor-se demasiadamente, à custa do todo. Se uma pessoa, por exemplo, faz uma afirmação um tanto ousada e reprime a reação, isto é, uma dúvida oportuna, ela insistirá tanto mais sobre sua própria afirmação, em detrimento de si próprio.

A facilidade com que se reprime a reação é proporcional à gran- 161 de dissociabilidade da psique e conduz à perda dos instintos que caracteriza o homem civilizado, e lhe é também necessária, pois, com sua força original, os instintos dificultam consideravelmente a adaptação social. Seja como for, não se trata de uma verdadeira atrofia dos instintos, mas, na maioria dos casos, apenas de um produto mais ou menos duradouro que jamais poderia radicar-se tão profunda-mente, se não servisse aos interesses vitais do indivíduo.

162 Excluindo os casos ordinários da vida que a prática nos oferece, menciono o exemplo de Nietzsche, tal qual se apresenta na sua obra *Also sprach Zarathustra* (*Assim falava Zaratustra*). A descoberta do homem "superior" e do homem "mais hediondo" reflete o processo regulador do inconsciente, pois os homens "superiores" querem obri-gar Zaratustra a descer para a esfera coletiva da humanidade média, tal como ela sempre tem sido, enquanto o "mais hediondo" é a pró-pria personificação da reação. Mas o "leão da moral" de Zaratustra, com seus "rugidos", obriga todas estas influências, e sobretudo o sen-timento de compaixão, a retornar à caverna do inconsciente. Deste modo se reprime a influência reguladora, não, porém, a reação secre-ta do inconsciente, que desde então se faz sentir claramente nos escri-tos do Filósofo. Primeiramente ele procura seu adversário em Wag-ner, ao qual ele não pode perdoar por ter produzido o "Parsifal". Em breve, porém, sua ira se concentra sobre o cristianismo e de modo particular sobre Paulo que, sob certos aspectos, passou por seme-lhante experiência. Como se sabe, sua psicose o fez identificar-se pri-meiramente com "Cristo Crucificado" e depois com o Zagreu es-quartejado. Com esta catástrofe, a reação chega até à superfície.

163 Um outro exemplo é o caso clássico de megalomania que o capí-tulo quarto do Livro de Daniel nos conservou. No auge de seu poder, Nabucodonosor teve um sonho que lhe prognosticava desgraça se não se humilhasse. Daniel interpreta o sonho com consumada perí-cia, mas o monarca não lhe dá ouvidos. Os acontecimentos subse-quentes confirmaram sua interpretação, pois Nabucodonosor, depois de reprimir a influência reguladora do inconsciente, foi vítima de uma psicose que continha precisamente a reação que ele queria evi-tar: ele, o senhor do mundo, foi rebaixado à condição de animal.

164 Um conhecido meu contou-me, certa vez, um sonho que tivera e no qual ele se despenhava do alto de uma montanha no espaço vazio. Eu lhe dei algumas explicações sobre a influência do inconsciente e adverti-o de que evitasse qualquer subida perigosa a montanhas. Ele riu-se de minha observação, e o resultado foi, meses mais tarde, que ele despencou no vazio, sofrendo queda mortal.

A natureza da psique   27

As pessoas que presenciam estes fatos acontecerem repetidamen-   165
te sob todas as formas e gradações possíveis são obrigadas a refletir.
Percebem claramente como é fácil ignorar as influências reguladoras
e, por isso, deveriam preocupar-se em não perder de vista a regulação
inconsciente, tão necessária à nossa saúde mental e física. Devem, portanto, procurar ajudar-se a si próprias, mediante a auto-observação e
autocrítica; mas a simples auto-observação e a autoanálise intelectual
são meios inteiramente inadequados para estabelecer o contato com
o inconsciente. Embora nenhum ser humano possa poupar-se às experiências más, todos nós temos medo de nos arriscar nelas, especialmente quando acreditamos vislumbrar uma possibilidade de evi-
tá-las. A tendência a evitar prontamente tudo o que nos é desagradável é de todo legítima. O conhecimento das influências reguladoras
pode nos ajudar a evitar as experiências dolorosas que não são necessárias. Não há necessidade de praticar muitos desvios, que se distinguem, não por uma atração especial, mas por conflitos extenuan-
tes. Cometer erros e desvios em terreno desconhecido e inexplora-
do ainda se admite, mas extraviar-se em região habitada e em plena
via é simplesmente irritante. Alguém pode poupar-se a isto, desde
que conheça os fatores reguladores. A pergunta que se faz aqui é então: Quais os caminhos e as possibilidades de que dispomos para
identificar o inconsciente?

Quando não há produção de fantasias, precisamos apelar para a   166
ajuda artificial. A razão para este procedimento é, em geral, um estado de ânimo deprimido ou perturbado para o qual não encontramos
explicação satisfatória. O mau tempo já é suficiente como causa pro-
vocadora da situação. Mas nenhuma destas razões apresentadas satisfazem como explicação, pois a explicação causal destes estados na
maioria dos casos só é satisfatória para quem está de fora, e mesmo
assim só até certo ponto. Quem está de fora, contenta-se quando sua
necessidade interior de explicação causal é satisfeita. Basta-lhe saber
de onde provém a coisa em questão, pois esta pessoa não sente o de-
safio que, para o paciente, é a sua depressão. O paciente gostaria
muito mais de que lhe respondessem a questão de como obter a ajuda
do que a questão da origem ou da finalidade de seu mal. É na intensidade do distúrbio emocional que consiste o valor, isto é, a energia
que o paciente deveria ter a seu dispor, para sanar o seu estado de

adaptação reduzida. Nada conseguimos, reprimindo este estado de depressão ou depreciando-o racionalmente.

167 Deve-se tomar, portanto, o estado afetivo inicial como ponto de partida do procedimento, a fim de que se possa fazer uso da energia que se acha no lugar errado. O indivíduo torna-se consciente do estado de ânimo em que se encontra, nele mergulhando sem reservas e registrando por escrito todas as fantasias e demais associações que lhe ocorrem. Deve permitir que a fantasia se expanda o mais livremente possível, mas não a tal ponto que fuja da órbita de seu objeto, isto é, do afeto, realizando, por assim dizer, uma interminável cadeia de associações cada vez mais ampla. Esta assim chamada "associação livre" desvia o indivíduo de seu objeto, conduzindo-o a todos os tipos de complexos a respeito dos quais nunca se tem certeza se estão relacionados com o afeto e/ou são deslocamentos que surgiram em lugar dele. É desta preocupação com o objeto que provém uma expressão mais ou menos completa do estado de ânimo que reproduz, de maneira um tanto quanto concreta e simbólica, o conteúdo da depressão. Como esta não é produzida pela consciência, mas constitui uma intromissão indesejada do inconsciente, a expressão assim elaborada do estado de ânimo é como uma imagem dos conteúdos e das tendências do inconsciente que se congregaram na depressão. O procedimento em questão é uma forma de enriquecimento e ilustração do afeto e é por isso que o afeto se aproxima, com seus conteúdos, da consciência, tornando-se, ao mesmo tempo, mais perceptível e, consequentemente, também mais inteligível. Basta esta atividade para exercer uma influência benéfica e vitalizadora. De qualquer modo, ela ocasiona uma situação, porque o afeto, anteriormente não relacionado, converte-se em uma ideia mais ou menos clara e articulada, graças precisamente ao apoio e à cooperação da consciência. Isto representa um começo da função transcendente, vale dizer da colaboração de fatores inconscientes e conscientes.

168 Pode-se expressar o distúrbio emocional, não intelectualmente, mas conferindo-lhe uma forma visível. Os pacientes que tenham talento para a pintura ou o desenho podem expressar seus afetos por meio de *imagens*. Importa menos uma descrição técnica ou esteticamente satisfatória, do que deixar campo livre à fantasia, e que tudo se faça *do melhor modo possível*. Em princípio, este procedimento con-

A natureza da psique 29

corda com o descrito anteriormente. Aqui também se tem um produto que foi influenciado tanto pela consciência como pelo inconsciente, produto que corporifica o anseio de luz, por parte do inconsciente, e de substância, por parte da consciência.

Entretanto, deparamo-nos frequentemente com casos em que não há depressão afetiva palpável, mas apenas um mal-estar genérico surdo, incompreensível, uma sensação de resistência contra tudo e contra todos, uma espécie de tédio ou de vaga repugnância, ou um vazio indefinível, mas pertinaz. Nestes casos não se tem um ponto de partida definido; este precisaria primeiramente ser criado. Aqui se torna necessária uma introversão da libido, alimentada talvez inclusive por condições externas favoráveis como, por ex., uma calma absoluta, especialmente se a libido manifesta, em qualquer dos casos, uma tendência à introversão: "É noite – e agora todas as fontes borbulhantes falam mais alto. E a minha alma é também uma fonte borbulhante" – segundo a palavra de Nietzsche. 169

A atenção crítica deve ser reprimida. Os tipos visualmente dotados devem concentrar-se na expectativa de que se produza uma imagem interior. De modo geral, aparece uma imagem da fantasia – talvez de natureza hipnagógica – que deve ser cuidadosamente observada e fixada por escrito. Os tipos audioverbais em geral ouvem palavras interiores. De início, talvez sejam apenas fragmentos de sentenças, aparentemente sem sentido, mas que devem ser também fixados de qualquer modo. Outros, porém, nestes momentos escutam sua "outra" voz. De fato, não poucas pessoas têm uma espécie de crítico ou de juiz dentro de si, que julgam de imediato suas palavras e ações. Os doentes mentais ouvem esta voz como alucinações acústicas. Mas as pessoas normais, que têm uma vida interior mais ou menos desenvolvida, podem reproduzir estas vozes inaudíveis, sem dificuldades. Como, porém, esta voz é notoriamente incômoda e refratária, ela é reprimida quase todas as vezes. Essas pessoas, naturalmente, têm muita dificuldade em estabelecer uma ligação como o material inconsciente, e deste modo criam as condições necessárias para a função transcendente. 170

Há pessoas, porém, que nada veem ou escutam dentro de si, mas suas *mãos* são capazes de dar expressão concreta aos conteúdos do inconsciente. Esses pacientes podem utilizar-se vantajosamente de ma- 171 teriais plásticos. Aqueles, porém, que são capazes de expressar seu inconsciente através de movimentos do corpo, como a dança, são bastante raros. Deve-se paliar o inconveniente de não se poder fixar mentalmente os movimentos, desenhando-os cuidadosamente, em seguida, para que não se apaguem da memória. Um pouco menos frequente, mas não menos valiosa, é a *escritura automática*, feita diretamente em prancheta. Este procedimento nos proporciona igualmente resultados muito úteis.

172   Chegamos agora à questão seguinte: Que se obteve com o material conseguido pela maneira acima descrita? Não existe resposta apriorística para esta questão, porque somente quando a consciência é confrontada com os produtos do inconsciente é que se produz uma reação provisória, a qual, entretanto, determina todo o processo subsequente. Só a experiência prática é capaz de dizer alguma coisa sobre o que aconteceu. Até onde alcança minha experiência, parece-me que são duas as principais tendências neste campo. Uma delas vai na direção da *formulação criativa* e a outra na direção da *compreensão*.

173   Onde predomina o *princípio da formulação criativa*, os materiais obtidos aumentam e variam, resultando numa espécie de *condensação dos motivos* em símbolos estereotipados, onde predominam os motivos estéticos. Esta tendência leva ao problema estético da *formulação artística*.

174   Onde, ao invés, predomina o *princípio da compreensão*, o aspecto estético interessa muito pouco e ocasionalmente pode ser sentido como um obstáculo. Em vez disto, há uma intensa luta para compreender o *sentido* do produto inconsciente.

175   Enquanto a formulação estética do material tende mais a concentrar-se no aspecto do motivo, uma compreensão intuitiva procura captar o sentido partindo de fracas e meras indicações contidas no material em questão, sem levar em conta os elementos que vêm à tona em formulações mais cuidadosas.

176   Nenhuma dessas duas tendências resulta de um ato arbitrário da vontade; são fruto da índole pessoal do indivíduo. Ambas contêm os seus perigos típicos e podem levar a sérios desvios. O perigo da tendência estética consiste na supervalorização do formal ou do valor "artístico" dos produtos da fantasia que afastam a libido do objeto

A natureza da psique   31

fundamental da função transcendente, desviando-a para os problemas puramente estéticos da formulação artística. O perigo do desejo
de entender o sentido material tratado está em supervalorizar o aspecto do conteúdo que está submetido a uma análise e a uma interpretação intelectual, o que faz com que se perca o caráter essencialmente simbólico do objeto. Mas estes desvios devem ser palmilha-
dos, para que se possam atender as exigências estéticas ou intelectuais que predominam em todos os casos individuais. Convém, entretanto, ressaltar o perigo contido nesses desvios, pois, a partir de certo
estágio da evolução psíquica, a tendência é supervalorizar ao extremo as fantasias produzidas pelo inconsciente, justamente pelo fato de
terem sido *subvalorizadas desmedidamente*. Esta subvalorização é um
dos maiores obstáculos para a formulação do material inconsciente.
É nestas ocasiões que aparecem os padrões coletivos à luz dos quais
são julgados os produtos individuais: nada do que não se enquadra
no esquema coletivo é considerado bom ou belo. É verdade que a
arte contemporânea começa a fazer tentativas compensadoras neste
sentido. O que falta, porém, não é o reconhecimento do produto individual, mas sua apreciação subjetiva, a compreensão do seu significado e do seu valor *para o sujeito*. O sentimento de inferioridade
com relação ao próprio produto não é regra geral. Não poucas vezes
se dá até o contrário, isto é, uma supervalorizaçao ingênua e desprovida de sentido crítico, e sempre associada a uma pretensão de reconhecimento coletivo. Quando superado, tal sentimento de inferioridade, inicialmente embaraçante, pode converter-se facilmente no
oposto, isto é, em uma supervalorização igualmente grande. Inversamente, a supervalorização inicial converte-se, muitas vezes, em ceticismo depreciador. O erro destes julgamentos decorre da falta de autonomia e da inconsciência do indivíduo, o qual ou só é capaz de avaliar com base em valores coletivos ou perde de todo a capacidade de
julgar por causa da inflação do ego.

Um dos caminhos em questão parece ser o princípio regulador do   177
outro; ambos estão ligados entre si por uma relação compensadora.
A experiência confirma esta afirmação. Até onde é possível, no momento, tirar conclusões de caráter mais genérico, a formulação estética precisa da compreensão do significado do material, e a compre-

ensão, por sua vez, precisa da formulação estética. As duas se completam, formando a função transcendente.

178   Os primeiros passos ao longo destes dois caminhos obedecem ao mesmo princípio: a consciência põe seus meios de expressão ao dispor do conteúdo inconsciente, e, mais do que isto, ela não pode fazer, para não desviar o conteúdo no rumo da consciência. Em se tratando de forma e conteúdo, a condução do processo deve ser deixada, tanto quanto possível, às ideias e associações casuais que ficam ao sabor do inconsciente. Esta situação representa uma espécie de retrocesso do ponto de vista consciente, e é sentida como algo de penoso. Não é difícil compreendê-la se nos recordarmos da maneira como os conteúdos do inconsciente se manifestam, isto é, como coisas que, ou são fracas por natureza para conseguir cruzar o limiar da consciência, ou são excluídas, por uma variada gama de motivos, como elementos incompatíveis. Na maioria dos casos, trata-se de conteúdos irracionais, indesejáveis ou inesperados, cuja desconsideração ou repressão é muito fácil de entender. Só uma parte diminuta dos conteúdos é de valor extraordinário, seja do ponto de vista coletivo, seja do ponto de vista subjetivo. Conteúdos destituídos de valor coletivo podem ter um valor imenso, quando considerados sob o ponto de vista individual. Este fato é expresso na acentuação afetiva que se lhe dá, pouco importando que o sujeito a sinta como positiva ou negativa. A própria sociedade se acha dividida quando se trata de admitir ideias novas e desconhecidas que mexem em sua sensibilidade. O intuito deste procedimento é descobrir *os conteúdos de tonalidade afetiva*, pois trata-se sempre daquelas situações em que a unilateralidade da consciência encontra a resistência da esfera dos instintos.

179   Em princípio, os dois caminhos só se bifurcam quando o aspecto estético se torna determinante para um deles, e o aspecto intelectual e moral para o outro. O caso ideal seria aquele em que os dois aspectos pudessem conviver normalmente lado a lado ou se sucedessem ritmicamente um ao outro. Parece-nos quase difícil que um exista sem o outro, embora isto aconteça na prática: o desejo de criar alguma coisa apossa-se de seu objeto, à custa de seu significado, ou o desejo de entender se antecipa à necessidade de formular adequadamente o material produzido. Os conteúdos inconscientes querem, antes de tudo, aparecer claramente, o que só é possível quando lhes é

A natureza da psique   33

dada uma formulação adequada, e só podemos julgá-los quando todas as coisas que eles nos dizem são claramente perceptíveis. É por
isto que já o próprio Freud fazia com que os conteúdos dos sonhos
expressassem o que tinham a dizer, por assim dizer, sob a forma de
"associações livres", antes de os interpretar.

Não é suficiente explicar, em todos os casos, apenas o contexto   180
conceitual do conteúdo de um sonho. Muitas vezes impõe-se a necessidade de esclarecer conteúdos obscuros, imprimindo-lhes uma forma visível. Pode-se fazer isto desenhando-os, pintando-os ou mode-
lando-os. Muitas vezes as mãos sabem resolver enigmas que o intelecto em vão lutou por compreender. Modelando um sonho, podemos
continuar a sonhá-lo com mais detalhes, em estado de vigília, e um
acontecimento isolado, inicialmente ininteligível, pode ser integrado
na esfera da personalidade total, embora inicialmente o sujeito não
tenha consciência disto. A formulação estética deixa-o tal como é, e
renuncia à ideia de descobrir-lhe um significado. Isto faz com que certos pacientes se imaginem artistas – naturalmente artistas mal compreendidos. O desejo de compreender o sentido do material produzido que renuncia à ideia de cuidadosa formulação para ele tem início
com uma associação casual tosca, e por isso carece de base satisfatória. Só se tem alguma esperança de êxito quando se começa com um
produto já formulado. Quanto menor a quantidade de material inicial formulado, tanto maior o perigo de que a compreensão seja determinada, não pelos fatos empíricos, mas pelos preconceitos teóricos e
morais. A compreensão a que aludimos neste estágio consiste em reconstituir o sentido que, hipoteticamente, parece inerente à ideia
"casual" primitiva.

É evidente que um tal modo de proceder só é legítimo quando há   181
razão suficiente para tal. Só se pode deixar a condução do processo
ao inconsciente quando houver nele uma vontade de dirigir. Isto só
acontece quando a consciência está de certo modo em uma situação
crítica. Quando se consegue formular o conteúdo inconsciente e entender o sentido da formulação, surge a questão de saber como o ego
se comporta diante desta situação. Tem, assim, início a *confrontação
entre o ego e o inconsciente*. Esta é a segunda e a mais importante etapa do procedimento, isto é, a aproximação dos opostos da qual resulta o aparecimento de um terceiro elemento que é a função transcen-

dente. Neste estágio, a condução do processo já não está mais com o inconsciente, mas com o ego.

182 Não definiremos o ego aqui, mas o deixamos em sua realidade, como o centro de continuidade da consciência cuja presença se faz sentir desde os primeiros tempos da infância. O ego se acha confrontado com um fato psíquico, um produto cuja existência se deve principalmente a um evento inconsciente, e por isto se encontra, de algum modo, em oposição ao ego e as suas tendências.

183 Este ponto de vista é essencial em cada processo de confrontação com o inconsciente. O ego deve receber o mesmo valor, no processo, que o inconsciente, e vice-versa. Isto constitui uma advertência por demais necessária, pois justamente do mesmo modo como a consciência do homem civilizado exerce uma influência limitadora sobre o inconsciente, assim também um inconsciente novamente descoberto age perigosamente sobre o eu. Assim como o eu reprimira o inconsciente, assim também um inconsciente libertado pode pôr de lado o eu e dominá-lo. O perigo está em "perder a serenidade", isto é, em não poder mais defender sua existência contra a pressão dos fatores afetivos – situação esta que encontramos frequentemente no início da esquizofrenia. Não haveria este perigo – ou não existiria de maneira tão aguda – se a confrontação com o inconsciente pudesse desfazer-se da dinâmica dos afetos. E de fato isto acontece, em geral, quando se estetiza ou se intelectualiza a posição contrária. Ora, a confrontação com o inconsciente deve ser multilateral, pois a função transcendente não é um processo parcial que poderia desenvolver-se de maneira condicional, mas um acontecimento integral em que se acham incluídos ou – melhor – em que deveriam ser incluídos todos os aspectos em questão. O afeto, portanto, deve desdobrar todos os seus valores. A estetização e a intelectualização do par de opostos são armas excelentes contra afetos perigosos, mas só devem ser empregadas quando nos achamos diante de uma ameaça vital, e não para nos furtarmos a uma obrigação necessária.

184 Graças às descobertas fundamentais de Freud, sabemos que o tratamento da neurose deve considerar o fator emocional em toda a sua extensão, deve levar a sério a personalidade como um todo; e isto vale também para as duas partes interessadas: tanto para o paciente como para o médico analista. Até que ponto este último pode se de-

A natureza da psique   35

fender por trás do escudo da teoria é uma questão delicada que fica a
seu critério. Em qualquer dos casos, o tratamento da neurose não é
uma "cura de águas", mas uma renovação da personalidade e, por
isto mesmo, é geral e repercute em todos os domínios da vida. A confrontação com o oposto é um fato muito sério do qual depende, às
vezes, tanta coisa. Um dos requisitos essenciais do processo de confrontação é que se leve a sério o lado oposto. Somente deste modo é
que os fatores reguladores poderão ter alguma influência em nossas
ações. Tomá-lo a sério não significa *tomá-lo ao pé da letra*, mas con-
ceder um crédito de confiança ao inconsciente, proporcionando-lhe,
assim, a possibilidade de cooperar com a consciência em vez de per-
turbá-la automaticamente.

A confrontação, portanto, não justifica apenas o ponto de vista   185
do eu, mas confere igual autoridade ao inconsciente. A confrontação
é conduzida a partir do eu, embora deixando que o inconsciente também fale – *audiatur et altera pars* (ouça-se também a outra parte).

Nos casos em que se ouve mais ou menos claramente a "outra   186
voz", percebe-se mais facilmente a forma pela qual é conduzido o
processo de confrontação. Para essas pessoas é tecnicamente muito
fácil fixar por escrito a "outra voz" e responder ao que ela diz, partindo do ponto de vista do eu. É exatamente como se se travasse um
diálogo entre duas pessoas com direitos iguais, no qual cada um dos
interlocutores considerasse o outro capaz de lhe apresentar um argumento válido e, por consequência, achasse que valeria a pena aproxi-
mar os pontos de vista contrastantes, mediante uma comparação e
discussão minuciosa e exaustiva, ou distingui-los claramente um do
outro. Como o caminho para esta adequação só raras vezes está aberto de imediato, na maioria dos casos tem-se de suportar um longo
conflito que exige sacrifícios de ambas as partes. Aproximação semelhante poderá ocorrer também entre o analista e o paciente, cabendo
ao primeiro o papel de *advocatus diaboli* (advogado do diabo).

É espantoso constatar o quão diminuta é a capacidade das pesso-   187
as em admitir a validade do argumento dos outros, embora esta capacidade seja uma das premissas fundamentais e indispensáveis de qualquer comunidade humana. Todos os que têm em vista uma confrontação consigo próprios devem contar sempre com esta dificuldade
geral. Na medida em que o indivíduo não reconhece o valor do ou-

tro, nega o direito de existir também ao "outro" que está em si, e vice-versa. A capacidade de diálogo interior é um dos critérios básicos da objetividade.

188   Embora o processo de confrontação possa parecer simples no caso do diálogo interior, é sem dúvida bem mais complicado nos casos em que só há produtos visuais que falam uma linguagem bastante eloquente para os que a entendem, mas falam uma linguagem de surdo-mudo para quem não a entende. O eu deve tomar a iniciativa, diante de tais manifestações, e perguntar: "Que influência o sinal exerce sobre mim?" A pergunta faustiana pode suscitar uma resposta iluminadora. Quanto mais direta, tanto mais preciosa será, porque o seu caráter imediato e sua naturalidade garantem reação mais ou menos total. Em tais casos não é absolutamente necessário que o próprio processo de confrontação se torne consciente em todos os seus detalhes. Muitas vezes, uma reação total não tem, ao dispor aqueles pressupostos, pontos de vista e conceitos teóricos que nos possibilitem uma apreensão clara de seu sentido. Neste caso, devemos nos contentar com o sentimento tácito mais rico de sugestões, que surge em lugar deles e que é mais do que uma conversa brilhante.

189   O alternar-se de argumentos e de afetos forma a função transcendente dos opostos. A confrontação entre as posições contrárias gera uma tensão carregada de energia que produz algo de vivo, um terceiro elemento que não é um aborto lógico, consoante o princípio: *tertium non datur* (não há um terceiro integrante), mas um deslocamento a partir da suspensão entre os apostos e que leva a um novo nível de ser, a uma nova situação. A função transcendente aparece como uma das propriedades características dos opostos aproximados. Enquanto estes são mantidos afastados um do outro – evidentemente para se evitar conflitos – eles não funcionam e continuam inertes.

190   Qualquer que seja o aspecto que os opostos possam assumir nos casos individuais, fundamentalmente trata-se sempre de uma consciência desgarrada e mergulhada obstinadamente na unilateralidade e confrontada com a visão de uma totalidade e uma liberdade instintivas. Dando-nos a imagem do antropoide e do homem arcaico, de um lado com o seu mundo instintivo, pretensamente sem freios, e, do outro, com seu mundo de ideias espirituais, muitas vezes incompreendido, que emerge da escuridão do inconsciente, compensando

A natureza da psique

e corrigindo nossa unilateralidade e nos mostrando de que modo e em que ponto nos desviamos do plano fundamental e nos atrofiamos psiquicamente.

Devo contentar-me aqui em descrever as formas externas e as possibilidades da função transcendente. Uma outra tarefa da maior importância seria a descrição dos *conteúdos* da função transcendente. Já existe uma grande quantidade de material a este respeito, mas ainda não foram superadas todas as dificuldades que esta descrição nos oferece. Precisamos ainda de uma série de estudos preparatórios até que se criem as bases conceituais que nos permitam uma descrição clara e compreensível destes conteúdos. Infelizmente, até o presente, minha experiência me diz que o público científico em geral não está ainda capacitado para acompanhar semelhantes reflexões e argumentos psicológicos, porque nisto entrariam atitudes demasiadamente pessoais e preconceitos filosóficos e intelectuais. Quando os indivíduos se deixam mover pelos seus afetos pessoais, seus julgamentos são sempre subjetivos, porque consideram impossível tudo o que não parece valer para o seu caso, ou que preferem ignorar. São incapazes de entender que aquilo que se aplica a eles pode não valer para outras pessoas com uma psicologia diferente. Em qualquer dos casos, estamos ainda infinitamente longe de um esquema de explicação que valha para todos.

Um dos grandes obstáculos para a compreensão psicológica é a indiscreta curiosidade de saber se o quadro psicológico apresentado é "verdadeiro" ou "correto". Se a exposição não é deturpada ou falsa, o fato em si é verdadeiro e comprova sua validade mediante sua existência. O ornitorrinco é, porventura, uma invenção "verdadeira" ou correta da vontade do Criador? Igualmente infantil é o preconceito contra o papel que os pressupostos mitológicos desempenham na vida da psique humana. Como não são "verdadeiros" – argumenta-se – estes pressupostos não podem ter um lugar numa explicação científica. Mas os mitologemas *existem*, mesmo que suas expressões não coincidam com nosso conceito incomensurável de "verdade".

Como o processo de confrontação com o elemento contrário tem caráter de totalidade, nada fica excluído dele. Tudo se acha envolvido na discussão, embora se tenha consciência de alguns fragmentos. A consciência é ampliada continuamente ou – para sermos mais exatos – poderia ser ampliada pela confrontação dos conteúdos até então inconscientes se se desse ao cuidado de integrá-los. Mas isto evidentemente nem sempre acontece. E mesmo quando se tem suficiente inteligência para compreender o problema, falta coragem e autoconfiança, ou a pessoa é espiritual e moralmente demasiado preguiçosa ou covarde para fazer qualquer esforço. Mas quando há os pressupostos necessários, a função transcendente constitui não apenas um complemento valioso do tratamento psicoterapêutico, como oferece também ao paciente a inestimável vantagem de poder contribuir, por seus próprios meios, com o analista, no processo de cura e, deste modo, não ficar sempre dependendo do analista e de seu saber, de maneira muitas vezes humilhante. Trata-se de uma maneira de se libertar pelo próprio esforço e encontrar a coragem de ser ele próprio.

III

Considerações gerais sobre a teoria dos complexos[1]

A psicologia moderna tem em comum com a física moderna o fato de que seu método goza de maior significação intelectual do que seu objeto. Isto é, seu objeto, a psique, é tão profundamente variado em seus aspectos, tão indefinido e ilimitado, que as definições dadas a seu respeito são forçosamente difíceis e até mesmo impossíveis de interpretar, ao passo que as definições estabelecidas pelo modo de observação e pelo método que deriva dele, são – ou pelo menos deveriam ser – grandezas conhecidas. A pesquisa psicológica parte destes fatores empírica ou arbitrariamente definidos e observa a psique à luz das alterações que se verificam nessas grandezas. O psíquico aparece, por conseguinte, como uma perturbação de um provável modo de proceder exigido pelos respectivos métodos. O princípio deste procedimento é, *cum grano salis*, aquele das ciências naturais em geral.

É evidente que, nestas circunstâncias, tudo, por assim dizer, depende dos pressupostos metodológicos e forçam amplamente o resultado. É verdade que o *objeto* próprio da investigação concorre de certo modo, mas não se comporta como se comportaria um ser autônomo deixado em sua situação natural e imperturbada. Por isso, de há muito se reconheceu, justamente em psicologia experimental e, sobretudo em psicopatologia, que uma determinada disposição de experiência não é capaz de apreender imediatamente o processo psí-

194

195

---

1. Aula inaugural pronunciada na Escola Politécnica Federal (Eidg. Tech. Hochschule) de Zurique, em 5 de maio de 1934.

quico, mas que entre este e a experiência se interpõe um certo condicionamento psíquico que poderíamos chamar de *situação da experiência*. Esta "situação" psíquica, em determinados casos pode comprometer toda a experiência, assimilando não só a disposição experimental, mas até mesmo a intenção que lhe deu origem. Por *assimilação* entendemos uma atitude por parte do sujeito submetido à experiência e que interpreta erroneamente a experiência, porque manifesta uma tendência, desde logo invencível, de considerar a experiência, por exemplo, como um teste de inteligência ou uma tentativa de lançar um olhar indiscreto por trás dos bastidores. Semelhante atitude encobre o processo que a experiência se esforça por observar.

196   Isto tem-se verificado principalmente nas experiências de associação, e nestas ocasiões se descobriu que o objetivo do método, que era determinar a velocidade média das reações e de suas qualidades, era um resultado relativamente secundário, comparando-se com a maneira como o método tem sido *perturbado* pelo comportamento autônomo da psique, isto é, pela assimilação. Foi então que descobri os *complexos de tonalidade afetiva* que anteriormente eram registrados sempre como *falhas de reação*.

197   A descoberta dos complexos e dos fenômenos provocados por eles mostrou claramente a fragilidade das bases em que se apoiava a velha concepção – que remonta a Condillac[2] – segundo a qual era possível pesquisar processos psíquicos isolados. Não há processos psíquicos isolados, como não existem processos vitais isolados. De qualquer maneira, não se conseguiu ainda descobrir um meio de os isolar experimentalmente[3]. Só uma atenção e uma concentração especialmente treinadas conseguem isolar, na aparência, um processo correspondente à intenção da experiência. Mas temos aqui de novo uma *situação de experiência* que só difere da anteriormente descrita porque desta vez a consciência assumiu o papel de complexo assimi-

---

2. Etienne Bonnot de Condillac, filósofo e economista político francês, 1715-1780. Difundiu as teorias de Locke na França, e com suas obras *Traité des Systemes* (1749) e *Traité des sensationis* (1754) tornou-se o verdadeiro fundador do sensualismo.

3. Exceção a esta regra são os processos de crescimento dos tecidos que se mantêm vivos em um meio nutriente.

A natureza da psique   41

lante, ao passo que, no caso precedente, tratava-se de complexos de inferioridade mais ou menos inconscientes.

Isto, porém, de modo nenhum quer dizer que o *valor* da experiência seja colocado fundamentalmente em questão, mas que é apenas criticamente limitado. No domínio dos processos psicofisiológicos como, por exemplo, o das percepções sensoriais, prevalece o puro mecanismo reflexo, porque a intenção experimental é manifestamente inofensiva, não se produzindo nenhuma assimilação, e, mesmo que se produza, é ínfima, e por isto a experiência não é seriamente perturbada. Diferente é o que se passa no domínio dos processos psíquicos complicados, onde a disposição da experiência não conhece limitações das possibilidades definidas e conhecidas. Aqui, onde estão ausentes as salvaguardas propiciadas por uma determinação de fins específicos, emergem, em contrapartida, possibilidades ilimitadas que, às vezes, dão origem, já desde o início, a uma situação de experiência que chamamos *constelação*. Este termo exprime o fato de que a situação exterior desencadeia um processo psíquico que consiste na aglutinação e na atualização de determinados conteúdos. A expressão "está constelado" indica que o indivíduo adotou uma atitude preparatória e de expectativa, com base na qual reagirá de forma inteiramente definida. A constelação é um processo automático que ninguém pode deter por própria vontade. Esses conteúdos constelados são determinados *complexos* que possuem energia específica própria. Quando a experiência em questão é a de associações, os complexos em geral influenciam seu curso em alto grau, provocando reações perturbadas, ou provocam, para as dissimular, um *determinado modo de reação* que se pode notar, todavia, pelo fato de não mais corresponderem ao sentido da palavra-estímulo. As pessoas cultas e dotadas de vontade, quando submetidas à experiência, podem, graças à sua habilidade verbal e motora, fechar-se para o sentido de uma palavra-estímulo com brevíssimos tempos de reação, de modo a não serem afetadas por ele. Mas isto somente surte efeito quando se trata de defender segredos pessoais de suma importância. A arte de um Talleyrand, de usar palavras para dissimular ideias, é dada, porém, somente a poucos. Pessoas inteligentes, e particularmente as mulheres, protegem-se, com ajuda do que se chama *predicados de valor*, o que muitas vezes pode resultar em um quadro bastante cômico. Predicados de valor são atributos afetivos, tais como belo, bom, fiel,

198

doce, amável etc. Na conversação corrente observa-se, não poucas vezes, que certas pessoas acham tudo interessante, encantador, bom e bonito, em inglês: *fine, marvellous, grand, splendid*, e sobretudo *fascinating*, o que, de modo geral, dissimula uma ausência interior de interesse e participação, ou serve para manter o objeto em questão o mais afastado possível.

Entretanto, a grande maioria das pessoas submetidas à experiência não conseguem evitar que seus complexos pincem certas palavras-estímulo e as dotem de uma série de sintomas de perturbação, sobretudo com tempos de reação prolongados. Podemos associar estas experiências às medidas elétricas de resistência, empregadas pela primeira vez para tal fim por Veraguth[4], onde os chamados *fenômenos reflexos psicogalvânicos* proporcionam novos indícios de reações perturbadas pelos complexos.

199   A experiência das associações é de interesse geral, na medida em que, mais do que qualquer outro experimento de igual simplicidade, determina a situação psíquica do *diálogo*, com uma determinação mais ou menos exata das medidas e das qualidades. Em vez de questões sob a forma de frases determinadas usa-se a palavra-estímulo vaga, ambígua e, por isso mesmo, incômoda, e em vez de uma resposta tem-se a reação em uma única palavra. Mediante acurada observação das perturbações das reações perturbadas, apreendem-se e registram-se determinados fatos em geral propositalmente ignorados na conversação comum, e isto nos possibilita descobrir coisas que apontam precisamente para certos fundos de cena silenciados, para aquelas disposições, ou constelações, a que acima me referi. O que acontece na experiência das associações acontece também em qualquer conversa entre duas pessoas. Em ambos os casos observa-se uma situação experimental que às vezes constela complexos que assimilam o objeto da conversação ou da situação em geral, incluindo os interlocutores. Com isto a conversação perde o seu caráter objetivo e sua finalidade própria, os complexos constelados frustram as intenções do interlocutor e podem mesmo colocar em seus lábios outras respostas que ele mais tarde não será capaz de recordar. Este procedimento tem sido utilizado com vantagem, em criminalística, com o *interrogatório cruzado* das testemunhas. Na Psicologia, ao invés, é o chamado

---

4. *Das Psychogalvanische Reflexphänomen* (O fenômeno psicogalvânico reflexo).

A natureza da psique   43

experimento de repetição que descobre e localiza as lacunas da lembrança. Ou seja, depois de cem repetições, por exemplo, pergunta-se às pessoas submetidas à experiência o que elas responderam às diversas palavras-estímulo. As lacunas ou falsificações da memória ocorrem, com regularidade e em média, em todos os campos da associação perturbados pelos complexos.

Intencionalmente, até aqui deixei de falar da natureza dos complexos, supondo, tacitamente, que era conhecida. Como se sabe, a palavra "complexo" no seu sentido psicológico introduziu-se na língua alemã e inglesa correntes*. Hoje em dia todo mundo sabe que as pessoas "têm complexos". Mas o que não é bem conhecido e, embora teoricamente seja de maior importância, é que os complexos podem "nos ter". A existência dos complexos põe seriamente em dúvida o postulado ingênuo da unidade da consciência que é identificada com a "psique", e o da supremacia da vontade. Toda constelação de complexos implica um estado perturbado de consciência. Rompe-se a unidade da consciência e se dificultam mais ou menos as intenções da vontade, quando não se tornam de todo impossíveis. A própria memória, como vimos, é muitas vezes profundamente afetada. Daí se deduz que o complexo é um fator psíquico que, em termos de energia, possui um valor que supera, às vezes, o de nossas intenções conscientes; do contrário, tais rupturas da ordem consciente não seriam de todo possíveis. De fato, um complexo ativo nos coloca por algum tempo num estado de *não liberdade*, de pensamentos obsessivos e ações compulsivas para os quais, sob certas circunstâncias, o conceito jurídico de imputabilidade limitada seria o único válido.

O que é, portanto, cientificamente falando, um "complexo afetivo"? É a imagem de uma determinada situação psíquica de forte carga emocional e, além disso, incompatível com as disposições ou atitude habitual da consciência. Esta imagem é dotada de poderosa coerência interior e tem sua totalidade própria e goza de um grau relativamente elevado de *autonomia*, vale dizer: está sujeita ao controle das disposições da consciência até um certo limite e, por isto, comporta-se, na esfera do consciente, como um *corpus alienum* (corpo estranho), animado de vida própria. Com algum esforço de vontade, pode-se, em geral,

200

201

---

* E também para outras línguas, como a nossa [N.T.].

reprimir o complexo, mas é impossível negar sua existência, e na primeira ocasião favorável ele volta à tona com toda a sua força original. Certas investigações experimentais parecem indicar que sua curva de intensidade ou de atividade tem caráter ondulatório, com um comprimento de onda que varia de horas, dias ou semanas. Esta questão é muito complicada e ainda não se acha de todo esclarecida.

202 Aos trabalhos da psicopatologia francesa, e em particular aos esforços de Pierre Janet, devemos os conhecimentos que hoje possuímos sobre a extrema dissociabilidade da consciência. Janet e Morton Prince conseguiram produzir quatro e até cinco cisões da personalidade, verificando que cada fragmento da personalidade tinha uma componente caracterológica própria e sua memória separada. Cada um destes fragmentos existe lado a lado, relativamente independentes uns dos outros, e pode a qualquer tempo revezar-se mutuamente, ou seja, possui cada um um elevado grau de autonomia. Minhas observações sobre os complexos completam este quadro um tanto inquietador das possibilidades de desintegração psíquica, pois, no fundo, não há *diferença de princípio algum entre uma personalidade fragmentária e um complexo*. Ambos têm de comum características essenciais e em ambos os casos coloca-se também a delicada questão da *consciência fragmentada*. As personalidades fragmentárias possuem indubitavelmente uma consciência *própria*, mas a questão de saber se fragmentos psíquicos tão diminutos como os complexos são também capazes de ter consciência *própria* ainda não foi resolvida. Devo confessar que esta questão me tem ocupado muitas vezes, pois os complexos se comportam como os diabretes cartesianos e parecem comprazer-se com as travessuras dos duendes. Põem em nossos lábios justamente a palavra errada; fazem-nos esquecer o nome da pessoa que estamos para apresentar; provocam-nos uma necessidade invencível de tossir, precisamente no momento em que estamos no mais belo pianíssimo do concerto; fazem tropeçar ruidosamente na cadeira o retardatário que quer passar despercebido; num enterro, mandam-nos congratular-nos com os parentes enlutados, em vez de apresentar-lhes condolências; são os autores daquelas maldades que F.Th. Vischer atribuía aos *objetos inocentes*[5]. São os personagens de nossos sonhos diante dos quais

---

5. Cf. *Auch Einer* [Sobre este ponto, cf. JUNG. *Psychologische Typen*, p. 418. OC, 6].

A natureza da psique   45

nada podemos fazer; são os seres *élficos*, tão bem caracterizados no folclore dinamarquês, pela história do pastor que tentou ensinar o Pai-nosso a dois elfos. Fizeram o maior esforço para repetir com exatidão as palavras ensinadas, mas, já na primeira frase, não puderam deixar de dizer: "Pai nosso, que *não* estás no céu". Como era de esperar, por razões teóricas, mostraram-se ineducáveis.

Cum maximo salis grano, espero que ninguém me leve a mal essa   203
metaforização de um problema científico. Uma formulação dos fenômenos dos complexos, por mais sóbria que seja, não consegue contornar o fato impressionante de sua autonomia, e quanto mais profundamente ela penetra a natureza – quase diria a biologia – dos complexos, tanto mais claramente ressalta seu caráter de alma fragmentária. A psicologia onírica nos mostra, com toda a clareza, que os complexos aparecem *em forma personificada*, quando são reprimidos por uma consciência inibidora, do mesmo modo como o folclore descreve os duendes que, de noite, fazem barulheira pela casa. Observamos o mesmo fenômeno em certas psicoses nas quais os complexos "falam alto" e aparecem como "vozes" que apresentam características de pessoas.

Hoje em dia podemos considerar como mais ou menos certo que   204
os complexos são *aspectos parciais da psique dissociados*. A etiologia de sua origem é muitas vezes um chamado *trauma*, um choque emocional, ou coisa semelhante, que arrancou fora um pedaço da psique. Uma das causas mais frequentes é, na realidade, um *conflito moral* cuja razão última reside na impossibilidade aparente deaderir à totalidade da natureza humana. Esta impossibilidade pressupõe uma dissociação imediata, quer a consciência do eu o saiba, quer não. Regra geral, há uma inconsciência pronunciada a respeito dos complexos, e isto naturalmente lhes confere uma liberdade ainda maior. Em tais casos, a sua força de assimilação se revela de modo todo particular, porque a inconsciência do complexo ajuda a assimilar inclusive o eu, resultando daí uma *modificação momentânea e inconsciente da personalidade*, chamada *identificação* com o complexo. Na Idade Média, este conceito completamente moderno tinha um outro nome: chamava-se *possessão*. Provavelmente ninguém imaginará que este estado seja tão inofensivo; em princípio, porém, não há diferença entre um lapso corrente de linguagem causado por um complexo e as disparatadas blasfêmias de um possesso. Há apenas uma *diferença de*

grau. A história da linguagem nos fornece também abundantes provas em abono desta afirmação. Quando alguém está sob a emoção de algum complexo costuma-se dizer: "Que foi que lhe aconteceu hoje?", ou "Está com o diabo no corpo!" etc. Ao usar estas metáforas já um tanto gastas, naturalmente não pensamos mais em seu significado original, embora este seja ainda facilmente reconhecível e nos mostre, indubitavelmente, que o homem mais primitivo e mais ingênuo não "psicologizava" os complexos perturbadores, mas os considerava como *entia per se* (entidades próprias), isto é, como *demônios*. A ulterior evolução da consciência gerou tal intensidade no complexo do eu ou da consciência pessoal, que os complexos foram despojados de sua autonomia original, pelo menos no uso linguístico comum. Em geral se diz: "Tenho um complexo". A voz admoestadora do médico diz à paciente histérica: "Suas dores não são reais. *A senhora imagina que sofre*". O *medo da infecção* é aparentemente uma *fantasia* arbitrária do doente, em qualquer caso procura-se convencê-lo de que ele está remoendo uma ideia delirante.

205   Não é difícil ver que a concepção moderna corrente trata do problema como se o complexo indubitavelmente fosse inventado ou "imaginado" pelo paciente e que, por conseguinte, não existiria se o doente não se empenhasse, de algum modo deliberadamente, a lhe conferir vida. Está confirmado, pelo contrário, que os complexos possuem autonomia notável; que as dores sem fundamento orgânico, isto é, consideradas imaginárias, causam-nos sofrimento tanto quanto as verdadeiras, e que a fobia de uma doença não revela a mínima tendência a desaparecer, ainda que o próprio doente, o médico e, para completar, o uso da linguagem assegurem que ela mais não é do que mera imaginação.

206   Deparamos aqui com um caso interessante do modo de ver dito *apotropeico*, que se situa na mesma linha das designações eufemísticas da Antiguidade, de que é exemplo clássico o Πόυτος εὔξεινος (o Mar Hospitaleiro). Da mesma forma como as Erínias eram chamadas, por prudência e propiciatoriamente, de *Eumênides*, as *Bem-intencionadas*, assim também a consciência moderna considera todos os fatores internos de perturbação como sua própria atividade: simplesmente os assimila. Isto não se faz, naturalmente, admitindo abertamente o eufemismo apotropeico, mas por força de uma tendência, igualmente incons-

ciente, de *tornar irreal* a autonomia do complexo, conferindo-lhe um nome diferente. Nisto, a consciência se comporta como o indivíduo que, tendo ouvido um barulho suspeito no sótão, precipita-se para a adega, para aí verificar, afinal, que não há ladrão algum aí, e que, por conseguinte, o barulho era pura imaginação sua. Na realidade este homem cauteloso simplesmente não se arriscou a ir ao sótão.

À primeira vista não se percebe nitidamente o motivo pelo qual o *temor* estimula a consciência a considerar os complexos como sua própria atividade. Os complexos parecem de tal banalidade e, mesmo, de futilidade tão ridícula, que nos causam vergonha, e tudo fazemos para ocultá-los. Mas, se realmente fossem assim tão fúteis, não poderiam ser ao mesmo tempo tão dolorosos? Doloroso é o que provoca um sofrimento, portanto alguma coisa verdadeiramente desagradável e, por isso mesmo, importante em si mesma, e que não deve ser menosprezada. Mas há em nós a tendência a considerar irreal, *tanto quanto possível*, o que nos molesta. A explosão da *neurose* assinala o momento em que já nada mais se pode fazer com os meios mágicos primitivos dos gestos apotropeicos e do eufemismo. A partir deste momento o complexo se instala na superfície da consciência, não sendo mais possível evitá-lo, e progressivamente assimila a consciência do eu, da mesma forma como esta tentava anteriormente assimilar o complexo. O resultado final de tudo isto é a *dissociação neurótica da personalidade*.

Através de semelhante desenvolvimento, o complexo revela sua força original que excede às vezes até mesmo o poder do complexo do eu. Somente então é que se compreende que o eu tem toda a razão de praticar a magia cautelosa dos nomes com o complexo, pois é de todo evidente que aquilo que meu eu receia é algo que ameaça sinistramente controlar minha vida. Entre as pessoas que passam geralmente por normais, há um grande número que guarda consigo um *skeleton in the cupboard* (um esqueleto dentro do armário) cuja existência não se deve mencionar em sua presença, sob pena de morte, tão grande é o medo que este fantasma, sempre à espreita, inspira-nos. Todos aqueles que ainda se acham no estágio em que *consideram irreais os seus complexos*, apelam para os fatos produzidos pelas neuroses, a fim de mostrar que se trata de naturezas positivamente mórbidas, às quais – evidentemente – não pertencem. Como se contrair uma doença fosse privilégio exclusivo dos doentes!

209   A tendência de anular a realidade dos complexos, assimilando-os, prova, não sua *inanidade*, mas a sua *importância*. É a confissão negativa do temor instintivo do homem primitivo diante de coisas obscuras, invisíveis e que se movem por si mesmas. Este temor manifesta-se, de fato, no primitivo, como chegar da escuridão da noite, do mesmo modo que entre nós é durante a noite que os complexos ensurdecidos, como bem o sabemos, pelo bulício da vida, levantam sua voz com mais força, afugentando o sono ou pelo menos perturbando-o com sonhos maus. Na verdade, os complexos constituem objetos da experiência interior e não podem ser encontrados em plena luz do dia, na rua ou em praças públicas. É dos complexos que depende o bem-estar ou a infelicidade de nossa vida pessoal. Eles são os *Lares* e os *Penates* que nos aguardam à beira da lareira e cuja paz é tão perigoso enaltecer. São o *gentle folk* que tanto perturbam nossas noites com suas travessuras. Naturalmente, enquanto os seres maus atormentam somente nosso vizinho, eles nada representam para nós, mas a partir do momento em que nos atacam, então é preciso ser médico para saber que terríveis parasitas os complexos podem ser. Para se ter uma ideia completa da realidade do complexo, é preciso ter visto famílias inteiras moral e fisicamente destruídas no decurso de alguns decênios, bem como as tragédias sem precedentes e a miséria desesperadora que se seguem na sua esteira. Compreende-se então quão ociosa e pouco científica é a ideia de se "imaginar" um complexo. Se desejarmos uma comparação médica, nada melhor do que comparar os complexos com as infecções ou com tumores malignos que nascem sem a mínima participação da consciência. Esta comparação, todavia, não é de todo satisfatória, porque os complexos não são totalmente de natureza mórbida, mas *manifestações vitais* próprias da *psique*, seja esta diferenciada ou primitiva. Por isso, encontramos traços inegáveis de complexos em todos os povos e em todas as épocas. Os monumentos literários mais antigos revelam sua presença. Assim, a *epopeia de Gilgamesh* descreve a psicologia do complexo de poder com inigualável maestria, e o Livro de Tobias, no Antigo Testamento, contém a história de um complexo erótico e de sua cura.

A *crença nos espíritos*, difundida universalmente, é expressão direta da *estrutura* do inconsciente, *determinada pelos complexos*. Os complexos, com efeito, constituem as verdadeiras *unidades vivas da psique inconsciente*, cuja existência e constituição só podemos deduzir através deles. O inconsciente, de fato, nada mais seria do que uma sobrevivência de representações esmaecidas e "obscuras", como na psicologia de Wundt, ou a *fringe of consciousness*, como o denomina William James, se não existissem complexos. Freud foi o verdadeiro descobridor do inconsciente psicológico porque pesquisou esses pontos obscuros ao invés de os colocar de lado, classificando-os eufemisticamente como meros atos falhos. *A via regia* que nos leva ao inconsciente, entretanto, não são os sonhos, como ele pensava, mas os complexos, responsáveis pelos sonhos e sintomas. Mesmo assim, essa via quase nada tem de régia, visto que o caminho indicado pelos complexos assemelha-se mais a um atalho áspero e sinuoso que frequentemente se perde num bosque cerrado e, muitas vezes, em lugar de nos conduzir ao âmago do inconsciente, passa ao largo dele.

O *temor do complexo* é um marco indicador enganoso, porque aponta sempre para longe do inconsciente e nos encaminha para a consciência. Os complexos são de tal modo desagradáveis, que ninguém, em sã razão, deixa-se convencer que as forças instintivas que alimentam o complexo podem conter qualquer coisa de proveitoso. A consciência está invariavelmente convencida de que os complexos são inconvenientes e, por isso, devem ser eliminados de um modo ou de outro. Apesar da esmagadora abundância de testemunhos que nos mostram a universalidade dos complexos, as pessoas têm repugnância em considerá-los como *manifestações normais da vida*. O temor do complexo é um *preconceito* fortíssimo, pois o *medo* supersticioso *do que é desfavorável* sobreviveu intocado pelo nosso decantado Iluminismo. Este medo provoca violenta *resistência* quando investigamos os complexos, e é necessária alguma decisão para vencê-lo.

O temor e a resistência são os marcos indicadores que balizam a via régia em direção ao inconsciente. É óbvio que exprimam, em primeira linha, uma opinião preconcebida com relação àquilo que eles indicam. Nada mais natural que, de um sentimento de medo, deduza-se a existência de *algo perigoso*, e da sensação de repulsa a existência de uma coisa *repelente*. O paciente procede deste modo, assim como o público, e finalmente o médico, e esta é bem a razão pela qual a primeira teoria médica sobre o inconsciente foi, logicamente, a *teoria do recalque* que, elaborada por Freud. Concluindo retrospectivamente a partir da natureza dos complexos, esta concepção considera o inconsciente como sendo constituído essencialmente de tendências incompatíveis que se tornam vítimas do recalque, em virtude de sua natureza imoral. Não há nada melhor do que esta constatação que nos oferece uma demonstração mais convincente de que o autor desta concepção procedeu de maneira meramente empírica, sem se deixar influenciar em nada por premissas filosóficas. Muito antes de Freud já se falava do inconsciente. Leibniz já introduzira esta noção em filosofia. Kant e Schelling expressaram suas opiniões a respeito dele, e Carus fez deste conceito, pela primeira vez, um sistema ao qual sucedeu Eduard von Hartmann, com sua importante obra *Philosophie des Unbewussten* (*Filosofia do inconsciente*), não se sabe até que ponto por ele influenciado. A primeira teoria médico-psicológica tem tão pouco a ver com estes antecedentes quanto com Nietzsche.

213   A teoria de Freud é uma descrição fiel de experiências reais, obtidas no decorrer das investigações dos complexos. Como, porém, tais investigações não podiam se processar senão sob a forma de *diálogo* entre duas pessoas, ao formular-se a teoria entram em consideração não só os complexos de um dos interlocutores, mas também os do outro. Qualquer diálogo que se aventure nesses domínios protegidos pelo medo e pela resistência visa o essencial, e, impelindo um dos parceiros à integração de sua totalidade, obriga também o outro a uma tomada de posição mais total, ou seja, impele-o igualmente a uma totalidade sem a qual ele não estaria em condição de conduzir o diálogo até aqueles desvãos da psique povoados de mil temores. Nenhum pesquisador, por mais objetivo e isento de preconceitos que seja, pode abstrair de seus próprios complexos, porque estes gozam da mesma autonomia que os das outras pessoas. Não *pode* abstrair deles porque estes dependem do indivíduo. Na verdade, os complexos fazem parte da *constituição psíquica* que é o *elemento absolutamente predeterminado* de cada indivíduo. Por isso, é a constituição que decide inapelavelmente a questão de saber que concepção psicológica terá um determinado observador. A limitação inevitável que acompanha qualquer observação psicológica é a de que ela, para ser válida, pressupõe a equação pessoal do observador.

A natureza da psique 51

Por isto é que a teoria psicológica expressa, antes e acima de tudo, uma situação psíquica criada pelo diálogo entre um determinado observador e certo número de indivíduos observados. Como o diálogo se trava, em grande parte, no plano das resistências dos complexos, a teoria traz necessariamente a marca específica dos complexos: ela é *chocante*, no sentido mais geral da palavra, porque atua, por sua vez, sobre os complexos do público. Por isto, todas as concepções da psicologia moderna são não apenas controversas, mas *provocantes*. Causam no público reações violentas de adesão ou de repulsa, e, no domínio da discussão científica, provocam debates emocionais, surtos de dogmatismos, susceptibilidades pessoais etc.

À luz destes fatos é fácil ver que a psicologia moderna, investigando os complexos, abriu uma *área-tabu* da alma, de onde nos vêm temores e esperanças de toda espécie. A espera dos complexos é o verdadeiro *foco das inquietações psíquicas*, cujos abalos são de tal porte que qualquer investigação futura não pode ter esperança de entregar-se, em paz, a um trabalho científico e tranquilo que supõe, evidentemente, um certo consenso científico. No presente, a psicologia dos complexos ainda está infinitamente longe de um entendimento geral, muito mais longe inclusive do que imaginam os pessimistas, porque a descoberta das tendências incompatíveis viu apenas um setor do inconsciente e nos mostrou unicamente uma parte das fontes dos temores.

Ainda estamos lembrados da tempestade de reações que se levantou de todas as partes, quando os trabalhos de Freud se tornaram mais conhecidos. Estas reações suscitadas no público por seus complexos obrigaram o pesquisador a um isolamento que lhe valeu, assim como à sua escola, a acusação de dogmatismo. Todos os teóricos que se dedicam a este campo da psicologia correm o mesmo perigo, pois tratam de alguma coisa que afeta o que existe de indomado no homem, o *numinoso*, para empregar a notável expressão de Otto. A liberdade do eu cessa onde começa a esfera dos complexos, pois estes são potências psíquicas cuja natureza mais profunda ainda não foi alcançada. Todas as vezes que a investigação consegue penetrar um pouco mais no *tremendum* psíquico, desencadeiam-se, como sempre, no público, reações análogas às dos pacientes que, por razões terapêuticas, são compelidos a atacar a intangibilidade de seus complexos.

217   A maneira como apresento a teoria dos complexos pode suscitar no ouvinte não preparado a ideia da descrição de uma demonologia primitiva de uma psicologia do tabu. Esta particularidade provém simplesmente do fato de que a existência dos complexos, isto é, de fragmentos psíquicos desprendidos, é um resíduo notável do *estado de espírito primitivo*. Este último se caracteriza por um alto grau de dissociabilidade que se expressa no fato, por exemplo, de os primitivos admitirem, frequentemente, várias almas, e num caso particular até seis, ao lado das quais existe ainda um número infinito de deuses e espíritos; não se contentam apenas de falar deles, como entre nós; estes seres são muitas vezes experiências psíquicas sumamente impressionantes.

218   Gostaria de assinalar, nesta oportunidade, que uso o termo "primitivo" no sentido de "original", sem, entretanto, emitir um juízo de valor. E quando falo de "resíduos" de um estado primitivo, não quero dizer necessariamente que esse estado mais cedo ou mais tarde cessará de existir. Pelo contrário, faltam-me motivos para afirmar que ele desaparecerá antes do fim da humanidade. De qualquer modo, até o presente não mudou essencialmente, e mesmo com a Primeira Grande Guerra, e depois dela, intensificou-se consideravelmente. Por isto, sinto-me antes inclinado a admitir que os complexos autônomos se contam entre os fenômenos normais da vida e determinam a estrutura da psique inconsciente.

219   Como se vê, contentei-me tão somente em descrever os fatos fundamentais da teoria dos complexos. Entretanto, irei me privar de completar este quadro inacabado com a descrição dos problemas que resultam da existência dos complexos autônomos. Trata-se de três questões capitais: o problema *terapêutico*, o problema *filosófico* e o problema *moral*. Os três são ainda objeto de discussão.

IV

O significado da constituição e da herança para a psicologia*

Na opinião científica moderna já não há dúvida de que psique in-   220
dividual depende amplamente da constituição psicológica; e mesmo
não é pouco o número dos que consideram esta dependência como absoluta. Tão longe não quero chegar, mas, dadas as circunstâncias, tenho por mais adequado que se reconheça uma autonomia relativa à
psique com relação à constituição psicológica. Verdade é que não há
provas vigorosas em favor deste ponto de vista, mas também não se
pode provar que a psique se ache sob a total dependência da constituição fisiológica. Não devemos esquecer que a psique é o x e a constituição é o y complementar. No fundo ambos são fatores desconhecidos
que só recentemente começaram a tomar forma definida. Mas estamos
ainda muito longe de compreender, o mínimo que seja, a sua natureza.

Embora seja impossível determinar, em casos individuais *as rela-*   221
ções entre a constituição e a psique, tais tentativas já foram feitas muitas vezes, mas os resultados não passam de opiniões indemonstráveis.
O único método que nos pode levar a resultados mais ou menos segu-
ros, no presente, é o *método tipológico*, utilizado por Kretschmer
com relação à constituição fisiológica, e que eu apliquei à atitude psicológica. Em ambos os casos, o método se baseia em uma grande
quantidade de material empírico no qual as variações individuais se
anulam reciprocamente, em larga medida, enquanto certos traços típicos fundamentais emergem com maior evidência, dando-nos a pos-

---

* Publicado em *Die Medizinische Welt*, semanário médico III/47, em 1929.

sibilidade de construir um certo número de tipos ideais. Naturalmente, jamais ocorrem, em realidade, sob sua forma pura, mas sempre e unicamente como variações individuais do princípio que rege o seu aparecimento, da mesma forma como os cristais, em geral, são variantes individuais de um mesmo sistema. A tipologia fisiológica procura, antes e acima de tudo, determinar as características exteriores graças às quais seja possível classificar os indivíduos e investigar suas demais qualidades. As pesquisas de Kretschmer mostraram-nos que as peculiaridades fisiológicas dos indivíduos se estendem até aos condicionamentos psíquicos.

222 　　A tipologia psicológica procede exatamente da mesma maneira, mas seu ponto de partida, por assim dizer, não é exterior, mas interior. Sua preocupação não é determinar as características exteriores, mas descobrir os princípios íntimos que governam as atitudes psicológicas genéricas. Enquanto a tipologia fisiológica é obrigada a empregar, essencialmente, métodos científicos para obter seus resultados, a natureza invisível e imensurável dos processos psíquicos nos constrange a empregar métodos derivados das ciências humanas, ou, mais precisamente, à crítica analítica. Como já tive ocasião de acentuar, não temos aqui uma diferença de princípio, mas tão somente uma nuança, determinada pela natureza diferente do ponto de partida. O estado atual das pesquisas nos autoriza a esperar que os resultados obtidos de um lado e de outro alcançarão um consenso quanto a certos fatos básicos e essenciais. Pessoalmente tenho a impressão de que certos tipos principais de Kretschmer não estão muito afastados de certos tipos psicológicos. Não é de todo inconcebível que nestes pontos se possa estabelecer uma ponte entre a constituição fisiológica e a atitude psicológica. Que isto ainda não tenha sido feito se deve, provavelmente, de um lado, ao fato de que os resultados da pesquisa ainda sejam muito recentes, e de que, por outro, a investigação sob o ponto de vista psíquico é muito mais difícil e por isso de menor compreensão.

223 　　Não é difícil concordar que as características fisiológicas são grandezas visíveis, palpáveis e imensuráveis. Mas em matéria de psicologia nem mesmo o significado das palavras foi ainda fixado. Dificilmente se encontram dois psicólogos que concordem quanto ao conceito de "sentimento", embora o verbo, "sentir" e o substantivo "sentimento" se refiram a fatos psíquicos; de outro modo nunca se teriam

criado palavras para designá-los. Em psicologia tratamos de fatos em si mesmos definidos, mas que não foram definidos cientificamente; é um estado de conhecimento até certo ponto análogo ao das ciências naturais na Idade Média; pois em psicologia cada um sabe melhor do que o outro. Há apenas opiniões sobre fatos desconhecidos. Por isso, os psicólogos revelam sempre uma tendência quase invencível a se aferrar a fatos fisiológicos, porque aqui eles se sentem abrigados, na segurança de coisas que parecem conhecidas e definidas. A ciência depende da precisão dos conceitos verbais, e por isso a primeira tarefa que incumbe ao psicólogo é conceitos-limite e conferir nomes bem definidos a determinados conjuntos de fatos psíquicos, sem se preocupar se outros têm ou não uma concepção diferente a respeito do significado deste termo. A única coisa que se deve considerar é se o termo empregado concorda ou não, em seu uso geral, com o conjunto de fatos psíquicos por ele designados. O pesquisador deve libertar-se da opinião corrente segundo a qual o nome explica ao mesmo tempo os fatos psíquicos que ele denota. O nome deve constituir, para ele, não mais do que um mero algarismo, e seu sistema conceitual não mais do que uma rede trigonométrica recobrindo uma determinada área geográfica, na qual os pontos fixos de referência são indispensáveis na prática, mas irrelevantes na teoria.

A psicologia deve ainda inventar sua linguagem específica. Quando me pus a designar os tipos de atitudes que eu havia descoberto empiricamente, senti que este problema da linguagem era o maior obstáculo e, *nolens volens* [querendo ou não], vi-me constrangido a estabelecer determinados conceitos-limite e a designar esses setores com nomes tomados o máximo possível da linguagem usual. Com isto, porém, expunha-me inevitavelmente ao perigo já mencionado, ou seja, ao preconceito geral de que o nome predetermina a natureza das coisas. Embora isso seja inegavelmente um resquício da antiga magia da palavra, contudo não impede que surjam mal-entendidos, e eu próprio tenho ouvido repetidamente a objeção: "mas sentir é algo totalmente diferente". 224

Menciono este fato aparentemente trivial somente porque ele, justamente por causa de sua trivialidade, constitui um dos maiores obstáculos à investigação psicológica. A psicologia, por ser a mais jovem das ciências, padece ainda do mal de uma mentalidade medieval 225 em que não se fazia distinção entre as palavras e os fatos. Julgo-me obrigado a enfatizar estas dificuldades para explicar a um público científico mais vasto a natureza desconhecida e aparentemente inacessível da pesquisa psicológica, bem como seu caráter peculiar.

226   O método tipológico estabelece aquilo que ele denomina de classes "naturais" (embora nenhuma classe seja natural!) que, no entanto, são do mais alto valor heurístico porque agrupam indivíduos que têm características externas ou atitudes psíquicas comuns, criando, assim, a possibilidade de uma observação e uma investigação mais acuradas. A pesquisa das constituições proporciona ao psicólogo um critério extremamente valioso com o qual ele pode eliminar ou incluir em seus cálculos o fator orgânico ao pesquisar o contexto psíquico.

227   Este é um dos pontos mais importantes em que a psicologia pura se choca com o X da disposição representada pela disposição orgânica. Mas não é o único ponto onde tal acontece. Há um outro fator que a pesquisa da constituição não leva imediatamente em consideração. É o fato de que o processo psíquico não é algo que começa como se nada houvesse antes, mas é uma repetição de funções que estiveram permanentemente em preparação e foram herdadas com a estrutura do cérebro. Os processos psíquicos precedem, acompanham e sobrevivem à consciência. A consciência é um intervalo num processo psíquico contínuo; provavelmente é ponto culminante que exige considerável esforço fisiológico, e por isso tende a desaparecer em questão de dias. O processo psíquico que está na raiz da raiz da consciência é automático; não sabemos de onde se origina nem para onde se encaminha. Sabemos apenas que o sistema nervoso e particularmente os seus centros condicionam e exprimem a função psíquica, e que estas estruturas herdadas voltam infalivelmente a funcionar, em cada novo indivíduo, exatamente do mesmo modo como sempre fizeram em todos os outros. Os momentos mais intensos desta atividade só se manifestam na consciência que se extingue periodicamente. Por mais inumeráveis que sejam as variações da consciência individual, a base em que se assenta a psique inconsciente é uniforme. Até onde nos é possível compreender a natureza dos processos inconscientes, sempre e em toda parte eles se manifestam sob formas espantosamente idênticas, embora suas expressões, da maneira como chegam até nós através da consciência individual, possam assumir uma variedade e uma multiplicidade também muito grandes. É a esta uni-

A natureza da psique   57

formidade fundamental da psique inconsciente que os seres humanos devem a possibilidade universal de se entenderem, possibilidade esta que transcende as diferenças das consciências individuais.

Nada há de estranho nestas observações. Este assunto só causa perplexidade, quando se descobre o quanto a própria consciência individual se acha afetada desta uniformidade. Encontram-se, com frequência, casos de espantosa semelhança inclusive nas famílias. Fürst publicou o caso de uma mãe e uma filha, com 30% de concordância de associações, transcrito em meu trabalho *Diagnostische Assoziationsstudien*, mas há uma tendência em não admitir a possibilidade de uma concordância psíquica geral entre povos e raças distanciados entre si tanto no tempo como no espaço. Na verdade, porém, as concordâncias mais espantosas se encontram no âmbito das chamadas ideias fantásticas. Todos os esforços já foram feitos – como nas *Migrations des symboles*, de Goblet d'Alviella – para explicar esta concordância dos motivos e símbolos mitológicos pela migração e transmissão. Mas esta explicação, que possui certamente algum valor, é contraditada pelo fato de que um mitologema pode surgir a qualquer tempo e em qualquer lugar sem que houvesse a menor possibilidade de uma tal transmissão. Assim, outrora observei um doente mental que produziu quase com as mesmas palavras uma sequência simbólica bastante longa que se pode ler num papiro publicado alguns anos mais tarde por Dieterich (caso este narrado por mim em minha obra *Wandlungen und Symbole der Libido* (*Transformações e símbolos da libido*). Depois de ter visto um número suficiente de tais casos, minha ideia original de que tais coisas só podem acontecer em pessoas pertencentes à mesma raça viu-se abalada, e eu, em consequência disto, investiguei os sonhos de negros puros do sul dos Estados Unidos da América do Norte. Nesses sonhos encontrei temas da mitologia grega que dissiparam as dúvidas que eu tinha quanto a saber se eram ou não uma herança racial.   228

Tenho sido acusado muitas vezes de acreditar supersticiosamente em ideias herdadas, mas injustamente, porque tenho enfatizado expressamente que estas concordâncias não provêm de "ideias", mas de disposições herdadas que nos levam a reagir exatamente daquela maneira como sempre reagiram os outros antes de nós. Ou também se negou a concordância, sob o pretexto de que a figura do "redentor" era, em um caso, uma lebre, em um outro, um pássaro, e em um   229 terceiro, um ser humano. Mas esqueceram-se de algo que impressionou de tal modo um indiano que visitava uma igreja inglesa que, ao chegar a casa, contou que os cristãos adoravam animais porque viu ali em torno muitas imagens de cordeiros. O que nos interessa não são os nomes, mas as suas conexões. Assim, pouco nos importa que a "joia" em um caso seja um anel, em outro, seja uma coroa, em um terceiro, uma pérola, e em um quarto, seja um tesouro completo. O essencial é a ideia de um objeto sumamente precioso e difícil de ser alcançado, pouco nos importando quanto à sua localização. E o essencial, psicologicamente falando, é que nos sonhos, nas fantasias e nos estados excepcionais da mente, os temas e símbolos mitológicos mais distantes possam surgir autoctonemente em qualquer época, aparentemente como resultado de influências, tradições e estímulos individuais, mas também – mais frequentemente – sem estes fatores. Essas "imagens primordiais" ou "arquétipos", como eu os chamei, pertencem ao substrato fundamental da psique inconsciente e não podem ser explicados como aquisições pessoais. Todos juntos formam aquele estrato psíquico ao qual dei o nome de *inconsciente coletivo*.

230   A existência do inconsciente coletivo indica que a consciência individual não é absolutamente isenta de pressupostos. Ao contrário: acha-se condicionada em alto grau por fatores herdados, sem falar, evidentemente, das inevitáveis influências que sobre ela exerce o meio ambiente. O inconsciente coletivo compreende toda a vida psíquica dos antepassados desde os seus primórdios. É o pressuposto e a matriz de todos os fatos psíquicos e por isto exerce também uma influência que compromete altamente a liberdade da consciência, visto que tende constantemente a recolocar todos os processos conscientes em seus antigos trilhos. É este perigo positivo que explica a extraordinária resistência que a consciência contrapõe ao inconsciente. Não se trata aqui da resistência à sexualidade, destacada por Freud, mas de algo muito mais geral: o medo instintivo de perder a liberdade da consciência e de sucumbir ao automatismo da psique inconsciente. Para certos tipos de pessoas o perigo parece consistir na sexualidade, porque é aí que elas temem perder sua liberdade. Para outros, o perigo se situa em regiões inteiramente diversas, precisamente sempre onde se nota uma certa fraqueza, ou seja, portanto, onde não é possível opor uma alta barragem ao inconsciente.

A natureza da psique

O inconsciente coletivo constitui um outro ponto em que a psicologia pura se depara com fatores orgânicos, onde ela, com toda probabilidade, tem de reconhecer um fato de natureza não psicológica que se apoia em uma base fisiológica. Da mesma forma como o mais inveterado psicólogo jamais conseguirá reduzir a constituição fisiológica ao denominador comum da etiologia psíquica individual, assim também será impossível descartar o postulado fisiologicamente necessário do inconsciente individual como aquisição individual. O tipo constitucional e o inconsciente coletivo são fatores que escapam ao controle da consciência. Assim, as condições constitucionais e as formas vazias do inconsciente coletivo são realidades, e isto, no caso do inconsciente, outra coisa não significa senão que seus símbolos ou motivos são fatores tão reais quanto à constituição que não se pode desconsiderar ou negar. A desconsideração da constituição leva a perturbações, e a negligência do inconsciente coletivo produz o mesmo resultado. É por isso que eu, em minha atividade terapêutica, dirijo minha atenção particularmente para a relação do paciente para com os fatos do inconsciente coletivo, pois uma ampla experiência me ensinou que é tão importante compor-nos tanto com o inconsciente quanto com as nossas disposições individuais.

V

Determinantes psicológicas do comportamento humano[*]

232   A alma humana vive unida ao corpo, numa unidade indissolúvel, por isto só artificialmente é que se pode separar a psicologia dos pressupostos básicos da biologia e, como esses pressupostos biológicos são válidos não só para o homem, mas também para todo o mundo dos seres vivos, eles conferem aos fundamentos da ciência uma segurança que supera os do julgamento psicológico que só tem valor na esfera da consciência. Por isso não deve causar surpresa que os psicólogos se sintam inclinados a retornar à segurança do ponto de vista biológico e utilizem a teoria dos instintos e da fisiologia. Também não é de espantar a existência de uma opinião largamente difundida que considera a psicologia meramente como um capítulo da fisiologia. Embora a psicologia reclame, e com razão, a *autonomia* de seu próprio campo de pesquisa, ela deve reconhecer uma extensa correspondência de seus fatos com os dados da biologia.

233   Os fatores psíquicos que determinam o comportamento humano são, sobretudo, os *instintos* enquanto *forças motivadoras* do processo psíquico. Em vista das opiniões contraditórias a respeito da natureza dos instintos, eu gostaria de deixar bem claro o que entendo ser a relação entre os instintos e a alma, e por que eu chamo os instintos de fatores psíquicos. Se achamos que a psique é idêntica ao estado de ser vivo, também devemos admitir a existência de funções psíquicas em organismos unicelulares. Neste caso, os instintos seriam uma es-

---

[*] Publicado originalmente em inglês, sob o título de "Factors Determining Human Behaviour". *Harvard Tercentenary Conference of Arts and Sciences 1936* (1937).

A natureza da psique   61

pécie de órgãos psíquicos e a atividade glandular produtora de hormônios teria uma causalidade psíquica.

Se, ao contrário, admitirmos que a função psíquica é um fenôme-   234
no que acompanha um sistema nervoso centralizado de um modo ou
de outro, como acreditar que os instintos sejam originariamente de natureza psíquica? Como, porém, a conexão com um cérebro é mais provável do que a natureza psíquica da vida em geral, eu considero a *compulsividade* característica do instinto como um fator extrapsíquico, o
qual, no entanto, é psicologicamente importante porque produz estruturas que podemos considerar como determinantes do comportamento humano. Ou mais precisamente: nestas circunstâncias, o fator determinante imediato não é o instinto extrapsíquico, mas a estrutura
que resulta da interação do instinto com a situação do momento. O fator determinante seria, por conseguinte, um instinto *modificado*, e o
que aí acontece talvez tenha o mesmo significado que a diferença entre
a cor que nós vemos e o comprimento objetivo da onda que a ocasiona. O instinto como fator extrapsíquico desempenharia o papel de
mero estímulo. O instinto como fenômeno *psíquico* seria, pelo contrário, uma assimilação do estímulo a uma *estrutura psíquica complexa*
que eu chamo *psiquificação*. Assim, o que chamo simplesmente instinto seria um dado já psiquificado de origem extrapsíquica.

A. Fenomenologia geral

A concepção acima delineada nos torna possível compreender a   235
variabilidade do fator instintivo dentro da *fenomenologia geral*. O instinto psiquificado perde sua inequivocidade até certo ponto, e ocasionalmente chega a ficar sem sua característica mais essencial, que é a
compulsividade, porque já não é mais um fato extrapsíquico inequívoco, mas uma modificação ocasionada pelo encontro com o dado psíquico. Como fator determinante, o instinto é variável, e, por isso, pas-
sível de diferentes aplicações. Qualquer que seja a natureza da psique,
ela é dotada de extraordinária capacidade de *variação* e *transformação*.

O estado físico de excitação chamado *fome* pode ser inconfundí-   236
vel, mas as consequências *psíquicas* dele resultantes podem ser múltiplas e variadas. Não somente as reações à fome ordinária podem ser
as mais variadas possíveis, como a própria fome pode ser "desnatura-
da" e mesmo parecer como algo metafórico. Podemos não somente

usar a palavra "fome" nos seus mais diversos sentidos, mas a própria fome pode assumir os mais diversos aspectos, em combinação com outros fatores. A determinante, originariamente simples e unívoca, pode se manifestar como cobiça pura e simples ou sob as mais variadas formas, tais como a de um desejo e uma insaciabilidade incontroláveis, como, por exemplo, a cupidez do lucro ou a ambição sem freios.

237   A *fome* como expressão característica do *instinto de autoconservação* é, sem dúvida, um dos fatores mais primitivos e mais poderosos que influenciam o comportamento humano. A vida do homem primitivo, por ex., é mais fortemente influenciada por ele do que pela sexualidade. A este nível, a fome é o A e o O da própria existência.

238   Não é necessário acentuar a importância do instinto de conservação da espécie, a *sexualidade*. As restrições de natureza moral e social que se multiplicam à medida que a cultura se desenvolve fizeram com que a sexualidade se transformasse, pelo menos temporariamente, em supravalor, comparável à importância da água no deserto árido. O prêmio do intenso *prazer sensual* que a natureza faz acompanhar o negócio da reprodução se manifesta no homem – já não mais condicionado por uma época de acasalamento – quase como um *instinto separado*. Este instinto aparece associado a diversos sentimentos e afetos, a interesses espirituais e materiais, em tal proporção que, como sabemos, fizeram-se até mesmo tentativas de derivar toda a cultura destas combinações.

239   Como a fome, também a sexualidade passa por um amplo processo de psiquificação que desvia a energia, originariamente apenas instintivamente, de sua aplicação biológica, dirigindo-a para outros fins que lhe são estranhos. O fato de que a energia pode sofrer essas diversificações é indício de que há ainda outros impulsos suficientemente poderosos para modificar o curso do instinto sexual, desviando-o, pelo menos em parte, de sua verdadeira finalidade. Não podemos atribuir isto exclusivamente a causas exteriores, porque, sem disponibilidade interior, as condições exteriores só acarretam danos.

240   Eu gostaria, portanto, de distinguir, como terceiro grupo de instintos, o *impulso à ação*, impulso este que começa a funcionar, ou talvez mesmo surja pela primeira vez, quando os outros impulsos se encontram satisfeitos. Sob o conceito de ação incluiríamos o *impulso a viajar*, o *amor à mudança*, o *dessossego* e o *instinto lúdico*.

A natureza da psique

Há um outro instinto, diferente do impulso a agir e, enquanto 241
sabemos, especificamente humano, que poderíamos chamar de *instinto da reflexão*. Ordinariamente jamais pensamos que a reflexão tenha sido instintiva, mas a associamos a um estado consciente da mente. O termo latino *reflexio* significa um curvar-se, inclinar-se para trás, e usado psicologicamente indicaria o fato de o processo reflexivo que canaliza o estímulo para dentro da corrente instintiva ser *interrompido* pela psiquificação. Devido à interferência da reflexão, os processos psíquicos exercem uma atração sobre o impulso a agir, produzido pelo estímulo; por isso, o impulso é desviado para uma *atividade endopsíquica*, antes de descarregar-se no mundo exterior. A *reflexio* é um voltar-se para dentro, tendo como resultado que, em vez de uma reação instintiva, surja uma *sucessão* de *conteúdos* ou *estados*, que podemos chamar reflexão ou consideração. Assim, a compulsividade é substituída por uma certa liberdade, e a previsibilidade por uma relativa imprevisibilidade.

O instinto de reflexão talvez constitua a nota característica e a ri- 242
queza da psique humana. A reflexão retrata o processo de excitação e conduz o seu impulso para uma *série de imagens* que, se o estímulo for bastante forte, é reproduzida em nível externo. Esta reprodução concerne seja a todo o processo, seja ao resultado do que se passa interiormente, e tem lugar sob diferentes formas: ora diretamente, como expressão verbal, ora como expressão do pensamento abstrato, como representação dramática ou como comportamento ético, ou ainda como feito científico ou como obra de arte.

Graças ao instinto de reflexão, o processo de excitação se trans- 243
forma mais ou menos completamente em conteúdos psíquicos, isto é, torna-se uma *experiência*; *um processo natural transformado em um conteúdo consciente*. A reflexão é o *instinto cultural par excellence*, e sua força se revela na maneira como a cultura se afirma em face da natureza.

Os instintos em si não são criativos. Com efeito, por constituí- 244
rem uma organização estável, tornaram-se automáticos. Nem mesmo o instinto de reflexão foge a esta regra, porque o fato de produzir a consciência em si ainda não é um ato criativo, mas, em certas circunstâncias, pode tornar-se um processo automático. A compulsividade tão temida pelo homem civilizado produz também aquele medo ca-

racterístico de se tornar consciente, mais observado – embora não exclusivamente – nas pessoas neuróticas.

245   Ainda que, de maneira geral, o instinto seja um sistema estavelmente organizado e, consequentemente, inclinado a se repetir indefinidamente, contudo, o homem é distintivamente dotado de capacidade de criar coisas novas no verdadeiro sentido da palavra, justamente da mesma forma como a natureza, no decurso de longos períodos de tempo, consegue produzir novas formas. Não sei se "instinto" seria a palavra correta para este fenômeno. Usamos a expressão *instinto criativo*, porque este fator se comporta dinamicamente, pelo menos à semelhança de um instinto. É compulsivo, como o instinto, mas não é universalmente difundido nem é uma organização fixa e herdada invariavelmente. Prefiro designar a força criativa como sendo um fator psíquico de *natureza semelhante à do instinto*. Na realidade, há íntima e profunda relação com os outros instintos, mas não é idêntico a nenhum deles. Suas relações com a sexualidade são um problema muito discutido e sem muita coisa em comum com o impulso a agir e com o instinto de reflexão. Mas pode também reprimir todos estes instintos e colocá-los a seu serviço até à autodestruição do indivíduo. A criação é ao mesmo tempo destruição e construção.

246   Recapitulando, gostaria de frisar que, do ponto de vista psicológico é possível distinguir cinco grupos principais de fatores instintivos, a saber: a fome, a sexualidade, a atividade, a reflexão e a criatividade. Em última análise, os instintos são certamente determinantes extrapsíquicas.

247   A *vontade* ocupa uma posição controvertida. Não há dúvida de que se trata de um fator dinâmico, como os instintos. O problema da vontade está ligado a considerações filosóficas as quais, por sua vez, resultam da visão que se tem do mundo. Se a vontade é tida como *livre*, então não depende de nenhuma causa e, neste caso, nada mais há a dizer sobre ela. Mas se, pelo contrário, é considerada como predeterminada e ligada causalmente aos instintos, não passa de um epifenômeno de importância secundária. Justamente por este motivo posso apenas mencionar os *afetos*.

248   Diferentes dos fatores dinâmicos são as *modalidades* de funções psíquicas que influenciam o comportamento humano em outros sentidos. Menciono antes de tudo o *sexo*, as disposições *hereditárias* e a

idade. Estes três fatores são considerados primariamente como dados fisiológicos, mas são também fatores psicológicos, na medida em que estão sujeitos à psiquificação, como os instintos. A masculinidade *anatômica*, por exemplo, está longe de provar a masculinidade *psíquica* do indivíduo. Da mesma forma, a idade psicológica nem sempre corresponde à idade fisiológica. E no que se refere às disposições hereditárias, o fator determinante da raça ou família pode ter sido reprimido por uma superestrutura psicológica. Muita coisa que é interpretada como hereditariedade em sentido estrito é antes uma espécie de contágio psíquico que consiste em uma adaptação da psique infantil ao inconsciente dos pais.

A estas três modalidades semifisiológicas eu gostaria de acrescentar três outras que são psicológicas. Como *primeira modalidade* destaco a consciência e o inconsciente. Constitui grande diferença para o comportamento do indivíduo saber se sua psique está funcionando de maneira predominantemente consciente ou inconsciente. Trata-se, naturalmente, apenas de um maior ou menor grau de consciência, pois a consciência total é empiricamente impossível. Um estado extremo de inconsciência da psique é caracterizado pela predominância de processos instintivos e compulsivos, cujo resultado é uma inibição incontrolada ou completa ausência de inibição dos fatos. O que se passa na psique é, então, contraditório e se processa em termos de antíteses alógicas que se alteram. A consciência nesses casos se acha essencialmente em um estágio onírico. A situação extrema de consciência, pelo contrário, é caracterizada por um pronunciado estado de sensibilidade, por uma predominância da vontade, por um desenvolvimento orientado e racional do agir e por uma ausência quase total de determinantes instintivas. O inconsciente se acha então num estágio acentuadamente animal. No primeiro estado falta qualquer desempenho intelectual e ético, e no segundo falta a naturalidade.

A *segunda modalidade* é a *extroversão* e a *introversão*. Esta modalidade imprime a direção ao processo psíquico, isto é, decide sobre a questão se os conteúdos conscientes se referem a objetos externos ou ao sujeito. Decide, portanto, sobre a questão se o acento recai no que se passa fora ou dentro do indivíduo. Este fator atua com tal persistência, que dá origem a *atitudes* ou *tipos* habituais facilmente reconhecíveis exteriormente.

251   A *terceira modalidade* aponta, porém – se nos é lícito empregar uma metáfora –, para cima e para baixo: trata-se, com efeito, da modalidade relativa ao elemento *espiritual* e *material*. É verdade que a *matéria* em geral constitui o objeto da física, mas é também uma categoria psíquica, como a história das religiões e a filosofia mostram-no suficientemente. E da mesma maneira como a matéria só pode ser concebida, em última análise, como uma hipótese de trabalho da física, assim também o *espírito*, o objeto da religião e da filosofia, é uma categoria hipotética que precisa, todas as vezes, de nova interpretação. A chamada realidade da matéria nos é atestada, antes de mais nada, por nossa percepção sensorial, enquanto a existência é sustentada pela experiência psíquica. Psicologicamente não podemos constatar a respeito das duas referidas correntes, senão que existem certos conteúdos dos quais alguns são considerados como tendo uma origem material, e outros uma origem espiritual. É verdade que na consciência do homem civilizado parece existir uma nítida divisão entre estas duas entidades, mas no estágio primitivo as fronteiras se tornam tão vagas, que a matéria parece dotada de alma e o espírito parece material. Mas da existência destas categorias resultam sistemas de valor éticos, estéticos, intelectuais, sociais e religiosos que determinam às vezes de maneira decisiva a aplicação final que deverão ter os fatores dinâmicos da psique.

B. Fenomenologia especial

252   Voltemo-nos agora para a fenomenologia especial. Na primeira parte deste capítulo distinguimos cinco grupos principais de instintos e seis modalidades. Os conceitos descritos, entretanto, têm apenas valor acadêmico como categorias gerais de organização. Na realidade, a psique é uma combinação complicada desses e de muitos outros fatores, apresentando, de um lado, um número infinito de variações individuais, e, do outro, uma tendência a mudar e a se diversificar, tão grande quanto a primeira. A variabilidade é proveniente do fato de a psique não ser uma estrutura homogênea, mas consistir, segundo parece, em unidades hereditárias frouxamente ligadas entre si que, por isto mesmo, revelam acentuada *tendência a se desagregar*. A primeira delas é devida a influências que se exercem ao mesmo tempo a

A natureza da psique

partir de dentro e a partir de fora. Funcionalmente essas duas tendências são intimamente interligadas.

Voltemo-nos primeiramente para o problema colocado pela tendência da psique a *cindir-se*. Embora seja na psicopatologia que mais claramente se observa esta peculiaridade, contudo, fundamentalmente trata-se de um fenômeno normal que se pode reconhecer com a maior facilidade nas *projeções* da psique primitiva. A tendência a dissociar-se significa que certas partes da psique se desligam a tal ponto da consciência, que parecem não somente estranhas entre si, mas conduzem também a uma vida própria e autônoma. Não é preciso que se trate de personalidades múltiplas históricas ou de alterações esquizofrênicas da personalidade, mas de simples *complexos* inteiramente dentro do espectro normal. Os complexos são fragmentos psíquicos cuja divisão se deve a influências traumáticas ou a tendências incompatíveis. Como nos mostra a experiência das associações, eles interferem na intenção da vontade e perturbam o desempenho da consciência; produzem perturbações na memória e bloqueios no processo das associações; aparecem e desaparecem, de acordo com as próprias leis; obsediam temporariamente a consciência ou influenciam a fala e ação de maneira inconsciente. Em resumo, comportam-se como organismos independentes, fato particularmente manifesto em estados anormais. Nas vozes dos doentes mentais assumem inclusive um caráter pessoal de ego, parecido com o dos espíritos que se revelam através da escrita automática e de técnicas semelhantes. Uma intensificação do fenômeno dos complexos conduz a estados mórbidos que nada mais são do que dissociações mais ou menos amplas, ou de múltiplas espécies, dotadas de vida.

Os novos conteúdos ainda não assimilados à consciência e que se constelaram na inconsciência se comportam como complexos. Pode tratar-se de conteúdos baseados em percepções subliminares de conteúdos de natureza criativa. Como os complexos, eles conduzem também a uma existência própria, enquanto não se tornam conscientes e não se incorporam à vida da personalidade. Na esfera dos fenômenos artísticos e religiosos estes conteúdos aparecem ocasionalmente também sob forma personalizada, notadamente como figuras ditas *arquetípicas*. A pesquisa mitológica denomina-os de "motivos"; para Lévy-Bruhl trata-se de *représentations collectives*, e Hubert e Mauss chamam-nos *ca-*

tégories de la phantaisie. Coloquei todos os arquétipos sob o conceito de inconsciente coletivo. São fatores hereditários universais cuja presença pode ser constatada onde quer que se encontrem monumentos literários correspondentes. Como fatores que influenciam o comportamento humano, os arquétipos desempenham um papel em nada desprezível. É principalmente mediante o processo de identificação que os arquétipos atuam alternadamente na personalidade total. Esta atuação se explica pelo fato de que os arquétipos provavelmente representam situações tipificadas da vida. As provas deste fato se encontram abundantemente no material recolhido pela experiência. A psicologia do *Zaratustra* de Nietzsche constitui um bom exemplo neste sentido. A diferença entre estes fatores e os produtos da dissociação provocada pela esquizofrenia está em que os primeiros são entidades dotadas de características pessoais e carregadas de sentido, ao passo que os últimos nada mais são do que meros fragmentos com alguns *vestígios de sentido*, verdadeiros produtos de desagregação, mas uns e outros possuem em alto grau a capacidade de influenciar, controlar e mesmo reprimir a personalidade do eu, a tal ponto que surge uma transformação temporária ou duradoura da personalidade.

255   A tendência à divisão inerente à psique significa, de um lado, a dissociação em um sem-número de unidades estruturais, mas, do outro, também a possibilidade – propícia à *diferenciação* – de separar certas partes estruturais, de modo a fomentá-las por meio da concentração da vontade e conduzi-las ao máximo de desenvolvimento. Deste modo, favorecem-se unilateralmente, e de modo consciente, certas capacidades, especialmente aquelas das quais se esperam que sejam socialmente úteis, e se negligenciam outras. Isto ocasiona um estado não equilibrado, semelhante ao produzido por um complexo predominante. Não nos referimos aqui à possessão por parte do complexo, mas à *unilateralidade*, embora o estado real seja aproximadamente o mesmo, com a única diferença de que a unilateralidade corresponde à intenção do indivíduo e é fomentada por todos os meios disponíveis, ao passo que o complexo é visto como prejudicial e perturbador. Ignora-se frequentemente que a unilateralidade conscientemente desejada é uma das causas mais importantes dos complexos tão indesejáveis ou, ao inverso, que determinados complexos provocam diferenciações unilaterais de utilidade duvidosa. É inevitável que haja

A natureza da psique 69

uma certa unilateralidade no desenvolvimento do processo, da mesma maneira que são inevitáveis os complexos. Vistos sob esta luz, os complexos correspondem a certos instintos modificados que mais sofreram a unilateralidade do processo de psiquificação. Esta é uma das primeiras causas das neuroses.

É sabido que muitas faculdades do homem podem ser diferenciadas. Não quero me perder nos detalhes de histórias de casos colhidos em minha experiência, e por isso limito-me às faculdades normais que sempre estiveram presentes na consciência. A consciência é, em primeiro lugar, um *órgão de orientação* em um mundo de fatos exteriores e interiores. Antes e acima de tudo ela constata que algo existe. A esta faculdade dou o nome de *sensação*. Não se trata de uma atividade específica de qualquer um dos sentidos, mas da percepção em geral. Uma outra faculdade *interpreta* o que foi percebido. Denomino-a de *pensamento*. Graças a esta função o objeto da percepção é assimilado e transformado muitíssimo mais em conteúdos psíquicos do que através da mera sensação. Uma terceira faculdade constata o *valor* do objeto. A esta função do valor dou o nome de *sentimento*. A reação de prazer e desprazer do sentimento corresponde ao máximo grau de subjetivação do objeto. O sentimento coloca o sujeito e o objeto em tão estreita relação, que o sujeito deve escolher entre a aceitação e a recusa.

256

Estas três funções seriam inteiramente suficientes para a orientação em qualquer circunstância se se tratasse de um objeto isolado no tempo e no espaço. Ora, no espaço qualquer objeto está em conexão ilimitada com uma multiplicidade de outros objetos e, no tempo, o objeto representa apenas uma transição daquilo que ele era antes para aquilo que será posteriormente. A maioria das relações espaciais e das mudanças temporais é, inevitavelmente, inconsciente no momento da orientação, embora as relações de tempo e espaço sejam absolutamente necessárias para determinar o sentido de um objeto. A quarta faculdade da consciência, ou seja, aquela que torna possível, pelo menos aproximativamente, a determinação espacial e temporal, é a *intuição*. Esta é uma função da percepção que compreende o subliminar, isto é, a relação possível com objetos que não aparecem no campo da visão, e as mudanças possíveis, tanto no passado como no futuro, a respeito das quais o objeto nada tem a nos dizer. A intuição é uma percepção imediata de certas relações que não podem ser constatadas pelas outras três funções no momento da orientação.

257

258   Menciono as funções de orientação da consciência porque é possível isolá-las na observação prática e diferenciá-las singularmente. A própria natureza estabeleceu diferenças marcantes em sua importância junto aos diversos indivíduos. Via de regra, uma das quatro funções se acha particularmente desenvolvida, o que imprime na mentalidade em seu conjunto um cunho todo peculiar. A predominância de uma função sobre as outras dá origem a *disposições típicas* que podemos chamar de tipos pensativos, tipos sentimentais etc. Um tipo desta espécie é um preconceito semelhante a uma *profissão* com a qual se identifica aquele que a exerce. Tudo o que é transformado em princípio ou virtude, seja por inclinação ou por causa de sua utilidade, resulta sempre em *unilateralidade* ou em compulsão à unilateralidade que exclui outras possibilidades, como se verifica tanto em relação às pessoas de vontade e ação como em relação àquelas cujo objetivo na vida é o exercício constante da memória. Tudo o que é permanentemente excluído do exercício e da adaptação, necessariamente permanece em um estado não exercitado, não desenvolvido, infantil ou arcaico, que vai da inconsciência parcial até à inconsciência total. Daí é que, ao lado dos motivos da consciência e da razão, encontram-se sempre normalmente influências inconscientes em grande quantidade, perturbando as intenções da consciência. Efetivamente, de modo nenhum se pode admitir que todas aquelas formas de atividades latentes na psique e que são supressas ou negligenciadas no indivíduo sejam, por isso mesmo, privadas de sua energia específica. Pelo contrário, é como no caso do indivíduo que confiasse exclusivamente nos dados fornecidos pelo sentido da visão. Nem por isto ele cessaria de ouvir. Se pudesse ser transportado para um mundo sem som, em breve satisfaria sua necessidade de ouvir, provavelmente sob a forma de alucinações auditivas.

259   A circunstância de que as funções naturais não podem ser privadas de sua energia específica dá origem àquelas antíteses características que podemos muito bem observar no âmbito das funções de orientação da consciência acima descritas. As duas principais oposições se dão, de um lado, entre o pensamento e o sentimento, e, do outro, entre a sensação e a intuição. A primeira dessas oposições é conhecidíssima e não precisa de comentários. A segunda, pelo contrário, torna-se mais clara quando é expressa como a oposição entre um fato objetivo e uma aparente possibilidade. É evidente que o indivíduo que

A natureza da psique 71

espera novas possibilidades não se detém na situação concreta do momento, mas a deixa para trás o mais rapidamente possível. Estes contrastes têm a peculiaridade de serem *irritantes*, precisamente sob a forma de conflito, seja no seio da psique individual, seja entre indivíduos de constituições opostas.

Tendo para mim que dos problemas dos opostos aqui apenas tocados de leve constituem a base de uma *psicologia crítica*, necessária sob muitos aspectos. Uma crítica desta espécie seria de imenso valor não só para o círculo mais estreito da psicologia, como também para o círculo mais vasto das ciências em geral.
260

No exposto acima acabo de reunir todos aqueles fatores que, do ponto de vista de uma psicologia puramente empírica, desempenham papel determinante no comportamento humano. A multiplicidade e a variedade de aspectos, por certo, da natureza da psique se refletem em inumeráveis facetas, mas, por outro lado, dão bem uma ideia das dificuldades que elas representam para a compreensão empírica. Só começaremos a perceber a tremenda complexidade da fenomenologia psíquica quando virmos que todas as tentativas para elaborar uma teoria abrangente estão condenadas ao fracasso, porque partem de pressupostos demasiado simples. A alma é o ponto de partida de *todas* as experiências humanas, e todos os conhecimentos que adquirimos acabam por levar a ela. A alma é o começo e o fim de qualquer conhecimento. Realmente, não é só o *objeto* de sua própria ciência, mas também o seu sujeito. Esta posição singular que a psicologia ocupa entre todas as ciências implica uma dúvida constante quanto às suas virtualidades, mas, por outro lado, oferece-nos o privilégio e a possibilidade de colocar problemas cuja solução constitui uma das tarefas mais difíceis de uma futura filosofia.
261

Neste meu breve – quiçá demasiado breve – esboço, deixei de mencionar muitos nomes ilustres, mas há um nome venerável que não quero omitir: é o de William James, a cuja visão psicológica e a cuja filosofia pragmática devo os mais decisivos estímulos e sugestões em minhas pesquisas. Foi seu espírito largo e abrangente que me descerrou até o incomensurável os horizontes da psicologia humana.
262

VI

Instinto e inconsciente[1]

263   O fim a que se propõe este simpósio sobre *O instinto e o incons-ciente* diz respeito a uma questão de grande importância tanto para o campo da Biologia como para o da Psicologia e da Filosofia. Mas se pretendemos discutir com êxito as relações entre o instinto e o in-consciente, é necessário que proponhamos uma definição do concei-to em questão.

264   No que se refere à definição de instinto, convém acentuar a im-portância da *all-or-none-reaction* formulada por Rivers[2]. Parece-me, inclusive, que a peculiaridade da atividade instintiva é de particular importância para o lado psicológico do problema. Devo, natural-mente, restringir-me ao aspecto psicológico da questão, porque não me sinto competente para tratar o problema do instinto sob o seu as-pecto biológico. Devendo dar uma definição psicológica da atividade instintiva, creio que posso me valer antes de tudo do critério da *all-or-none-reaction* formulado por Rivers, e precisamente pelas se-guintes razões: Rivers define esta reação como um processo que apresenta uma graduação de intensidade não correspondente às cir-cunstâncias. É uma reação que, uma vez desencadeada, processa-se com sua intensidade específica em qualquer circunstância e sem ne-nhuma proporção com o estímulo que a provoca. Mas se investiga-mos os processos psicológicos da consciência, procurando discernir se existe entre eles algum que se distingue pela desproporção de sua intensidade com relação ao estímulo que a desencadeia, podemos en-

---

1. Uma contribuição para o simpósio do mesmo nome, promovido pela *Aristotelian Society*, pela *Mind Association* e pela British Psychological Society no Bedford Colle-ge, Universidade de Londres, em julho de 1919.
2. Cf. RIVERS. *Instinct and the Unconscions*.

A natureza da psique

contrar uma grande quantidade deles diariamente em qualquer indivíduo, como, por exemplo, afetos e impressões desproporcionados, impulsos e intenções exagerados, e muitas outras coisas da mesma natureza. Daí se segue que é de todo impossível classificar estes processos como instintivos, e por isso devemos primeiramente procurar um outro critério.

Como se sabe, a linguagem corrente usa a palavra "instinto" com muita frequência, falando sempre de ações "instintivas", quando se tem diante de si um comportamento em que nem os motivos nem a finalidade são conscientes e que só foi ocasionado por uma necessidade obscura. Esta peculiaridade já fora acentuada por um escritor inglês mais antigo, Thomas Reid, que diz: "By instinct, I mean a natural blind impulse to certain actions, without having any end in view, without deliberation, and very often without any conception of what we do". ["Por instinto, entendo um impulso natural cego para certas ações, sem ter em vista um determinado fim, sem deliberação, e muito frequentemente sem percepção do que estamos fazendo"][3]. Assim, a atividade instintiva é caracterizada por uma certa inconsciência de seus motivos psicológicos, em contraste com os processos conscientes, que se distinguem pela continuidade de suas motivações. A ação instintiva, portanto, aparece mais ou menos como um acontecimento psíquico abrupto, uma espécie de interrupção da continuidade da consciência. Por isso, é sentida como uma "necessidade interior" – que é a definição já dada por Kant para o instinto[4]. Por sua natureza, a ação instintiva deveria ser incluída entre os processos especificamente inconscientes que só são acessíveis à consciência por seus resultados.

Mas se nos contentássemos com esta concepção do instinto, em breve descobriríamos sua insuficiência. Na verdade, com esta definição apenas diferenciamos o instinto do processo consciente, e o caracterizamos como inconsciente. Se, pelo contrário, abarcamos com um olhar os processos inconscientes em seu conjunto, perceberemos que é absolutamente impossível classificá-los como instintivos, embora na linguagem ordinária não se faça mais nenhuma distinção en-

---

3. REID. *Essays on the Active Powers of Man*, p. 103 ["Por instinto entendo um impulso natural e cego para certas ações, sem ter um fim em vista, sem deliberação e muitas vezes sem uma percepção do que estamos fazendo"].

4. KANT. *Anthropologie*, 1, § 80, p. 156.

tre eles. Se alguém topa de repente com uma serpente e é tomado de violento pavor, este impulso pode ser considerado instinto, pois nada o diferencia do medo instintivo que um macaco sente diante de uma cobra. São justamente esta similaridade do fenômeno e a regularidade de sua recorrência que constituem a propriedade mais característica do instinto, por isso, como observa com justiça Lloyd Morgan, seria tão pouco interessante apostar no desencadear-se de uma ação instintiva quanto no despontar do sol na manhã seguinte. Por outro lado, pode também acontecer que alguém sinta tanto medo de uma galinha quanto de uma serpente. Embora o mecanismo do medo diante de uma galinha seja um impulso inconsciente como o instinto, devemos, contudo, distinguir entre os dois processos. No primeiro caso, o do medo de uma cobra, trata-se de um processo teleológico, que ocorre universalmente; no segundo caso, ao invés, habitualmente se tem uma fobia e não um instinto, visto que ela só ocorre isoladamente e não constitui uma característica universal. Mas existem também outras necessidades inconscientes, como, por ex., pensamentos obsessivos, ideias e caprichos subitâneos, afetos impulsivos, depressões, estados de ansiedade etc. Estes fenômenos, como bem o sabemos, encontram-se não somente nos indivíduos anormais, mas também nos normais. Como estes fenômenos ocorrem isoladamente e não se repetem com regularidade, devem ser distinguidos dos processos instintivos, embora seu mecanismo psicológico pareça ligado ao instinto. Eles podem ser até mesmo caracterizados pela *all-or-none-reaction*, como se pode facilmente observar em especial nos processos patológicos. No campo da psicopatologia encontramos muitos casos como estes, onde a um dado estímulo vemos seguir-se um processo bem definido que não tem proporção com o estímulo e é comparável em tudo a uma reação instintiva.

267   Todos esses processos devem ser distinguidos daqueles de natureza instintiva. Assim, só se deveria considerar como instintos os processos inconscientes e herdados que se repetem uniformemente e com regularidade por toda parte. Ao mesmo tempo eles devem possuir a marca da necessidade compulsiva, ou seja, um caráter reflexo do tipo descrito por Herbert Spencer. No fundo, tal processo só se distingue de um reflexo meramente sensitivo-motor por sua natureza bastante complicada. Por isso, William James chama ao instinto, e não

A natureza da psique 75

sem razão, "a mere excito-motor impulse, due to the pre-existence of a certain 'reflex arc' in the nerve-centres"[5]. As qualidades que os instintos têm de comum com os simples reflexos são a uniformidade, a regularidade, bem como a inconsciência de suas motivações.

A questão de onde provêm os instintos e como foram adquiridos é extremamente complexa. O fato de eles serem invariavelmente herdados não traz nenhuma contribuição para explicar sua origem. O caráter hereditário dos instintos apenas remete o problema para nossos ancestrais. É por demais conhecida a opinião segundo a qual os instintos se originaram de um determinado ato repetido da vontade, inicialmente individual e posteriormente generalizado. Esta explicação é plausível, visto que podemos observar cada dia como certas atividades aprendidas laboriosamente se tornam gradualmente automáticas pelo exercício constante. Por outro lado, convém sublinhar que o fator aprendizagem falta inteiramente nos instintos mais maravilhosos, observados no mundo animal. Em muitos casos é impossível até mesmo imaginar como tenha podido haver alguma aprendizagem e exercitação. Seja, por exemplo, o instinto de reprodução extremamente refinado da *Pronuba yuccasella*, a mariposa da iúca[6]. Cada flor da iúca se abre apenas por uma única noite. A mariposa tira o pólen de uma dessas flores e o transforma em bolinha. A seguir procura uma segunda flor, corta-lhe o ovário e, pela abertura, deposita seus ovos entre os óvulos da planta; vai em seguida ao pistilo e enfia a bolazinha de pólen pelo orifício, em forma de funil, do ovário. A mariposa só executa esta complicada operação uma única vez em sua vida.

É difícil explicar casos como este pela hipótese da aprendizagem e do exercício. Daí é que recentemente se procuraram outros meios de explicação, inspirados na filosofia de Bergson, os quais acentuam o fator *intuição*. A intuição decorre de um processo inconsciente, dado que o seu resultado é uma ideia súbita, a irrupção de um conteúdo inconsciente na consciência[7]. A intuição é, portanto, um processo

268

269

---

5. JAMES. *The Principles of Psychology*, II, p. 39 ["um mero impulso excito-motor, devido à preexistência de certo 'arco reflexo' nos centros nervosos"].

6. MARILAUN, Kerner von. *Pflanzenleben*, II: *Geschichte der Pflazen*, p. 153s.

7. Cf. a definição de "intuição" em *Psychologische Typen* [*Tipos psicológicos*, 3. ed. Rio de Janeiro: Zahar Editores, 1976, p, 529s. OC, 6].

de percepção, mas, ao contrário da atividade consciente dos sentidos e da introspecção, é uma percepção inconsciente. Por isso é que, na linguagem comum, referimo-nos à intuição como sendo um ato "instintivo" de apreensão, porque a intuição é um processo análogo ao instinto, apenas com a diferença de que, enquanto o instinto é um impulso predeterminado que leva a uma atividade extremamente complicada, a intuição é a apreensão teleológica de uma situação, também extremamente complicada. Em certo sentido, portanto, a intuição é o reverso do instinto, nem mais nem menos maravilhoso do que ele. Mas aqui não devemos esquecer que aquilo que chamamos complicado ou mesmo maravilhoso, não é, de modo algum, maravilhoso para a natureza, mas inteiramente ordinário. Tendemos facilmente a projetar nossa dificuldade de compreensão nas coisas, chamando-as complicadas, quando elas, na realidade, são simples e desconhecem nossos problemas de compreensão.

270   Uma discussão do problema do instinto sem levar em conta o conceito do inconsciente seria incompleta, porque são precisamente os processos instintivos que pressupõem o conceito complementar de inconsciente. Eu defino o inconsciente como a totalidade de todos os fenômenos psíquicos em que falta a qualidade da consciência. Podemos classificar adequadamente os conteúdos psíquicos como *subliminares*, na suposição de que todo conteúdo psíquico deve possuir um certo valor energético que o capacita a se tornar consciente. Quanto mais baixo é o valor de um conteúdo consciente, tanto mais facilmente ele desaparece sob o limiar. Daqui se segue que o inconsciente é o receptáculo de todas as lembranças perdidas e de todos aqueles conteúdos que ainda são muito débeis para se tornarem conscientes. Estes conteúdos são produzidos pela atividade associativa inconsciente que dá origem também aos sonhos. Além destes conteúdos, devemos considerar também todas aquelas repressões mais ou menos intencionais de pensamentos e impressões incômodas. À soma de todos estes conteúdos dou o nome de *inconsciente pessoal*. Mas afora esses, no inconsciente encontramos também as qualidades que não foram adquiridas individualmente, mas são herdadas, ou seja, os instintos enquanto impulsos destinados a produzir ações que resultam de uma necessidade interior, sem uma motivação consciente. Deve-

A natureza da psique

mos incluir também as formas *a priori*, inatas, de intuição, quais sejam os *arquétipos*[8] da percepção e da apreensão que são determinantes necessárias e a *priori* de todos os processos psíquicos. Da mesma maneira como os instintos impelem o homem a adotar uma forma de existência especificamente humana, assim também os arquétipos forçam a percepção e a intuição a assumirem determinados padrões especificamente humanos. Os instintos e os arquétipos formam conjuntamente o *inconsciente coletivo*. Chamo-o "coletivo", porque, ao contrário do inconsciente acima definido, não é constituído de conteúdos individuais, isto é, mais ou menos únicos, mas de conteúdos universais e uniformes onde quer que ocorram. O instinto é essencialmente um fenômeno de natureza coletiva, isto é, universal e uniforme, que nada tem a ver com a individualidade do ser humano. Os arquétipos têm esta mesma qualidade em comum com os instintos, isto é, são também fenômenos coletivos.

No meu ponto de vista, a questão do instinto não pode ser tratada psicologicamente sem levar em conta a dos arquétipos, pois uma coisa condiciona a outra. Mas é extremamente difícil discutir este problema, porque as opiniões sobre o que se deve considerar ainda como instinto no plano humano se acham extraordinariamente divididas. Assim, William James é de opinião que o homem é um enxame de instintos, ao passo que outros restringem os instintos a uns poucos processos que dificilmente se distinguem dos reflexos, ou seja, a certos movimentos executados pela criança de peito, a certas reações específicas dos bra-

271

---

8. Esta é a primeira vez que Jung emprega o termo "arquétipo". Em publicações anteriores ele designa o mesmo conceito com a expressão "imagem primordial" (*Urbild*) que ele foi buscar em Jacob Burckhardt. Cf. *Symbols der Wandlung*, p. 35, nota 1 [OC, 5] e *Über die Psychologie des Unbewussten* (Psicologia do inconsciente, p. 118 [OC, 7]. Os termos "imagem primordial" e "arquétipo" são usados aqui e em outros escritos em sentido equivalente. Isto deu origem à opinião errônea de que Jung pressupõe a hereditariedade das representações (ideias ou imagens), ponto de vista este que Jung retificou por várias vezes. Mas a expressão "imagem primordial" em si sugere um conteúdo muito mais preciso do que o termo "arquétipo", que – como o próprio Jung explica em outro local – representa um conteúdo essencialmente inconsciente e consequentemente desconhecido, um fator formativo ou um elemento estrutural. O arquétipo só se herda enquanto elemento estrutural, como fator ordenado presente no inconsciente, ao passo que a imagem "ordenada" por ele e percebida pela consciência volta sempre a aparecer como variante subjetiva na vida de cada indivíduo.

ços e das pernas, bem como da laringe, ao uso da mão direita e à formação dos sons silabados. No meu modo de ver estas restrições vão longe demais, embora sejam bem características da psicologia humana em geral. Antes de mais nada devemos sempre ter presente que, ao falarmos de instintos humanos, é de nós mesmos que estamos falando e, por isso, simplesmente adotamos uma atitude preconcebida.

272   Nós estamos numa posição muito mais privilegiada para observar os instintos nos animais ou nos primitivos do que em nós próprios. Isto se deve ao fato de que nos acostumamos a justificar nossas ações, procurando uma explicação para elas. Mas de maneira nenhuma está provado – antes, é muito improvável – que nossas explicações sejam consistentes. Não é preciso ser um super-homem para enxergar o vazio de muitas de nossas racionalizações e identificar o motivo real, o instinto motor que se acha por trás disto. Como resultado de nossas racionalizações artificiais pode-nos parecer que fomos levados não por algum instinto, mas por motivos conscientes. Naturalmente não pretendo afirmar que o homem não tenha conseguido transformar parcialmente os instintos em atos da vontade, mediante cuidadoso treinamento. Com isto o instinto foi domesticado, mas o motivo básico continua sendo o instinto. Assim não há dúvida de que conseguimos envolver um grande número de instintos em explicações e motivos racionais, a tal ponto que já não podemos reconhecer os motivos originais por trás de muitos véus. Deste modo parece-nos que já não temos quase mais nenhum instinto. Mas se aplicarmos o critério das reações desproporcionadas, as *all-or-none-reaction*, proposto por Rivers, ao comportamento humano, encontraremos numerosos casos onde ocorrem reações exageradas. O exagero é, de fato, uma peculiaridade humana universal. Embora cada um procure explicar cuidadosamente suas reações em termos de motivos racionais, para o que ele nunca deixará de encontrar bons argumentos, o fato do exagero permanece de pé. E por que é que uma pessoa não faz, não dá ou não diz, justo o necessário, racional, correto ou justificável numa determinada situação, mas muito mais ou muito menos do que isto? É justamente porque se desencadeou nela um processo inconsciente que se desenrola sem o concurso da razão e por isso não alcança nem ultrapassa o grau da motivação racional. Este fenômeno é tão uniforme e tão regular que não podemos chamá-lo senão instintivo, embora ninguém em semelhante caso goste de admitir a natureza instintiva

A natureza da psique 79

de seu comportamento. Por isto eu acredito que o comportamento é influenciado pelos instintos em grau muitíssimo mais elevado que em geral se admite, e que sob este aspecto estamos sujeitos a muitos erros de julgamento, de novo como resultado do exagero instintivo do ponto de vista racionalista.

Os instintos são formas típicas de comportamento, e todas as vezes que nos deparamos com formas de reação que se repetem de maneira uniforme e regular, trata-se de um instinto, quer esteja associado a um motivo consciente ou não.   273

Da mesma forma como se pode perguntar se o homem possui muitos instintos ou apenas alguns, assim também uma questão até aqui quase não ventilada é a de saber se ele possui ou não muitas formas primordiais ou arquétipos de reação psíquica. Nesta questão nos deparamos com as mesmas dificuldades que mencionei acima. Nós estamos de tal maneira acostumados a operar com conceitos tradicionais e axiomáticos, que não percebemos mais até que ponto estes conceitos se baseiam nos arquétipos de nossa percepção. Mesmo as imagens primordiais se acham fortemente obscurecidas pela extraordinária diferenciação de nosso pensamento. Da mesma forma como a Biologia comumente só atribui apenas uns poucos instintos ao homem, assim também a teoria do conhecimento reduz os arquétipos a um número relativamente pequeno de categorias, logicamente limitadas, do entendimento.   274

Platão confere um valor extraordinariamente elevado aos arquétipos como ideias metafísicas, como παραδείγματα, em relação aos quais as coisas reais se comportam meramente como μιμήσεις como imitações, cópias. Como bem se sabe, a filosofia medieval desde Agostinho – do qual tomei emprestado a ideia de arquétipo[9] – até Malebranche e Bacon ainda se encontra em terreno platônico, sob este aspecto, embora na Escolástica já desponte a noção de que os arquétipos são imagens naturais gravadas no espírito humano, e com base nas quais este forma os seus juízos. Assim nos diz Herbert of Cherbury: "Instinctus naturales sunt actus facultatum illarum a quibus communes illae notitiae circa analogiam rerum internam, eiusmod sunt, quae circa causam, me-   275

---

9. Mas o termo *archetypus* se encontra em Dionísio Areopagita e no *Corpus Hermeticum*.

dium et finem rerum bonarum, malum, pulchrum, gratum etc. per se etiam sine discursu conformantur"[10].

276   A partir de Descartes e Malebranche, porém, o valor metafísico da ideia, do arquétipo, declina sensivelmente. Torna-se um "pensamento", uma condição interna do conhecimento, como o diz claramente Spinoza: "Per ideam intelligo mentis conceptum quem mens format"[11]. Finalmente Kant reduz os arquétipos a um reduzido número de categorias da razão. Schopenhauer vai mais longe ainda no processo de simplificação, embora ao mesmo tempo volte a conferir um valor quase platônico aos arquétipos.

277   Neste esboço, infelizmente por demais sumário, podemos ver, mais uma vez, em andamento aquele processo psicológico que dissimula os instintos sob a capa de motivações racionais e transforma os arquétipos em conceitos racionais. É quase impossível reconhecer o arquétipo sob este invólucro. Mesmo assim, a maneira como o homem retrata interiormente o mundo é, apesar de todas as diferenças de detalhes, tão uniforme e regular como seu comportamento instintivo. Da mesma forma como somos obrigados a formular o conceito de um instinto que regula ou determina o nosso comportamento consciente, assim também, para explicar a uniformidade e a regularidade de nossas percepções, precisamos de um conceito correlato de um fator que determina o modo de apreensão. É precisamente a este fator que eu chamo de arquétipo ou imagem primordial. A imagem primordial poderia muito bem ser descrita como a *percepção do instinto de si mesmo* ou como o *autorretrato do instinto*, à semelhança da consciência que nada mais é, também, do que uma percepção interior do processo vital objetivo. Do mesmo modo como a apreensão consciente imprime forma e finalidade ao nosso comportamento, assim também a apreensão inconsciente determina a forma e a destinação do instinto, graças ao arquétipo. Assim como dizemos que o instinto é "refinado", assim também a intuição, que põe em ação o ins-

---

10. *De veritate*, "Os instintos naturais são atos daquelas faculdades de onde derivam aqueles conhecimentos gerais [numa analogia interior com as coisas naturais] que se formam de maneira espontânea e não discursiva quando se tem por objeto a causa, o meio e a finalidade das coisas boas, o mal, o belo, o agradável etc.".

11. Em *A Ética*, 2ª parte: Sobre a natureza e a origem do espírito. Definições ("Por ideia entendo um conceito da mente que a mente forma").

A natureza da psique   81

tinto, isto é, a apreensão mediante o arquétipo, é de incrível precisão.
Por isso, a mariposa de iúca, acima mencionada, deve trazer dentro
de si, por assim dizer, uma imagem daquela situação que provocou o
seu instinto. Esta imagem dá-lhe a capacidade de "reconhecer" as flores da iúca e a sua estrutura.

Como o critério da *all-or-none-reaction* proposto por Rivers nos   278
ajudou a descobrir a operação do instinto em todas as manifestações
da psicologia humana, assim também o conceito da imagem primordial talvez nos possa prestar o mesmo serviço no que respeita aos atos
da apreensão intuitiva. Esta tarefa é facílima junto aos primitivos.
Aqui encontramos constantemente certas imagens e motivos típicos
que são os fundamentos de suas mitologias. Estas imagens são autóctones e de uma regularidade relativamente grande. Assim, por exemplo, a ideia de uma força e substância mágicas, de espíritos e seu comportamento, de heróis e deuses e de suas lendas. Nas grandes religiões do mundo observamos o aperfeiçoamento dessas imagens e seu
progressivo envolvimento em formas racionais. Elas emergem até
mesmo nas ciências exatas como as raízes de certos conceitos auxiliares, tais como o de energia, de éter e de átomo[12]. Na Filosofia, Bergson nos proporcionou um exemplo de ressurgimento de uma imagem primordial, com o seu conceito de *durée créatrice* que já se encontra em Proclo e, sob sua forma original, em Heráclito.

A psicologia analítica deve se ocupar diariamente, junto a pessoas   279
sadias e enfermas, com perturbações das imagens primordiais no processo de apreensão consciente. As ações exageradas devidas à interferência do instinto são provocadas pelas formas intuitivas de apreensão
postas em ação pelos arquétipos, formas estas que nos levam a impressões superintensas e muitas vezes verdadeiramente distorcidas.

Os arquétipos são formas de apreensão, e todas as vezes que nos   280
deparamos com formas de apreensão que se repetem de maneira uni-
forme e regular, temos diante de nós um arquétipo, quer reconheça-
mos ou não o seu caráter mitológico.

---

12. Além do conceito de éter, atualmente obsoleto, a energia e o átomo são intuições
primitivas. Uma forma primitiva da primeira é o *mana*, e uma do segundo são o átomo
de Demócrito e a "centelha da alma" dos aborígines australianos [cf. *Über die Psychologie des Unbewussten* (*Psicologia do inconsciente*, p. 124s. (OC, 7))].

281   O inconsciente coletivo é constituído pela soma dos instintos e dos seus correlatos, os arquétipos. Assim como cada indivíduo possui instintos, possui também um conjunto de imagens primordiais. A prova convincente disto podemos encontrá-la antes de tudo na psicopatologia das perturbações mentais em que há irrupção do inconsciente coletivo. É o que acontece na esquizofrenia. Aqui podemos observar a emergência de impulsos arcaicos, associados a imagens inequivocamente mitológicas.

282   Na minha opinião é impossível dizer o que vem em primeiro lugar: se a apreensão ou o impulso a agir. Parece-me que os dois constituem uma só e mesma coisa, uma só e mesma atividade vital que temos de conceber como dois processos distintos, a fim de termos uma compreensão melhor[13].

---

13. No decurso de minha vida ocupei-me muitas vezes com o tema desta breve comunicação, e as conclusões a que me conduziram minhas reflexões se acham registradas num tratado que resultou de uma preleção que fiz na reunião anual de Eranos, em 1946. Foi publicada no *Eranos-Jahrbuch*, XIV (1946) sob o título de "Der Geist der Psychologie" [reproduzida com ligeiras alterações como tratado VII deste volume]. Aí o leitor encontra todo o desenvolvimento posterior do problema dos instintos e dos arquétipos. O aspecto biológico da questão foi tratado por Friedrich Alverdes, em *Die Wirksamkeit von Archetypen in den Instinkthandlungen der Tiere*.

VII

A estrutura da alma[*]

Como reflexo do mundo e do homem, a alma é de tal complexidade que pode ser observada e analisada a partir de um sem-número de ângulos. Com a psique acontece justamente o mesmo que acontece com o mundo: porque uma sistemática do mundo está fora do alcance humano, temos de nos contentar com simples normas artesanais e aspectos de interesse particular. Cada um elabora para si seu próprio segmento do mundo e com ele constrói seu sistema privado para seu próprio mundo, muitas vezes cercado de paredes estanques, de modo que, algum tempo depois, parece-lhe ter apreendido o sentido e a estrutura do mundo. Ora, o finito não pode jamais apreender o infinito. Embora o mundo dos fenômenos psíquicos seja apenas uma parte do mundo como um todo, é justamente por esta razão que parece mais fácil apreender uma parte do que o mundo inteiro. Mas deste modo se estaria esquecendo que a alma é o único fenômeno imediato deste mundo percebido por nós, e por isto mesmo a condição indispensável de toda experiência em relação ao mundo.

As únicas coisas do mundo que podemos experimentar diretamente são os conteúdos da consciência. Não que eu pretenda reduzir o mundo a uma ideia, a uma representação do mundo, mas o que eu quero enfatizar é como se eu dissesse que a vida é uma função do átomo do carbono. Esta analogia nos mostra claramente as limitações da ótica do profissional à qual eu sucumbo, ao procurar dar alguma explicação do mundo ou mesmo uma parte dele.

---

[*] Publicado, em extratos, em: *Europäische Revue*, IV (1928), e com modificações em: *Mensch und Erde*, org. por Keyserling.

285   Meu ponto de vista é, naturalmente, o ponto de vista psicológico, e mais especificamente o do psicólogo prático cuja tarefa é encontrar, o mais depressa possível, uma via de saída da confusão caótica dos complicados estados psíquicos. Meu ponto de vista deve, necessariamente, diferir daquele do psicólogo que pode analisar experimentalmente um processo psíquico isolado, com toda calma, no silêncio do laboratório. A diferença é mais ou menos aquela que há entre o cirurgião e o histólogo. Também não sou um metafísico cuja tarefa é dizer o que as coisas são em si e por si, e se elas são absolutas ou algo semelhante. Os objetos de que me ocupo situam-se todos dentro dos limites do experimentável.

286   Minha necessidade consiste sobretudo em apreender condições complexas e ser capaz de falar sobre elas. Devo ser capaz de expressar coisas complicadas em linguagem acessível e distinguir entre vários grupos de fatos psíquicos. Estas distinções não podem ser arbitrárias, porque devo chegar a um entendimento com o objeto de que me ocupo, isto é, com meu paciente. Por isto, devo recorrer sempre ao emprego de esquemas simples que, de um lado, reconstitui os fatos empíricos e, de outro lado, liga-se aquilo que é universalmente conhecido e assim encontra compreensão.

287   Estando para classificar em grupos, os conteúdos da consciência, começamos, segundo a antiga norma, com a proposição: "Nihil est in intellectu quod non antea fuerit in sensu" ["O intelecto só contém o que passou pelos sentidos"].

288   Parece que o consciente flui em torrentes para dentro de nós, vindo de fora sob a forma de *percepções sensoriais*. Nós vemos, ouvimos, apalpamos e cheiramos o mundo, e assim temos consciência do mundo. Estas percepções sensoriais nos dizem que algo *existe* fora de nós. Mas elas não nos dizem *o que* isto seja em si. Isto é tarefa, não do *processo de percepção*, mas do *processo de apercepção*. Este último tem uma estrutura altamente complexa. Não que as percepções sensoriais sejam algo simples; mas sua natureza complexa é menos psíquica do que fisiológica. A complexidade da apercepção, pelo contrário, é psíquica. Podemos identificar nela a cooperação de diversos processos psíquicos. Suponhamos ouvir um ruído cuja natureza nos pareça desconhecida. Depois de algum tempo, percebemos claramente que o ruído peculiar deve provir das bolhas de ar que sobem pela tubulação da central de aquecimento. Isto nos permite *reconhecer o ruído*. Este re-

conhecimento deriva de um processo que denominamos de *pensamento*. É o *pensamento* que nos diz o *que* a coisa é em si.

Falei acima em ruído "peculiar". Quando qualifico qualquer coisa como "peculiar", eu me refiro a uma *tonalidade afetiva* especial que a coisa tem. A tonalidade afetiva implica uma *avaliação*.

Podemos conceber o *processo de reconhecimento* essencialmente como uma comparação e uma diferenciação com o auxílio da memória. Quando vejo o fogo, por exemplo, o estímulo luminoso me transmite a ideia de fogo. Como existem inúmeras imagens recordativas do fogo em minha memória, estas imagens entram em combinação com a imagem do fogo que acaba de ser recebida, e a operação de compará-la e diferenciá-la dessas imagens de recordação produz o reconhecimento, isto é, a constatação definitiva da peculiaridade da imagem há pouco adquirida. Em linguagem ordinária, este processo denomina-se *pensamento*.

O *processo de avaliação* é diferente: o fogo que eu vejo provoca reações emocionais de natureza agradável ou desagradável, e as imagens de recordação assim estimuladas trazem consigo fenômenos emocionais concomitantes denominados *tonalidades afetivas*. Deste modo um objeto nos parece agradável, desejável, belo ou desagradável, feio, repelente etc. Em linguagem ordinária este processo se chama *sentimento*.

O *processo intuitivo* não é uma percepção sensorial nem um pensamento, nem também um sentimento, embora a linguagem, aqui, apresente uma lacuna lamentável de discriminação. Com efeito: alguém pode exclamar: "Oh, estou vendo a casa inteira queimando!" Ou: "É tão certo como dois e dois são quatro que haverá um desastre, se o fogo irromper aqui". Ou: "Eu tenho a sensação de que este fogo ainda poderá levar a uma catástrofe". De acordo com o respectivo temperamento, o primeiro falará de sua intuição como sendo um ato de ver bem nítido, ou seja, faz dele uma percepção sensorial. O outro a designará como pensamento: "Basta só refletir, para ver claramente quais serão as consequências", dirá ele. O terceiro, afinal, sob a impressão de seu estado emocional, dirá que sua intuição é um processo de sentir, mas a intuição, segundo meu modo de ver, é uma das funções básicas da alma, ou seja, a *percepção das possibilidades inerentes a uma dada situação*. É bem provável que o fato de os conceitos de sentimento, sensação e intuição serem usados indistintamente no alemão se deva a um desenvolvimento insatisfatório da língua, ao passo que *sentiment* e *sensation*, do francês, e *feeling* e *sensation*, do inglês, são absolutamente distintos, embora *sentiment* e *feeling* sejam empregados às vezes como palavras auxiliares para intuição (*intuition*). Recentemente, porém, o termo *intuition* começou a ser usado comumente na língua inglesa usual.

293   Outros conteúdos da consciência que podemos distinguir são os *processos volitivos* e os *processos instintivos*. Os primeiros são definidos como impulsos dirigidos, resultantes de processos aperceptivos cuja natureza fica à disposição do chamado livre-arbítrio. Os segundos são impulsos que se originam no inconsciente ou diretamente no corpo e se caracterizam pela *ausência de liberdade* ou pela *compulsividade*.

294   Os processos aperceptivos podem ser *dirigidos* ou *não dirigidos*. No primeiro caso falamos de *atenção*, e, no segundo, de fantasias ou sonhos. Os processos dirigidos são racionais, os não dirigidos irracionais. Entre estes últimos se inclui o *sonho* como a sétima categoria dos conteúdos da consciência. Sob certos aspectos, os sonhos se assemelham às fantasias conscientes pelo fato de terem caráter irracional, não dirigido. Mas os sonhos se distinguem das fantasias na medida em que suas causas, seu curso e seu objetivo são obscuros, à primeira vista, para a nossa compreensão. Mas eu lhes atribuo a dignidade de categoria de conteúdo da consciência, porque são a resultante mais importante e mais evidente de processos psíquicos inconscientes que ainda estão penetrando no campo da consciência. Acredito que estas sete classes dão uma ideia dos conteúdos da consciência, superficial embora, mas suficiente para os nossos objetivos.

295   Existem, como se sabe, certos pontos de vista que pretendem restringir todo o psíquico à consciência, como sendo idêntico a ela. Não acredito que isto seja suficiente. Se admitirmos que há certas coisas que transcendem nossa percepção sensorial, então podemos falar também do psíquico, cuja existência só nos é acessível por via indireta. Para quem conhece a psicologia do hipnotismo e do sonambulismo, é fato corriqueiro que, embora uma consciência artificial ou patologicamente restringida desta espécie não contenha determinadas ideias, contudo ela se comporta exatamente como se as contivesse. Havia, por

A natureza da psique 87

exemplo, uma pessoa histericamente surda que costumava cantar. Um dia o médico sentou-se ao piano sem que a paciente notasse, e se pôs a acompanhar o verso seguinte, em uma nova tonalidade. Imediatamente a paciente passou a cantar na nova tonalidade. Um outro paciente tinha a singularidade de cair em convulsões "hístero-epiléticas" à vista do fogo. Tinha um campo de visão notadamente limitado, isto é, sofria de cegueira periférica (tinha o que se chama campo de visão "tubular"). Se alguém colocasse um foco luminoso na zona cega, ocorria o ataque exatamente como se ele tivesse visto a chama. Na sintomatologia desses estados patológicos há inúmeros casos desta espécie, nos quais, apesar da melhor boa vontade, só se pode dizer que estas pessoas percebem, pensam, sentem, recordam-se, decidem e agem inconscientemente, ou seja, fazem inconscientemente o que outros fazem de maneira consciente. Estes processos ocorrem independentemente de saber se a consciência os percebe ou não.

Estes processos psíquicos incluem, portanto, o trabalho não desprezível de composição que está na origem dos sonhos. Embora o sono seja um estado em que a consciência se acha consideravelmente limitada, contudo o elemento psíquico não deixa absolutamente de existir e de agir. A consciência apenas se retirou dele, e na falta de um objeto em que se concentrar, caiu em um estado relativo de inconsciência. Mas a vida psíquica, evidentemente, continua da mesma forma como há vida psíquica inconsciente durante o estado de vigília. Não é difícil encontrar as provas neste sentido. Este campo particular de experiência equivale ao que Freud descreve como "a psicopatologia do dia a dia". Ele mostrou que nossas intenções e ações conscientes muitas vezes são frustradas por processos inconscientes, cuja existência é verdadeira surpresa para nós mesmos. Nós cometemos lapsos de linguagem, lapsos de escrita, e inconscientemente fazemos coisas que traem justamente aquilo que gostaríamos de manter o mais secretamente possível ou que nos é até mesmo totalmente desconhecido. "Lingua lapsa verum dicit", diz um antigo provérbio. É sobre a frequência destes fenômenos que se baseia o experimento das associações utilizado no diagnóstico e que pode ser de grande proveito quando o paciente não pode ou não quer dizer nada. 296

É nos estados patológicos que podemos encontrar os exemplos clássicos da atividade psíquica inconsciente. Quase toda a sintomato- 297 logia da histeria, das neuroses compulsivas, das fobias e, em grande parte, também da *dementia praecox* ou esquizofrenia, a doença mental mais comum, tem suas raízes na atividade psíquica inconsciente. Por isto estamos autorizados a falar da existência de uma alma inconsciente. Todavia, esta alma não é diretamente acessível à nossa observação – do contrário não seria inconsciente! – mas só pode ser *deduzida*. E nossa conclusão pode apenas dizer: "é como se..."

298 　　O inconsciente também faz parte da alma. Podemos agora falar de *conteúdos do inconsciente*, em analogia com os diferentes conteúdos da consciência? Isto equivaleria a postular, por assim dizer, um outro estado de consciência dentro do inconsciente. Não quero entrar aqui nesta delicada questão que tratei em outro contexto, mas quero me limitar à questão se podemos diferenciar ou não o que quer que seja no inconsciente. Esta questão só pode ser respondida empiricamente, ou seja, com a contrapergunta se há elementos plausíveis ou não para uma tal diferenciação.

299 　　Para mim não há a menor dúvida de que todas as atividades que se efetuam na consciência podem se processar também no inconsciente. Há inúmeros exemplos em que um problema intelectual sem solução no estado de vigília foi resolvido durante um sonho. Conheço um contabilista, por exemplo, que durante vários dias tentou, em vão, esclarecer uma falência fraudulenta. Certo dia trabalhou até meianoite, sem encontrar a solução, e em seguida foi dormir. Às três horas da madrugada, sua mulher o viu se levantar e se dirigir ao seu gabinete de trabalho. Ela o seguiu e o viu tomando notas afanosamente em sua mesa de trabalho. Mais ou menos após um quarto de hora ele voltou ao leito. Na manhã seguinte ele não se lembrava de nada. Pôs-se de novo a trabalhar e descobriu uma série de notas, escritas de próprio punho, que esclareciam total e definitivamente todo o emaranhado do caso.

300 　　Em minha atividade prática tenho me ocupado de sonhos há mais de vinte anos. Vezes e mais vezes tenho visto como ideias que não foram pensadas durante o dia, sentimentos que não foram experimentados, depois emergiam nos sonhos e deste modo atingiam a consciência. Mas o sonho como tal é um conteúdo da consciência, pois do contrário não poderia ser objeto da experiência imediata. Mas visto que ele traz à tona materiais que antes eram inconscientes,

A natureza da psique

somos forçados a admitir que estes conteúdos já possuíam uma existência psíquica qualquer em um estado inconsciente e somente durante o sonho é que apareceram à consciência restrita, ao chamado "remanescente da consciência". O sonho pertence aos conteúdos normais da psique e poderia ser considerado como uma resultante de processos inconscientes a irromper na consciência.

Se, porém, com base na experiência, somos levados a admitir que todas as categorias de conteúdos da consciência podem, ocasionalmente, ser também inconscientes e atuar sobre a consciência como processos inconscientes, deparamo-nos com a pergunta, talvez inesperada, se o inconsciente tem sonhos também. Em outras palavras: há resultantes de processos ainda mais profundos e – se possível – ainda mais inconscientes que penetram nas regiões obscuras da alma! Eu deveria repelir esta pergunta paradoxal como demasiado aventurosa, se não houvesse realmente motivos que conduzem semelhante hipótese ao domínio do possível. 301

Devemos primeiramente ter diante dos olhos os elementos necessários para provar que o inconsciente tem sonhos também. Se queremos provar que os sonhos ocorrem como conteúdos da consciência, devemos simplesmente demonstrar que há certos conteúdos que, pelo caráter e pelo sentido, são estranhos e não podem ser comparados aos outros conteúdos racionalmente explicáveis e compreensíveis. Se pretendemos mostrar que o inconsciente tem sonhos também, devemos fazer a mesma coisa com os seus conteúdos. O mais simples talvez seja apresentar um exemplo prático: 302

Trata-se de um oficial de 27 anos de idade. Ele sofria de violentos ataques de dores na região do coração, como se dentro houvesse um bolo, e de dores penetrantes no calcanhar esquerdo. Organicamente não se descobriu nada. Os ataques haviam começado cerca de dois meses antes e o paciente fora licenciado do serviço militar, em vista de sua incapacidade temporária para andar. Várias estações de cura de nada adiantaram. Uma investigação acurada sobre o passado de sua doença não me proporcionou nenhum ponto de referência, e o próprio paciente não tinha a mínima ideia do que poderia ser a causa de seu mal. Ele me dava a impressão de ser um tipo saudável, um tanto leviano e teatralmente meio "valentão", como se quisesse dizer: "Nesta ninguém me apanha". Como a anamnese nada revelasse, 303 eu lhe fiz perguntas a respeito de seus sonhos. Imediatamente tornou-se evidente a causa de seus males. Pouco antes da neurose se manifestar, a moça que ele namorava rompeu com ele e noivara com outro. Ele me contou essa história, considerando-a sem importância – "uma mulher estúpida: se ela não me quer, eu arranjo outra –, um homem como eu não se deixa abater por uma coisa destas". Esta era a maneira pela qual ele tratava sua decepção e sua verdadeira dor. Mas agora seus afetos vêm à tona. E a dor do coração desaparece e o bolo que ele sentia na garganta desaparece depois de alguns dias de lágrimas. A "dor no coração" é uma expressão poética que aqui se tornou realidade porque o orgulho de meu paciente não lhe permitia que ele sofresse sua dor como sendo uma dor da alma. O bolo que ele sentia na garganta, o chamado *globus hystericus*, provém, como todos sabemos, de lágrimas engolidas. Sua consciência simplesmente se retirou dos conteúdos que lhe eram penosos, e estes, entregues a si mesmos, só podiam alcançar a consciência indiretamente sob a forma de sintomas. Trata-se de processos inteiramente compreensíveis por via racional e, consequentemente, de evidência imediata, os quais – se não tivesse sido o seu orgulho – poderiam igualmente transcorrer no plano da consciência.

304   E agora quanto ao terceiro sintoma: as dores que ele sentia no calcanhar não desapareceram. Elas não se enquadram na imagem que acabamos de esboçar. O coração não está ligado diretamente ao calcanhar e ninguém exprime sua dor por meio do calcanhar. Do ponto de vista racional não se vê a razão pela qual as duas outras síndromes não satisfaziam. Mesmo teoricamente, estaríamos inteiramente satisfeitos se a tomada de consciência do sofrimento psíquico resultasse em dor normal e, consequentemente, em cura.

305   Como a consciência não podia me oferecer nenhum ponto de referência para o sintoma do calcanhar, recorri mais uma vez ao antigo método dos sonhos. O paciente teve um sonho em que se vira mordido por uma serpente e imediatamente ficara paralítico. Este sonho, evidentemente, trazia a interpretação do sintoma do calcanhar. O calcanhar lhe doía porque fora mordido por uma serpente. Tratava-se de um conteúdo estranho, com o qual a consciência racional nada sabia o que fazer. Pudemos entender, de imediato, a razão pela qual o coração lhe doía, mas o fato de o calcanhar também doer ul-

A natureza da psique 91

trapassava qualquer expectativa racional. O paciente ficou completamente perplexo diante do caso.

Aqui, portanto, teríamos um conteúdo que irrompe na zona inconsciente, de maneira estranha, e provavelmente provém de uma camada mais profunda que já não pode ser esquadrinhada por via racional. A analogia mais próxima deste sonho é, evidentemente, a própria neurose. Ao rejeitá-lo, a moça provocou-lhe uma ferida que o paralisou e o pôs doente. Uma análise posterior do sonho revelou um novo pedaço de seu passado que então se tornou claro ao nosso paciente pela primeira vez: ele fora o filho querido de uma mãe um tanto histérica. Ela tinha pena dele, admirava-o e paparicava-o em excesso, razão pela qual ele se criou com modos de mocinha. Mais tarde, de repente assume um porte viril e abraça a carreira militar, onde poderia encobrir sua moleza interior com suas exibições de "valentia". Em certo sentido, a mãe também o paralisara. 306

Trata-se manifestamente daquela mesma antiga serpente que foi sempre amiga especial de Eva. "Ela te esmagará a cabeça, e tu (a serpente) lhe ferirás o calcanhar", diz o Gênesis a respeito da descendência de Eva, fazendo eco a um hino egípcio muito mais antigo que se costumava recitar ou cantar para curar mordidas de serpente: 307

A idade do deus fez sua boca se mover,
E jogou sua lança por terra,
E o que ela cuspia, caía no chão.
Ísis amassou-o, então, com suas mãos
Juntamente com a terra que havia aí;
E com tudo isto formou um verme nobre,
E o fez semelhante a um dardo.
Ela não o enrolou sem vida em torno de seu rosto,
Mas o atirou enrolado sobre o caminho
Pelo qual o Grande Deus costumava andar
À vontade, através de seus dois reinos.
O nobre deus avançava resplendente,
Os deuses que serviam o faraó acompanhavam-no,
E ele seguia em frente, como acontecia todos os dias.
Então o nobre verme picou-o.
Suas maxilas começaram a bater
E todos os seus membros tremiam.

E o veneno invadiu sua carne,
Como o Nilo invade seu território.

308 Os conhecimentos bíblicos conscientes de meu paciente consistiam em um mínimo lamentável. Provavelmente um dia ele ouvira distraidamente falar de uma serpente que mordia o calcanhar e, em seguida, a esqueceu. Mas algo de profundo em seu inconsciente o ouviu e não o esqueceu, mas na ocasião oportuna o recordou: um pedaço de seu inconsciente, que evidentemente gostava de se expressar mitologicamente, porque este modo de expressão estava em consonância com sua natureza.

309 Mas a que tipo de mentalidade corresponde a maneira de expressar simbólica ou metafórica? *Ela corresponde à mentalidade do homem primitivo, cuja linguagem não possui termos abstratos*, mas apenas analogias naturais e "não naturais". Esta mentalidade da venerável antiguidade é tão estranha àquela psique que produz dores do coração e o bolo na garganta quanto um brontossauro a um cavalo de corrida. O sonho da serpente nos revela um fragmento daquela atividade psíquica, que não tem mais nada a ver com a moderna individualidade do sonhador. Ela se processa, por assim dizer, como que numa camada mais profunda, e somente suas resultantes emergem em uma camada superior onde jazem os afetos reprimidos, tão estranhos para elas quanto um sonho para a consciência. E da mesma forma como precisamos de empregar uma certa técnica analítica para entender um sonho, assim também necessitamos de conhecimento da mitologia para apreender o sentido de um fragmento que surge de uma camada mais profunda.

310 O tema da serpente, por certo, não era uma aquisição individual do sonhador, pois os sonhos com serpentes são muito comuns, mesmo entre os habitantes das grandes cidades, dos quais muitos provavelmente nunca viram uma serpente verdadeira.

311 Mas poder-se-ia se objetar que a serpente no sonho nada mais é do que uma *figura de linguagem* concretizada. Ora, a respeito de certas mulheres dizemos que são falsas como serpentes; falamos da serpente da tentação, etc. Esta objeção me parece quase inaceitável no presente caso, mas é difícil encontrar uma prova mais rigorosa porque a serpente é realmente uma figura de linguagem muito comum,

A natureza da psique   93

mas só seria possível uma prova mais precisa se pudéssemos encontrar um caso em que o simbolismo mitológico não fosse uma figura de linguagem comum ou uma criptomnésia, isto é, um caso em que o sonhador nunca tivesse lido, visto ou ouvido, em qualquer parte ou de algum modo, acerca do tema em questão, e depois o tivesse esquecido e de novo o tivesse lembrado inconscientemente. Esta prova me parece de grande importância, pois ela nos mostraria que o inconsciente racional seria uma atividade psíquica que é independente da alma consciente e até mesmo da camada superior inconsciente, e continua não tocada – e talvez intocável – pela experiência pessoal, uma espécie de atividade psíquica supraindividual, um *inconsciente coletivo*, como o chamei, para distingui-lo de um *inconsciente* superficial, relativo ou *pessoal*.

Mas antes de sairmos à procura desta prova, eu gostaria, para   312
sermos completos, de fazer ainda algumas observações complementares ao sonho com a serpente. A impressão que se tem é de que essas camadas hipotéticas mais profundas do inconsciente – o inconsciente coletivo – traduzem as experiências com mulheres em mordida de serpente no sonho, transformando-as, assim, em temas mitológicos. O motivo – ou melhor, o objetivo disto – parece-nos obscuro à primeira vista, mas se nos recordarmos do princípio fundamental segundo o qual a sintomatologia de uma doença é, ao mesmo tempo, uma tentativa natural de cura – as dores do coração, por exemplo, são uma tentativa de produzir uma explosão emocional –, então devemos considerar o sintoma do calcanhar também como uma espécie de tentativa de cura. Como nos mostra o sonho, não é somente a decepção recente no amor, mas também todas as outras decepções na escola e em outras situações que este sintoma eleva, simultaneamente, ao mesmo tempo ao mesmo patamar de um acontecimento mítico, como se isto de algum modo pudesse ajudar o paciente.

Isto talvez nos pareça simplesmente inacreditável, mas os sacer-   313
dotes-médicos do Antigo Egito que entoavam o hino da serpente de Ísis sobre a sua mordida, acreditavam nesta teoria; e não somente eles, mas todo o mundo antigo acreditava, como o primitivo ainda hoje acredita, na *magia por analogia* – pois trata-se aqui do fenômeno psíquico que está na raiz da magia por analogia.

314   Não devemos pensar que isto seja uma antiga superstição que ficou bem para trás no tempo. Se lermos atentamente os textos latinos do missal, toparemos constantemente com o famoso *sicut* que introduz sempre uma analogia mediante a qual se deve produzir uma mudança. Exemplo impressionante de analogia era a produção do fogo sagrado no *Sabbatum sanctum* (Vigília pascal). Antigamente, como se sabe, obtinha-se o fogo, nesta ocasião, golpeando-se uma *pedra* – e, mais antigamente ainda, perfurando-se uma peça de madeira, o que era uma prerrogativa da Igreja. Por isto, o sacerdote pronunciava a seguinte oração: "Deus, qui per Filium tuum, angularem scilicet lapidem, claritatis tuae ignem fidelibus contulisti: productum e silice, nostris profuturum usibus, novum hunc ignem sanctifica": "Ó Deus, que por vosso Filho, *Pedra angular* da Igreja, acendestes nos corações de vossos fiéis o fogo de vossa claridade, santificai este fogo novo, que da pedra retiramos para nosso uso". Pela analogia com o Cristo como pedra angular, o fogo retirado da pedra é de certo modo elevado à categoria de Cristo, que, por sua vez, acende um novo fogo.

315   O racionalista pode rir-se destas coisas. Mas há algo de profundo que foi tocado dentro de mim, e não somente dentro de mim, mas dentro de milhões de cristãos, chamemos a isto de beleza ou não. Mas o que foi tocado dentro de nós foram aqueles elementos de fundo, aquelas formas imemoriais do espírito humano que nós próprios não adquirimos, mas herdamos desde épocas que se perdem nas brumas do passado.

316   Se existisse esta alma supraindividual, tudo o que é traduzido em sua linguagem figurada perderia o caráter pessoal, e, se se tornasse consciente, poderíamos vê-lo *sub specie aeternitatis* [sob a figura da eternidade], não mais como o *meu* sofrimento, mas como o sofrimento do mundo, não mais como uma dor pessoal e isoladora, mas como uma dor sem amargura, unindo-nos a todos os homens. Não precisamos de procurar provas para demonstrar que isto teria efeito curativo.

317   Mas quanto a saber se, de fato, existe esta alma supraindividual, até agora não apresentei nenhuma prova que satisfaça a todas as exigências. Eu gostaria de o fazer, mais uma vez, sob a forma de um exemplo: Trata-se de um doente mental de seus trinta anos de idade, que sofria de uma forma paranoide de *dementia praecox* (esquizofrenia). Adoeceu desde cedo, quando mal entrava na casa de seus vinte

A natureza da psique

anos. Apresentou sempre uma estranha mistura de inteligência, obstinação e ideias fantasistas. Fora simples escriturário, empregado de um consulado. Evidentemente, como compensação para sua existência extremamente modesta, adoeceu de megalomania e acreditava que era o Salvador. Sofria de frequentes alucinações por certos períodos ficava muito agitado. Nos períodos de calma, podia circular livremente pelo corredor do hospital. Certo dia o encontrei aí, piscando as pálpebras para o sol através da janela e movendo curiosamente a cabeça para um lado e para outro. Logo me pegou pelo braço, querendo me mostrar alguma coisa. Dizia-me que eu devia piscar as pálpebras, olhando para o sol; que eu então poderia ver o pênis do sol. Se eu movesse a cabeça de um lado para o outro, eu também veria o pênis do sol, e esta era a *origem do vento*.

Eu fiz esta observação cerca do ano de 1906. No decorrer de 1910, quando eu estava absorvido nos estudos mitológicos, caiu-me nas mãos um livro de Dieterich, tradução de uma parte do chamado *Papiro mágico de Paris*. Dieterich considerava o texto estudado e traduzido por ele como uma liturgia do culto de Mitra. Consiste o mesmo em uma série de prescrições, de invocações e visões. Uma destas visões é descrita com as seguintes palavras: "Da mesma maneira, poderá se ver também o chamado tubo, origem do vento de serviço. Tu verás, com efeito, uma espécie de tubo pendendo do disco solar, e de tal modo que, em direção às regiões do Ocidente, sopra um vento infinito; mas quando é o outro vento que sopra na direção das regiões do leste, observarás, da mesma maneira, que a visão voltará nesta mesma direção". O termo grego para tubo, αὐλὸς, significa instrumento de sopro, e na combinação αὐλος παχύς, em Homero, significa "forte jorro de sangue". Evidentemente uma *corrente de vento* sopra através do tubo que sai do sol.

318

A visão de meu paciente, no ano de 1906, e o texto grego editado somente em 1910 se achavam suficientemente separados no tempo, de modo a excluir a possibilidade de uma criptomnésia de sua parte e uma transmissão de pensamento, da minha. Não se pode negar o paralelismo evidente entre as duas visões, mas poderíamos afirmar que se trata de uma semelhança meramente casual. Neste caso, não poderíamos esperar nem conexões com ideias análogas nem um sentido íntimo da visão. Esta expectativa, porém, não se concretizou,

319

porque em certas pinturas da Idade Média este tubo é representado, inclusive, sob a forma de mangueira de regar que pende do céu e penetra por baixo das vestes de Maria, no momento da Anunciação, e o Espírito Santo aparece descendo por ele, sob a forma de pomba, para fecundar a Virgem.

Como sabemos pelo milagre de Pentecostes, o Espírito Santo é representado, desde os tempos antigos, como um vento impetuoso, o πνεῦμα "o vento sopra onde quer – τὸ πνεῦμα ὅπου θέλει πνεῖ" (Jo 3,8). "Animo descensus per orbem solis tribuitur": diz-se que o Espírito desce pelo círculo do sol. Esta concepção é comum a toda a filosofia clássica tardia e medieval.

320   Não consigo, portanto, descobrir nada de casual nestas visões, mas simplesmente o ressurgimento de possibilidades de ideias que sempre existiram e que podem ser descobertas de novo nas mais diversas mentes e épocas, não sendo, portanto, ideias herdadas!

321   Entrei propositadamente nas particularidades deste caso, para oferecer uma visão concreta daquela atividade psíquica mais profunda qual seja o inconsciente coletivo. Resumindo, gostaria, portanto, de observar que devemos distinguir, por assim dizer, três níveis psíquicos, a saber: 1) a *consciência*; 2) o *inconsciente pessoal* que se compõe, primeiramente, daqueles conteúdos que se tornam inconscientes, seja porque perderam sua intensidade e, por isto, caíram no esquecimento, seja porque a consciência se retirou deles (é a chamada repressão) e, depois, daqueles conteúdos, alguns dos quais percepções sensoriais, que nunca atingiram a consciência, por causa de sua fraquíssima intensidade, embora tenham penetrado de algum modo na consciência e 3) o *inconsciente coletivo*, que, como herança imemorial de possibilidades de representação, não é individual, mas comum a todos os homens e mesmo a todos os animais, e constitui a verdadeira base do psiquismo individual.

322   Todo este organismo psíquico corresponde perfeitamente ao corpo que, embora varie sempre de indivíduo para indivíduo, é, ao mesmo tempo e em seus traços essenciais básicos, o corpo especificamente humano que todos temos e que em seu desenvolvimento e em sua estrutura conserva vivos aqueles elementos que o ligam aos invertebrados e, por último, até mesmo aos protozoários. Teoricamente deveria ser possível extrair, de novo, das camadas do inconsciente coletivo não só a psicologia do verme, mas até mesmo a da ameba.

A natureza da psique   97

Todos estamos convencidos de que seria totalmente impossível   323
entender o organismo vivo sem considerar sua relação com as condições ambientais. Há um sem-número de fatos biológicos que só podemos explicar como reações ao meio ambiente; assim, por ex., a cegueira do *proteus anguinus* [espécime dos proteídos], as peculiaridades dos parasitas intestinais, a anatomia específica dos vertebrados
que reverteram à vida aquática.

O mesmo se pode dizer a respeito da alma. A sua organização pe-   324
culiar deve estar intimamente ligada às condições ambientais. Esperaríamos que a consciência reaja e se adapte ao presente, porque a
consciência é, por assim dizer, aquela parte da alma que tem a ver, sobretudo, com fatos do momento, ao passo que do inconsciente coletivo, como psique atemporal e universal, esperaríamos reações às
condições mais universais e permanentes, de caráter psicológico, fisiológico e físico.

O inconsciente coletivo – até onde nos é possível julgar parece ser   325
constituído de algo semelhante a temas ou imagens de natureza mitológica, e, por esta razão, os mitos dos povos são os verdadeiros expoentes do inconsciente coletivo. Toda a mitologia seria uma espécie de
projeção do inconsciente coletivo. É no céu estrelado cujas formas
caóticas foram organizadas mediante a projeção de imagens, que vemos isto o mais claramente possível. Isto explica as influências dos astros, afirmadas pela astrologia: estas influências não seriam mais do
que percepções introspectivas inconscientes da atividade do inconsciente coletivo. Do mesmo modo como as constelações foram projetadas no céu, assim também outras figuras semelhantes foram projetadas
nas lendas e nos contos de fadas ou em personagens históricas. Por
isso, podemos estudar o inconsciente coletivo de duas maneiras: na
mitologia ou na análise do indivíduo. Como não posso colocar este último material ao alcance dos leitores, devo limitar-me à mitologia.
Mas a mitologia, por sua vez, é um campo tão vasto, que só posso des-
tacar apenas alguns casos mais representativos. Da mesma forma, as
condições ambientais são tão numerosas e variadas que aqui também
só podemos tomar apenas alguns exemplos mais ilustrativos.

Da mesma forma que o organismo vivo com suas características   326
especiais constitui um sistema de funções de adaptação às condições
ambientais, assim também a alma deve apresentar aqueles órgãos ou

sistemas de funções que correspondem a acontecimentos físicos regulares. Não me refiro às funções sensoriais que dependem de órgãos, mas, antes, a uma espécie de fenômenos psíquicos paralelos aos fatos físicos regulares. Para tomarmos um exemplo: o curso diário do sol e o alternar-se regular dos dias e das noites deveriam refletir-se na psique sob a forma de imagem gravada aí desde tempos imemoriais. Não podemos demonstrar a existência de uma tal imagem, mas, em compensação, descobrimos analogias mais ou menos fantásticas do processo físico: cada manhã um herói divino nasce do mar e sobe no carro do Sol. No Ocidente, espera-o uma Grande Mãe, que o devora, assim que anoitece. No ventre de um dragão o herói atravessa o fundo do mar da meia-noite. Depois de um combate terrível com a serpente noturna, ele renasce na manhã seguinte.

327   Este conglomerado mítico contém, sem dúvida, um reflexo do processo físico, e isto é tão óbvio que muitos pesquisadores, como se sabe, admitem que os primitivos inventaram tais mitos para explicar globalmente os processos físicos. Pelo menos é fora de dúvida que as Ciências e a Filosofia Natural nasceram deste solo nativo, mas que o primitivo tenha imaginado estas coisas apenas por necessidade de explicação, como uma espécie de teoria física ou astronômica, parece-me sumamente improvável.

328   O que podemos dizer sobre as imagens míticas é, em primeiro lugar, que o processo físico penetrou na psique claramente sob esta forma fantástica e distorcida e aí se conservou, de sorte que o inconsciente ainda hoje reproduz imagens semelhantes. Naturalmente neste ponto surge a pergunta: por que a psique não registra o processo natural, mas unicamente as fantasias em torno do processo físico?

329   Se nos transportarmos para a mente do primitivo, imediatamente compreenderemos a razão pela qual isto acontece. Com efeito, ele vive num tal estado de *participation mystique*, como Lévy-Bruhl chamou este fato psicológico, que entre o sujeito e o objeto não há aquela distinção absoluta que se encontra em nossa mente racional. O que acontece fora, acontece também dentro dele, e o que acontece dentro dele, acontece também fora. Presenciei um belo exemplo deste fato quando estive entre os Elgônis, uma tribo primitiva de Monte Elgon, na África oriental. Eles costumam cuspir nas mãos, ao nascer do Sol, e voltam as palmas em direção a este quando se ergue sobre o horizonte. Como a

A natureza da psique

palavra *athîsta* significa, ao mesmo tempo, Deus e Sol, eu lhes perguntei: "O Sol é Deus?" Eles me responderam: "não", com uma gargalha-
da, como se eu tivesse perguntado alguma coisa particularmente estúpida. Como neste preciso momento o Sol se achava a pino no céu,
apontei para ele e perguntei: "Quando o Sol está aqui, vós dizeis que
ele não é Deus, mas quando está no poente, dizeis que é Deus". Fez-se
um silêncio embaraçoso, até que um velho chefe tomou a palavra e disse: "É isto mesmo. É verdade: quando o Sol está aqui em cima, não é
Deus, mas quando se põe, é Deus (ou então será Deus)". Para a mente
do primitivo é indiferente qual das duas versões seja a correta. O nascer do Sol e o sentimento da própria libertação constituem para ele um
só e mesmo evento divino, da mesma forma que a noite e seus temores
são uma só e mesma coisa. Sua emoção lhe diz muito mais do que a física, por isto ele registra suas fantasias emocionais. Para ele, portanto,
a noite significa a serpente e o sopro frio dos espíritos, enquanto a manhã é o nascimento de um belo deus.

Da mesma forma como existem teorias mitológicas que pretendem explicar todas as coisas como tendo provindo do Sol, assim também existem teorias lunares que fazem o mesmo em relação à Lua.
Isto se deve simplesmente ao fato de que existem realmente inúmeros
mitos lunares, entre os quais toda uma série em que a Lua é a mulher
do Sol. A Lua é a experiência mutável da noite. Por isto ela coincide
com a experiência sexual do primitivo, coincide com a mulher que é
para ele também a experiência da noite. Mas a Lua pode também ser
a irmã interiorizada do Sol, pois durante a noite os pensamentos
maus e emocionais de poder e vingança perturbam o sono. A Lua é
perturbadora do sono; e é também um receptáculo das almas separadas, pois os mortos voltam de noite, durante os sonhos, e os fantasmas do passado aparecem terrificantes durante a insônia. Assim, a
Lua significa também a loucura (*lunacy*). São experiências desta natureza que se gravaram na alma, em lugar da imagem mutável da Lua.

Não são as tempestades, não são os trovões e os relâmpagos,
nem a chuva e as nuvens que se fixam como imagens na alma, mas as
fantasias causadas pelos afetos. Certa vez assistia a um violento terre-
moto, e minha primeira e imediata sensação era a de que eu não estava mais na terra sólida e familiar, mas sobre a pele de um gigantesco
animal que sacolejava sob meus pés. Foi esta a imagem que se gravou

e não o fato físico. As maldições do homem contra os temporais, seu medo perante os elementos desencadeados antropomorfizam a paixão da natureza, e o elemento puramente físico se transforma em um deus furioso.

332   Da mesma maneira que as condições do meio ambiente, as condições fisiológicas, também as pulsões glandulares provocam fantasias carregadas de afetos. A sexualidade aparece como um deus da fertilidade, como um demônio feminino ferozmente sensual, como o próprio diabo, com pernas caprinas dionisíacas e gestos obscenos, ou como uma serpente terrificante que procura sufocar suas vítimas até a morte.

333   A fome transforma os alimentos em deuses, e certas tribos de índios do México chegam mesmo a dar férias anualmente a seus deuses para se recuperarem, privando-os dos alimentos costumeiros por um certo tempo. Os antigos faraós eram venerados como comedores dos deuses. Osíris era o trigo, o filho da terra, e por isto as hóstias até o presente devem ser feitas de farinha de trigo, isto é, representam um deus que será comido, como o fora Iacos, o misterioso deus dos mistérios eleusinos. O touro de Mitra representa a fertilidade alimentar da terra.

334   As condições psicológicas do meio ambiente naturalmente deixam traços míticos semelhantes atrás de si. Situações perigosas, sejam elas perigos para o corpo ou ameaças para a alma, provocam fantasias carregadas de afeto, e, na medida em que tais situações se repetem de forma típica, dão origem a *arquétipos*, nome que eu dei aos temas míticos similares em geral.

335   Dragões habitam junto aos cursos de água, de preferência nos baixios ou outras passagens perigosas; *djinns* e outros demônios moram em desertos áridos ou em desfiladeiros perigosos; os espíritos dos mortos vivem nas moitas sinistras das florestas de bambu; ondinas traiçoeiras e serpentes aquáticas habitam nas profundezas do mar ou nos sorvedouros das águas. Poderosos espíritos dos ancestrais ou deuses moram em pessoas importantes, e os poderes mortais dos fetiches residem em qualquer coisa estranha ou extraordinária. A doença e a morte nunca são devidas a causas naturais, mas são invariavelmente produzidas por espíritos ou bruxas. Mesmo a arma que matou alguma pessoa é mana, isto é, dotada de força extraordinária.

A natureza da psique

E agora me perguntarão: O que dizer dos eventos mais corriquei-   336
ros, das realidades mais imediatas e mais próximas de nós, como o marido, a mulher, o pai, a mãe, os filhos? Os fatos mais comuns da vida
quotidiana, que se repetem eternamente, produzem os arquétipos mais
poderosos, cuja atividade incessante é imediatamente reconhecível em
toda parte, mesmo em nossa época racionalista. Tomemos como
exemplos os dogmas cristãos: a Trindade é constituída por Deus Pai,
Filho e Espírito Santo que era representado pela ave de Astarte, a pomba, e também se chamava Sofia e possuía natureza feminina nos primeiros tempos do cristianismo. O culto a Maria na Igreja posterior é um
sucedâneo evidente dessa prática. Temos aqui o arquétipo da família
ἐν οὐρανίῳ τόπῳ "num lugar celeste" – como o expressou Platão – en-
tronizado como formulação do último mistério. Cristo é o esposo, a
Igreja é a esposa; a piscina batismal é o *uterum ecclesiae* (o útero da Igreja), como ainda é chamada no texto da *benedictio fontis* (bênção da fonte). A água é benta com sal, dando-nos uma ideia de líquido amniótico
ou água do mar. Celebra-se um hierógamos, um casamento sagrado,
na bênção do *Sabbatum sanctum* acima mencionado, onde se mergulha por três vezes uma vela ou círio aceso, na fonte batismal, como
símbolo fálico, para fecundar a água e lhe conferir o poder de gerar de
novo o neófito (*quasimodo genitus*). A personalidade mana, o curandeiro (*medicine-man*) é o *pontifex maximus*, o papa; a Igreja é a *mater
ecclesia*, a *magna mater* dotada de poderes mágicos; os homens são filhos carentes de ajuda e de graça.

A sedimentação de todas as poderosas experiências ancestrais de   337
toda a humanidade – ricas de afetos e de imagens – com o pai, a mãe,
os filhos, o marido e a mulher, com a personalidade mágica, com os
perigos do corpo e da alma, erigiu este grupo de arquétipos em princípios formuladores e reguladores supremos da vida religiosa e até
mesmo da vida política, num reconhecimento inconsciente de suas
tremendas forças psíquicas.

Eu descobri que uma compreensão racional destas coisas de modo   338
nenhum as priva de seu valor; pelo contrário, ajuda-nos não somente a
sentir, mas a entender sua imensa importância. Esta poderosa projeção
permite ao católico experimentar uma parte considerável do seu inconsciente coletivo em uma realidade tangível. Assim, ele não precisa
procurar uma autoridade, uma instância superior, uma revelação, al-

guma coisa que o una ao eterno e intemporal. Estas coisas estão sempre presentes, e ao seu alcance: no Santíssimo Sacramento de cada altar ele tem a presença real de Deus. É o protestante e o judeu que devem procurar: um porque, por assim dizer, destruiu o corpo da divindade, e o outro, porque nunca o atingiu. Para ambos, os arquétipos que se tornaram uma realidade viva e visível para os católicos jazem mergulhados no inconsciente. Aqui, infelizmente, não posso entrar mais profundamente nas diferenças notáveis da atitude de nossa consciência de civilizados face ao inconsciente. Eu gostaria, entretanto, de mostrar que esta questão da atitude é controvertida e evidentemente um dos maiores problemas com que se defronta a humanidade.

339   Isto também é fácil de compreender, tão logo se perceba que o inconsciente, enquanto totalidade de todos os arquétipos, é o repositório de todas as experiências humanas desde os seus mais remotos inícios: não um repositório morto – por assim dizer um campo de destroços abandonados – mas sistemas vivos de reação e aptidões, que determinam a vida individual por caminhos invisíveis e, por isto mesmo, são tanto mais eficazes. Mas o inconsciente não é, por assim dizer, apenas um preconceito histórico gigantesco; é também a fonte dos instintos, visto que os arquétipos não são mais do que formas através das quais os instintos se expressam. Mas é também da fonte viva dos instintos que brota tudo o que é criativo; por isto, o inconsciente não é só determinado historicamente, mas gera também o impulso criador – à semelhança da natureza que é tremendamente conservadora e anula seus próprios condicionamentos históricos com seus atos criadores. Por isto, não admira que tenha sido sempre uma questão candente para os homens de todas as épocas e todas as regiões saber qual a melhor maneira de se posicionar diante destas determinantes invisíveis. Se a consciência nunca se tivesse dissociado do inconsciente – acontecimento que se repete eternamente e que é simbolizado como queda dos anjos e desobediência de nossos primeiros pais – este problema nunca teria surgido, nem tampouco a questão da adaptação às condições ambientais.

340   É justamente a existência de uma consciência individual que torna o homem consciente não só de sua vida exterior mas também de sua vida interior. Da mesma forma que o meio ambiente assume um aspecto amigável ou hostil para o homem primitivo, assim também as

A natureza da psique

influências do inconsciente lhe parecem um poder contrário com o qual ele deve conviver, como convive com o mundo visível. Suas inumeráveis práticas mágicas servem a esse objetivo. No nível mais alto da civilização as religiões e as filosofias preenchem esta mesma finalidade, e sempre que um tal sistema de adaptação começa a faltar, surge um estado geral de inquietação e se fazem tentativas de encontrar novas formas adequadas de convivência com o inconsciente.

Mas tais coisas parecem muito distantes para nossa moderna concepção iluminista. Deparo-me muitas vezes com um riso incrédulo quando falo dos poderes deste pano de fundo da psique que é o inconsciente e comparo sua realidade com o mundo visível; mas então eu devo perguntar: Quantas pessoas não existem, em nosso mundo civilizado, que ainda professam sua crença em *mana* e espíritos? Em outras palavras: Quantos milhões não há de *Christian Scientists* [partidários da *Ciência Cristã*] e de espíritas? Não quero multiplicar o número destas perguntas. Elas pretendem apenas ilustrar o fato de que o problema das determinantes invisíveis da psique continua tão vivo quanto antes.

O inconsciente coletivo é a formidável herança espiritual do desenvolvimento da humanidade que nasce de novo na estrutura cerebral de todo ser humano. A consciência, ao invés, é um fenômeno efêmero, responsável por todas as adaptações e orientações de cada momento, e por isso seu desempenho pode ser comparado muitíssimo bem com a orientação no espaço. O inconsciente, pelo contrário, é a fonte de todas as forças instintivas da psique e encerra as formas ou categorias que as regulam, quais sejam precisamente os arquétipos. Todas as ideias e representações mais poderosas da humanidade remontam aos arquétipos Isto acontece especialmente com as ideias religiosas. Mas os conceitos centrais da Ciência, da Filosofia e da Moral também não fogem a esta regra. Na sua forma atual eles são variantes das ideias primordiais, geradas pela aplicação e adaptação conscientes dessas ideias à realidade, pois a função da consciência é não só a de reconhecer e assumir o mundo exterior através da porta dos sentidos, mas traduzir criativamente o mundo exterior para a realidade visível.

VIII

Considerações teóricas sobre a natureza do psíquico[1]

A. A questão do inconsciente sob o ponto de vista histórico

343   Quase não existe um outro domínio das ciências que nos demonstre mais claramente a mudança espiritual da Antiguidade Clássica para a Idade Moderna do que a Psicologia. Sua história[2] até o século XVII consiste basicamente em enumerar as doutrinas referentes à alma, sem que esta jamais pudesse se fazer ouvir como objeto da investigação. Como dado imediato da experiência ela parecia tão completamente conhecida de qualquer pensador, que este poderia estar convencido de que não haveria necessidade de qualquer experiência complementar ou mesmo objetivo. Esta posição é totalmente alheia ao ponto de vista moderno, porque hoje somos de opinião que, além de qualquer certeza subjetiva, precisamos ainda da experiência objetiva para fundamentar uma opinião que pretenda ser científica. Apesar de tudo, é difícil, mesmo hoje, sustentar coerentemente o ponto de vista puramente empírico ou fenomenológico na Psicologia, porque a concepção ingênua primitiva de que a alma, como dado imediato da experiência, é o que há de mais conhecido entre tudo o que se possa conhecer, acha-se profundamente enraizada em nossa convicção. Não é somente qualquer leigo que presume emitir um juízo, quando se apresenta a ocasião, mas até mesmo qualquer psicólogo, e

---

1. Publicado pela primeira vez no *Eranos-Jahrbuch*, XIV (1946) sob o título de "Der Geist der Psychologie". Este título se justifica pelo tema discutido naquela sessão "Geist und Natur".

2. SIEBECK. *Geschichte der Psychologie*.

isto não somente com referência ao sujeito, mas também, o que é mais grave, com referência ao objeto. Sabemos ou acreditamos saber o que se passa com outro indivíduo, e o que seja bom para ele. Isto se deve menos a um soberano desconhecimento das diferenças, do que propriamente à tácita suposição de que todos os indivíduos são iguais entre si. A consequência disto é que as pessoas se sentem inclinadas, a acreditar na validez universal de opiniões subjetivas. Menciono esta circunstância só para mostrar que, apesar do empirismo crescente dos três últimos séculos, a atitude original ainda não desapareceu. Sua persistência nos prova muito bem como é difícil a transição da antiga concepção filosófica para a concepção empírica moderna.

Naturalmente jamais ocorreu aos defensores do antigo ponto de vista que suas doutrinas nada mais eram do que fenômenos psíquicos, pois acreditava-se, ingenuamente, que com a ajuda da inteligência ou da razão o homem podia, por assim dizer, sair de seus condicionamentos psíquicos e transportar-se para um estado racional e suprapsíquico. Ainda se tem o receio de levar a sério a dúvida se as proposições do espírito são, afinal, *sintomas* de certas condições psíquicas[3]. Esta pergunta pareceria evidente por si mesma, mas ela tem consequências revolucionárias de tamanho alcance, que facilmente se compreende por que tanto o passado quanto o presente fizeram o máximo por ignorá-la. Ainda hoje estamos longe de ver, como Nietzsche, a Filosofia e mesmo a Teologia como *ancilla psychologiae* (serva da psicologia), pois nem mesmo o psicólogo se acha disposto a considerar seus enunciados, pelo menos em parte, como uma profissão de fé subjetivamente condicionada. Só podemos dizer que os indivíduos são iguais somente na medida em que eles são amplamente inconscientes, isto é, inconscientes de suas diferenças reais. Quanto mais uma pessoa é inconsciente, tanto mais ela se conforma aos cânones do comportamento psíquico. Mas, quanto mais ela toma consciência de sua individualidade, tanto mais acentuada se torna sua diferença em relação a outros indivíduos e tanto menos corresponderá ela à expectativa comum. Além disso, suas reações se tornam muito menos previsíveis. Isto se deve ao fato de que a consciência individual

344

---

3. Na verdade, isto só se aplica à antiga Psicologia. Em época mais recente, houve uma mudança considerável neste ponto de vista.

é sempre muito mais diferenciada e mais ampla. Mas, quanto mais ampla esta se torna, tanto mais ela perceberá as diferenças e tanto mais se emancipará também das normas coletivas, pois o grau de liberdade empírica será proporcional à extensão da consciência.

345 Na medida em que aumenta a diferenciação individual da consciência, diminui a validade objetiva de suas concepções e cresce a subjetividade das mesmas, se não verdadeiramente de fato, pelo menos aos olhos do seu meio ambiente. Na verdade, para a maioria, a fim de que um ponto de vista seja válido, precisa colher o maior número possível de aplausos, independentemente dos argumentos apresentados em seu favor. "Verdadeiro" e "válido" é aquilo em que a maioria crê, pois confirma a igualdade de todos. Mas para uma consciência diferenciada já não é mais de todo evidente que sua própria concepção se aplique aos outros, e vice-versa. O resultado deste desenvolvimento lógico foi que no século XVII, de tanta importância para o progresso das ciências, a Psicologia começou a surgir ao lado da Filosofia, e Christian August Wolff (1679-1754) foi o primeiro que falou de uma psicologia "empírica" ou "experimental"[4], reconhecendo, deste modo, a necessidade de dar uma nova base à Psicologia. Ela teve de desvencilhar-se da definição racional de verdade dos filósofos, porque se tornava cada vez mais claro que nenhuma filosofia possui aquela validade universal que faça uniformemente justiça a diversidade dos indivíduos. Como nas questões de princípio era possível também um número indefinidamente grande de enunciados subjetivamente diferentes, cuja validade, por sua vez, só podia ser confessada subjetivamente, tornou-se naturalmente necessário abandonar o argumento filosófico e substituí-lo pela experiência. Com isto, a Psicologia se tornou uma *ciência natural*.

346 Inicialmente, porém, o domínio da psicologia racional e especulativa e o da Teologia ficaram subordinados à filosofia, e somente com a passagem dos séculos a Psicologia pôde, gradualmente, transformar-se também em ciência natural. Este processo de transformação não está completo ainda hoje. A Psicologia como disciplina, ainda pertence à Faculdade de Filosofia em muitas universidades e, via de regra, fica entregue às mãos de filósofos profissionais, e ainda

---

4. *Psychologia empírica.*

existe uma psicologia "médica" que procura refúgio nas faculdades de Medicina. Oficialmente, portanto, a situação ainda é amplamente medieval, visto que até mesmo as ciências naturais só são admitidas como "Filosofia II", como que sob o manto da "Filosofia Natural"[5]. Embora tenha ficado claro, pelo menos desde dois séculos, que a Filosofia depende, acima de tudo, de premissas psicológicas, contudo, fez-se o possível para encobrir pelo menos a autonomia das ciências experimentais, depois que se tornou evidente que não era mais possível suprimir a descoberta da rotação da Terra em torno do Sol nem a das luas de Júpiter. De todas as ciências naturais a Psicologia foi a que menos conseguiu, até hoje, conquistar sua independência.

Este atraso me parece significativo. A situação da Psicologia é comparável a uma função psíquica que é inibida pela consciência. Como se sabe, só se permitem que existam aquelas suas componentes que estejam de acordo com a tendência dominante da consciência. Nega-se até mesmo a existência a tudo o que não está de acordo com ela, malgrado o fato de que existem inúmeros fenômenos ou sintomas que provam justamente o contrário. Qualquer pessoa familiarizada com esses processos psíquicos sabe com que subterfúgios e manobras autoenganadoras se leva a efeito a separação de tudo o que não é conveniente. Acontece exatamente a mesma coisa com a psicologia empírica; como disciplina de uma psicologia filosófica geral, admite-se a psicologia experimental como concessão ao empirismo das ciências naturais, mas assim mesmo com abundante mistura de termos técnicos da Filosofia. Quanto à Psicopatologia, esta continua como um estranho apêndice da Psiquiatria para as faculdades de Medicina. A psicologia "médica" encontra muito pouca ou mesmo nenhuma atenção nas universidades[6].

Se eu me expresso um tanto drasticamente neste assunto, é com a intenção de pôr em relevo a situação da Psicologia no final do século XIX e começo do século XX. O ponto de vista de Wundt é de todo representativo da situação de então – e representativo também porque de sua escola saiu toda uma série de psicólogos de nomeada que

---

5. Nos países anglo-saxões existe, porém, o grau de *doctor scientiae* (doutor em Ciências), e a Psicologia goza também de uma autonomia maior.

6. Recentemente houve uma certa melhoria neste estado de coisas.

deram o tom no começo do século XX. Em seu *Grundriss der Psychologie* (*Esboço de psicologia*. 5. ed. 1902, p. 248), diz Wundt:

> Dizemos que qualquer elemento psíquico que desapareceu da consciência tornou-se *inconsciente*, porque contamos de antemão com a possibilidade de sua renovação, isto é, de seu reaparecimento no contexto atual do processo psíquico. Nosso conhecimento acerca dos elementos que se tornaram inconscientes não vai além desta possibilidade de renovação. Tais elementos, portanto, nada mais são... do que disposições que favorecem o aparecimento de futuros componentes do processo psíquico. Hipóteses sobre o estado do inconsciente ou sobre processos inconscientes de qualquer espécie... são, portanto, *inteiramente estéreis para a Psicologia*[7]. Existem, no entanto, fenômenos físicos concomitantes das referidas disposições psíquicas, dos quais alguns podem ser demonstrados diretamente, enquanto outros podem ser deduzidos de várias experiências.

349   Um representante da Escola de Wundt opina que "um estado psíquico não pode ser considerado psíquico, a não ser que tenha alcançado pelo menos o limiar da consciência". Este argumento pressupõe ou afirma que só a consciência é psíquica e que tudo o que é psíquico, portanto, é consciente. O autor chegou a falar de "estado psíquico". Pela lógica, ele deveria ter dito apenas "um estado", pois ele próprio contestara, antes, que um tal estado seja psíquico. Um outro argumento diz que o fato psíquico mais simples é a *sensação*, e que esta não pode ser decomposta em fatos mais simples ainda. Por conseguinte, tudo o que precede uma sensação ou está na sua origem nunca é psíquico, mas somente fisiológico. *Ergo*, não há inconsciente.

350   Herbart disse certa vez: "Quando uma representação cai sob o limiar da consciência, ela continua a viver em estado latente, tentando continuamente cruzar de volta o limiar da consciência e reprimir as outras representações". Sob esta forma, a afirmação é indubitavelmente incorreta, pois infelizmente qualquer coisa verdadeiramente esquecida não revela a mínima tendência a cruzar de volta o limiar da consciência. Se em vez de "representação" Herbart tivesse falado em "com-

---

7. Grifo meu.

A natureza da psique   109

plexo" no sentido moderno, sua afirmação seria absolutamente correta. Dificilmente nos equivocamos ao afirmar que ele realmente pensou
em coisa semelhante. Um filósofo opositor do inconsciente faz a seguinte observação, muito esclarecedora, sobre a afirmação de Herbart: "Se concordarmos com ela, estaremos à mercê de todas as hipóteses possíveis sobre a vida inconsciente, hipóteses que não podem ser
contraditadas por nenhuma observação"[8]. É evidente que esse autor
não está preocupado em reconhecer fatos reais, o decisivo para ele é
o temor de envolver-se em quaisquer dificuldades. E como ele sabe
que esta hipótese não pode ser controlada por nenhuma observação?
Para ele isto é simplesmente um *a priori*. Mas não analisa a observação
de Herbart.

Se menciono este incidente, não é porque ele encerre qualquer   351
significado real, mas porque é característico da atitude filosófica antiquada em relação à psicologia experimental. O próprio Wundt era de
opinião que, relativamente aos chamados "processos inconscientes",
"não se trata de elementos psíquicos inconscientes, mas somente de
elementos psíquicos *mais obscuramente conscientes*", e de que "podemos substituir os processos inconscientes hipotéticos por processos
conscientes realmente demonstráveis ou, como quer que seja, menos
hipotéticos"[9]. Esta posição implica uma clara rejeição do inconsciente
enquanto hipótese psicológica. Ele explica os casos de *double conscience* (consciência dupla) como "modificações da consciência individual... modificações que muitas vezes ocorrem até mesmo de maneira
contínua, numa sucessão constante, e que aqui são substituídas por
uma pluralidade de consciências individuais mediante uma violenta
reinterpretação que se choca com os fatos. Essas consciências individuais – argumenta Wundt – deveriam realmente ocorrer... *simultaneamente* em um só e mesmo indivíduo". Mas isto, diz ele, "admitida-
mente não acontece". Evidentemente, é quase de todo impossível que
duas consciências se expressem simultaneamente, de maneira clamo-
rosamente reconhecível, em um único indivíduo. É por isto que estes
estados geralmente se alternam. Mas Janet mostrou que, enquanto
uma consciência controla por assim dizer a cabeça, a outra simultanea-

---

8. VILLA. *Einleitung in die Psychologie der Gegenwart*, p. 339.

9. *Grundzüge de physiologischen Psychologie*, vol. III, p. 327.

mente se põe em comunicação com o observador por meio de um código expresso através de movimentos dos dedos[10]. A dupla consciência, portanto, pode muito bem ser simultânea.

352 Wundt pensa que a ideia de uma dupla consciência, ou seja, de uma "supraconsciência" e de uma "subconsciência" no sentido de Fechner[11] é uma "sobrevivência do misticismo psicológico da escola de Schelling". Evidentemente ele se choca com o fato de que uma representação inconsciente é o que ninguém "tem" (FECHNER. *Psychophysik*, p. 439). Neste caso, a palavra "representação" seria naturalmente também obsoleta, ela em si sugere a ideia de um sujeito ao qual alguma coisa foi "representada". Esta é, certamente, a razão fundamental pela qual Wundt rejeita o inconsciente. Mas poderíamos contornar facilmente esta dificuldade, falando, não de "representações" ou de "sensações", mas de *conteúdos*, como geralmente faço. Aqui, entretanto, devo antecipar aquilo de que tratarei mais demoradamente mais adiante, ou seja, o fato de que os conteúdos inconscientes encerram uma espécie de representação ou consciência, de modo que a possibilidade de um sujeito inconsciente levanta uma questão séria. Mas este sujeito não é idêntico ao eu. Que foram principalmente as "representações" que fascinaram Wundt deduz-se claramente de sua rejeição enfática do conceito de "ideias inatas". A seguinte afirmação de sua autoria mostra-nos claramente como ele toma este pensamento ao pé da letra: "Se o animal recém-nascido tivesse realmente, de antemão, uma ideia de todas aquelas ações que ele pretende efetuar, que riqueza de experiências vitais antecipadas não haveria nos instintos humanos e animais, e como não pareceria incompreensível que não somente o homem, mas também o animal só adquiriria a maior parte das coisas mediante a experiência e a prática"[12]. Existe, entretanto, um *pattern of behaviour* (padrão de comportamento) inato e um tesouro também inato de experiências vitais não antecipadas, mas acumuladas; só que não se trata de "representações", mas de esboços, planos ou imagens que, embora não apresen-

---

10. *L'automatisme psychologique*, p. 238s. e 243.

11. *Elemente der Psychophysik*, II, p. 483. Diz Fechner que "a noção de limiar psicofísico... oferece uma base firme para o conceito de inconsciente em geral. A Psicologia não pode abstrair das sensações e representações inconscientes, e nem mesmo dos efeitos das sensações e representações inconscientes".

12. *Grundzüge*, vol. III, p. 328.

tados realmente ao eu, são, contudo, tão reais quanto os 100 táleres de Kant costurados no debrum de sua casaca e que o dono esquecera. É possível que Wundt se lembrasse aqui de Chr. A. Wolff, que ele próprio menciona, e de sua distinção cuanto aos "estados inconscientes" cuja existência só podemos deduzir a partir daquilo que encontramos em nossa consciência[13].

Às categorias das "ideias inatas" pertencem também as "ideias elementares" de Adolf Bastian[14], e devemos entendê-las como formas análogas fundamentais de percepção que se encontram por toda parte, ou seja, mais ou menos aquilo que hoje chamamos de "arquétipos". É evidente que Wundt rejeita este modo de ver, sempre levado pela ideia de que se trata de "representações" e não de "disposições". Ele diz expressamente que o "aparecimento de um só e mesmo fenômeno em lugares diferentes", "embora não seja absolutamente impossível, é sumamente improvável, de acordo com os pontos de vista da psicologia empírica"[15]. Ele nega a existência de "um fator psíquico partilhado por toda a humanidade", nesta linha, e rejeita também a ideia de um simbolismo mitológico interpretável, com a justificação característica de que não se pode admitir a existência de um sistema conceitual por trás do mito[16]. A hipótese acadêmica de que o inconsciente constitui justamente um sistema conceitual não existia na época de Wundt, e tanto menos ainda antes ou depois dele.

Seria incorreto supor que a rejeição da ideia do inconsciente na psicologia acadêmica do final do século passado era mais ou menos geral. Não era isto absolutamente o que acontecia, porque não somente o próprio Th. Fechner, por exemplo[17], mas, mais tarde, tam-

353

354

---

13. *Grundzüge*, vol. III, p. 326. • WOLFF. *Vernünfftige Gedancken von Gott, der Welt und der Seele des Menschen*, § 193.

14. *Ethnische Elementargedanken ire der Lehre von Menschen e Der Mensch in der Geschichte*, I, p. 166s., 203s. e II, p. 24s.

15. *Völkerpsychologie*, vol. V, 2ª parte, p. 460.

16. Op. cit., vol. IV, 1ª parte, p. 41.

17. Fechner declara: "No estado de inconsciência, as sensações e as representações deixam de ter existência real... mas algo continua presente dentro de nós: é a atividade psicofísica" etc. (*Elemente der Psychophysik*, 2ª parte, p. 439s.). Esta conclusão é bastante imprudente, se considerarmos que o processo psíquico permanece mais ou menos o mesmo, seja ele inconsciente ou não. Uma 'representação" não consiste apenas em ser representada, mas também – e essencialmente – em sua existencialidade.

bém Theodor Lipps atribuíram inclusive importância decisiva ao inconsciente[18]. Embora para o último a Psicologia seja uma "ciência da consciência", contudo, ele fala também de sensações e representações "inconscientes", as quais, entretanto, ele considera como "processos". "Um processo psíquico – diz ele – não é, por natureza, ou mais precisamente por definição, um conteúdo consciente ou uma experiência consciente, mas bem mais a *realidade* psíquica que necessariamente deve estar à base da existência dum tal processo[19]. A consideração da vida consciente, porém, leva-nos à conclusão de que as sensações e as representações conscientes... acham-se presentes em nós não apenas ocasionalmente, mas que toda a vida psíquica *se processa*, quanto ao essencial, *sempre através delas, mas aquele fator que age dentro de nós só revela diretamente sua existência de maneira ocasional e em momentos especiais, através de imagens pertinentes...*[20] Assim, a vida psíquica transcende sempre os limites daquilo que está ou poderá estar presente dentro de nós sob a forma de conteúdos conscientes ou de imagens".

355   As afirmações de Th. Lipps não estão em contradição com os pontos de vista modernos. Pelo contrário, elas constituem a base teórica da psicologia do inconsciente em geral. Apesar disto, a resistência contra a hipótese da existência do inconsciente perdurou ainda por longo tempo. Assim, por exemplo, é característico o fato de que Max Dessoir, em sua obra *Geschichte der Neueren Deutschen Psychologie* (*História da moderna psicologia alemã*. 2. ed. 1902), não menciona C.G. Carus e Ed. v. Hartmann uma única vez sequer.

B. Importância do inconsciente para a psicologia

356   A hipótese da existência do inconsciente constitui um grande ponto de interrogação colocado diante do conceito de psique. A alma postulada até então pelo intelecto filosófico ameaçava revelar-se como uma coisa dotada de qualidades inesperadas e ainda não exploradas. Já não era mais aquilo que se sabia e se conhecia diretamente e

---

18. Cf. *Der Begriff des Unbewussten in der Psychologie*, p. 146s., e *Grundtatsachen des Seelenlebens*, p. 125s.

19. *Leitfaden*, p. 64.

20. Op. cit., p. 65s. [Os grifos são meus].

A natureza da psique 113

acerca da qual nada mais encontrávamos do que definições mais ou menos satisfatórias. Agora ela aparecia, ao contrário, sob uma dupla e estranha forma, como algo inteiramente conhecido e ao mesmo tempo desconhecido. Este fato derrubou e revolucionou[21] a antiga psicologia, do mesmo modo que a descoberta da radioatividade revolucionou a Física clássica. Aconteceu com os primeiros psicólogos experimentais o mesmo que aconteceu com o descobridor mítico da série natural dos números, o qual, ao colocar sucessivamente um grão de ervilha depois do outro, nada mais fazia do que simplesmente acrescentar uma nova unidade às já existentes. Ao contemplar o resultado, provavelmente ele tinha a impressão de não ver senão 100 unidades idênticas umas às outras, mas os números que imaginara apenas como nomes apareciam inesperada e imprevistamente como entidades singulares providas de propriedades irredutíveis. Havia, por exemplo, números pares, números ímpares, números primos, números positivos, negativos, irracionais, imaginários etc.[22] O mesmo acon-

---

21. Reproduzo aqui o que William James afirma sobre a importância da descoberta de uma psique inconsciente (*The Varieties of Religious Experience*, p. 233): "I cannot but think that the most important step forward that has occurred in psychology since I have been a student of that science is the discovery, first made in 1886, that... there is not only the consciousness of the ordinary field, with its usual centre and margin, but an addition thereto in the shape of a set of memories, thoughts, and feelings which are extra-marginal and outside of the primary consciousness altogether, but yet must be classed as conscious facts of some sort, able to reveal their presence by unmistakable signs. I call this the most important step forward because, unlike the other advances which psychology has made, this discovery has revealed to us an entirely unsuspected peculiarity in the constitution of human nature. No other step forward which psychology has made can proffer any such claim as this" ("Não posso deixar de pensar que o passo mais importante neste sentido, verificado na Psicologia desde a época em que fui estudante nesta ciência, é a descoberta, ocorrida pela primeira vez em 1886, de que... há não somente a consciência do campo ordinário com seu centro e sua margem habituais, mas também sob a forma de recordações, pensamentos e sentimentos, situados à margem e fora dos limites da consciência em geral, mas que devem ser classificados ainda como fatos conscientes de certa espécie, capazes de revelar sua presença por sinais inequívocos. Considero este passo à frente como o mais importante, porque, ao contrário dos outros progressos da Psicologia, esta descoberta no revelou uma peculiaridade inteiramente insuspeitada da constituição da natureza humana. Nenhum avanço da Psicologia pode apresentar um título tão importante como este"). A descoberta de 1886, à qual se refere James, foi a elaboração do conceito de *subliminal consciousness* por Frederic W.H. Myers. Para mais detalhes, cf. abaixo.

22. Um matemático disse, outrora, que tudo o que há na ciência foi feito pelo homem, exceto os números, que foram criados pelo próprio Deus.

tece com a Psicologia: se a alma é realmente apenas uma ideia, esta ideia nos dá a impressão bastante desagradável de que nada se pode prever a seu respeito – ou seja, de algo dotado de qualidades que ninguém jamais teria imaginado. Podemos continuar a afirmar que a alma é uma superconsciência e uma subconsciência. No momento em que formamos uma ideia de uma determinada coisa e conseguimos, deste modo, captar um de seus aspectos, invariavelmente sucumbimos à ilusão de termos abarcado a sua totalidade. Em geral não nos damos conta de que é absolutamente impossível uma apreensão total. Nem mesmo uma ideia concebida como total é total, porque é ainda uma entidade dotada de qualidades imprevisíveis. Esta autoilusão, entretanto, propicia a paz e a tranquilidade da alma: o nome do desconhecido foi mencionado; o distante foi trazido para perto de nós, de modo a podermos tocá-lo com nossas mãos. Tomamos posse dele e ele tornou-se parte inalienável de nossa propriedade, como um animal selvagem abatido que não pode mais escapar. É um procedimento mágico que o primitivo pratica em relação a objetos e o psicólogo utiliza em relação à alma. Ele não fica mais à sua mercê, porque sequer suspeita de que o fato de apreender conceitualmente um objeto propicia-lhe a melhor oportunidade de desenvolver aquelas qualidades que jamais se manifestariam, se não tivessem sido capturadas por um conceito.

357   As tentativas feitas nos últimos três séculos, no sentido de captar a alma, fazem parte daquela tremenda expansão dos nossos conhecimentos sobre a natureza que trouxe o cosmos para mais perto de nós, em medida quase inimaginável. Os aumentos de milhares de vezes dos objetos, por meio de microscópios eletrônicos, rivalizam com as distâncias de 500 milhões de anos-luz. A Psicologia, porém, está muito longe de alcançar um desenvolvimento semelhante ao das demais ciências naturais. Como vimos, até hoje quase não conseguiu se libertar das malhas da Filosofia. Entretanto, qualquer ciência é função da psique, e qualquer conhecimento nela se radica. Ela é o maior de todos os prodígios cósmicos e a *conditio sine qua non* do mundo enquanto objeto. É sumamente estranho que o homem ocidental, com raríssimas exceções, aparentemente não dê muita importância a este fato. Sufocado pela multidão dos objetos externos conhecidos, o sujeito de todo conhecimento eclipsou-se temporariamente, até à aparente inexistência.

A natureza da psique   115

A alma era um pressuposto tácito, aparentemente conhecido em   358
todos os seus detalhes. Com a descoberta da possibilidade de um domínio psíquico, criou-se a oportunidade de embarcarmos numa grande aventura do espírito, e poderíamos esperar que houvesse um interesse apaixonado nesta direção. Como se sabe, nada disto aconteceu;
levantou-se, pelo contrário, uma generalizada reação contra esta hipótese. Ninguém tirou a conclusão de que, se o sujeito do conhecimento, isto é, a psique, tem também uma forma obscura de existência
não diretamente acessível à consciência, todos os nossos conhecimentos devem ser incompletos, em proporção que é impossível determinar. A validade do conhecimento consciente foi questionada
em uma forma totalmente diversa e mais ameaçadora do que o fora
antes pela análise da teoria do conhecimento. É verdade que esta última colocou certos limites ao conhecimento humano em geral, limites
estes dos quais a Filosofia idealista alemã tentou se emancipar, mas
as ciências naturais e o *common sense* (o senso comum) se acomoda-
ram sem grande dificuldade a esta situação, se é que dela tomaram
conhecimento. A Filosofia lutou contra esse estado de coisas, defen-
dendo uma antiquada pretensão do espírito humano de ser capaz de
trepar nos próprios ombros e de conhecer coisas que estão simplesmente além da compreensão humana. A vitória de Hegel sobre Kant
significava uma gravíssima ameaça para a razão e o futuro desenvolvimento espiritual do povo alemão, sobretudo se levarmos em
conta que Hegel era um psicólogo camuflado e projetava as grandes verdades da esfera do sujeito sobre um cosmo por ele próprio
criado. Sabemos como é grande a influência de Hegel na atualidade. As forças compensadoras deste desenvolvimento prejudicial se
personificaram parcialmente no Schelling da última fase e parcialmente em Schopenhauer e Carus, enquanto, ao invés, o "deus bacante" desenfreado que Hegel já havia pressentido na natureza irrompia
com toda a força em Nietzsche.

A hipótese de Carus relativa à existência do inconsciente estava   359
destinada a afetar a tendência então dominante da Filosofia alemã, e
isto tão mais duramente quando se considera que esta acabara de superar o criticismo de Kant e havia, não propriamente restaurado,
mas reerguido a soberania quase divina do espírito humano – o espírito puro e simples. O espírito do homem medieval era, no bem como

no mal, o espírito de Deus a quem ele servia. A crítica epistemológica era, por um lado, ainda a expressão da modéstia do homem medieval, e, por outro, já um abandono ou uma abdicação do espírito de Deus e, consequentemente, uma ampliação e fortalecimento da consciência humana dentro dos limites da razão. Sempre que o espírito de Deus é excluído dos cálculos humanos, seu lugar é tomado por um sucedâneo inconsciente. Em Schopenhauer encontramos a vontade inconsciente como nova definição de Deus; em Carus é o inconsciente e em Hegel a identificação e a inflação, a equiparação prática da razão filosófica ao espírito puro e simples, tornando, assim, aparentemente possível aquele aprisionamento do objeto, cuja floração mais fulgurante é a sua filosofia do Estado. Hegel oferece uma solução do problema levantado pela crítica epistemológica que dava às ideias uma chance de provar sua autonomia desconhecida. Essas ideias ocasionaram aquela *hybris* (orgulho) da razão que conduziu ao super-homem de Nietzsche e, consequentemente, à catástrofe que traz o nome de Alemanha. Não somente os artistas, mas também os filósofos algumas vezes são profetas.

360   Para mim é mais do que óbvio que aquelas afirmações da Filosofia que transcendem as fronteiras da razão são antropomórficas e não possuem nenhuma outra validez além daquelas que competem às afirmações psiquicamente condicionadas. Uma filosofia como a de Hegel é uma autorrevelação de fatores psíquicos situados nas camadas profundas do homem, e, filosoficamente, uma presunção. Psicologicamente, ela equivale a uma irrupção do inconsciente. A *linguagem* singular e empolada de Hegel coincide com esta concepção. Ela nos faz lembrar a "linguagem de poder" dos esquizofrênicos, que usam palavras encantatórias vigorosas para submeter o transcendente a uma forma subjetiva ou conferir à banalidade o encanto da novidade ou fazer passar insignificâncias por sabedoria profunda. Uma terminologia assim afetada é sintoma de fraqueza, de inépcia e de falta de substância. Isto, porém, não impediu a Filosofia alemã mais recente de voltar a usar justamente as mesmas palavras de "força" e "poder", para não ter a impressão de ser uma psicologia não intencional. Um Fr. Th. Vischer conheceu ainda um uso mais simpático da extravagância alemã.

A natureza da psique

Diante desta irrupção do inconsciente no âmbito ocidental da razão humana, Schopenhauer e Carus não tinham uma base sólida a partir da qual pudessem aplicar e desenvolver sua ação compensadora. A submissão salutar a um Deus benevolente e a distância protetora que os isolava do demônio das trevas – esta grande herança do passado – permaneceram intactas em Schopenhauer, pelo menos em linha de princípio, ao passo que em Carus quase não foram tocadas, visto que ele procurou atacar o problema pela raiz, transferindo-o do ponto de vista filosófico excessivamente presunçoso para o da psicologia. Aqui poderíamos abstrair da postura filosófica para conferir peso total à sua hipótese essencialmente psicológica. Ele se aproximou pelo menos da conclusão acima indicada, tentando construir uma visão do mundo que incluía a parte obscura da alma. Mas nesta construção faltava alguma coisa cuja importância inaudita eu agora gostaria de explicar aos meus leitores.

361

Para este fim, devemos primeiramente nos dar conta de que o conhecimento em geral é o resultado de uma espécie de ordem imposta às reações do sistema psíquico que fluem para a consciência – ordem esta que corresponde ao comportamento de realidades metafísicas, isto é, de coisas que são reais em si mesmas. Se o sistema psíquico – que certos pontos de vista modernos pretendem também possuir – identifica-se e coincide com a consciência, então, em princípio, estamos em condição de conhecer tudo o que é capaz de ser conhecido, isto é, tudo aquilo que se situa dentro dos limites da teoria do conhecimento. Neste caso, não há motivo para uma inquietação que iria mais longe do que aquela sentida pelos anatomistas e fisiólogos diante da função do olho ou do órgão da audição. Se, porém, comprova-se que a psique não coincide com a consciência, mas – o que é muito mais – funciona inconscientemente à semelhança ou *diversamente* da parte capaz de se tornar consciente, então nossa inquietação deveria crescer, pois, neste caso, não se trata de limites gerais da teoria do conhecimento, mas de um mero *limiar da consciência* que nos separa dos conteúdos inconscientes da psique. A hipótese da existência de um limiar da consciência e do inconsciente significa que o material bruto de qualquer conhecimento – ou sejam as reações psíquicas ou mesmo "pensamentos" e "percepções" – encontra-se imediatamente ao lado, abaixo ou acima da consciência, separado de nós

362

apenas por um "limiar" aparentemente inatingível. À primeira vista não se sabe como funciona este inconsciente, mas como se trata, supostamente, de um sistema psíquico, provavelmente contém todos os elementos que integram a consciência, tais como a percepção, a apercepção, a memória, a fantasia, a vontade, os afetos, os sentimentos, a reflexão, o julgamento etc., mas tudo isto sob forma subliminar[23].

363

Mas eis que aqui nos deparamos com a objeção já feita por Wundt, qual seja a de que não se pode em hipótese alguma falar de "sensações", "representações" e "sentimentos" ou mesmo de "atos de vontade" inconscientes, porque estes fenômenos não podem, evidentemente, ser representados sem um sujeito que os experimente. Além do mais, a ideia de um limiar da consciência pressupõe um ponto de vista energético, de acordo com o qual a consciência dos conteúdos psíquicos dependem essencialmente de sua intensidade, isto é, de sua energia. Da mesma forma que somente um estímulo de certa intensidade é suficientemente forte para ultrapassar o limiar, assim também pode-se

---

23. LEWES. *The Physical Basis of Mind* – considera esta hipótese, por assim dizer, como certa. Por exemplo, na p. 358 ele afirma: "Sentience has various modes and degrees – such as Perception, Ideation, Emotion, Volition, which may be conscious, sub-conscious, or unconscious". ("O sentir apresenta diversos graus e modalidades, tais como a percepção, a ideação, a emoção e a volição, que podem ser conscientes, subconscientes ou inconscientes."); na página 363: "Consciousness and Unconsciousness are correlatives, both belonging to the sphere of Sentience. Every one of the unconscious processes is operant, changes the general state of the organism, and is capable of at once issuing in a discriminated sensation when the force which balances it is disturbed". ("A consciência e o inconsciente são correlatos, pertencendo ambos à esfera do sentir. Cada processo inconsciente é operativo, muda o estado geral do organismo, podendo, ao mesmo tempo, resultar em uma sensação distinta, quando a força que a mantém em equilíbrio sofre uma perturbação.") Na página 367s.: "There are many involuntary actions of which we are distinctly conscious, and many voluntary actions of which we are at times sub-conscious and unconscious. Just as the thought which at one moment passes unconsciously, at another consciously, is in itself the same thought... so the action which at one moment is voluntary, and at another involuntary, is itself the same action..." ("Há muitas ações involuntárias de que temos consciência clara, e muitas outras ações voluntárias de que às vezes estamos apenas subconscientes ou inconscientes. Da mesma forma que o pensamento, que se processa ora de forma inconsciente, ora de forma consciente, é essencialmente o mesmo pensamento... assim também a ação que ora é voluntária ora involuntária, é essencialmente a mesma ação...'). Lewes certamente vai muito longe, quando afirma (p. 373): "There is no real and essential distinction between voluntary and involuntary actions". ("Não há diferença essencial entre ações voluntárias e ações involuntárias.") Às vezes há um mundo de diferença entre elas.

A natureza da psique   119

supor, com certa razão, que outros conteúdos psíquicos devem possuir
um grau superior de energia para poder transpor o limiar. Se eles possuem apenas uma pequena quantidade dessa energia, permanecem em
estado subliminar, como os correspondentes estímulos sensoriais.

Como Th. Lipps já assinalara, a primeira objeção se resolve lem-   364
brando que o processo psíquico continua essencialmente o mesmo,
tenha sido ele representado ou não. Aqueles, porém, que defendem o
ponto de vista segundo o qual os fenômenos da consciência constituem toda a psique, devem insistir que aquelas "representações" que
não temos[24] não podem ser qualificadas de "representações" verdadeiras. Devem também negar qualquer qualidade psíquica àquilo que
ainda resta depois de tudo isto. Para este rigoroso ponto de vista a
psique só pode ter a existência fantasmagórica própria dos fenômenos efêmeros da consciência. Mas esta concepção dificilmente qua-
dra com a experiência comum que fala em favor de uma atividade
psíquica possível, mesmo sem a consciência. A opinião de Lipps acerca da existência de processos psíquicos em si faz mais justiça à realidade dos fatos. Não quero perder tempo em mostrar este ponto, mas
me contento em lembrar que nunca uma pessoa que raciocina ainda
duvidou da existência de processos psíquicos em um cachorro, embora um cachorro jamais se tenha expresso sobre a consciência de
seus conteúdos psíquicos[25].

C. A dissociabilidade da psique

A priori, não há motivo para admitir que os processos inconsci-   365
entes tenham obrigatoriamente um sujeito, nem tampouco para du-
vidarmos da realidade dos processos psíquicos. Entretanto, como se
admite, o problema torna-se difícil, quando lidamos com supostos
atos da vontade. Se não se trata de simples "impulsos" ou "inclinações", mas de "escolha" e de "decisão" aparentemente de ordem superior, próprias da vontade, certamente não se pode deixar de admitir a existência necessária de um sujeito que as controle e para o qual
alguma coisa foi "representada". Por definição, isto seria colocar

_____

24. FECHNER. Op. cit., vol. II, p. 483s.
25. Não incluo aqui o "Hans Inteligente", nem o cachorro que fala da "alma primordial".

uma consciência no inconsciente, seria uma operação não muito difícil para o psicopatologista. Com efeito, ele conhece um fenômeno psíquico que a psicologia "acadêmica" quase sempre desconhece: o fenômeno da *dissociação ou dissociabilidade da personalidade*. Esta peculiaridade se deve ao fato de que a ligação dos processos psíquicos entre si é uma ligação bastante condicionada. Não somente os processos inconscientes dependem notavelmente das experiências da consciência, mas os próprios processos conscientes revelam uma frouxidão muito clara ou uma separação entre uns e outros. Limito-me apenas a recordar aqueles absurdos ocasionados pelos complexos e que podemos observar com a máxima precisão desejada nas experiências de associação. Da mesma forma que existem realmente os casos de *double conscience* (dupla consciência), cuja existência foi posta em dúvida por Wundt, assim também os casos em que a personalidade não se acha inteiramente fundida, mas apenas com alguns fragmentos menores destacados, são muito mais prováveis ainda e, de fato, mais comuns. Trata-se inclusive de experiências antiquíssimas da humanidade, que se refletem na suposição generalizada da existência lógica de várias almas em um só e mesmo indivíduo. Como nos mostra a pluralidade de componentes psíquicas no nível primitivo, o estado original se deve ao fato de os processos psíquicos se acharem debilmente ligados entre si, e de maneira alguma a uma unidade perfeita entre eles. Além do mais, basta um nada, como nos mostra a experiência psiquiátrica, para despedaçar a unidade penosamente conseguida no curso do desenvolvimento, e reduzi-la de volta a seus elementos originais.

366   O fato da dissociabilidade nos permite comodamente superar as dificuldades ligadas à suposição logicamente necessária de um limiar da consciência. Se é, em tudo e por tudo, correto dizer que os conteúdos conscientes se tornam subliminares e, por isto mesmo, inconscientes, em decorrência da perda de energia, e que, inversamente, os processos inconscientes se tornam conscientes devido a um aumento de energia, então, para que os atos inconscientes de vontade, por exemplo, sejam possíveis, é necessário que esses processos possuam um potencial de energia capaz de os levar ao *estado de consciência*, mas um estado de consciência secundária que consiste no fato de o processo inconsciente ser "representado" para um sujeito subliminar que

escolhe e decide. Este deve necessariamente possuir inclusive uma quantidade de energia exigida para conduzi-lo ao estado de consciência. Quer dizer, ele deve alcançar, em um certo momento, seu *bursting point* (ponto de ruptura)[26]. Mas, se assim é, então surge a questão por que o processo inconsciente não cruza realmente o limiar da consciência e não se torna perceptível ao eu. Como, evidentemente, ele não o faz, mas aparentemente permanece suspenso no domínio do sujeito subliminar secundário, precisamos então de explicar por que este sujeito que, por hipótese, possui a quantidade de energia necessária para conduzi-lo ao estado de consciência, não se alça, por sua vez, acima do limiar e não se incorpora à consciência primária do eu. A Psicologia tem o material necessário para responder a esta pergunta. Esta consciência secundária representa, com efeito, uma componente da personalidade, que se separou da consciência do eu, por mero acaso, mas deve sua separação a determinados motivos. Uma dissociação desta espécie apresenta dois aspectos distintos: no primeiro caso, trata-se de um conteúdo originariamente consciente que se tornou subliminar ao ser reprimido por causa de sua natureza incompatível; no segundo caso, o sujeito secundário consiste em um processo que jamais pode penetrar na consciência, porque nesta não há a mínima possibilidade de que se efetue a apercepção deste processo, isto é, a consciência do eu não pode recebê-lo por falta de compreensão e, por conseguinte, permanece essencialmente subliminar, embora, do ponto de vista energético, ele seja inteiramente capaz de tornar-se consciente. Ele não deve sua existência à repressão, mas é o resultado de processos subliminares e como tal nunca foi consciente. Como em ambos os casos há um potencial de energia capaz de os conduzir ao estado de consciência, o sujeito secundário atua sobre a consciência do eu, mas de maneira indireta, isto é, através de "símbolos", embora esta expressão não me pareça muito feliz. Quer dizer, os conteúdos que aparecem na consciência são primeiramente *sintomáticos*. Na medida, porém, em que sabemos ou acreditamos saber a que é que eles se referem ou em que se baseiam, eles são *semióticos*, embora a literatura freudiana empregue o termo "simbólico" a despeito do fato de que, na realidade, sempre exprimimos através de símbolos as coisas que não conhecemos. Os conteúdos sintomáticos são,

---

26. JAMES. *Varieties*, p. 232.

em parte, verdadeiramente simbólicos e são representantes indiretos de estados ou processos inconscientes cuja natureza só pode ser deduzida imperfeitamente e só pode tornar-se consciente a partir dos conteúdos que aparecem na consciência. É possível, pois, que o inconsciente abrigue conteúdos de tão alto nível de energia que, em outras circunstâncias, eles poderiam tornar-se perceptíveis ao eu. Na maioria das vezes, eles não são conteúdos reprimidos, mas simplesmente conteúdos que *ainda não se tornaram conscientes*, isto é, que ainda não foram percebidos subjetivamente, como, por exemplo, os demônios ou os deuses dos primitivos ou os "ismos" em que os homens modernos tão fanaticamente acreditam. Esse estado não é nem patológico nem de qualquer modo estranho, mas o *estado normal original*, ao passo que a totalidade da psique, compreendida na consciência, é uma meta ideal, e jamais alcançada.

367 Não é sem justiça que colocamos a consciência, por analogia, em ligação com as funções de sensação de cuja fisiologia deriva o conceito de "limiar". O número das vibrações sonoras perceptíveis ao ouvido humano varia de 20 a 20.000 por segundo e o comprimento de ondas da luz visível vai de 7.700 até 3.900 angströms. Através desta analogia, podemos imaginar facilmente que há um limiar inferior e um limiar superior para os processos psíquicos e que, consequentemente, a consciência, que é o sistema perceptivo por excelência, pode ser comparada com a escala perceptível do som e da luz, tendo, como estes, um limite superior e um limite inferior. Acho que se poderia estender esta comparação à psique em geral, o que seria possível se houvesse processos *psicoides* nas duas extremidades da escala psíquica. De acordo com o princípio: *natura non facit saltus* (a natureza não dá saltos) esta hipótese não me parece de todo fora de propósito.

368 Ao usar o termo "psicoide", estou plenamente cônscio de que ele entra em choque com a mesma palavra criada por Driesch. Por *psicoide* entende ele o princípio condutor, o "determinante das reações", a "potência prospectiva" do elemento germinal. É "o agente elementar descoberto na ação"[27], a "enteléquia da ação real"[28]. Como bem ressaltou Eugen Bleuler, o conceito de Driesch é mais filosófico do que

---

27. *Philosophie des Organischen*, p. 357.
28. Ibid., p. 487.

A natureza da psique

científico. Bleuler, ao invés, usa a expressão "psicoide"[29] como termo coletivo, para designar, sobretudo, processos subcorticais que se acham relacionados biologicamente com "funções de adaptação". Entre estas, Bleuler enumera o "reflexo e o desenvolvimento da espécie". Ele a define como segue: "O psicoide é a soma de todas as funções mnésicas do corpo e do sistema nervoso, orientadas para um fim e destinadas à conservação da vida (com exceção daquelas funções corticais que estamos sempre acostumados a considerar como psíquicas"[30]. Em outra passagem ele escreve: "A psique corporal do indivíduo e a filosopsique juntas formam uma unidade que podemos muito bem empregar no presente trabalho, designando-a pelo termo de psicoide. Comuns ao psicoide e à psique... são a conação e o emprego de experiências anteriores... para alcançar o alvo, o que inclui a memória (engrafia e ecforia) e a associação, ou seja, algo de análogo ao pensamento"[31]. Embora seja claro o que o autor entenda por "psicoide", contudo, na prática, esse termo se confunde com "psique", como nos mostra a passagem indicada. Por isto, não se entende por que estas funções subcorticais a que se refere o termo em questão devam ser classificadas de "semipsíquicas". A confusão provém evidentemente da concepção organológica ainda observável em Bleuler, que opera com conceitos tais como "alma cortical" e "alma medular", mostrando, assim, uma tendência muito clara de derivar as funções psíquicas correspondentes destas partes do cérebro, embora seja sempre a função que crie seu próprio órgão, o conserve e o modifique. A concepção organológica tem a desvantagem de considerar todas as atividades da matéria ligadas a um fim como "psíquicas", tendo como consequência o fato de que "vida" e "psique" se equiparam, como nos mostra, por exemplo, o emprego que Bleuler faz dos termos "filopsique" e "reflexos". É certamente muito difícil, senão impossível, conceber uma função psíquica independentemente de seu próprio órgão, embora, na realidade, experimentemos o processo psíquico sem sua relação com o substrato orgânico. Mas para o psicólogo é justa-

---

29. *Die Psychoide*, p. 11. Um feminino singular, evidentemente derivado do termo psique (ψνχοειδής = semelhante à alma).

30. Ibid., p. 11.

31. Ibid., p. 33.

mente a totalidade destas experiências que constitui o objeto de sua investigação, e, por esta razão, deve abandonar uma terminologia tomada de empréstimo à anatomia. Se uso o termo "psicoide"[32], faço-o com três ressalvas: a primeira é que emprego esta palavra como *adjetivo* e não como substantivo; a segunda é que ela não denota uma qualidade anímica ou psíquica em sentido próprio, mas uma qualidade *quase psíquica*, como a dos processos reflexos; e a terceira é que esse termo tem por função distinguir uma determinada categoria de fatos dos meros fenômenos vitais, por uma parte, e dos processos *psíquicos* em sentido próprio, por outra. Esta última distinção nos obriga também a definir com mais precisão a natureza e a extensão do psíquico, e de modo todo particular do *psíquico inconsciente*.

369   Se o inconsciente pode conter tudo o que é conhecido como função da consciência, então nos deparamos com a possibilidade de que ele possua, como a consciência, inclusive um *sujeito*, uma espécie de *eu*. Esta conclusão acha-se expressa no emprego frequente e persistente da palavra "subconsciente". Este último termo, porém, é um tanto equívoco, porque, ou significa o que está "por baixo da consciência", ou postula uma consciência "inferior", isto é, secundária. Ao mesmo tempo, a hipótese de um "subconsciente" ao qual imediatamente vem se associar um "superconsciente"[33] aponta-nos para aquilo que constitui o núcleo real de meu argumento, ou seja, o fato de que um segundo sistema psíquico concomitante à consciência – independentemente das qualidades que venhamos a lhe atribuir – é de uma significação absolutamente revolucionária, na medida em que poderá alterar radicalmente nossa visão do mundo. Se as percepções que têm lugar neste segundo sistema psíquico pudessem ser transferi-

---

32. Posso me utilizar tanto mais legitimamente do vocábulo "psicoide", porque, embora o uso que faço desse termo derive de um campo diferente de observações, contudo, ele procura exprimir mais ou menos aproximadamente aquele grupo de fenômenos que Bleuler tinha também em vista. Busemann chama de "micropsiquismo" a este psiquismo não diferenciado (*Die Einheit der Psychologie und das Problem des Mikropsychischen*, p. 31).

33. Este "supraconsciente" é contestado notadamente por pessoas que se acham sob a influência da Filosofia hindu. Em geral elas não percebem que suas objeções só se aplicam à hipótese de um "subconsciente", termo ambíguo que eu evito empregar. O meu conceito de inconsciente, pelo contrário, deixa totalmente em aberto a questão de um "supra" e de um "sub" e abarca os dois aspectos do psiquismo.

A natureza da psique

125

das para a consciência do eu, teríamos a possibilidade de ampliar enormemente nossa visão do mundo.

Se tomarmos a sério a hipótese da existência do inconsciente, logo nos daremos conta de que nossa visão do mundo não pode ser senão provisória, pois, se introduzirmos uma alteração tão radical no sujeito da percepção e da cognição, como a que ocorre numa reduplicação de componentes díspares como esta, o resultado será uma visão do mundo diferente daquela habitual. Isto, porém, só é possível, se a hipótese do inconsciente for procedente, o que, por sua vez, só pode acontecer se os conteúdos inconscientes puderem ser mudados em conteúdos conscientes, ou, em outras palavras, se as perturbações exercidas pelo inconsciente, isto é, os efeitos das manifestações espontâneas, dos sonhos, das fantasias e dos complexos, integrarem-se na consciência pelo processo interpretativo.

370

D. Instinto e vontade

Enquanto no decurso do século XIX a preocupação principal era dar uma fundamentação filosófica ao inconsciente (particularmente em Ed. v. Hartmann)[34], pelo final do século fizeram-se tentativas em diferentes partes da Europa, mais ou menos simultânea e independentemente umas das outras, no sentido de entender o inconsciente por via experimental ou empírica. Os pioneiros neste domínio foram Pierre Janet[35] na França e Sigmund Freud[36] na antiga Áustria. O primeiro notabilizou-se principalmente por suas pesquisas sobre o aspecto formal, e o segundo por suas investigações sobre os conteúdos dos sintomas psicogênicos.

371

A situação aqui não me permite descrever detalhadamente a transformação dos conteúdos inconscientes em conteúdos conscientes, por isto devo contentar-me apenas com algumas referências. Em pri-

372

---

34. *Philosophie des Unbewussten.*

35. Uma apreciação de sua obra se encontra em Jean Paulus, *Le problème de l'hallucination et l'évolution de la psychologie d'Esquirol à Pierre Janet.*

36. Neste contexto devemos mencionar também o importante psicólogo suíço Théodore Flournoy e sua obra fundamental, *Des Indes à la planète Mars.* Pioneiros foram também os ingleses W.B. Carpenter (*Principies of Mental Physiology*) e G.H. Lewes (*Problems of Life and Mind*).

meiro lugar conseguiu-se explicar com sucesso a estrutura dos chamados *sintomas psicogênicos*, com base na hipótese dos processos inconscientes. Partindo da sintomatologia das neuroses, Freud deu plausibilidade aos *sonhos* como transmissores de conteúdos inconscientes. O que ele encontrou, então, parecia ser constituído de elementos de natureza pessoal, perfeitamente capazes de alcançar o nível da consciência e que, por isto, seriam também conscientes sob outras condições. Parecia-lhe que eles tinham sido "reprimidos", por causa de sua natureza moralmente incompatível. Tinham sido, portanto, conscientes, como os conteúdos esquecidos, e tornaram-se subliminares e mais ou menos irrecuperáveis, por causa de um efeito contrário exercido pela atitude da consciência. Mediante apropriada concentração da atenção sobre as associações diretivas, ele conseguiu a recuperação associativa dos conteúdos perdidos, mais ou menos como acontece num exercício mnemotécnico. Mas, ao passo que os conteúdos esquecidos eram irrecuperáveis por causa de seu baixo valor liminar, os conteúdos reprimidos deviam sua relativa irrecuperabilidade a uma inibição proveniente da consciência.

373　　　Esta descoberta inicial conduziu logicamente à interpretação do inconsciente como sendo um fenômeno de repressão que poderia ser entendido em sentido personalístico. Seus conteúdos eram elementos perdidos que um dia foram conscientes. Mais tarde Freud reconheceu também a sobrevivência de vestígios arcaicos sob a forma de modos primitivos de funcionamento, embora explicando-os em termos personalísticos. Para essa concepção, a psique inconsciente é um apêndice subliminar.

374　　　Os conteúdos que Freud trouxe ao patamar da consciência são os mais facilmente recuperáveis, por sua capacidade de se tornarem conscientes e porque foram originariamente conscientes. Tudo o que eles provam com respeito à psique inconsciente é que existe um fator psíquico para além dos limites da consciência. Os conteúdos esquecidos ainda recuperáveis provam a mesma coisa. O que daí se pode colher quanto à natureza da psique inconsciente seria praticamente nada se não houvesse um nexo indubitável entre estes conteúdos e a *esfera dos instintos*. Concebemos esta última como sendo de caráter fisiológico, ou seja, principalmente, como *função das glândulas*. A moderna teoria da secreção, ou seja dos hormônios, traz um apoio fortíssimo a este

A natureza da psique   127

ponto de vista. A teoria dos instintos humanos, entretanto, acha-se numa situação um tanto desconfortável, porque é extremamente difícil não somente definir conceitualmente o que sejam os instintos, como também determinar o seu número e suas limitações[37]. Sobre este ponto de vista, as opiniões divergem profundamente. Tudo o que se pode afirmar com alguma certeza é que os instintos possuem um aspecto fisiológico e um aspecto psicológico[38]. De grande utilidade para fins descritivos é a concepção de Pierre Janet a respeito da *partie supérieure et inférieure d'une fonction* (a parte superior e inferior de uma determinada função)[39].

O fato de que todos os processos psíquicos acessíveis à observação e à experiência estão de algum modo ligados a um substrato orgânico nos mostra que eles se acham incorporados à vida do organismo como um todo e, consequentemente, participam de seu dinamismo, ou seja, dos instintos, ou são em certo sentido o resultado da ação destes instintos. Isto não quer dizer que a psique derive exclusivamente da esfera dos instintos e, consequentemente, de seu substrato orgânico. A alma, como tal, não pode ser explicada em termos de química fisiológica, porque ela é, justamente com a "vida" em si, o único fator natural capaz de converter organizações estatísticas, isto é, sujeitas às leis naturais, em estados "superiores" ou "não naturais", em oposição à lei da entropia que governa a natureza inorgânica. Não sabemos como a vida produz os sistemas orgânicos complexos a partir do estado inorgânico, embora tenhamos a experiência direta de como a psique o faz. A vida, portanto, tem suas próprias leis, que não podem ser deduzidas das conhecidas leis físicas da natureza. Mesmo assim, a psique depende, em algum modo, dos processos de seu substrato orgânico. Em qualquer caso, é altamente provável que assim o seja. A base instintiva governa a *partie inférieure* da função, ao

375

---

37. Como mostrou Marais em seus estudos com os macacos (*The Soul of the White Ant*, p. 42), poderia haver uma indistinção e confusão dos instintos também no homem, relacionada com a capacidade de aprender, que prevalece sobre o instinto. Sobre a questão dos instintos, cf. SZONDI. *Experimentelle Triebdiagnostik*, e *Triebpathologie*.

38. "Os instintos são disposições fisiológicas e psíquicas que... fazem com que o organismo se mova em direções claramente definidas" (JERUSALÉM. *Lehrbuch der Psychologie*, p. 192). Külpe descreve o instinto, de um outro ponto de vista, *como* "uma mistura de sentimentos e de sensações orgânicas" (*Grundriss der Psychologie*, p. 333).

39. *Les nérvoses*, p. 384s.

passo que a componente predominantemente "psíquica" corresponde à *partie supérieure*. A *partie inférieure* surge como componente relativamente inalterável e automática da função, e a *partie supérieure* como a componente alterável e voluntária[40].

376   Neste ponto, surge a pergunta: quando é que podemos falar de "psíquico", e como, em geral, definiremos o "psíquico" em oposição ao "fisiológico"? Ambos são fenômenos vitais, mas diferem no fato de que a componente funcional caracterizada como *partie inférieure* tem um aspecto inegavelmente fisiológico. Sua existência ou não existência parece estar ligada aos hormônios. Seu funcionamento tem *caráter compulsivo*, daí a designação de "impulso". Rivers lhe atribui a natureza da *all-or-none-reaction*[41], isto é, a função ou atua integralmente, ou não atua de modo algum, o que é específico da compulsão. Por outro lado, a *partie supérieure* que pode ser otimamente descrita como psíquica e que é sentida, de fato, como tal, perdeu o caráter compulsivo, podendo ser submetida, ao controle da vontade[42] e ser inclusive utilizada em uma forma contrária ao instinto original.

377   De conformidade com estas reflexões, o psíquico aparece como uma emancipação da função com respeito à forma instintiva e seu caráter compulsório que, como única determinante da função, pode transformá-la em um mecanismo frio. A condição ou qualidade psí-

---

40. Janet afirma: "Il me semble nécessaire de distinguer dans toute fonction des parties inférieures et des parties supérieures. Quand une fonction s'exerce depuis longtemps elle contient des parties qui sont très anciennes, très faciles et qui sont représentées par des organes très distincts et très spécialisés... ce sont là les parties inférieures de la fonction. Mais je crois qu'il y a aussi dans toute fonction des parties supérieures consistant dans l'adaptation de cette fonction à des circonstances plus recentes, beaucoup moins habituelles, qui sont représentées par des organes beaucoup moins différenciés" ("Parece-me necessário distinguir, em qualquer função, partes inferiores e partes superiores. Quando uma função vem sendo exercida desde muito tempo, ela contém partes bastante antigas, bastante fáceis e que são representadas por órgãos claramente distintos e bem especializados... são as partes inferiores da função. Mas acho que em qualquer função existem partes superiores que consistem na adaptação desta a circunstâncias mais recentes, bem menos habituais, e que são representadas por órgãos bem menos diferenciados"). Mas a parte suprema da função consiste "dans son adaptation à la circonstance particulière qui existe au moment présent, au moment où nous devons l'employer..." (consiste "na adaptação à circunstância particular do momento presente, do momento preciso no qual devemos utilizá-la...").

41. *Instinct and the Unconscious*.

42. Esta formulação é meramente psicológica e nada tem a ver com o problema filosófico do Indeterminismo.

quica começa quando a função se desliga de seu determinismo exterior e interior e se torna capaz de aplicação mais ampla e mais livre, isto é, quando começa a se mostrar acessível à vontade motivada a partir de outras fontes. Sob o risco de antecipar meu programa histórico, não posso deixar de lembrar que, se isolarmos o psíquico da esfera fisiológica dos instintos, por assim dizer na parte inferior, igual isolamento ou delimitação se impõe na parte superior. Com a libertação crescente em relação ao meramente instintivo, a *partie supérieure* atinge por fim um nível em que a energia intrínseca à função eventualmente não está mais orientada pelo instinto, no sentido original, mas alcançou uma forma dita *espiritual*. Isto não implica uma alteração substancial da energia instintiva, mas apenas uma mudança em suas formas de aplicação. O significado ou o objetivo do instinto não é inequívoco, porque o instinto pode ocultar um sentido de direção diferente do biológico, que só se manifesta à medida que se processa o desenvolvimento.

No interior da esfera psíquica a função pode ser desviada pela ação da vontade e modificada das mais diversas maneiras. Isto é possível porque o sistema de instintos não é uma composição verdadeiramente harmônica, mas está exposta a muitos choques internos. Um instinto perturba e reprime outro, e embora sejam os instintos, como um todo, que tornam possível a existência do indivíduo, seu caráter compulsivo e cego dá muitas vezes origem a danos recíprocos. A diferenciação da função em relação à instintividade compulsiva, no tocante à sua aplicação voluntária, é de imensa importância para a conservação da vida. Mas ela aumenta a possibilidade de colisões e produz cisões, isto é, aquelas dissociações que põem permanentemente em risco a unidade da consciência. 378

Na esfera psíquica, como vimos, a vontade influi na função, em virtude de ela própria ser uma forma de energia que pode dominar ou pelo menos influenciar outra forma. Nesta esfera, que eu defino como psíquica, a vontade é *motivada*, em última análise, *pelos instintos* – não, porém, de modo absoluto, pois do contrário nem seria vontade, que, por definição, deve ter uma certa liberdade de escolha. *A vontade implica uma certa quantidade de energia que fica livremente à disposição da consciência.* Deve haver tal quantidade disponível de libido (= energia), do contrário não haveria possibilidade de modificações das funções, pois estas últimas estariam ligadas aos instintos – que são extremamente conservadores e correspondentemente inalteráveis –, de modo tão exclusivo, que seria impossível qualquer 379 variação a não ser através de mudanças orgânicas. Como já dissemos, a motivação da vontade deve ser considerada, em primeiro lugar, como essencialmente biológica. Mas no limite "superior" (se me permitem tal expressão) da psique, onde a função se desliga, por assim dizer, de seu objetivo original, os instintos perdem sua influência como motivadores da vontade. Com a alteração de sua forma, a função é posta a serviço de outras determinantes ou motivações que aparentemente não têm mais nada a ver com os instintos. O que estou pretendendo explicar é o fato notável de que a vontade não pode transgredir os limites da esfera psíquica: ela não pode coagir o instinto nem tem poder sobre o espírito, pois por espírito entendemos muito mais do que apenas o intelecto. *O espírito e o instinto são autônomos, cada um segundo sua natureza*, e os dois limitam em igual medida o campo de aplicação da vontade. Mais adiante mostrarei o que me parece constituir a relação entre o espírito e o instinto.

380   Da mesma forma que a alma se perde, em seu substrato orgânico e material, em seu domínio interior, assim também se transmite em uma forma "espiritual" cuja natureza nos é tão pouco conhecida quanto a base orgânica dos instintos. O que eu chamaria de psique em sentido próprio se estende até àquele limite em que *as funções podem ser influenciadas por uma vontade*. A pura instintividade não permite pensar em consciência, nem precisa de consciência, mas, por causa de sua liberdade de escolha empírica, a vontade precisa de uma instância superior, algo semelhante a uma *consciência de si mesmo*, para modificar a função. Deve "conhecer" um objetivo diferente daquele da função, do contrário, ela coincidiria com a força propulsora da função. Driesch enfatiza, com razão: "Não há querer sem o saber"[43]. A volição pressupõe um sujeito que escolhe e que vê diversas possibilidades diante de si. Encarada sob este ângulo, a psique é essencialmente um conflito *entre o instinto cego e a vontade* (*ou liberdade de escolha*). Onde predomina o instinto, começam os *processos psicoides* que pertencem à esfera do inconsciente como elementos *capazes de atingirem o nível da consciência*. O processo psicoide, pelo contrário, não se identifica com o inconsciente em si, porque este último tem uma extensão consideravelmente maior. Além dos processos psicoides, existem no inconscien-

---

43. *Die "Seele" als elementarer Naturfaktor*, p. 80. "Estímulos individualizados comunicam... o estado anormal a este 'conhecedor primário', e então este 'conhecedor' não somente 'quer' uma ajuda, mas 'conhece' também o que ela seja" (p. 82).

A natureza da psique

te representações e atos volitivos, ou seja, algo parecido com os processos conscientes[44]; mas na esfera dos instintos estes fenômenos se retiram tão profundamente para os desvãos da psique, que o termo "psicoide" provavelmente se justifica. Mas se restringirmos a psique aos atos de vontade, chegaremos primeiramente à conclusão de que a psique se identifica mais ou menos com a consciência, pois dificilmente podemos conceber uma vontade e uma liberdade de escolha sem uma consciência. Isto aparentemente nos leva de volta ao ponto em que sempre estivemos, ou ao axioma: psique = consciência. Mas onde ficou a natureza psíquica postulada do inconsciente?

E. Consciência e inconsciente

Com esta questão relativa à natureza do inconsciente começam as extraordinárias dificuldades intelectuais que a psicologia dos processos inconscientes coloca em nosso caminho. Estas dificuldades surgem inevitavelmente todas as vezes que a mente tenta audaciosamente penetrar no mundo do desconhecido e do invisível. Nosso filósofo evitou, com muita habilidade, todas as complicações, simplesmente negando a existência do inconsciente. A mesma coisa se passou também com o físico da antiga escola, que acreditava exclusivamente na natureza ondulatória da luz e acabou por descobrir que existem fenômenos os quais só podem ser explicados pela teoria corpuscular da luz. Felizmente, a Física mostrou aos psicólogos que podemos conviver com uma aparente *contradictio in adiecto* (contradição nos termos). Encorajado por este exemplo, o psicólogo pode, portanto, lançar-se corajosamente à procura da solução deste problema controvertido, sem ter a sensação de saltar fora dos trilhos do mundo das ciências naturais. Não se trata, evidentemente, de *afirmar alguma coisa*, mas de construir um *modelo* que prometa um questionamento mais ou menos proveitoso. Um modelo não nos diz que uma coisa seja assim ou assim; ele apenas ilustra um determinado modo de observação.

Antes de examinar mais de perto nosso dilema, eu gostaria de esclarecer um aspecto do *conceito de inconsciente*. O inconsciente não se identifica simplesmente com o desconhecido; é antes o *psíquico*

---

44. Neste contexto eu gostaria de remeter meu leitor à secção F do presente capítulo: "O inconsciente como consciência múltipla".

desconhecido, ou seja, tudo aquilo que, supostamente, não se distinguiria dos conteúdos psíquicos conhecidos quando se chegasse à consciência. Além disso, é preciso acrescentar aqui também o sistema psicoide a respeito do qual nada sabemos diretamente. Assim definido, o inconsciente retrata um estado de coisas extremamente fluido: tudo o que eu sei, mas em que não estou pensando no momento; tudo aquilo de que um dia eu estava consciente, mas de que atualmente estou esquecido; tudo o que meus sentidos percebem, mas minha mente consciente não considera; tudo o que sinto, penso, recordo, desejo e faço involuntariamente e sem prestar atenção; todas as coisas futuras que se formam dentro de mim e somente mais tarde chegarão à consciência; tudo isto são conteúdos do inconsciente. Estes conteúdos são, por assim dizer, mais ou menos capazes de se tornarem conscientes, ou pelo menos foram conscientes e no momento imediato podem tornar-se conscientes de novo. Neste sentido, o inconsciente é a *fringe of consciousness* (uma franja da consciência), como o caracterizou, outrora, William James[45]. As desco-

---

45. James fala também de um *transmarginal field* da consciência, e o identifica com a *subliminal consciousness* de Frederic W.H. Myers, um dos fundadores da British Society for Psychical Research (cf. *Proceedings S.P.R.*, VII, p. 305, e James, *Frederic Myers' Service to Psychology*, ib. XLII, maio de 1901). Falando a respeito do *field of consciousness*, diz James (*Varieties*, p. 232): "The important fact which this 'field' formula commemorates is the indetermination of the margin. Inattentively realized as is the matter which the margin contains, it is nevertheless there, and helps both to guide our behaviour and to determine the next movement of our attention. It lies around us like a 'magnetic field', inside of which our centre of energy turns like a compass-needle, as the present phase of consciousness alters into its successor. Our whole past store of memories floats beyond this margin, ready at a touch to come in; and the entire mass of residual powers, impulses, and knowledges that constitute our empirical self stretches continuously beyond it. So vaguely drawn are the outlines between what is actual and what is only potential at any moment of our conscious life, that it is always hard to say of certain mental elements whether we are conscious of them or not" ("O fato importante que lembra a fórmula deste campo é a indeterminação da margem. Apesar da pouca atenção com que percebemos o material contido dentro desta margem, ele existe e nos ajuda ao mesmo tempo a guiar nosso comportamento e a determinar o próximo movimento de nossa atenção. Ele nos circunda como um 'campo magnético' no interior do qual nosso centro de energia gira como a agulha de uma bússola, à proporção que a fase presente se converte na seguinte. Todo o nosso acervo de recordações passadas se transfunde para além desta margem, pronto a invadir o 'campo' do menor toque, e toda a massa de forças, impulsos e conhecimentos residuais que constituem nosso si-mesmo empírico se espraia continuamente para além desta margem. Por mais vagas que sejam as linhas de separação entre o que é real e o que é virtual a qualquer momento de nossa vida consciente, é sempre difícil dizer se temos consciência ou não de certos elementos mentais").

A natureza da psique

bertas de Freud, como já vimos, fazem parte também deste fenômeno marginal que nasce da alternância dos períodos de luz e de sombra. Mas, como já dissemos, é preciso também incluir no inconsciente as funções psicoides capazes de se tornarem conscientes e de cuja existência temos apenas um conhecimento indireto.

Agora chegamos à questão em que estado se encontram os conteúdos quando não relacionados com o eu consciente? Esta relação constitui aquilo que podemos chamar de consciência. De conformidade com o aforismo de Guilherme de Ockham: "Entia praeter necessitatem non sunt multiplicanda" ("não se deve multiplicar os seres sem necessidade"), a conclusão mais completa seria a de que, afora a relação com o eu consciente, nenhuma coisa se modifica quando um conteúdo se torna consciente. Por este motivo, rejeito a opinião de que os conteúdos momentaneamente inconscientes são apenas fisiológicos. Faltam as provas no sentido de tal afirmação, ao passo que a fisiologia das neuroses nos proporciona provas convincentes em favor do contrário. Basta pensarmos nos casos de *Double personnalité* (dupla personalidade), *automatisme ambulatoire* (automatismo ambulativo) etc. Tanto as descobertas de Janet como as de Freud nos mostram que tudo continua aparentemente a funcionar no estado inconsciente como se fosse consciente. Há percepção, pensamento, sentimento, volição e intenção, justamente como se um sujeito estivesse presente. Com efeito, não são poucos os casos, como, por exemplo, os de *double personnalité*, acima mencionada, onde aparece realmente um segundo eu, competindo com o primeiro. Tais descobertas parecem demonstrar que o inconsciente é, de fato, uma "subconsciência". Mas, de certas experiências – já conhecidas por Freud – deduz-se claramente que o estado dos conteúdos inconscientes não é de todo idêntico ao estado consciente. Por exemplo, os complexos afetivos não mudam no inconsciente da mesma maneira que mudam na consciência. Embora possam ser enriquecidos com associações, eles não são corrigidos, mas conservam sua forma original, como se pode verificar facilmente pelo seu efeito constante e uniforme sobre a consciência. Assumem também o caráter compulsivo e ininfluenciável de um automatismo, do qual só podem ser despojados quando se tornam conscientes. Este procedimento é considerado, e com razão, como um dos mais importantes fatores terapêuticos. Por último, tais complexos – presumivelmente em proporção com sua distância relativamente à consciência – assumem, por autossimplificação, um caráter arcaico e mitológico e, consequentemente, também uma certa *numinosidade*, como se pode ver, sem dificuldade, nas dissociações esquizofrênicas. Mas a numinosidade situa-se inteiramente fora do âmbito da volição, pois transporta o sujeito para o estado de arrebatamento, numa entrega em que a vontade está inteiramente ausente.

384   Estas peculiaridades do estado inconsciente contrastam fortemente com a maneira pela qual os complexos da consciência se comportam. Aqui eles podem ser corrigidos, perdem seu caráter automático e podem ser transformados substancialmente. Despojam-se de seu invólucro mitológico, personalizam-se e se racionalizam, entrando no processo de adaptação que tem lugar na consciência, e, deste modo, torna-se possível uma espécie de discussão dialética[46]. O estado inconsciente é, portanto, manifestamente distinto do estado consciente. Embora, à primeira vista, o processo continue no inconsciente, como se fosse consciente, contudo, com a crescente dissociação, ele parece baixar a um nível mais primitivo (isto é, arcaico e mitológico), e aproximar-se, em seu caráter, da forma instintiva subjacente e assumir as qualidades específicas do instinto: o automatismo, a capacidade de não se deixar influenciar, a *all-or-none-reaction* etc. Usando aqui a analogia do espectro, podemos comparar a baixa dos conteúdos inconscientes a um deslocamento para a extremidade vermelha da faixa das cores, comparação esta particularmente sugestiva, na medida em que o vermelho é a cor do sangue que sempre caracterizou a esfera das emoções e dos instintos[47].

385   O inconsciente, por conseguinte, é um meio diferente da consciência. Na área próxima à consciência, porém, não há muitas mudanças, pois aqui a alternância entre a luz e a sombra é demasiado rápida. Mas justamente esta camada-limite é da maior importância para dar uma resposta ao grande problema da psique = consciente. Ela nos mostra, pois, o quanto é relativo o estado inconsciente, e tão

---

46. Na dissociação esquizofrênica falta a mudança do estado consciente, porque os complexos não são recebidos em uma consciência completa, mas fragmentária. Por isto, os complexos aparecem frequentemente em seu estado original, isto é, arcaico.

47. O vermelho possui um significado espiritual para Goethe, mas no sentido de seu credo do *sentimento*. Podemos supor aqui o pano de fundo alquímico e rosacruciano, ou seja, a tintura velha e o carbúnculo (cf. *Psychologie und Alchemie*, p. 629 [OC, 12]).

A natureza da psique

relativo, que nos sentimos tentados a empregar um conceito como "sub-consciente", para definir corretamente a parte sombria da alma. Mas a consciência é também relativa, pois abrange não somente a consciência como tal, mas toda uma escala de intensidade da consciência. Entre o "eu faço" e o "eu estou consciente daquilo que faço" há não só uma distância imensa, mas algumas vezes até mesmo uma contradição aberta. Consequentemente existe uma consciência na qual o inconsciente predomina, como há uma consciência em que domina a autoconsciência. Este paradoxo se torna imediatamente compreensível quando nos damos conta de que não há nenhum conteúdo consciente a respeito do qual se possa afirmar com absoluta certeza que é em tudo e por tudo consciente[48], pois isto necessitaria uma totalidade inimaginável da consciência, e uma totalidade desta natureza pressuporia uma totalidade ou integralidade igualmente inimaginável da mente humana. Assim chegamos à conclusão paradoxal de que *não há um conteúdo consciente que não seja também inconsciente sob outro aspecto.* É possível igualmente que não haja um psiquismo inconsciente que não seja, ao mesmo tempo, consciente[49]. Entretanto, esta última assertiva é mais difícil de provar do que a primeira, porque o nosso eu, o único que poderia comprovar tal assertiva, é o ponto de referência da consciência e justamente não possui nenhuma associação com os compostos inconscientes que o capacitasse a dizer alguma coisa sobre a natureza dos mesmos. Para o eu, estes conteúdos continuam inconscientes sob o ponto de vista prático, mas isto não quer dizer que eles não sejam conscientes para ele sob um outro aspecto, isto é, o eu pode conhecer ocasionalmente estes conteúdos sob um determinado ponto de vista, mas não sabe que são eles que, sob um outro aspecto, provocam as perturbações na consciência. Além disto, existem processos a respeito dos quais é impossível demonstrar uma relação com o eu consciente, e que, apesar disto, parecem "representados" e semelhantes à consciência. Finalmente, há casos em que estão presentes um eu inconsciente e, conse-

---

48. Este já fora assinalado por E. Bleuler (*Naturgeschichte der Seele und ihres Bewusstwerdens*, p. 300s.).

49. Com exclusão explícita do inconsciente psicoide, porque este compreende aquilo que não é capaz de se tornar consciente e somente aquilo que se assemelha à psique.

quentemente, também uma segunda consciência, como já vimos, embora sejam exceção[50].

386 No domínio da psique os *pattern of behaviour* compulsivos cedem lugar a variantes de comportamentos condicionadas pela experiência e pelos atos volitivos, isto é, por processos conscientes. Por isto, com respeito ao estado psicoide e reflexivo-instintivo, a psique implica um afrouxamento das vinculações e um recuo cada vez maior dos processos mecânicos em favor de modificações "selecionadas". A atividade seletiva se processa em parte dentro da consciência e em parte fora dela, isto é, sem referência ao eu consciente, ou seja, portanto, inconscientemente. Neste último caso, o processo é apenas semelhante à consciência, como se tivesse sido "representado" ou consciente.

387 Como não há suficiente motivo para admitir a existência de um segundo eu em cada indivíduo, ou que todos sofremos de uma dissociação da personalidade, devemos abstrair da ideia de uma segunda consciência do eu de onde emanassem as decisões da vontade. Como, porém, a experiência da psicopatologia e da psicologia onírica tornou pelo menos sumamente provável a existência de processos altamente complexos e semelhantes à consciência no inconsciente, fomos levados – querendo ou não querendo – à conclusão de que, embora o estado dos conteúdos inconscientes não seja idêntico ao dos conteúdos conscientes, todavia, sob certo aspecto, é semelhante a ele. Nesta situação nada mais nos resta senão admitir um meio-termo entre a noção de estado consciente e de estado inconsciente, a saber, uma *consciência aproximativa*. Como nossa experiência imediata só nos dá conta de um estado reflexo que, por isto mesmo, é um estado consciente e conhecido, ou seja, uma relação de representações ou conteúdos com um determinado complexo do eu que representa nossa personalidade empírica, parece que qualquer outra espécie de consciência – sem um eu ou seu conteúdo – é praticamente impensável. Mas não há necessidade de formular a questão de maneira assim tão absoluta. Já em um nível humano um tanto mais primitivo o complexo do eu perde muito de sua significação e a consciência, conse-

---

50. No presente contexto quero lembrar que C.A. Meier associa essas observações a fenômenos semelhantes, observados na Física. Ele diz o seguinte: "A relação de complementaridade entre a consciência e o inconsciente nos sugere ainda um paralelo físico mais amplo, isto é, a necessidade de uma aplicação estrita do princípio de correspondência". Esta poderia proporcionar-nos a chave para a 'lógica rigorosa do inconsciente' (lógica da probabilidade) que experimentamos tantas vezes na Psicologia analítica e que nos faz pensar imediatamente num estado de consciência ampliada" (*Moderne Physik – Moderne Psychologie*, p. 360).

A natureza da psique

quentemente, modifica-se de maneira característica. Antes de tudo, ela cessa de ser reflexa. Se observarmos acuradamente os processos psíquicos nos animais vertebrados superiores, e de modo particular nos animais domesticados, encontramos fenômenos semelhantes à consciência que quase não nos permitem supor a existência de um eu. Sabemos pela experiência imediata que a luz da consciência possui diversos graus de claridade e o complexo do eu muitas gradações de acentuação. No nível animal e primitivo há uma simples *luminositas* que mal se distingue ainda do brilho dos fragmentos do eu dissociado, e, como acontece no nível infantil e primitivo, a consciência ainda não possui uma unidade por não ter sido centrada por um complexo do eu firmemente estruturado, mas flameja, aqui e acolá, onde acontecimentos internos ou externos, os instintos e os afetos, despertam para a vida. Nesse estágio, ela ainda tem um caráter insular ou arquipelágico. Mas ainda não é uma totalidade plenamente integrada num estágio superior ou supremo, senco, pelo contrário, capaz de um alargamento indefinido. Ilhas crepusculares, ou mesmo continentes inteiros, podem ainda vir se acrescentar à consciência moderna, fenômeno este que se tornou experiência diária para o psicoterapeuta. Por isso, faremos bem em conceber a consciência do eu como cercada de uma multidão de pequenas luminosidades.

F. O inconsciente como consciência múltipla

A hipótese da existência de múltiplas luminosidades se baseia, parcialmente, como já vimos, no estado semelhante à consciência dos conteúdos inconscientes, e parcialmente sobre a ocorrência de certas imagens que devem ser consideradas simbólicas e que podemos descobrir nos sonhos e fantasias visuais dos indivíduos modernos ou nos documentos históricos. Como bem sabemos, uma das fontes mais importantes para o conhecimento das representações simbólicas no passado é a alquimia. É desta que eu tomo, sobretudo, a ideia das *scintillae*, das centelhas, que aparecem como ilusões visuais na "substância de transformação"[51]. Assim se lê na *Aurora consurgens*, parte II: "Scito quod terra foetida cito recipit scintillulas albas" ("Sabei que a terra malcheirosa logo recebe as centelhas brancas")[52]. Khunrath explica

388

---

51. *Psychologie und Alchemie*, p. 187s. [OC, 12] e op. cit.

52. *Artis auriferae...*, I, p. 208, uma pretensa citação de Morieno [cf. § 394 deste volume], repetida por MYLIUS. *Philosophia reformata*, p. 146. Na p. 149 ele ainda acrescenta *scintillae aureas*].

estas centelhas como *radii atque scintillae* (irradiações e centelhas) da *Anima Catholica*, da Alma Universal (alma do mundo) que é idêntica ao Espírito de Deus[53]. Desta interpretação ressalta claramente que certos alquimistas já pressentiam a natureza psíquica dessas luminosidades. Eram sementes de luz espalhadas no caos e que Khunrath[54] chama de *mundi futuri seminarium* (sementeira do mundo futuro)[55]. A mente humana é também uma *scintilla* desta espécie[56]. A substância arcana (a "terra aquática ou água terrestre (*limus*, lama) da essência universal") é universalmente animada pela "centelha ígnea da alma do mundo", de acordo com *Lib. Sapientiae* (*Sabedoria*), I, 7: "Quoniam spiritus Domini replevit orbem terrarum" ("Porque o Espírito do Senhor encheu o orbe da terra")[57]. Na "água da arte", em "nossa água", que é também o caos[58], encontra-se a "centelha ígnea da alma do mundo como puras *Formae Rerum essentiales* (formas essenciais das coisas)"[59]. Estas *formae*[60] correspondem às ideias platônicas, o que nos permitiria *comparar as scintillae* com os *arquétipos*,

---

53. "Variae eius radii atque Scintillae, per totius ingentem, materiei primae massae, molem, hinc inde dispersae ac dissipatae: inque mundi partibus, dislunctis etiam, et loco et corporis mole, necnon circumscriptione, postea separatis... unius Animae universalis scintillae nunc etiam inhabitantes" ("Seus diversos raios e centelhas se acham dispersos e espalhados através da massa imensa da prima matéria, e as centelhas da alma universal e única habitando agora estas partes do mundo que foram posteriormente separadas do lugar e da massa do corpo e mesmo da circunferência". *Amphiteatrum*, p. 195s. e 198).

54. Cf. com a doutrina gnóstica das sementes de luz recolhidas pela Virgem da Luz, e também a doutrina maniqueísta das partículas de luz que deviam ser integradas em nosso corpo através de alimento espiritual, uma espécie de Eucaristia durante a qual se comiam melões. A mais antiga menção desta ideia parece ser o χαρπιστής (colhedor?) de que nos fala Ireneu em *Contra haereses*, I. 2.4. Quanto aos "melões", cf. VON FRANZ. *Der Traum des Descartes*.

55. Ibid., p. 197.

56. "Mens humani animi scintilla altior et lucidior" ("A mente humana é a centelha mais alta e mais luminosa..."). KHUNRATH. *Amphitheatrum*.

57. KHUNRATH. *Vom hylealischen Chaos*, p. 63.

58. Como sinônimos, Khunrath menciona "forma Aquina, pontica... Limus Terrae Adamae... Azoth... Mercurius" etc. (forma aquática, marinha.... limo de terra de Adão... Azoth... Mercúrio) (*Chaos*, p. 216).

59. *Chaos*, p. 216.

60. As *Formae Scintillaeve Animae Mundi* (formas ou centelhas da alma do mundo) são denominadas também de *Rationes Seminariae Naturae specificae* (as ideias seminais da natureza específica) por Khunrath, que repete, assim, uma ideia da Antiguidade Clássica. Ele chama igualmente a *scintilla* (centelha) de *Entelechia* (p. 65).

admitindo-se que as imagens eternas de Platão, guardadas "em um lugar supraceleste", são uma versão filosófica dos arquétipos. Desta visão alquímica seria preciso concluir que os arquétipos têm em si um certo brilho ou certa semelhança com a consciência e que, por conseguinte, uma certa *luminositas* está vinculada à *numinositas*. Parece que Paracelso teve também uma ideia deste fato. Na sua *Philosophia sagax* encontramos a seguinte passagem: "E do mesmo modo como no homem não pode existir nada sem o númen divino, assim também nada pode existir no homem sem o lúmen natural. São estas duas únicas partes: o númen e o lúmen, que tornam o homem perfeito. Tudo o que existe provém dessas duas coisas, e as duas estão no homem, mas sem elas o homem não é nada, embora possam existir sem o homem"[61]. Como confirmação desta ideia, Khunrath escreve: "Há... Scintillae Animae Mundi igneae, Luminis nimirum Naturae, centelhas ígneas da alma do mundo (isto é, da natureza da luz) dispersas e jogadas na trama e através da trama do grande mundo, em todos os frutos do elemento e por toda parte"[62]. As centelhas provêm do *Ruah Elohim*, do Espírito de Deus[63]. Entre as *scintillae* ele distingue uma "scintilla perfecta Unici Potentis ac Fortis (centelha perfeita do Único Poderoso e Forte)", que é o elixir e, consequentemente, a própria substância arcana[64]. Se podemos comparar os arquétipos com as centelhas, é evidente que Khunrath acentua de modo particular *um deles*. E este é descrito como a mônada e o Sol, e ambos indicam a divindade. Imagem semelhante se encontra na carta de Inácio de Antioquia aos Efésios (XIX 1s.), onde ele escreve a respeito da vinda de Cristo: "Mas como Ele se manifestou aos éons (idades)? Uma estrela brilhou no céu, mais luminosa do que todas as outras estrelas, e sua luz era inexprimível, e tal fenômeno provocou espanto. Todas as outras estrelas, juntamente com o Sol e a Lua, reuniram-se em coro, à volta dessa estrela..." Psicologicamente, a única *scintilla*, ou mônada, deve ser considerada como símbolo do *si-mesmo* – um aspecto que aqui apenas desejo mencionar.

---

61. Org. por Huser, vol. X, p. 206, e por Sudhoff, vol. XII, p. 231.

62. *Chaos*, p. 94.

63. *Chaos*, p. 249.

64. *Chaos*, p. 54. Nisto ele concorda com Paracelso, que chama o *lumen naturae* (a luz natural) de quintessência, extraída dos quatro elementos pelo próprio Deus (SUDHOFF. Vol. XII, p. 36 e 304).

389   As centelhas têm um significado psicológico claro para Dorn. Assim escreve ele: "Sic paulatim scintillas aliquot magis ac magis indies perlucere suis oculis mentalibus percipiet, ac in tantam excrescere lucem, ut successivo tempores quaevis innotescant, quae sibi necessaria fuerint"[65]. Esta luz é o *lumen naturae* (luz da natureza) que ilumina a consciência, e as *scintillae* são luminosidades germinais que brilham de dentro da escuridão do inconsciente. Dorn, como Khunrath, deve muito a Paracelso, com o qual concorda quando admite um *invisibilem solem plurimis incognitum* no homem (um sol invisível desconhecido de muitos)[66]. Dorn fala a respeito desta luz natural inata no homem: "Lucet in nobis licet obscure vita lux hominum[67] tamquam in tenebris, quae non ex nobis quaerenda, tamen, *in, et non a nobis*, sed ab eo cuius est, qui etiam in nobis habitationem facere dignatur... Hic eam lucem plantavit in nobis, ut in eius lumine qui lucem inaccessibilem inhabitat, videremus lumen: hoc ipso quoque caeteras eius praecelleremus creaturas: illi nimirum similes hac ratione facti, quod *scintillam sui luminis* dederit nobis. Est igitur veritas *non in nobis quaerenda sed in imagine Dei quae in nobis est*"[68].

390   Dorn, portanto, conhece também como o *sol invisibilis* ou a *imago Dei* o arquétipo uno enfatizado de modo particular por Khunrath. Em Paracelso, o *lumen naturae* provém primariamente do *astrum* ou

---

65. "Assim (o adepto) perceberá, pouco a pouco, com os olhos da mente, que algumas centelhas brilham cada vez mais, dia após dia, e crescem até se tornarem uma luz tão grande, que, com o correr do tempo, se conhecerão todas as coisas que lhe são necessárias" (*Theatrum chemicum*, vol. I: *De speculativa philosophia*, p. 275).

66. "Sol est invisibilis in hominibus, in terra vero visibilis, tamen ex uno et eodem sole sunt ambo" ("O Sol é invisível no homem, mas visível no mundo, embora os dois sejam um só e mesmo Sol"] (*De spec. phil.*, p. 308).

67. "Et vita erat lux hominum et lux in tenebris lucet" ("E a vida era a luz dos homens e a luz resplandece nas trevas") (Jo 1,4-5).

68. "Porque a vida, que é a luz do homem, brilha obscuramente em nós como que nas trevas, (uma luz) que não devemos procurar em nós mesmos, *embora esteja em nós, sem contudo provir de nós*, mas daquele ao qual pertence e que se dignou construir sua habitação em nós... Ele implantou sua luz em nós, a fim de que pudéssemos contemplar a luz na luz daquele que habita a luz inacessível. E por sermos formados à sua semelhança, ou seja, por nos ter dado uma *centelha de sua luz* é que somos superiores a todas as criaturas. Esta verdade, portanto, *não deve ser procurada em nós, mas na imagem de Deus que está em nós*" (*Theatrum chemicum*, vol. I: *De philosophia meditativa*, p. 460).

sydus, a "estrela" que há no homem[69]. O "firmamento" (sinônimo de estrela) é a luz natural[70]. Por isto, a "pedra angular" de toda verdade é a "astronomia" que é "uma mãe de todas as artes... Depois dela começa a sabedoria divina, depois dela começa a luz da natureza"[71]. Mesmo as "religiões mais excelentes" dependem da "astronomia"[72]. Com efeito, a estrela "deseja levar o homem para a grande sabedoria... para que ele apareça maravilhoso na luz da natureza, e os mistérios da maravilhosa obra de Deus sejam descobertos e revelados em sua grandeza"[73]. De fato, o próprio homem é um *astrum*: "não em si mesmo, mas para sempre e sempre com os apóstolos e santos; cada um dos homens é um *astrum*, e o céu uma estrela... por isto diz também a Escritura: vós sois a luz do mundo"[74]. "Agora toda a luz natural está na estrela, e o homem extrai dela o alimento à semelhança do alimento que ele extrai da terra para a qual ele nasceu; assim também deve nascer para essa estrela"[75]. Os animais também possuem a luz natural que é um "espírito inato"[76]. Ao nascer, o homem é "dotado com a luz perfeita da natureza"[77]. Paracelso chama-a "primum ac optimum thesaurum, quem naturae Monarchia in se claudit"[78] ("o primeiro é o melhor tesouro que a monarquia encerra dentro de si") (nisto concordando com as conhecidas designações do "Uno" como

---

69. HUSER. Vol. X, p. 19; SUDHOFF. Vol. XII, p. 23: "... was im liecht der natur ist, das ist die wirkung des gestirns" ("o que está na luz da natureza é também obra das estrelas"].

70. HUSER. *Philosophia sagax*. Vol. X, p. 1. • SUDHOFF. *Philosophia sagax*. Vol. XII, p. 3.

71. Ibid., p. 3s.; vol. XII, p. 5s.

72. Os apóstolos são *astrologi* (astrólogos) [HUSER. *Phil. sag.* Vol. X, p. 23; SUDHOFF. *Phil. sag.*, XII, p. 27].

73. HUSER. *Philosophia sagax*. Vol. X, p. 54; SUDHOFF. *Philosophia sagax*. Vol. XII, p. 62.

74. HUSER. *Philosophia sagax*. Vol. X, p. 344; SUDHOFF. *Philosophia sagax*. Vol. XII, p. 386. A última frase se refere a Mt 5,14: *Vos estis lux mundi* ("Vós sois a luz do mundo").

75. Ibid., vol. X, p. 409; Ibid, XII, p. 456s.

76. "... als die hanen die da kreen zukünftiges wetter und die pfauen ires herren tot... dis alles ist aus dem angebornen geist und ist das liecht der natur" ("... como os galos que anunciam com o seu canto as futuras condições meteorológicas, e os pavões a morte de seu dono... Tudo isto provém do espírito inato e é a luz da natureza"). [HUSER. *Fragmenta medica*: *De morbis somnii*. Vol. V, p. 130; SUDHOFF. *Fragmenta medica*: *De morbis somnii*. Vol. IX, p. 361].

77. HUSER. *Liber de generatione hominis*. Vol. VII, p. 172; SUDHOFF. p. 300.

78. VON BODENSTEIN, Adam (org.). *De vita longa*. lib. V, cap. II.

pérola preciosa, tesouro escondido, "tesouro difícil de alcançar" etc.). A luz foi dada ao "homem interior" ou ao corpo interior (o *corpus subtile*, o corpo de sopro), como nos mostra claramente a seguinte passagem: "Por isso um homem pode surgir com sublimidade, sabedoria etc., de seu corpo exterior, porque toda a sabedoria e inteligência de que o homem precisa são coeternas com o seu corpo e constituem o homem interior"[79]; assim, este homem pode viver, e não como homem exterior. Com efeito, tal homem interior é eternamente transfigurado e verdadeiro. E embora não apareça perfeito no seu corpo mortal, contudo ele aparecerá perfeito depois da separação do mesmo. Aquilo de que agora falamos chama-se *lumen naturae* e é eterno. Deus o deu ao corpo interior que ele governa por intermédio do corpo interior e de acordo com a razão... porque só a luz da natureza é a razão... e nada mais... a luz é que dá a fé... Deus deu bastante luz a cada homem, para que ele fosse predestinado e por isso não errasse. Mas ao descrever a origem do homem ou do corpo interior, constatamos que *todos os corpos não formam senão um só corpo e uma só coisa em todos os homens*, embora distribuídos segundo as partes bem dispostas do corpo, cada uma diferente da outra. E assim, *quando todas se encontram juntas, só há uma luz e uma só razão...*"[80].

391   "Além disto, a luz da natureza é uma luz que foi acesa no Espírito Santo e jamais se apagará, porque está bem acesa... e a luz é de tal natureza, que deseja arder continuamente[81], e quanto mais ela arde, tanto mais aparece, e quanto mais demora, tanto maior se torna... por isto na luz da natureza existe também um desejo ígneo de arder"[82]. É uma luz "invisível": "daqui se segue que só no invisível o homem tem sua sabedoria, sua arte, provinda da luz da natureza"[83]. O homem é "um profeta da luz natural"[84]. Ele "aprende" o lúmen da

---

79. Cf. HUSER. *Phil. sag.* Vol. X, p. 341; SUDHOFF. Vol. XII, p. 382: "Nun ist offenbar, das alie menschliche weisheit zu dem irdischen leib im liecht der natur liegt" ("Agora está claro que toda a sabedoria humana do corpo terrestre se encontra na luz da natureza". É a "luz humana da eterna sabedoria") [HUSER. *Philosophia sagax.* Vol. X, p. 395; SUDHOFF. Vol. XII, p. 441].

80. HUSER. *De gen. hom.* Vol. VIII, p. 171; SUDHOFF. p. 291.

81. *"Eu vim deitar fogo à terra, e como gostaria que já estivesse aceso!"* (Lc 12,49).

82. HUSER. *Fragmenta cum libro de fundamento sapientiae.* Vol. IX, p. 448; SUDHOFF. Vol. XIII, p. 325s.

83. HUSER. *Phil. sag.* Vol. X, p. 46; SUDHOFF. Vol. XII, p. 53.

84. HUSER. *Phil. sag.* Vol. X, p. 79; SUDHOFF. Vol. XII, p. 94.

natureza, entre outras coisas através dos sonhos[85]; "...como a luz da natureza não pode falar, ela constrói certas formas durante o sono, pelo poder da palavra" (de Deus)[86].

Se me permiti demorar-me um pouco mais sobre Paracelso e citar um determinado número de textos autênticos, foi com o intuito de fornecer ao leitor uma ideia aproximada da maneira como este autor concebe o *lumen naturae*. Parece-me de muita importância, particularmente com relação à nossa hipótese da existência de uma consciência múltipla e seus fenômenos, que a visão característica dos alquimistas – aquela das centelhas que brilham na substância arcana negra – transforma-se, segundo Paracelso, no espetáculo do "firmamento interior" e de seus *astros* (estrelas). Ele considera a psique obscura como um céu noturno semeado de estrelas cujos planetas e constelações fixas representam os arquétipos em toda a sua luminosidade e numinosidade[87]. O céu estrelado é, na verdade, o livro aberto da projeção cósmica no qual se refletem os mitologemas, ou arquétipos. Nesta visão, a Astrologia e a Alquimia, as duas representantes da psicologia do inconsciente nos tempos clássicos, dão-se as mãos.

Paracelso foi diretamente influenciado por Agrippa de Nettesheim[88], que admite uma *luminositas sensus naturae* (uma luminosidade do sentido da natureza). Daqui "desceram lampejos de profecias sobre os animais quadrúpedes, os pássaros e outros seres vivos", tornando-os capazes de predizer coisas futuras[39]. Ele baseia o *sensus naturae* na autoridade de Guilielmus Parisiensis que, a nosso ver, outro não é

---

85. HUSER. *Practica scientiam divinationis*. Vol. X. p. 434; SUDHOFF. Vol. XII, p. 488.

86. HUSER. *Liber de caducis*. Vol. IV, p. 274; SUDHOFF. Vol. VIII, p. 298.

87. Nos *Hieroglyphica* de Horapolo, o céu estrelado significa Deus como o destino (*Fatum*) derradeiro, simbolizado pelo número cinco, presumivelmente um quincunce.

88. Cf. *Paracelsus als geistige Erscheinung*, p. 47s. [OC, 15].

89. De *occulta philosophia*, p. LXVIII: "*Nam iuxta Platonicorum doctrinam, est rebus inferioribus vis quaedam insita, per quam magna ex parte cum superioribus conveniunt, unde etiam animalium taciti consensus cum divinis corporibus consentire vident, atque his viribus eorum corpora et affectus affici*" etc. ("Porque de acordo com a doutrina dos platônicos há uma certa virtude graças à qual elas se harmonizam em grande parte com as superiores; daí parecer que o consentimento tácito dos animais está em conformidade com os corpos divinos, e os seus corpos e afetos serem atingidos por estas virtudes") [Op. cit., p. LXIV].

senão Guilherme de Auvergne (G. Alvernus, † 1249), que foi bispo de Paris a partir de cerca de 1228, e escreveu várias obras que influenciaram também Alberto Magno. Diz ele que o *sensus naturae* é um sentido superior à capacidade perceptível do homem, e insiste, de modo particular, que os animais também o possuem[90]. A doutrina do *sensus naturae* desenvolveu-se a partir da ideia da alma do mundo que tudo penetra e da qual se ocupou também um outro Guilielmus Parisiensis, predecessor de Alvernus, e conhecido por Guillaume de Conches[91] (1080-1154), escolástico platônico que ensinou em Paris. Ele identificou a *anima mundi* (a alma do mundo), ou precisamente o *sensus naturae*, com o Espírito Santo, como já o fizera Abelardo. A alma do mundo é uma *força natural*, responsável por todos os fenômenos da vida e da psique. Como pude mostrar nas passagens da obra indicada abaixo, esta concepção está presente ao longo de toda a tradição alquímica, na medida em que Mercúrio é interpretado ora como *anima mundi*, ora como Espírito Santo[92]. Em vista da importância das representações alquímicas para a psicologia do inconsciente, creio que vale a pena dedicar alguma atenção a uma variante bastante esclarecedora do simbolismo da centelha.

394   Mais comum ainda do que o tema das *scintillae* (centelhas) é o dos *olhos do peixe* que tem a mesma significação. Como já disse acima, os autores alegam uma passagem de Morieno como sendo fonte da "doutrina" das *scintillae*. Esta passagem se encontra realmente no tratado de Morieno Romano (século VII-VIII). Mas nela se lê o seguinte: "...Purus laton tamdiu decoquitur, donec veluti *oculi piscium* elucescat..."[93] Esta passagem parece que é uma citação de uma fonte mais antiga ainda. O tema dos olhos do peixe aparece quase sempre nos autores posteriores. Há uma variante em Sir George Ripley, segundo a qual depois do "dessecamento do mar" fica uma substância

---

90. Cf. THORNDIKE. *A History of Magic and Experimental Science*, II, p. 348s.

91. PICAVET. *Essais sur l'histoire générale et comparée des théologies et des philosophies médiévales*, p. 207.

92. Cf. *Psychologie und Alchemie*, p. 187, 261, 467, 570 e 586s. [OC, 12].

93. *Artis auriferae...*, II: *Liber de compositione alchemiae*, p. 32: "Cozinha-se o latão puro, até que ele brilhe como os olhos dos peixes". Os próprios autores interpretam os *oculi piscium* (os olhos dos peixes) no sentido de *scintillae* (centelhas).

A natureza da psique

que brilha "como olhos de peixe"[94], uma alusão clara ao ouro e ao Sol (como olho de Deus). Por isto não causa mais estranheza que um alquimista do século XVII tenha colocado as palavras de Zacarias 4,10 como dístico de sua edição da obra de Nicolas Flammel: "...et videbunt lapidem stanneum in manu Zorobabel. Septem isti oculi sunt Domini, qui discurrunt in universam terram"[95] ("Todos eles se alegraram quando viram o prumo na mão de Zorobabel. Estas sete lâmpadas são os olhos do Senhor que percorrem toda a terra")[96]. Estes sete olhos são, evidentemente, os sete planetas que, como o Sol e a Luz, são os olhos de Deus e nunca repousam, mas estão por toda parte e a tudo veem. Parece que o mesmo motivo está na base da lenda do gigante Argos de muitos olhos. Ele é alcunhado de πανόππης (aquele que tudo vê) e simboliza o céu estrelado. Algumas vezes possui apenas um olho, outras vezes possui vários, e outras possui centenas, ou é mesmo μνριωπός (dotado de milhares de olhos). Além disto, nunca adormece. Hera transferiu os olhos de Argos Panoptes para a cauda do pavão[97]. Como o guardião Argos, a constelação do Dragão ocupa também uma posição de supervisionadora de todas as coisas, nas citações de Arato feitas por Hipólito. Ele é descrito aí como alguém "que contempla do alto do Polo todas as coisas e vê todas as coisas, de tal modo que nada do que acontece lhe fica oculto"[98]. Este dragão nunca adormece, porque o Polo "jamais se põe". Muitas vezes ele é confundido com o percurso serpentino do Sol através do céu. "C'est pour ce motif qu'on dispose parfois les signes du zodiaque entre lês circonvolutions du reptile" ("É por isto que às vezes se colocam os signos do zodíaco entre as circunvoluções do réptil"), diz Cumont em uma de suas obras[99]. Às vezes a serpente traz os signos do

94. *Opera omnia chemica*, p. 159.

95. Zc 3,9: "Super lapidem *unum* septem oculi sunt" ("Sobre esta pedra *única* estão sete olhos") se acha na mesma linha.

96. Eirenaeus Orandus, *Nicolas Flammel: His Exposition of the Hieroglyphical Figures... etc.

97. Este mitologema é importante para a interpretação da *cauda pavonis* (cauda do pavão).

98. "Τετάχθαι γὰρ νομίζονσι κατὰ τὸν ἀρχτιχὸν πόλον τὸν Λραχοντα τὸν ὄγιν ἀπὸ τοῦ ἰψηλοτάτου πόλον πάντα ἐπιβλέποντα χαὶ πάντα ἐγορῶντα, ἵνα μηδὲν τῶν πραττομένων αὐτὸν λάθη" (*Elenchos*, IV, 47, 2, 3).

99. *Textes et monuments figurés relatifs mix mystères de Mithra*, I, p. 80.

zodíaco no dorso[100]. Como observa Eisler, graças ao simbolismo do tempo, a onividência do dragão foi transferida para *Cronos* que Sófocles chama de ὁ παντ᾽ ὁρῶν Χρόνος (o que tudo vê), enquanto na inscrição sepulcral em memória dos que tombaram em Queroneia é denominado de πανεπίοχοπος δαίμων (o gênio que a tudo inspeciona)[101]. Ο οὐροβόρος (Uroboros) tem o significado de eternidade (αἴων) e de cosmos em Horapolo. A identificação da onividência com o *tempo* talvez explique a presença dos olhos nas rodas da visão de Ezequiel (Ez 1,18: "...todo o corpo das quatro rodas estava cheio de olhos ao redor"). Mencionamos a identificação da constelação onividente com o tempo, por causa de seu significado especial: ela indica a relação do *mundus archetypus* do inconsciente com o "fenômeno" do tempo; em outras palavras: indica a sincronicidade de certos acontecimentos arquetípicos, à qual voltarei mais demoradamente no final da seguinte secção.

395   Pela autobiografia de Inácio de Loyola, por ele ditada a Loys Gonzalez[102], sabemos que ele teve repetidamente uma visão luminosa que muitas vezes assumia a forma de uma *serpente*. Ela parecia *cheia de olhos brilhantes* que, no entanto, não eram verdadeiros olhos. Inicialmente ele se sentia muito consolado com a beleza desta visão; mais tarde, porém, reconheceu que era um espírito mau[103]. Esta visão contém, em suma, todos os temas óticos aqui tratados e apresenta um retrato impressionante do inconsciente com suas luminosidades disseminadas. Podemos facilmente imaginar a perplexidade que deveria sentir um homem medieval confrontado com uma intuição tão eminentemente "psicológica" como esta, especialmente se considerarmos que não havia um símbolo dogmático nem uma alegoria patrística suficiente que viessem em socorro de seu julgamento. Mas Inácio

---

100. "Προσέταξε τὸν αὐτὸν δράχοντα βαστάζειν ἒξ ζώδια ἐπὶ τοῦ νώτου αὐτοῦ" ("Faz com que a serpente carregue seis sinais zodiacais no dorso"). (PITRA. *Analecta sacra*. Vol. V, p. 300, apud EISLER. *Weltenmantel und Himmelszelt*, II, p. 389, nota 5).

101. EISLER. Op. cit., II, p. 388: "O onivídente cronos" e o "demônio que tudo observa".

102. GONZALEZ, Luís. *Acta antiquissima*.

103. Inácio teve também a visão de uma "res quaedam rotunda tanquam ex auro et magna" ("uma certa coisa redonda, feita de ouro e grande") que flutuava diante de seus olhos. Ele interpretou-a como sendo Cristo que lhe aparecia qual um sol [FUNK. *Ignatius von Loyola*. p. 57, 65, 74 e 112].

A natureza da psique 147

não esteve muito longe de acertar, pois a multiplicidade de olhos é também uma característica do Purusha, o homem primordial do hinduísmo. Assim lemos no "Rigveda" 10,90: "Ourusha possui cabeças, mil olhos e mil pés. Ele abarca a terra inteira e domina o espaço de dez dedos"[104]. Segundo Hipólito, Monoimos, o árabe, ensinava que o homem primordial ("Ανθρωπος) era a única mônada (μία μονάζ), não composta, indivisível, e, ao mesmo tempo, composta e divisível. Esta mônada é o pontinho do "i" (iota) (μία χεραία), e esta unidade mínima, que corresponde à única *scintilla* de Khunrath, tem "inúmeras faces" e "inúmeros olhos"[105]. Monoimos se baseia aqui principalmente no Prólogo do Evangelho de João. Como o Purusha, seu homem primordial é o universo (ἄνθρωπον εἶναι τὸ πᾶν, o homem é todas as coisas)[106].

Estas visões devem ser entendidas, ao mesmo tempo, como intuições introspectivas que captam o estado do inconsciente, e como recepção das ideias centrais do cristianismo. É de todo evidente que este tema tem a mesma significação também nos sonhos e fantasias modernas, onde surge, por exemplo, como céu estrelado, como estrelas refletidas na água escura, como pepitas de ouro[107] ou areia dourada espalhadas sobre a terra negra, como uma festa noturna sobre o mar, isto é, como lanternas refletidas na superfície escura da água, como um olho solitário nas profundezas da terra ou do mar, ou como visão parapsíquica de globos luminosos etc. Como a consciência foi sempre descrita em termos derivados de fenômenos luminosos, a meu ver não seria despropositado admitir que estas múltiplas luminosidades correspondem a diminutos fenômenos da consciência. Se a luminosidade aparece em formas monádicas, por exemplo, como estrela singular, como sol ou como olho, ela assume preferentemente a forma de mandala e deve então ser interpretada como o si-mesmo. Não se trata, porém, de um caso de *double cons-*

396

_____

104. HILLEBRANDT. *Lieder der Rgveda*, p. 130.

105. *Elenchos*. Vol. VIII, 12.

106. Op. cit., vol. VIII, 12.

107. Como na máxima dos mestres da Alquimia: "Seminate aurum in terram albam foliatam" ("Semeai ouro na terra branca recoberta de folhas").

cience (dupla consciência), porque não há indicação de uma dissociação da personalidade. Pelo contrário, os símbolos do si-mesmo têm caráter unificador"[108].

G. *Pattern of Behavior* (forma comportamental) e arquétipo

397   Observei, páginas atrás, que o extremo inferior da psique começa a partir do momento em que a função se emancipa da compulsão do instinto e se deixa influenciar pela vontade, e definimos a vontade como sendo uma quantidade disponível de energia. Mas, como dissemos, isto pressupõe a existência de um sujeito que disponha e seja capaz de julgar e decidir, e dotado de consciência. Por este meio chegamos a provar, por assim dizer, justamente aquilo que começamos por rejeitar, a saber, a identificação da psique com a consciência. Este dilema, porém, resolve-se a partir do momento em que entendemos como a consciência é relativa, porque seus conteúdos são *ao mesmo tempo conscientes e inconscientes*, isto é, conscientes sob um determinado aspecto, e inconscientes sob um outro aspecto. Como todo paradoxo, esta afirmação não parece de fácil compreensão[109]. Devemos, todavia, habituar-nos ao pensamento de que entre a consciência e o inconsciente não há demarcação precisa, com uma começando onde o outro termina. *Seria antes o caso de dizer que a psique forma um todo consciente-inconsciente.* No que diz respeito à zona-limite que denominei de "inconsciente pessoal", não é difícil provar que seus conteúdos correspondem exatamente à definição do que seja o "psíquico". Mas existe um inconsciente psíquico, nos termos de nossa definição, que não seja uma *Fringe of consciousness* e não seja pessoal?

---

108. Cf. minhas reflexões sobre o "símbolo de unificação" em *Psychologisch Typen* (Tipos psicológicos), p. 269s. [OC, 6].

109. Freud também chegou a uma conclusão paradoxal semelhante. Assim, afirma ele (em *Zur Technik der Psychoanalyse und zur Metapsychologie*, p. 213s.): "Um instinto nunca pode tornar-se objeto da consciência, mas só a ideia que representa esse instinto. *Mesmo no inconsciente*, um instinto não pode ser representado *senão por uma ideia*" [grifo meu]. Da mesma forma como a minha exposição anterior parou diante da pergunta: Qual é o sujeito da vontade inconsciente?, assim, aqui também, devemos perguntar: *Quem* tem a ideia do instinto no estado inconsciente? Com efeito, uma representação "inconsciente" é uma *contradictio in adiecto* (contradição nos termos).

Já mencionei que Freud constatou a existência de vestígios arcaicos e modos primitivos de funcionamento no inconsciente. Investigações ulteriores confirmaram esta descoberta e reuniram um rico material de observação. Considerada a estrutura do corpo, seria de espantar que a psique fosse o único fenômeno biológico a não mostrar vestígios claros da história de sua evolução, e é sumamente provável que estas marcas se achem intimamente relacionadas justamente com a base instintiva. Instinto e forma arcaica coincidem no conceito biológico de *pattern of behaviour*. De fato, não há instinto amorfo, pois cada instinto reproduz a forma de sua situação. Ele realiza sempre uma imagem que possui qualidades fixas. O instinto da formiga-cortadeira (saúva) realiza-se na imagem da formiga, da árvore, da folha, do corte, do transporte e no pequeno jardim de fungos, cultivado pelas formigas[110]. Se falta uma destas condições, o instinto não funciona, porque não pode existir sem sua forma total, sem sua imagem. Uma imagem desta natureza constitui um tipo apriorístico. É inato na formiga, antes de qualquer atividade, porque esta só tem lugar quando um instinto de forma correspondente oferece motivo e possibilidade para isto. Este esquema vale para todos os instintos e apresenta forma idêntica em todos os indivíduos da mesma espécie. O mesmo se aplica ao homem: ele traz dentro de si certos tipos de instintos *a priori* que lhe proporcionam a ocasião e o modelo de sua atividade, na medida em que funcionam instintivamente. Como ser biológico, ele não tem outra alternativa senão a de se comportar de maneira especificamente humana e realizar o seu *pattern of behaviour*. Isto impõe estreitos limites às possibilidades de ação de sua vontade, tanto mais estreitos quanto mais primitivo ele for e quanto mais sua consciência depender da esfera dos instintos. Embora de um determinado ponto de vista seja absolutamente correto considerar o *pattern of behaviour* como um vestígio arcaico ainda existente, como o fez Nietzsche, por exemplo, a respeito do funcionamento dos sonhos, tal atitude, porém, não faz justiça, ao significado biológico e psicológico desses tipos. Quer dizer: não constituem propriamente relíquias ou vestígios de antigos modos de funcionamento, mas reguladores *sempre* presentes e biologicamente necessários da esfera dos instintos

---

110. Cf. detalhes em MORGAN. *Instinkt und Gewohnheit*.

cujo raio de ação recobre todo o campo da psique e só perde seu caráter absoluto quando limitada pela relativa liberdade da vontade. A
imagem representa o *sentido* do instinto.

399 Embora seja provável que exista uma forma de instinto na biologia humana, contudo, parece que é difícil provar empiricamente a
existência de tipos distintos porque o órgão com o qual poderíamos
apreender esses tipos, ou seja, a consciência, é em si mesmo não só
uma transformação, mas também um transformador da imagem instintiva original. Por isto, não é de surpreender que a mente humana
considere impossível determinar tipos precisos de pessoas, semelhantes aos que conhecemos no reino animal. Devo confessar que não
consigo ver uma via direta para resolver este problema. Entretanto,
consegui – ao que me parece – descobrir pelo menos uma via indireta
para chegar à imagem instintiva.

400 No que se segue eu gostaria de dar uma breve descrição da maneira como esta descoberta se processou. Observei muitos pacientes
cujos sonhos indicavam rico material produzido pela fantasia. Estes
pacientes também me davam a impressão de estarem literalmente
cheios de fantasias, mas incapazes de dizer em que consistia a pressão
interior. Por isto, eu aproveitava uma imagem onírica ou uma associação do paciente para lhe dar como tarefa elaborar ou desenvolver
estas imagens, deixando a fantasia trabalhar livremente. De conformidade com o gosto ou os dotes pessoais, cada um poderia fazê-lo de
forma dramática, dialética, visual, acústica, ou em forma de dança,
de pintura, de desenho ou de modelagem. O resultado desta técnica
era toda uma série de produções artísticas complicadas cuja multiplicidade me deixou confuso durante anos, até que eu estivesse em condição de reconhecer que este método era a manifestação espontânea
de um processo em si desconhecido, sustentado unicamente pela habilidade técnica do paciente, e ao qual, mais tarde, dei o nome de
"processo de individuação". Mas bem antes que me surgisse este reconhecimento, eu observei que este método muitas vezes diminuía,
de modo considerável, a frequência e a intensidade dos sonhos, reduzindo, destarte, a pressão inexplicável exercida pelo inconsciente. Em
muitos casos, isto produzia um efeito terapêutico notável, encorajava
tanto a mim como o paciente a prosseguir no tratamento, malgrado a

natureza incompreensível dos conteúdos trazidos à luz do dia[111]. Tive necessidade de insistir em seu caráter incompreensível, para evitar que eu próprio, baseado em certos pressupostos teóricos, recorresse a interpretações as quais eu tinha consciência não só de que eram inadequadas, mas podiam levar a prejulgar as produções ingênuas do paciente. Quanto mais eu suspeitava que estas configurações encerravam um certo direcionamento, tanto menos inclinação eu sentia em arriscar qualquer teoria a respeito delas. Esta atitude de reserva não me saía fácil, porque em muitos casos se tratava de pacientes que necessitavam de certas ideias bem determinadas para não se perderem inteiramente na escuridão. Eu me via obrigado a tentar oferecer, na medida do possível, interpretações pelo menos provisórias, entremeando-as com muitos "talvez", "se" e "mas", sem jamais passar além dos limites da configuração que se apresentava diante de mim. Eu me preocupava sempre em fazer com que a interpretação desembocasse em uma questão cuja resposta fosse deixada à livre atividade da fantasia do paciente.

A multidão caótica de imagens encontradas com que nos deparamos no início se reduzia, no decorrer do trabalho, a determinados temas e elementos formais que se repetiam de forma idêntica ou análoga nos mais variados indivíduos. Eu menciono, como a característica mais saliente, a multiplicidade caótica e a ordem, a dualidade, a oposição entre luz e trevas, entre o supremo e o ínfimo, entre a direita e a esquerda, a união dos opostos em um terceiro, a quaternidade (o quadrado, a cruz), a rotação (círculo, esfera) e, finalmente, o processo de centralização e o arranjo radial, em geral dentro de um sistema quaternário. As formações triádicas, afora a *complexio oppositorum* (a união dos contrários) em um terceiro, eram relativamente raras e constituíam exceções manifestas cuja presença poderia ser explicada por condições especiais[112]. O processo de centralização constitui, segundo me diz a experiência, o ponto mais alto e jamais ultrapassado

401

---

111. Cf. *Seelenprobleme der Gegenwart: Ziele der Psychotherapie*, p. 105s. [OC, 16] e *Die Beziehung zwischen dem Ich und dem Unbewussten* [edição brasileira: "O eu e o inconsciente". 2. ed. Petrópolis: Vozes, 1979] [OC, 7/2].

112. Algo de semelhante ocorre com as figuras pentádicas.

de todo o desenvolvimento[113], e se caracteriza, como tal, pelo fato de coincidir com o efeito terapêutico maior possível. As formas típicas acima indicadas significam o máximo de abstração, embora sejam, ao mesmo tempo, a expressão mais simples dos princípios formadores em ação. Na sua realidade factual, as produções artísticas de que falamos são infinitamente mais variegadas e mais concretas do que nos parecem. Sua multiplicidade e diversidade desafiam qualquer capacidade de descrição. O que unicamente posso dizer é que não há, certamente, tema de qualquer mitologia que não apareça ocasionalmente nestas configurações. Se havia qualquer conhecimento de temas mitológicos digno de menção em meus pacientes, eram superados de longe pelas associações da fantasia criadora. De modo geral, os conhecimentos de mitologia dos meus pacientes reduziam-se ao mínimo.

402   Estes fatos nos mostravam, de modo inequívoco, como as fantasias dirigidas por reguladores inconscientes coincidem com os documentos da atividade do espírito humano em geral, conhecidos através da tradição e da pesquisa etnológica. Todas as configurações abstratas de que acima falei são conscientes, sob certo aspecto: cada um de nós pode contar até quatro e sabe o que é um círculo e um quadrado; mas, como princípios formadores, elas são inconscientes, e, pela mesma razão, seu significado psicológico também não é consciente. Meus pontos de vista e meus conceitos mais fundamentais derivam destas experiências. Preliminarmente fiz observações e só depois, fatigosamente, elaborei meus pontos de vista a respeito. Processo idêntico ocorre com a mão que guia o creiom ou o pincel, com o pé que executa os passos da dança, com a vista e o ouvido, com a palavra e com o pensamento: é um impulso obscuro que decide, em última análise, quanto à configuração que deve surgir; é um *a priori* inconsciente que nos leva a criar formas, e ninguém fez a mínima ideia de que a consciência do outro é guiada pelos mesmos fatores, embora, em tais momentos, tenhamos a impressão de que nos achamos à mercê de uma casualidade subjetiva e sem limites. Por sobre todo o processo parece que paira uma *precognição* obscura, não só daquilo que

---

113. Na medida em que é possível estabelecer o desenvolvimento a partir do material objetivo.

A natureza da psique

vai tomando forma, mas também de sua significação[114]. A imagem e a significação são idênticas, e à medida que a primeira assume contornos definidos, a segunda se torna mais clara. A forma assim adquirida, a rigor, não precisa de interpretação, pois ela própria descreve o seu sentido. Assim, existem casos em que posso simplesmente renunciar à interpretação como exigência terapêutica. Com o conhecimento científico, porém, o processo é diferente. Aqui temos de extrair da soma total de nossas experiências certos conceitos de validez a mais ampla possível, e que não são dados *a priori*. Esta atividade especial implica uma tradução do *arquétipo* operativo atemporal e preexistente na linguagem científica do presente.

Estas experiências e reflexões levaram-me a reconhecer que existem *certas condições coletivas inconscientes* que atuam como reguladoras e como estimuladoras da atividade criadora da fantasia e provocam as configurações correspondentes, utilizando-se do material consciente já existente para este fim. Elas se comportam exatamente como as forças motoras dos sonhos, razão pela qual a *imaginação ativa*, nome que dei a este método, substitui também os sonhos até certo limite. A existência destes reguladores inconscientes – que eu às vezes chamo também de *dominantes*[115], por causa de sua maneira de funcionar – parece-me tão importante, que baseei sobre eles minha hipótese de um *inconsciente coletivo*, dito *impessoal*. O aspecto mais notável neste método – assim me pareceu – era que ele não implicava uma *reductio in primam figuram* (redução à primeira figura silogística), mas antes uma *síntese* – sustentada por uma atitude voluntariamente assumida e de resto inteiramente natural – de material consciente passivo e de influências inconscientes, e, portanto, uma espécie de *amplificação espontânea* dos arquétipos. Não se deve pensar que estas imagens se tornem patentes, reduzindo, por exemplo, os conteúdos da consciência a seu denominador mais simples, o que seria o caminho direto para as imagens primordiais, o qual, como ficou dito anteriormente, considero inimaginável; elas só fazem sua aparição no decorrer da amplificação.

403

---

114. Cf. *Psychologie und Alchemie*, p. 303 [OC, 12].

115. *Über die Psychologie des Unbewussten*, p. 170 [edição brasileira: Psicologia do inconsciente. 2. ed. Petrópolis: Vozes, 1980 em OC, 7/1].

404   É sobre este processo natural de amplificação que eu baseio meu método de determinação do significado dos sonhos, pois os sonhos se comportam exatamente da mesma maneira como a imaginação ativa, faltando apenas o apoio dos conteúdos conscientes. Na medida em que os arquétipos intervêm no processo de formação dos conteúdos conscientes, regulando-os, modificando-os e motivando-os, eles atuam como instintos. Nada mais natural, portanto, do que supor que estes fatores se acham em relação com os instintos, e indagar se as imagens da situação típica que representam aparentemente estes princípios formadores coletivos no fundo não são idênticos às formas instintivas, ou seja, aos *patterns of behaviour*. Devo confessar que até o presente ainda não encontrei um argumento que refutasse eficazmente esta possibilidade.

405   Antes de continuar com minhas reflexões, devo pôr em destaque um aspecto dos arquétipos que é mais do que óbvio para todos aqueles que têm alguma experiência prática com esta matéria. Quer dizer, os arquétipos, quando surgem, têm um caráter pronunciadamente *numinoso*, que poderíamos definir como "espiritual", para não dizer "mágico". Consequentemente, este fenômeno é da maior importância para a psicologia da religião. O seu efeito, porém, não é claro. Pode ser curativo ou destruidor, mas jamais indiferente, pressupondo-se, naturalmente, um certo grau de clareza[116]. Este aspecto merece a denominação de "espiritual" por excelência. Isto é, acontece não raras vezes que o arquétipo aparece sob a forma de *espírito* nos sonhos ou nos produtos da fantasia, ou se comporta inclusive como um fantasma. Há uma aura mística em torno de sua numinosidade, e esta exerce um efeito correspondente sobre os afetos. Ele mobiliza con-

---

116. Ocasionalmente ele vem unido a efeitos sincrônicos ou parapsíquicos. Por sincronicidade eu entendo, como tive ocasião de explicar em outra obra, a coincidência, não raramente observada, de fatos subjetivos e objetivos, a qual não pode ser explicada causalmente, pelo menos com os meios e conhecimentos de que dispomos atualmente. É sobre esta premissa que se baseia a astrologia e o método do I Ging. Estas observações, do mesmo modo que as descobertas astrológicas, não são admitidas por todos, o que, entretanto, como é sabido, não prejudica os fatos. Menciono estes efeitos só para ser completo e em consideração àqueles meus leitores que tiveram ocasião de se convencer da realidade dos fenômenos parapsíquicos. Para uma discussão mais detalhada, cf. o meu estudo sobre a *Sincronicidade: um princípio de conexões acausais* [capítulo XVIII do vol. 8/3].

A natureza da psique

cepções filosóficas e religiosas justamente em pessoas que se acreditam a milhas de distância de semelhantes acessos de fraqueza. Frequentemente ele nos impele para o seu objetivo, com paixão inaudita e lógica implacável que submete o sujeito ao seu fascínio, de que este, apesar de sua resistência desesperada, não consegue e, finalmente, já não quer se desvencilhar, e não o quer justamente porque tal experiência traz consigo uma *plenitude de sentido* até então considerada impossível. Eu compreendo profundamente a resistência que todas as convicções solidificadas opõem às descobertas psicológicas desta espécie. Mais com pressentimentos do que com um conhecimento real, muita gente sente medo do poder ameaçador que jaz acorrentado no íntimo de cada um de nós, esperando, por assim dizer, pela palavra mágica que romperá o encanto. Esta palavra mágica rima sempre com "ismo" e alcança o seu máximo efeito justamente naqueles que menos acesso têm aos fatos interiores e que se desviaram o máximo de sua base instintiva para o mundo caótico da *consciência coletiva*.

Malgrado ou talvez por causa de sua afinidade com o instinto, o arquétipo representa o elemento autêntico do espírito, mas de um espírito que não se deve identificar com o intelecto humano, e sim com o seu *spiritus rector* (espírito que o governa). O conteúdo essencial de todas as mitologias e religiões e de todos os ismos é de natureza arquetípica. O arquétipo é espírito ou não espírito, e o que ele é, em última análise, depende da atitude da consciência. O arquétipo e o instinto constituem os opostos da mais extrema polaridade, como é fácil verificar se compararmos um homem que está sob o domínio dos instintos com outro que é governado pelo espírito. Mas, da mesma maneira como entre todos os opostos há uma relação tão estreita, que não se pode fazer uma colocação ou mesmo pensar nela, sem a correspondente negação, assim também no presente caso se aplica o princípio de que *les extrêmes se touchent* (os extremos se tocam). Um pressupõe o outro como fatores correspondentes; isto, porém, não implica que um possa derivar do outro, mas antes que ambos subsistem lado a lado como as ideias que o homem tem a respeito dos opostos subjacentes a todo energismo psíquico. O homem se encontra ao mesmo tempo como um ser impelido interiormente a agir, mas capaz de pensar e refletir. Esta polaridade em si não tem significado moral, porque o instinto em si não é mau, como o espírito em si não é necessariamente bom. Ambos podem ser uma coisa e outra. A eletricidade negativa é tão boa quanto a positiva. Os opostos psicológicos, também, devem ser considerados a partir de um ponto de vista científico. Os opostos verdadeiros nunca são incomensuráveis, porque, se o fossem, nunca poderiam se unir. Apesar de sua polaridade, eles mostram uma tendência permanente a se unirem, e Nicolau de Cusa definiu o próprio Deus como uma *complexio oppositorum* (união dos opostos).

407 Os opostos são qualidades extremas de um determinado estado, graças às quais este estado pode ser percebido como algo de real, pois formam um potencial energético. A psique consiste em processos cuja energia pode se originar do equilíbrio entre os mais diversos tipos de opostos. A antítese espírito-instinto representa apenas uma das formulações mais comuns que têm a vantagem de reduzir o maior número possível dos processos psíquicos mais importantes e mais complicados a um denominador comum. Considerados sob este ângulo, os processos psíquicos parecem ser equilíbrios energéticos entre o espírito e o instinto, embora a questão de saber se um processo pode ser descrito como espiritual ou instintivo permaneça totalmente envolta em obscuridade. Esta avaliação ou interpretação depende inteiramente do ponto de vista ou do estado da consciência. Uma consciência pouco desenvolvida, por exemplo, que, por causa da grande massa de projeções, acha-se predominantemente sob a impressão de coisas e de estados concretos ou aparentemente concretos, considerará os instintos, naturalmente, como fonte da realidade. Nesta situação, ela se acha inteiramente inconsciente do caráter espiritual de sua constatação filosófica e está convencida de que, com sua opinião, determinou a instintividade essencial dos processos psíquicos. Inversamente, uma consciência que se acha de algum modo em oposição com os instintos pode, em consequência de uma influência enorme, exercida pelos arquétipos, considerar os instintos de tal modo subordinados ao espírito, que as mais grotescas complicações "espirituais" podem surgir daquilo que são, indubitavelmente, processos biológicos. Aqui se ignora completamente a instintividade do fanatismo necessário para uma operação desta espécie.

408 Os processos psíquicos, portanto, comportam-se como uma escala ao longo da qual "desliza" a consciência. Às vezes a consciência

se acha na proximidade dos processos instintivos, e cai sob sua influência; outras vezes ela se aproxima do outro extremo onde o espírito predomina e até mesmo assimila os processos instintivos opostos a ele. Estas contraposições não são, de forma alguma, fenômenos anormais. Pelo contrário, elas formam os dois polos da unilateralidade típica do homem normal de hoje. Naturalmente, esta unilateralidade se manifesta não só na antítese espírito-instinto, mas também ainda sob muitas outras formas descritas parcialmente em meus *Tipos psicológicos*.

Esta consciência "deslizante" é inteiramente característica também do homem moderno. A unilateralidade, porém, que ela provoca é removida por aquilo que eu chamei de "percepção da realidade da sombra". Teria sido possível construir facilmente um híbrido greco-latino menos "poético" e de aspecto mais científico para esta operação. Mas, na Psicologia se desaconselha tal empreendimento por motivos de ordem prática, pelo menos quando se trata de problemas eminentemente práticos. Entre estes se inclui a "percepção da realidade da sombra", um processo de tomada de consciência da parte inferior da personalidade, processo este que não deve ser entendido falsamente no sentido de um fenômeno de natureza intelectual, porque se trata de uma vivência e de uma experiência que envolvem a pessoa toda. A natureza daquilo que se deve tomar consciência e se assimilar foi expressa muito bem e com tanta plasticidade na linguagem poética pela palavra "sombra", que seria quase presunção não recorrermos a este patrimônio linguístico. A própria locução "parte inferior da personalidade" é inadequada e pode induzir em erro, ao passo que o termo "sombra" não pressupõe nada que determine rigidamente o seu conteúdo. O "homem sem sombra", com efeito, é o tipo humano estatisticamente mais comum, alguém que acredita ser apenas aquilo que gostaria de saber a respeito de si mesmo. Infelizmente, nem o chamado homem religioso nem o homem de mentalidade científica constituem exceção a esta regra.

409

A confrontação com o arquétipo ou com o instinto é um *problema ético* de primeira ordem, cuja urgência, porém, só é sentida por aquelas pessoas que se veem em face da necessidade de tomar uma decisão quanto à assimilação do inconsciente e à integração de sua personalidade. Mas esta necessidade só acomete aqueles que se dão

410

conta de estarem com uma neurose ou de que nem tudo vai bem com sua constituição psíquica. Mas estes, certamente, não são a maioria. O homem comum, que é predominantemente o homem da massa, em princípio não toma consciência de nada nem precisa fazê-lo, porque, na sua opinião, o único que pode realmente cometer faltas é o grande anônimo, convencionalmente conhecido como "Estado" ou "Sociedade". Mas aquele que tem consciência de que algo depende de sua pessoa, ou pelo menos deveria depender, sente-se responsável por sua própria constituição psíquica, e tanto mais fortemente, quanto mais claramente se dá conta de como deveria ser, para se tornar mais saudável, mais estável e mais eficiente. Mas a partir do momento em que se achar a caminho da assimilação do inconsciente, pode ficar certo de que não escapará a nenhuma dificuldade que é uma componente imprescindível de sua natureza. O homem da massa, pelo contrário, tem o privilégio de nunca ser culpado das grandes catástrofes políticas e sociais em que o mundo inteiro se acha mergulhado. Seu balanço final, consequentemente, nunca terá lugar, ao passo que os outros têm a possibilidade de encontrar um ponto espiritual fixo, um reino que "não é deste mundo".

411   Seria um imperdoável pecado de omissão ignorar o *valor afetivo* do arquétipo. Este é extremamente importante tanto do ponto de vista prático como do ponto de vista teórico. Como fator numinoso que é, o arquétipo determina a natureza e o curso do processo de configuração, com uma precognição aparente ou *mediante a posse apriorística da meta* que é determinada pelo processo de centralização[117]. Gostaria de ilustrar com um exemplo muito simples a maneira como o arquétipo funciona: Durante minha estadia na África equatorial, na vertente meridional do Monte Elgon, descobri que os nativos postam-se em frente de suas cabanas ao nascer do Sol, põem as mãos fechadas diante da boca e cospem ou sopram dentro delas. Em seguida levantam os braços e mantêm as palmas das mãos voltadas para o Sol. Perguntei a eles que sentido tinham estes gestos, mas eles não souberam dar nenhuma explicação. Disseram-me que sempre fizeram isto, e que o aprenderam de seus pais. O curandeiro saberia o seu

---

117. Cf. as provas disto em *Psychologie und Alchemie*, 2ª parte [OC, 12].

A natureza da psique

significado. Perguntei, em seguida, ao curandeiro. Este sabia-o tão pouco quanto os outros, mas me garantiu que seu avô ainda o sabia. Era isto mesmo que todos faziam, ao nascer do Sol e na primeira fase da Lua Nova. Para esta gente, como depois pude constatar, o momento em que aparece o Sol, a Lua Nova era "mungu", que corresponde ao melanésico "mana" ou "mulungu" e que os missionários traduziram por "Deus". De fato, a palavra "athîsta"[118] entre os Elgônis tanto pode significar Sol como Deus, embora eles neguem que o Sol seja Deus. Só o momento em que ele surge é mungu ou athîsta. O cuspe e o sopro significam a substância da alma. Assim, eles oferecem sua alma a Deus, embora não saibam o que fazem e nunca o souberam. Eles o fazem, motivados pelo tipo pré-consciente que os egípcios, em seus momentos, atribuíam aos símios de cabeça canina em atitude de adoração ao Sol, embora com plena consciência de que esses gestos rituais são gestos praticados em honra a Deus. Este comportamento dos Elgônis certamente nos parecerá muito primitivo, mas nós nos esquecemos de que o ocidental culto não se comporta diferentemente. Nossos antepassados sabiam tão pouco quanto nós o que significa a árvore de Natal, e somente muito recentemente é que nos preocupamos em lhe descobrir o sentido.

O arquétipo é natureza pura, não deturpada[119] e é a natureza que   412
faz com que o homem pronuncie palavras e execute ações de cujo sentido ele não tem consciência, e tanto não tem, que ele já nem pensa mais nelas. Uma humanidade posterior e mais consciente, em face de coisas tão significativas cujo sentido ninguém era capaz de dizer, teve a ideia de que se tratava de vestígios de uma chamada idade de ouro em que havia pessoas que tudo sabiam e ensinavam a sabedoria às nações. Em época posterior, já degenerada, estes ensinamentos caíram no esquecimento, passando a ser repetidos como gestos incompreensíveis e mecânicos. Diante dos resultados alcançados pela psicologia moderna, não resta a menor dúvida de que existem arquétipos pré-conscientes que nunca foram conscientes e só podem ser determinados indiretamente, mediante os seus efeitos sobre os conteú-

---

118. Pronuncia-se o "th" como em inglês.

119. A palavra "natureza" aqui significa, simplesmente, um dado real e sempre presente.

dos da consciência. Na minha opinião não há motivo defensável contra a hipótese de que todas as funções psíquicas que hoje nos parecem conscientes foram inconscientes outrora, embora atuassem mais ou menos como se fossem conscientes. Poderíamos também dizer que todos os fenômenos psíquicos produzidos pelo homem já estavam presentes num estado inconsciente natural. Contra isto, poder-se-ia objetar que, a ser assim, não se percebe claramente a razão pela qual existe uma consciência. Mas devo lembrar que, como já vimos, todas as funções inconscientes têm o caráter automático de instinto e que os instintos entram mais ou menos em choque entre si ou, por causa de seu caráter compulsivo, transcorrem livres de qualquer influência externa, mesmo sob condições que podem acarretar perigo para a vida do indivíduo, ao passo que a consciência propicia um trabalho bem ordenado de adaptação, isto é, põe freios aos instintos e, por isso, é indispensável. Só quando o homem possui a capacidade de ser consciente é que se torna verdadeiramente homem.

413   A síntese entre os conteúdos conscientes e inconscientes e a tomada de consciência dos efeitos dos arquétipos sobre os conteúdos conscientes representam o ponto máximo do esforço espiritual e da concentração de forças psíquicas, quando esta síntese é levada a cabo de maneira consciente, embora possa ser preparada também e efetuada até um determinado grau –, isto é, até o *bursting point* de James – de maneira inconsciente, quando então irrompe espontaneamente na consciência, impondo-lhe a tarefa, às vezes tremenda, de assimilar os conteúdos que investiram sobre ela, de tal modo, porém, que mantém intacta a possibilidade de existência dos dois sistemas, a saber: da consciência do eu, de um lado, e do complexo que irrompeu, do outro. Exemplos clássicos deste processo são a experiência da conversão de Paulo e a chamada visão trinitária de Nicolau de Flüe.

414   Graças à "imaginação ativa" podemos fazer a descoberta do arquétipo sem precisar de recuar e mergulhar na esfera dos instintos, o que nos levaria a um estado de inconsciência onde é impossível qualquer conhecimento, ou, pior ainda, a uma espécie de substituto intelectualista dos instintos. Para usarmos uma semelhança com o espectro, isto significa que a imagem instintiva deve ser localizada, não no extremo vermelho, mas no extremo violeta da escala cromática. O dinamismo do instinto situa-se, por assim dizer, na parte infraverme-

lha do espectro, ao passo que a imagem instintiva se localiza na parte ultravioleta. Se nos recordarmos do conhecido simbolismo das cores, então, como já dissemos, o vermelho não combina tão mal com o instinto. Mas, como seria de esperar[120], o azul combina melhor com o espírito do que o violeta. Esta é a chamada cor "mística" que retrata satisfatoriamente o aspecto indubitavelmente "místico" ou paradoxal do arquétipo. O violeta é composto pelo azul e pelo vermelho, embora, no espectro, ele apareça como uma cor autônoma. Entretanto, não se trata meramente de consideração edificante, quando nos vemos compelidos a ressaltar que o arquétipo é caracterizado *mais adequadamente pelo violeta*, pois *não é apenas uma imagem autônoma, mas também um dinamismo* que se reflete na numinosidade e no poder fascinador da imagem arquetípica. A percepção da realidade do instinto e a sua assimilação nunca se dão no extremo vermelho, ou seja, pela absorção e mergulho na esfera instintiva, mas apenas por assimilação da imagem, que significa e ao mesmo tempo evoca o instinto, embora sob uma forma inteiramente diversa daquela em que o encontramos no nível biológico. Quando Fausto dizia a Wagner: "Tu estás consciente apenas de um impulso. Oxalá jamais conhecesses o outro..." trata-se de uma afirmação que se poderia aplicar igualmente ao instinto em geral. O instinto comporta dois aspectos: de um lado, é experimentado como um dinamismo fisiológico, enquanto, do outro lado, suas múltiplas formas penetram na consciência como imagens, desenvolvendo aí efeitos numinosos que oferecem ou parecem oferecer o mais agudo contraste com os impulsos fisiológicos. Para os que conhecem bem a fenomenologia religiosa, não constitui nenhum segredo o fato de que, embora a paixão física e espiritual sejam inimigos mortais, contudo, não deixam de ser irmãs e, por isto, basta apenas um pequeno toque, para que uma delas se converta na outra. Ambas são reais e formam um par de opostos, o que é uma das fontes mais fecundas de energia psíquica. Não é questão de derivar um dos membros do outro para conferir a primazia a um deles. Se, porventura, conhecêssemos primeiramente um deles, e só muito

---

120. Esta expectativa se baseia na experiência de que se emprega mais o azul, que é a cor do ar e do céu, para descrever os conteúdos espirituais, enquanto que se emprega o vermelho, que é a cor "quente", para exprimir os sentimentos e as emoções.

mais tarde observássemos a presença do outro, não é prova absolutamente de que o outro também não tenha existido em todo este tempo. Não se pode derivar o quente do frio nem o superior do inferior. Uma antítese ou é constituída de dois polos opostos ou não é antítese, e um ser é totalmente inconcebível sem uma polaridade, porque, de outro modo, seria impossível estabelecer sua existência.

415   O mergulho na esfera dos instintos, portanto, não conduz à percepção consciente do instinto e sua assimilação, porque a consciência luta até mesmo em pânico contra a ameaça de ser tragada pelo primitivismo e pela inconsciência da esfera dos instintos. Este medo é o eterno objeto do mito do herói e o tema de inúmeros tabus. Quanto mais nos aproximamos do mundo dos instintos, tanto mais violenta é a tendência a nos libertar dele e a arrancar a luz da consciência das trevas dos abismos sufocadores. Psicologicamente, porém, como imagem do instinto, o arquétipo é um alvo espiritual para o qual tende toda a natureza do homem; é o mar em direção ao qual todos os rios percorrem seus acidentados caminhos; é o prêmio que o herói conquista em sua luta com o dragão.

416   Como o arquétipo é um princípio formador da força instintiva, o seu azul se acha misturado com o vermelho, quer dizer: ele parece violeta, ou, ainda, poderíamos interpretar a semelhança como uma espécie de apocatástase do instinto produzida em um nível de frequência superior, da mesma forma como seria possível derivar o instinto de um arquétipo latente (isto é, transcendente) que se manifesta numa frequência de onda mais longa[121]. Embora confessadamente possa não ser mais do que uma analogia, contudo, vejo-me tentado a recomendar esta imagem do violeta a meus leitores como uma referência ilustrativa à afinidade interior do arquétipo com seu próprio oposto. A imaginação dos alquimistas procurou expressar este mistério abstruso da natureza mediante um outro símbolo não menos concreto: o *Uroboros*, a serpente que devora a própria cauda.

417   Não quero explorar demasiadamente esta semelhança, mas, como o leitor haverá de entender, todos nós ficamos contentes quando, ao

---

121. JEANS. *Physik und Philosophie*, p. 282s., frisa que as sombras projetadas na parede da caverna de Platão são tão reais quanto as figuras invisíveis que as projetam e cuja existência só pode ser deduzida matematicamente.

A natureza da psique   163

discutir problemas difíceis, encontramos o apoio de uma analogia que nos vem em socorro. Além disso, esta comparação nos ajuda a esclarecer uma questão que ainda não nos colocamos, e muito menos ainda respondemos, a saber, a questão referente à *natureza do arquétipo*. Não devemos confundir as representações arquetípicas que nos são transmitidas pelo inconsciente com o *arquétipo em si*. Essas representações são estruturas amplamente variadas que nos remetem para uma forma básica *irrepresentável* que se caracteriza por certos elementos formais e determinados significados fundamentais, os quais, entretanto, só podem ser apreendidos de maneira aproximativa. O arquétipo em si é um fator psicoide que pertence, por assim dizer, à parte invisível e ultravioleta do espectro psíquico. Em si, parece que o arquétipo não é capaz de atingir a consciência. Se ouso formular esta hipótese, é porque qualquer coisa de natureza arquetípica percebida pela consciência parece representar um conjunto de variações sobre o mesmo tema fundamental. Este dado nos impressiona tanto mais fortemente quando investigamos as intermináveis variantes do tema mandálico. Trata-se de uma forma básica, relativamente simples e cujo significado pode ser considerado como "central". Embora o mandala apareça como a estrutura de um centro, contudo, não se tem ainda certeza se o que é mais acentuado no interior desta estrutura é o centro ou a periferia, a divisão ou a indivisibilidade. Como outros arquétipos dão origem a dúvidas semelhantes, parece-me provável que a verdadeira natureza do arquétipo é incapaz de tornar-se consciente, quer dizer, é transcendente, razão pela qual eu a chamo de psicoide. Além disto, qualquer arquétipo torna-se consciente a partir do momento em que é representado, e por esta razão difere, de maneira que não é possível determinar, daquilo que deu origem a essa representação. Como já acentuava Th. Lipps, a natureza do psíquico é inconsciente. Tudo o que é consciente faz parte do mundo dos fenômenos, o qual, como nos ensina a física moderna, não nos oferece aquelas explicações que a realidade objetiva exige. Esta realidade reclama um modelo matemático que se baseia em fatores invisíveis e irrepresentáveis. A psicologia não pode esquivar-se da validade universal destes fatos, tanto menos quando a psique do observador já está incluída em qualquer formulação da realidade objetiva; nem sua teoria pode ser formulada em termos matemáticos, visto que não possuímos uma escala para medir *quantidades* psíquicas. Temos de contar exclusivamente com *qualidades*, ou com fenômenos perceptíveis. Mas isto impossibilita a psicologia de fazer qualquer afirmação válida acerca dos estados inconscientes, nem há esperança de comprovar cientificamente, algum dia, a validade de qualquer afirmação relativa aos estados ou processos inconscientes. Seja o que for que dissermos a respeito da natureza dos arquétipos, eles não passarão de visualizações e concretizações que pertencem ao domínio da consciência. Mas não temos outra maneira de falar sobre os arquétipos senão esta. É preciso dar-nos sempre conta de que aquilo que entendemos por "arquétipos" é, em si, irrepresentável, mas produz efeitos que tornam possíveis certas visualizações, isto é, as representações arquetípicas. Encontramos situação semelhante a esta na Física, onde as partes mínimas são em si irrepresentáveis, mas produzem efeitos de cuja natureza é possível deduzir um certo modelo. A representação arquetípica, o chamado tema ou mitologema, é uma construção deste gênero. Quando se admite a existência de duas ou mais grandezas irrepresentáveis, existe consequentemente sempre a possibilidade – do que em geral não nos damos suficiente conta – de que se trata não de dois ou mais fatores, mas apenas de *um*. Quer dizer: não se pode provar a identidade ou não identidade de dois ou mais irrepresentáveis. Quando a Psicologia admite a existência de certos fatores psicoides irrepresentáveis, com base em suas observações, em princípio ela está fazendo a mesma coisa que a Física, quando constrói um modelo atômico. Não é somente a Psicologia que tem a desventura de dar a seu objeto, o inconsciente, um nome que tem sido frequentemente criticado por ser meramente negativo; o mesmo acontece à Física, porque esta não pôde evitar o antigo termo "átomo" (o indivisível) para designar a menor partícula de massa. Da mesma forma que o átomo não é indivisível, assim também, como haveremos de ver, o inconsciente não é puramente inconsciente. E da mesma forma como a Física nada mais pode fazer, sob o ponto de vista psicológico, do que constatar a existência de um observador, sem ter condições de afirmar o que quer que seja sobre a natureza deste observador, assim também a Psicologia só pode indicar a relação da psique com a matéria, sem ter condições de dizer o mínimo que seja quanto à natureza da mesma.

Como a psique e a matéria estão encerradas em um só e mesmo mundo, e, além disso, acham-se permanentemente em contato entre si, e em última análise, assentam-se em fatores transcendentes e irre-presentáveis, há não só a possibilidade, mas até mesmo uma certa probabilidade de que a matéria e a psique sejam dois aspectos dife-rentes de uma só e mesma coisa. Os fenômenos da sincronicidade, ao que me parece, apontam nesta direção, porque nos mostram que o não psíquico pode se comportar como o psíquico, e vice-versa, sem a presença de um nexo causal entre eles[122]. Nossos conhecimentos atu-ais, porém, não nos permitem senão comparar a relação entre o mun-do psíquico e o mundo material a dois cones cujos vértices se tocam e não se tocam em um ponto sem extensão, verdadeiro ponto-zero.

Em meus trabalhos anteriores eu sempre tratei os fenômenos ar-quetípicos como psíquicos, porque o material a ser exposto ou investi-gado se referia sempre e unicamente a representações ou imagens. Por isso a natureza psicoide do arquétipo aqui sugerida não está em con-tradição com minhas formulações anteriores. Representa, pelo contrá-rio, apenas um grau a mais na diferenciação conceitual que se torna inevitável desde o momento em que me vejo obrigado a executar uma análise mais geral da natureza da psique e a clarificar os conceitos em-píricos referentes a ela e às relações que há entre esses conceitos.

Da mesma forma como o "infravermelho psíquico", isto é, a psi-que biológica instintiva, resolve-se gradualmente nos processos fisio-lógicos do organismo, ou seja, no sistema de suas condicionantes quí-micas e físicas, assim também o "ultravioleta psíquico", o arquétipo denota um campo que não apresenta nenhuma das peculiaridades do fisiológico, mas que no fundo não pode ser mais considerado como psíquico, embora se manifeste psiquicamente. Os processos fisiológi-cos, porém, comportam-se também desta maneira, mas nem por isto são classificados como psíquicos. Embora haja uma forma de existên-cia que nos foi transmitida por via meramente psíquica, todavia, não podemos dizer que tudo seja exclusivamente psíquico. Devemos apli-

---

122. "Sincronicidade: um princípio de conexões acausais" [cap. XVIII do vol. 8/3].

car este argumento, logicamente, também aos arquétipos. Como, porém, não temos consciência de sua natureza essencial e, não obstante, eles são experimentados como agentes espontâneos, é quase certo que não temos outra alternativa senão a de definir sua natureza como "espírito", com base em seu efeito mais importante, e isto precisamente naquele sentido que procurei definir em meu ensaio sobre a fenomenologia do espírito[123]. A ser assim, sua posição estaria situada para além dos limites da esfera psíquica, analogamente à posição do instinto fisiológico que tem suas raízes no organismo material e com sua natureza psicoide constitui a ponte de passagem à matéria em geral. Na representação arquetípica e na percepção instintiva o espírito e a matéria se defrontam no plano psíquico. Tanto a matéria como o espírito aparecem, na esfera psíquica, como qualidades que caracterizam conteúdos conscientes. Ambos são transcendentes, isto é, irrepresentáveis em sua natureza, dado que a psique e seus conteúdos são a única realidade que nos é dada sem intermediários.

H. Considerações gerais e perspectivas

421   Os problemas da psicologia complexa que aqui procurei delinear levaram-me a resultados espantosos até para mim mesmo. Eu acreditava estar trabalhando cientificamente, no melhor sentido do termo, estabelecendo, observando e classificando fatos reais, descrevendo relações causais e funcionais, para, no final de tudo, descobrir que eu havia me emaranhado em uma rede de reflexões que se estendiam muito para além dos simples limites das ciências naturais, entrando nos domínios da Filosofia, da Teologia, da ciência das religiões comparadas e da história do espírito humano em geral. Esta extrapolação, tão inevitável quanto suspeita, trouxe-me não poucos aborrecimentos. Sem falar de minha incompetência nestes domínios, minhas reflexões em princípio pareciam-me duvidosas, porque eu estava profundamente convencido de que a equação dita pessoal tinha um efeito de peso nos resultados da observação psicológica. O trágico é que a Psicologia não possui uma matemática invariável. Isto a priva da imensa vantagem de um ponto de Arquimedes de que a Física dispõe.

---

123. "Simbolismo do espírito" [OC, 9, 11 e 13].

Esta observa o mundo físico do ponto de vista psíquico e pode traduzi-lo em termos psíquicos. A psique, pelo contrário, observa-se a si própria e só pode traduzir o psíquico em um outro psíquico. Se a Física estivesse nesta situação, não teria outra possibilidade senão a de deixar o processo físico correr por própria conta, porque, desta forma, ele seria muito mais claramente o que ele é. A Psicologia não tem outro meio onde se referir, a não ser em si mesma. Ela só pode retratar-se em si mesma e só pode descrever a si própria. Este é, logicamente, também o princípio que eu adoto em meu método em geral: trata-se, basicamente, de um processo da experiência no qual os êxitos e os fracassos, a interpretação e o erro, teoria e a especulação, o médico e o paciente formam uma *symptosis* (ονμπτωσις) ou um sintoma (ονμπτωμα), uma confluência e – ao mesmo tempo – um indicador de certos processos em curso. O que estou descrevendo outra coisa não é, basicamente, senão uma apresentação de acontecimentos psíquicos que apresentam uma certa frequência estatística. Não nos colocamos – cientificamente falando – em um plano situado, de qualquer modo que seja, acima ou ao lado do processo psíquico, nem o traduzimos para um outro meio. A Física, pelo contrário, está em condições de fazer explodir fórmulas matemáticas – produtos da atividade puramente psíquica – matar setenta e oito mil pessoas de uma só vez.

Acreditar-se-ia que este argumento verdadeiramente contundente e devassador reduziria a psicologia ao silêncio. Entretanto, a psicologia pode lembrar, com toda humildade, que o pensamento matemático é também uma função psíquica graças à qual a matéria pode ser organizada de tal maneira que os átomos ligados por tremendas forças explodem, o que jamais lhes aconteceria segundo a sua ordem natural, pelo menos na forma em que se apresentam. A psique é um fator de perturbação das leis do cosmos, e se algum dia conseguíssemos causar algum dano à Lua, através da fissão atômica, isto seria obra da psique.

A psique é o eixo do mundo; e não é só uma das grandes condições para a existência do mundo, em geral, mas constitui uma interferência na ordem natural existente, e ninguém saberia dizer com certeza onde esta interferência terminaria afinal. É quase desnecessário acentuar a dignidade da alma como objeto de uma ciência. Em vez disto, devemos ressaltar, com tanto maior ênfase, que uma alteração, por menor que seja, em um fator psíquico, se é uma alteração de princípio, é da maior importância para o conhecimento do mundo da imagem que temos dele. A integração de conteúdos inconscientes na consciência, que é a operação principal da psicologia complexa, é justamente uma dessas alterações de princípio, porque elimina a supremacia da consciência subjetiva do eu, confrontando-a com os conteúdos coletivos inconscientes. A consciência do eu parece depender de dois fatores: primeiramente, depende das condições da consciência coletiva, isto é, social, e, em segundo lugar, depende dos arquétipos ou dominantes do inconsciente coletivo. Os arquétipos se dividem fenomenologicamente em duas categorias: uma instintiva e outra arquetípica. A primeira é constituída pelos impulsos naturais, e a segunda pelas dominantes que irrompem na consciência como ideias universais. Entre os conteúdos do consciente coletivo que se apresentam como verdades universalmente aceitas, e os conteúdos do inconsciente coletivo há um contraste tão pronunciado, que os últimos são rejeitados como inteiramente irracionais, para não dizer sem sentido, e excluídos, injustificadamente, da pesquisa e do estudo científico, justamente como se não existissem. Entretanto, existem fenômenos psíquicos desta espécie, e se nos parecem absurdos, isto prova-nos unicamente que não os entendemos. Uma vez reconhecida sua existência, torna-se impossível bani-los de nossa visão do mundo, mesmo quando a concepção do mundo, predominante no plano consciente, mostre-se incapaz de compreender os fenômenos em questão. Um estudo consciencioso destes fenômenos nos mostraria sua imensa importância e dificilmente podemos evitar a conclusão de que entre a consciência coletiva e o inconsciente coletivo há um contraste quase intransponível no qual o próprio sujeito se acha envolvido.

424   Via de regra, é a consciência coletiva que prevalece com suas generalidades "razoáveis" que não causam nenhuma dificuldade à compreensão mediana. Ele continua a acreditar na conexão necessária entre causa e efeito e quase não tomou conhecimento do fato de que a causalidade foi relativizada. A distância mais curta entre dois pontos continua sendo a linha reta, ao passo que a Física conta com inúmeras distâncias mais curtas que parecem sumamente absurdas para o filisteu culto de nossos dias. Seja como for, o resultado impressionante da explosão de Hiroshima incutiu um respeito quase medroso às constata-

A natureza da psique   169

ções mais abstrusas da Física moderna. A explosão que tivemos ocasião de presenciar na Europa de nossos dias, embora muito mais terrível em suas repercussões, foi considerada como uma mera catástrofe
psíquica apenas por um pequeno número de pessoas. Em vez disto,
preferem-se as mais disparatadas teorias políticas e econômicas que
são tão apropriadas, como se alguém pretendesse explicar a explosão
de Hiroshima como o impacto casual de um grande meteorito.

Quando a consciência subjetiva prefere as ideias e opiniões da   425
consciência coletiva e se identifica com elas, os conteúdos do inconsciente coletivo são reprimidos. A repressão tem consequências típicas: a carga energética dos conteúdos se adiciona, até certo ponto[124],
à carga do fator repressivo cuja importância efetiva aumenta em consequência disto. Quanto mais o nível da carga energética se eleva,
tanto mais a atitude repressiva assume um caráter fanático e, por
conseguinte, tanto mais se aproxima da conversão em seu oposto,
isto é, da chamada enantiodromia. Quanto maior for a carga da consciência coletiva, tanto mais o eu perde sua consciência prática. É, por
assim dizer, sugado pelas opiniões e tendências da consciência coletiva, e o resultado disto é o homem massificado, a eterna vítima de
qualquer "ismo". O eu só conserva sua independência se não se identificar com um dos opostos, mas conseguir manter o meio-termo entre eles. Isto só se torna possível se ele permanece consciente dos dois
ao mesmo tempo. Mas esta percepção é dificultada não só pelos che-
fes sociais e políticos, como também pelos mentores religiosos. Todos eles querem uma decisão em favor de uma determinada coisa e,
com ela, a identificação incondicional com uma "verdade" necessariamente unilateral. Mesmo que se tratasse de uma grande verdade, a
identificação com ela seria uma espécie de catástrofe, porque obsta-
ria qualquer desenvolvimento posterior. Em vez do conhecimento

---

124. É muito provável que os arquétipos enquanto instintos possuam uma energia específica que não lhe pode ser tirada com o decorrer do tempo. A energia peculiar do arquétipo
normalmente não é suficiente para elevá-lo até a consciência. Para isto, é necessário uma
determinada quantidade de energia que flui da consciência para o inconsciente, seja porque a consciência não utiliza esta energia, seja porque o arquétipo a atrai espontaneamente para si mesmo. O arquétipo pode ser privado desta carga suplementar, mas não de sua
energia específica.

claro, teríamos apenas a crença, o que, por vezes, é muito mais cômodo e consequentemente mais atraente.

Se, pelo contrário, tornamo-nos conscientes do conteúdo do inconsciente coletivo, isto é, se reconhecemos a existência e a eficácia das representações arquetípicas, então geralmente irrompe um conflito violento entre aquilo que Fechner chamou de "visão diurna e visão noturna" das coisas. O homem medieval (e também o homem moderno, na medida em que conservou a atitude do passado) vivia plenamente consciente da oposição existente entre a mundanidade sujeita ao *princeps huius mundi* (príncipe deste mundo) (Jo 12,31 e 16,11)[125] e a vontade de Deus. Durante séculos, ele presenciou esta contradição, através da luta travada entre o poder imperial e o poder papal. No plano moral, este conflito atingiu o seu clímax na luta entre o bem e o mal, na qual o homem estava envolvido em razão do *peccatum originale* (pecado original). O homem medieval ainda não se tornara totalmente vítima dessa mundanidade, como o homem da massa de nossos dias, pois, em oposição às forças manifestas e, por assim dizer, palpáveis deste mundo, ele reconhecia também a existência de potências igualmente influentes que era preciso levar em conta. Embora sob determinados aspectos este homem muitas vezes fosse social e politicamente privado de liberdade e sem direitos (por exemplo, como servo da gleba), e se encontrasse em uma situação, por assim dizer, extremamente desagradável, tiranizado que era por superstições tenebrosas, pelo menos ele estava biologicamente mais próximo daquela totalidade inconsciente de que a criança e o primitivo gozam em medida cada vez maior, e o animal selvagem possui em grau eminente. Na perspectiva da consciência moderna, a situação do homem medieval parece, ao mesmo tempo, lamentável e carente de melhoramentos. Mas o alargamento tão necessário da consciência mediante a ciência apenas substituiu a unilateralidade medieval – ou seja, a inconsciência que dominava durante séculos e pouco a pouco se tornara caduca – por uma outra unilateralidade, isto é, pela supervalorização de concepções apoiadas "na ciência". Todas estas

---

125. Embora essas duas passagens sugiram que o demônio tenha sido liquidado definitivamente já durante a vida de Jesus, contudo, no Apocalipse a ação de torná-lo inofensivo é transferida para um futuro remoto, para o Juízo Final (Ap 20,2s.).

concepções se referem ao conhecimento dos objetos externos, e isto de modo tão unilateral, que hoje em dia o retardamento da psique e sobretudo o do conhecimento em particular se tornou o mais urgente problema contemporâneo. Como resultado da unilateralidade dominante e apesar da *demonstratio ad oculos* (demonstração ocular) terrificante de um inconsciente que se tornou estranho à consciência, existe ainda um sem-número de pessoas que são vítimas cegas e impotentes destes conflitos e que só aplicam sua escrupulosidade científica ao objeto externo, mas nunca ao estado da própria psique. Entretanto, os fatos psíquicos necessitavam de pesquisa e de reconhecimento objetivos. Ora, existem fatores psíquicos que, na prática, são pelo menos tão importantes quanto a televisão e o automóvel. Por último, tudo depende (particularmente no caso da bomba atômica) do uso que se faz destes fatores, e isto é condicionado sempre pelo estado espiritual de cada indivíduo. Os "ismos" dominantes, que nada mais são do que perigosas identificações da consciência subjetiva com a consciência coletiva, constituem a mais séria ameaça a este respeito. Semelhante identificação produz infalivelmente um homem massificado, com sua tendência irresistível à catástrofe. Para escapar desta terrível ameaça, a consciência subjetiva deve evitar a identificação com a consciência coletiva, e reconhecer tanto a sua própria sombra quanto a existência e a importância dos arquétipos. Estes últimos constituem uma defesa eficaz contra a prepotência da consciência social e da consequente psique massificada. Em questão de eficácia, a crença e a atitude religiosa do homem medieval correspondem mais ou menos à atitude induzida no eu pela integração dos conteúdos conscientes, com a diferença, porém, de que, no último caso, as sugestões do meio ambiente e a inconsciência são substituídas pela objetividade e consciência científicas. Mas, na medida em que a religião para a consciência contemporânea significa essencialmente ainda uma *confissão* ou credo e, consequentemente, também um sistema coletivamente aceito de proposições religiosas codificadas e cristalizadas em fórmulas dogmáticas tem mais a ver com o domínio da consciência coletiva, embora seus símbolos exprimam os arquétipos primitivamente ativos. Enquanto houver uma consciência comunitária governada pela Igreja, a psique gozará – como já foi explicado – de um certo equilíbrio. Em qualquer caso há uma defesa bastante eficaz contra a *inflação* do eu. Mas quando falta a Igreja e seu eros maternal, o indivíduo se torna vítima impotente de qualquer "ismo" coletivo e da psique de massa daí decorrente. Ele sucumbe a uma inflação social ou nacional, e o trágico é que isto se faz com a mesma atitude psíquica que o ligava anteriormente a uma Igreja.

427   Se o indivíduo é, porém, suficientemente autônomo para reconhecer a estupidez do "ismo" social, ele se acha sob a ameaça de uma inflação subjetiva, porque, em geral, não é capaz de ver que as ideias religiosas na realidade psicológica não se apoiam unicamente na tradição e na fé, mas se originam também dos arquétipos, cuja "cuidadosa consideração" (*religere!*) constitui a natureza da religião. Os arquétipos estão continuamente presentes e ativos; em si não precisam ser acreditados, mas de um certo conhecimento de seu próprio significado e de um sábio receio, de uma certa δεισιδαιμονία, que jamais perde de vista a sua importância. Uma consciência aguçada pela experiência conhece as consequências catastróficas que uma não consideração neste sentido acarreta, tanto para o indivíduo quanto para a sociedade. Da mesma forma como o arquétipo é, sob certos aspectos, um fator espiritual e, sob outros aspectos, como que um sentido oculto, imanente ao instinto, também o espírito é, como mostrei, bipolar e paradoxal: uma grande ajuda e, ao mesmo tempo, um grande perigo[126]. É como se o homem fosse destinado a desempenhar um papel decisivo na solução deste problema e a resolvê-lo em virtude de sua consciência que é como um foco de luz que se projeta sobre o abismo tenebroso. Entretanto, nada sabemos, por assim dizer, com certeza acerca desta matéria, sobretudo ali onde florescem os "ismos" que não passam de substitutivos sofisticados do elo perdido de ligação com a realidade psíquica. A massificação da psique daí resultante infalivelmente destrói o sentido do indivíduo e, consequentemente, também a cultura em geral.

428   Daqui se infere que a psique, quando perde o equilíbrio, não somente perturba a ordem natural, mas destrói a própria criação. Por isto, a cuidadosa consideração dos fatores psíquicos é de imensa im-

---

126. Fato este excelentemente expresso no lógion de Jesus, citado por Orígenes (*In: Jerem. hom.*, XX, 3): "Quem está perto de mim, está perto do fogo. Quem está longe de mim, está longe do reino". Esta "palavra avulsa do Senhor" se refere a Is 33,14.

A natureza da psique

portância para o restabelecimento de equilíbrio, não só dentro do próprio indivíduo, mas também na sociedade, porque, do contrário, facilmente predominariam as tendências destruidoras. Da mesma forma que a bomba atômica é um instrumento de destruição *física* em massa, como nunca houve até agora, assim também uma evolução malconduzida da psique conduzirá forçosamente a um processo de destruição *psíquica* em massa. A situação atual é de tal modo sombria, que não podemos reprimir a suspeita de que o Criador do mundo está planejando, de novo, um dilúvio para aniquilar de uma vez por todas a raça humana presente. Se alguém pensa que uma crença sadia na existência dos arquétipos pode ser inculcada a partir de fora, é tão ingênuo quanto aqueles que querem proscrever a guerra ou a bomba atômica por meios legais. Essas medidas nos lembram aquele bispo que excomungou os besouros de sua diocese porque se haviam multiplicado inconvenientemente. A mudança da consciência deve começar dentro de cada um e é um problema que data de séculos e depende, em primeiro lugar, de saber até onde alcança a capacidade de evolução da psique. Tudo o que sabemos hoje é que há indivíduos capazes de se desenvolver. Contudo, o seu número total escapa ao nosso conhecimento, da mesma forma como não sabemos qual seja a força sugestiva de uma consciência ampliada, isto é, não sabemos a influência que ela pode exercer sobre um círculo mais vasto. Efeitos desta espécie jamais dependem da racionalidade de uma ideia, mas bem mais da questão (que só podemos responder *ex effectu* – depois dos fatos): Uma época está madura ou não para uma mudança?

Como já mostrei, a Psicologia se acha em uma situação incômoda, se comparada com outras ciências naturais, porque lhe falta uma base fora de seu objeto. Ela pode traduzir-se apenas em sua própria linguagem ou copiar sua própria imagem. Quanto mais ela amplia o seu campo de investigação, e quanto mais complexo este último se torna, tanto mais lhe faz falta um ponto de vista distinto de seu objeto. Quando a complexidade alcança a extensão da complexidade do homem empírico, ela se funde inevitavelmente com o próprio processo psíquico. Não pode mais se distinguir deste último, mas se transforma nele próprio. O resultado disto é que o processo alcança a consciência. Com isto, a Psicologia realiza a tendência do inconsciente em direção à consciência. Ela nos torna conscientes do processo psíquico, mas não nos oferece nenhuma explicação deste processo, em sentido mais profundo, porque não há outra explicação do psíquico senão o processo vital da própria psique. A Psicologia é forçada a suprimir-se, e é justamente nesta situação que ela alcança o seu objetivo científico. Qualquer outra ciência tem, por assim dizer, um objeto exterior a si mesma, o que não acontece com a Psicologia, cujo objeto é o sujeito de todas as ciências.

430   A Psicologia culmina necessariamente no processo de desenvolvimento que é peculiar à psique e consiste na integração dos conteúdos capazes de se tornarem conscientes. Isto significa que o ser humano psíquico se torna um todo, e este fato traz consequências notáveis para a consciência do eu, que são extremamente difíceis de descrever. Duvido da possibilidade de expor adequadamente as mudanças que se verificam no sujeito sob o influxo do processo de individuação, pois se trata de uma ocorrência mais ou menos rara, só experimentada por aqueles que passaram pelo confronto – fastidioso, mas indispensável para a integração do inconsciente – com as componentes inconscientes da personalidade. Quando as partes inconscientes da personalidade se tornam conscientes, produz-se não só uma assimilação delas à personalidade do eu, anteriormente existente, como sobretudo uma transformação desta última. A grande dificuldade está justamente em descrever a *maneira* como se dá esta transformação. De modo geral, o eu é um complexo fortemente estruturado que, por estar fortemente ligado à consciência e à sua continuidade, não pode nem deve ser facilmente alterado, sob pena de enfrentar sérias perturbações patológicas. As analogias mais próximas de uma alteração do eu se encontram, com efeito, no campo da psicopatologia, onde nos deparamos não somente com dissociações neuróticas mas também com a fragmentação esquizofrênica e até mesmo com a dissolução do eu. Neste domínio também observamos tentativas de integração patológica – se me permitem esta expressão. Esta integração consiste em *irrupções* mais ou menos violentas de conteúdos inconscientes na consciência, mostrando-se o eu incapaz de assimilar os intrusos. Se, porém, a estrutura do complexo do eu é bastante forte para resistir ao assalto dos conteúdos inconscientes, sem que se afrouxe desastrosamente sua contextura, a assimilação pode ocorrer. Mas, neste caso, há uma alteração não só dos conteúdos inconscientes, mas também do eu. Embora ele se mostre capaz de preservar sua estrutura, o eu é como que arrancado de sua posição central e dominante, passando, assim, ao papel de um observador passivo a quem faltam os meios necessários para impor sua vontade em qualquer cir-

A natureza da psique 175

cunstância, o que acontece não tanto porque a vontade se acha enfraquecida em si mesma, quanto, sobretudo, porque certas considerações a paralisam. Quer dizer, o eu não pode deixar de descobrir que o afluxo dos conteúdos inconscientes vitaliza e enriquece a personalidade e cria uma figura que ultrapassa de algum modo o eu em extensão e em intensidade. Esta experiência paralisa uma vontade por demais egocêntrica e convence o eu de que, apesar de todas as dificuldades, é sempre melhor recuar para um segundo lugar do que se empenhar em combate sem esperança, o qual termina invariavelmente em derrota. Deste modo a vontade enquanto energia disponível se submete paulatinamente ao fator mais forte, isto é, à nova figura da totalidade que eu chamei de *si-mesmo*. Naturalmente, nestas circunstâncias existe a máxima tentação de seguir simplesmente o instinto de poder e identificar o eu, sem mais nem menos, com o si-mesmo, para alimentar assim a ilusão de um domínio do eu. Em outros casos o eu se revela fraco demais para opor a necessária resistência ao afluxo dos conteúdos inconscientes e é, consequentemente, assimilado pelo inconsciente, o que dá origem a um enfraquecimento e obscurecimento da consciência do eu, a uma identificação deste com uma totalidade inconsciente[127]. Tanto um como outro destes dois desenvolvimentos impossibilitam a realização do eu e ao mesmo tempo são danosos à continuidade da consciência do eu. Por isto eles resultam em efeitos patológicos. Os fenômenos psíquicos observados recentemente na Alemanha recaíam nesta categoria. Viu-se, então, com extrema clareza, que um tal *abaissement du niveau mental*, ou seja, o esmagamento do eu por conteúdos inconscientes e a consequente identificação com a totalidade pré-consciente, possui uma prodigiosa virulência psíquica ou um poder de contágio e, por isto, é capaz dos mais desastrosos resultados. Desenvolvimentos desta espécie devem, portanto, ser observados cuidadosamente e exigem a mais acurada vigilância. Eu aconselharia a quem se sente ameaçado por tais tendências a pendurar uma imagem de São Cristóvão na parede e a meditar sobre ela. Com efeito, o si-mesmo só tem um significado funcional quando pode atuar como *compensação* da consciência do eu. Em

---

127. Esta totalidade consciente consiste em uma união feliz entre o eu e o si-mesmo, em que os dois preservam suas qualidades essenciais. Se, em vez da união, o eu é subjugado pelo si-mesmo, então o si-mesmo também não alcança aquela forma que ele deveria ter, mas permanece fixo em um nível mais primitivo e neste estado só pode ser expresso por símbolos arcaicos.

outros termos: quando o eu se dissolve, identificando-se com o si-mesmo, o resultado é uma espécie de vago super-homem, com um eu inflado e um si-mesmo deflacionado. Qualquer que seja o modo de proceder de semelhante personagem: aquele de um salvador ou o de um portador de desgraças, falta-lhe aquela *scintilla*, a centelha da alma, aquela pequena parcela de luz divina nunca brilha com tanta força, senão quando tem de se opor às arremetidas das trevas. O que seria do arco-íris se por detrás dele não houvesse uma nuvem escura?

431   Minha intenção, com esta imagem, é lembrar que as analogias patológicas do processo de individuação não são as únicas. Na história do pensamento humano existem documentos de natureza totalmente diversa, que são ilustrações positivas de nosso processo. Eu gostaria, sobretudo, de mencionar os koans do zen-budismo que, justamente por seu caráter paradoxal, iluminam, como um repentino jorro de luz, as relações quase impenetráveis entre o eu e o si-mesmo. São João da Cruz descreve o mesmo problema sob a figura da "noite escura da alma", numa linguagem inteiramente diversa e bem mais acessível à mente ocidental. O fato de sermos obrigados a buscar analogias, de um lado, no âmbito da psicopatologia e, do outro, no âmbito da mística tanto oriental como ocidental, é uma decorrência natural: o processo de individuação é, psiquicamente, um fenômeno-limite que necessita de condições especiais para se tornar consciente. Talvez seja a primeira etapa do caminho de uma longa evolução que deve ser percorrida por uma humanidade futura e que, transformando-se em desvio patológico, por enquanto conduziu a Europa para uma catástrofe.

432   Para aqueles que estão familiarizados com a psicologia complexa talvez pareça uma pura perda de tempo insistir na diferença, há muito tempo introduzida, entre "tornar-se consciente" e "realizar-se a si mesmo" (individuação). Mas observo cada vez mais que se confunde o processo de individuação com o processo de tornar-se consciente, e que o eu é, consequentemente, identificado com o si-mesmo, o que naturalmente acarreta uma irremediável confusão entre os conceitos, pois com isto a individuação se transforma em mero egocentrismo e autoerotismo. Ora, o si-mesmo compreende infinitamente muito mais do que apenas o eu, como no-lo mostra o simbolismo desde épocas imemoriais: significa tanto o si-mesmo dos outros, ou os próprios outros, quanto o eu. A individuação não exclui o mundo; pelo contrário, o engloba.

A natureza da psique 177

Com isto eu gostaria de concluir minha exposição. Procurei descrever em traços gerais o desenvolvimento e os problemas fundamentais de nossa psicologia e comunicar, assim, uma visão da quintessência ou, melhor, do próprio espírito desta ciência. Em face das dificuldades incomuns de meu tema, espero que meus leitores me desculpem pelo fato de exigir, talvez indevidamente, sua boa-vontade e atenção em seguir o fio de minhas reflexões. As discussões fundamentais fazem parte integrante da autoformulação de uma ciência, mas raramente constituem um assunto que entretenha e agrade.

433

Epílogo

Frequentemente se interpretam mal os pontos de vista que é preciso considerar para uma devida elucidação do inconsciente. Por isto, eu gostaria de examinar mais de perto, precisamente em conexão com minhas precedentes discussões de princípio, pelo menos dois dos preconceitos básicos.

434

O que sobretudo dificulta a compreensão é, muitas vezes, a opinião estúpida de que o arquétipo significa uma *ideia inata*. Nenhum biólogo pensaria em admitir que todo indivíduo adquire de novo seu modo geral de comportamento. Bem mais provável é que o jovem pardal teça o seu ninho característico porque é um pássaro e não um coelho. Assim também é mais provável que o homem nasça com sua maneira de comportar-se especificamente humana e não com a do hipopótamo, ou mesmo com nenhuma. *Sua fenomenologia física*, que difere daquela de um pássaro ou de um quadrúpede, *faz parte também de seu comportamento característico. Os arquétipos são formas típicas de comportamento* que, ao se tornarem conscientes, assumem o aspecto de representações, como tudo o que se torna conteúdo da consciência. Porque se trata de modos caracteristicamente humanos, já não é de espantar que possamos encontrar formas psíquicas, no indivíduo, que ocorrem não somente nos antípodas, mas em outras épocas distantes de nós centenas e milhares de anos, às quais estamos ligados unicamente através da arqueologia.

435

Se quisermos provar que uma determinada forma psíquica é uma ocorrência não somente única, mas também típica, só poderemos fazê-lo se, em primeiro lugar, eu próprio estiver em condições de atestar que observei a mesma coisa em diferentes indivíduos, com as ne-

436

cessárias cautelas. Em seguida, outros observadores devem confirmar que fizeram observações iguais ou semelhantes. Por último, devemos ainda verificar se foi possível comprovar a ocorrência destes fenômenos ou de outros semelhantes no folclore de outros povos ou raças e nos textos que nos vieram de épocas centenares ou mesmo milenares. Por isto, meu método e as minhas reflexões em geral partem de fatos psíquicos individuais, atestados não somente por mim mesmo, mas também por outros observadores. O material folclórico, mitológico e histórico apresentado serve, em primeiro lugar, para provar a uniformidade do evento psíquico no tempo e no espaço. Como, porém, o significado e a essência das formas típicas individuais são da maior importância na prática, e o conhecimento delas desempenha um papel considerável em cada caso particular, é inevitável que o mitologema seja colocado, posteriormente, em certa evidência. Isto não quer dizer que a finalidade da pesquisa seja, por exemplo, interpretar o mitologema. Mas, precisamente sob este aspecto, prevalece o preconceito bastante definido segundo o qual a psicologia dos processos ditos inconscientes é uma espécie de filosofia destinada a explicar o mitologema. Este preconceito, infelizmente bastante comum, esquece muitas vezes que nossa psicologia parte de fatos observados e nunca de especulações filosóficas. Se, por exemplo, considerarmos as estruturas mandálicas que emergem nos sonhos e fantasias, uma crítica irrefletida poderia levantar, e de fato tem levantado, a objeção de que introduzimos elementos da filosofia hindu ou chinesa no estudo da psique. Na realidade, porém, tudo o que fizemos foi comparar ocorrências psíquicas individuais com fenômenos psíquicos coletivos. A tendência introspectiva da filosofia oriental trouxe à luz justamente aquele material que, em princípio, todas as atitudes introspectivas puseram à mostra em todas as épocas e em todos os lugares. A grande dificuldade, no que diz respeito ao crítico, consiste naturalmente em que ele conhece tão pouco, de própria experiência, os fatos em questão, quanto o estado de espírito de um lama que "constrói" um mandala. São estes dois preconceitos que tornam impossível qualquer acesso à psicologia moderna para não poucas mentes imbuídas de ciência. Ao lado disto, há ainda muitos outros empecilhos, impossíveis de transpor apenas com a razão. Por isto, dispensamo-nos de mencioná-los aqui.

437   A incapacidade de compreender ou a ignorância do público, entretanto, não podem impedir que os cientistas utilizem certos cálculos de probabilidade de cuja precariedade estão suficientemente in-

A natureza da psique

formados. Temos plena consciência de que o que conhecemos dos estados e processos do inconsciente em si é tão reduzido quanto o conhecimento que o físico tem do processo que está na base dos fenômenos físicos. Não podemos absolutamente ter uma ideia daquilo que está para além do mundo dos fenômenos, porque não há ideia que tenha outra fonte além do mundo dos fenômenos. Se queremos, porém, fazer considerações de princípio a respeito da natureza do psíquico, precisamos de um ponto de apoio arquimédico que é o único a tornar-nos possível um julgamento. Mas este ponto só pode ser o *não psíquico*, porque, como fenômeno vital, o psíquico se acha embutido em algo de natureza aparentemente não psíquica. Embora só percebamos esta última como um dado psíquico, temos, no entanto, suficientes motivos para nos convencermos de sua realidade objetiva. Entretanto, esta realidade, por se situar para além dos limites de nosso corpo, só nos é comunicada, quanto ao essencial, mediante partículas de luz que atingem nossa retina. A disposição destas partículas produz uma imagem do mundo dos fenômenos cuja natureza depende, por um lado, da constituição da psique aperceptiva e, pelo outro, do meio luminoso. A consciência aperceptiva mostrou-se capaz de um alto grau de desenvolvimento e construiu instrumentos com a ajuda dos quais a capacidade de percepção da vista e do ouvido ampliou-se de muitos graus. Em consequência, a realidade pressuposta do mundo dos fenômenos tanto quanto a do mundo da consciência sofreram uma ampliação jamais ouvida. Já não é mais preciso provar a existência desta notável correlação entre a consciência e o mundo dos fenômenos, entre a percepção subjetiva e os processos objetivamente reais, isto é, seus efeitos energéticos.

Como o mundo dos fenômenos é um agregado de processos de dimensões atômicas, naturalmente é da máxima importância saber se e de que modo os fótons, por exemplo, proporcionam-nos um conhecimento definido da realidade subjacente aos processos energéticos mediadores. A experiência nos tem mostrado que a luz e a matéria se comportam, de um lado, como partículas separadas e, do outro, também como ondas. Esta descoberta paradoxal nos obriga, no plano das grandezas atômicas, a abandonar uma descrição causal da natureza no sistema ordinário espaço-tempo, e a substituí-la por campos irrepresentáveis de probabilidades em espaços multidimensionais que representem verdadeiramente o estado de nossos conhecimentos atuais. Na raiz deste esquema abstrato de explicação está um conceito de realidade que não abstrai dos efeitos que o observador inevitavelmente exerce sobre o sistema observado, com o resultado de que a realidade perde alguma coisa de seu caráter objetivo e a imagem do mundo físico se apresenta com uma componente subjetiva[128].

439   A aplicação de leis estatísticas a processos da ordem de grandeza do átomo na Física tem uma correspondência notável na Psicologia, na medida em que esta investiga as fases da consciência, isto é, na medida em que acompanha os processos conscientes até o ponto em que eles se desvanecem na obscuridade e na incompreensibilidade e onde não se enxergam senão os feitos que têm influência *organizadora* sobre os conteúdos da consciência[129]. A investigação destes efeitos traz como resultado o fato singular de que eles procedem de uma realidade inconsciente, isto é, objetiva, que se comporta, ao mesmo tempo, como uma realidade subjetiva, ou seja, como uma consciência. Por isto, a realidade do inconsciente, subjacente a estes efeitos, inclui igualmente o sujeito que observa e, por isto, tem uma constituição

---

128. Devo esta formulação à amável ajuda do Professor W. Pauli.

129. Provavelmente os meus leitores terão interesse em conhecer a opinião de um físico a este respeito. O Professor Pauli, que teve a gentileza de ler o manuscrito deste meu epílogo, escreveu-me as seguintes palavras: "De fato, o físico esperaria uma correspondência psicológica neste ponto, porque a situação epistemológica relativamente aos conceitos de 'consciência' e de 'inconsciente' parece oferecer uma analogia bastante aproximada com a 'complementaridade' abaixo mencionada, na Física. De um lado, só se pode deduzir o inconsciente indiretamente, a partir de seus efeitos (organizativos) sobre os conteúdos conscientes. De outro lado, qualquer observação do inconsciente, isto é, qualquer percepção consciente dos conteúdos inconscientes exerce um efeito reativo inicialmente incontrolável sobre estes mesmos conteúdos inconscientes (o que, como sabemos, exclui em princípio a possibilidade de esgotar o inconsciente tornando-o consciente). Assim, o físico concluirá, *per analogiam*, que este efeito retroativo incontrolável do observador sobre o inconsciente limita o caráter objetivo da sua realidade e ao mesmo tempo confere a esta uma certa subjetividade. Embora a *posição* do 'corte' entre a consciência e o inconsciente (pelo menos até certo ponto) seja deixada à livre escolha do experimentador psicológico, contudo, a existência deste corte continua sendo uma necessidade inevitável. Em consequência, do ponto de vista da Psicologia, o sistema observado consistiria não só de objetos físicos, como também incluiria o inconsciente, ao passo que à consciência caberia o papel de instrumento de observação. É inegável que o desenvolvimento da 'microfísica' aproximou imensamente a maneira de descrever a natureza nesta ciência daquela da Psicologia moderna: ao passo que a primavera, em virtude da situação de princípio que designamos pelo nome de complementaridade, se vê em face da impossibilidade de eliminar os efeitos do observador com correções determináveis, sendo, assim, obrigada a renunciar, em princípio, a uma compreensão objetiva dos fenômenos físicos em geral, a segunda pode suprir a Psicologia meramente subjetiva da consciência, postulando a existência de um inconsciente dotado de um alto grau de realidade objetiva".

A natureza da psique

que não podemos conceber. Ela é, ao mesmo tempo, o que há de mais intimamente subjetivo e universalmente verdadeiro, quero dizer, é algo cuja universalidade, em princípio, pode ser comprovada, o que não se pode dizer dos conteúdos conscientes de natureza personalística. O caráter fugido, arbitrário, nebuloso e único que a mente do leigo associa sempre à ideia do psíquico, só se aplica à consciência, e não ao inconsciente. Por isto, as unidades com que o inconsciente opera são definíveis, não em termos quantitativos, mas em termos qualitativos; em outras palavras: os assim chamados *arquétipos* têm uma natureza a respeito da qual *não se pode dizer com certeza que seja puramente psíquica.*

Embora eu tenha chegado, através de considerações puramente psicológicas, a duvidar da natureza exclusivamente psíquica dos arquétipos, contudo, a própria Psicologia se viu obrigada a rever suas premissas meramente psíquicas, em face também das descobertas físicas. A Física demonstrou que até mesmo no plano das grandezas atômicas se pressupõe a presença do observador na realidade objetiva e que somente com esta condição é possível um esquema de explicação satisfatório. Isto implica, de um lado, uma componente subjetiva da imagem do mundo e, do outro, uma conexão da psique com o contínuo objetivo espaço-tempo, indispensável para a explicação da mesma. Assim como não é possível termos uma ideia precisa do contínuo físico, também não podemos conceber os seus aspectos físicos, que também necessariamente existem. Entretanto, a identidade relativa ou parcial entre psique e contínuo físico é da máxima importância, sob o ponto de vista teórico, porque implica uma enorme *simplificação*, na medida em que transpõe a aparente incomensurabilidade que reina entre o mundo físico e o mundo psíquico, não, certamente, de forma concreta, mas, do ponto de vista físico, por meio de equações matemáticas e, do ponto de vista psicológico, por meio de postulados deduzidos empiricamente – vale dizer, por meio dos arquétipos, cujos conteúdos, se existem, nossa mente não pode conceber. Os arquétipos só se manifestam através da observação e da experiência, ou seja, mediante a constatação de sua capacidade de *organizar* ideias e representações, o que se dá sempre mediante um processo que não pode ser detectado senão posteriormente. Eles assimilam material representativo cuja procedência a partir do mundo dos fenômenos não pode ser contestada, e com isto se tornam visíveis e *psíquicos.* Por isto, inicialmente eles só são reconhecidos como entidades psíquicas e concebidos como tais, com o

440

mesmo direito com que baseamos os fenômenos físicos de percepção direta no espaço euclidiano. Somente uma explicação adquirida dos fenômenos psíquicos, com um mínimo grau de clareza, obriga-nos a admitir que os arquétipos devem ter um aspecto não psíquico. As razões para esta conclusão se encontram nos fenômenos de sincronicidade[130] que acompanham a atividade de fatores inconscientes e que até hoje têm sido considerados ou rejeitados como "telepatia"[131]. O ceticismo, porém, deveria ter por objeto unicamente a teoria errônea, e não voltar-se contra fatos comprovadamente certos. Só um observador preconceituoso seria capaz de negá-lo. A resistência contra o reconhecimento de tais fatos provém principalmente da repugnância que as pessoas sentem em admitir uma suposta capacidade sobrenatural inerente à psique. Os aspectos muito diversos e confusos de tais fenômenos podem muito bem ser explicados, até onde me é possível constatá-lo no presente, se admitirmos um contínuo espaço-tempo psiquicamente relativo. Assim que um conteúdo psíquico cruza o limiar da consciência, desaparecem os fenômenos sincronísticos marginais, o tempo e o espaço retomam o seu caráter absoluto costumeiro e a consciência fica de novo isolada em sua subjetividade. Deparamo-nos aqui com um daqueles casos que pode muito bem ser compreendido sob a noção de "complementaridade", familiar aos físicos. Quando um conteúdo inconsciente penetra na consciência, cessa a sua manifestação sincronística; e, inversamente, torna-se possível produzir fenômenos sincronísticos, colocando-se o sujeito em um estado inconsciente (transe). Aliás, podemos observar também a mesma relação de complementaridade em todos aqueles casos, muito comuns e conhecidos da medicina, nos quais certos sintomas clínicos desaparecem quando seus respectivos conteúdos inconscientes se tornam conscientes. Como se sabe, uma série de fenômenos psicossomáticos que, em geral, escapam ao controle da vontade, podem ser provocados por hipnose, ou seja, precisamente limitando-se a consciência. Pauli formula a relação de complementaridade aqui expressa, sob o ponto de vista físico, nos seguintes termos: "O experimenta-

---

130. Sobre o conceito de "sincronicidade" cf. *Naturerklärung und Psyche*, estudos extraídos do C.G. Jung-Institut IV (1952). [Cf. cap. XVIII do vol. 8/3].

131. O físico Jordan (*Positivistische Bemerkungen über die paraphysischen Erscheinungen*, p. 14s.) já havia utilizado a ideia de espaço relativo para explicar os fenômenos telepáticos.

dor (ou observador) é livre de escolher... que tipo de conhecimento ele adquirirá e que tipo perderá, ou, para dizermos em linguagem popular: é livre de decidir se medirá A e arruinará B, ou se arruinará A e medirá B. Mas *não* lhe cabe decidir se adquirirá exclusivamente conhecimentos, sem também perder outros"[132]. Isto se aplica de modo particular à relação entre o ponto de vista físico e o ponto de vista psicológico. A Física determina quantidades e suas mútuas relações; a Psicologia determina qualidades, sem ser capaz de medir qualquer quantidade que seja. Apesar disto, essas duas ciências chegam a conceitos que se aproximam significativamente uns dos outros. O paralelismo entre a explicação psicológica e a explicação física já fora apontado por C.A. Meier em *Moderne Physik – Moderne Psychologie* (*Física Moderna – Psicologia Moderna*)[133]. Ele afirma:

> Ambas as ciências reuniram, ao longo de muitos anos de trabalho independente, um acervo de observações e de sistemas de pensamento correspondentes a elas. Ambas as ciências se depararam com certos limites que... apresentam características básicas similares. O objeto a ser pesquisado e o homem com seus órgãos dos sentidos e de conhecimento e suas ampliações – isto é, os instrumentos e processos de medição – acham-se indissoluvelmente ligados entre si. É isto o que se chama complementaridade em Física como em Psicologia".

Entre a Física e a Psicologia há inclusive "uma autêntica e genuína relação de complementaridade.

Assim que podemos nos libertar da pretensão acientífica de que se trata meramente de uma coincidência *casual*, logo percebemos que os fenômenos em questão não são ocorrências raras, mais ou menos frequentes. Esta constatação concorda inteiramente com os resultados a que chegou Rhine e que ultrapassam os limites da probabilidade. A psique não é um caos feito de caprichos e de casualidades, mas uma realidade objetiva, à qual os pesquisadores podem chegar pelos métodos das ciências naturais. Há indícios de que os processos psíquicos guardam uma relação energética com o substrato fisiológico. Como se trata de acontecimentos energéticos, eles só podem ser

---

132. Comunicado epistolar.

133. *Die kulturelle Bedeutung der Komplexen Psychologie*, p. 349s.

interpretados como processos energéticos[134] ou, embora seja impossível medir os processos psíquicos, só podemos conceber as mudanças perceptíveis produzidas pela psique como fenômeno energético. Isto coloca o psicólogo numa situação extremamente repulsiva para o físico: o psicólogo fala também de energia, embora não tenha algo de mensurável a manipular; acresce que o conceito de energia é uma grandeza matemática perfeitamente definida e, como tal, não pode ser aplicado ao psíquico. A fórmula da energia cinética, $E = \dfrac{mv^2}{2}$ contém os fatores m (massa) e v (velocidade) que nos parecem incomensuráveis com a natureza da psique empírica. Se, não obstante, a Psicologia insiste em empregar seu conceito próprio de energia para exprimir a atividade (ἐνέργεια) da alma, evidentemente não utiliza uma fórmula matemática aplicável à Física, mas apenas sua analogia. Mas esta analogia é igualmente uma ideia mais antiga a partir da qual se desenvolveu o conceito de energia física. Este último, com efeito, deriva de aplicações antigas de uma ἐνέργεια, não matematicamente definida e que remonta, antes do mais, a uma noção primitiva ou arcaica do "extraordinariamente poderoso". É o chamado conceito de mana que não se restringe apenas ao âmbito dos melanésios, por exemplo, mas se encontra também na Indonésia e na costa oriental da África[135] e ecoa ainda no termo latino *numen* e, mais debilmente, em *genius* (por exemplo, *genius loci*, gênio do lugar). O emprego do termo libido na moderna psicologia médica apresenta um surpreendente parentesco espiritual com o *mana* dos primitivos[136]. Esta noção arquetípica, portanto, não é somente primitiva, mas difere do conceito de energia usado em Física, pelo fato de que é *essencialmente qualitativa e não quantitativa*. Na Psicologia, a medição exata das quantidades é substituída por uma determinação aproximativa das intensidades, recorrendo-se, para isto, à *função de valor* (*estimativa*). Esta últi-

---

134. Quero dizer com isto apenas que os fenômenos psíquicos têm um aspecto energético, em virtude do que eles podem ser classificados justamente como "fenômenos". Mas de modo algum quero dizer que o aspecto energético abarque ou explique mesmo a totalidade da psique.

135. Em Kiswahili *mana* quer dizer "importância", e em *mungu*, "Deus".

136. Cf. minha obra *Sobre a energia psíquica e a natureza dos sonhos* [capítulos, I, III, VI, IX, X e XI do presente volume].

A natureza da psique   185

ma ocupa, na Psicologia, o lugar da *medida*, usada na Física. As intensidades psíquicas e suas diferenças gradativas apontam para processos quantitativos que são, entretanto, inacessíveis à observação ou à medição diretas. Embora os dados psicológicos obtidos sejam essencialmente qualitativos, contudo, eles possuem uma espécie de *energia* "*física*" *latente*, pois os fenômenos psíquicos apresentam um certo aspecto quantitativo. Se estas quantidades pudessem ser medidas, a psique nos apareceria como algo que se localiza e se movimenta no espaço, como alguma coisa à qual se poderia aplicar a fórmula da energia. Por isto, como a massa e a energia são da mesma natureza, a massa e a velocidade deveriam ser conceitos adequados à psique, porque esta produz efeitos observáveis no espaço, ou, em outras palavras: ela deveria possuir um aspecto sob o qual aparecesse como uma *massa em movimento*. Caso não se queira postular uma harmonia preestabelecida com relação aos fenômenos físicos e psíquicos, resta apenas a alternativa de uma interação. Mas esta hipótese exige uma psique que toca a matéria em qualquer ponto e, inversamente, uma matéria com uma psique *latente*, postulado este que não difere muito de certas formulações da Física moderna (Eddington, Jeans e outros). Neste contexto devo lembrar ao leitor a existência de fenômenos parapsicológicos cuja realidade só pode ser reconhecida por aqueles que tiveram possibilidade de fazer adequadamente suas próprias observações.

Se estas considerações são válidas, elas terão consequências gra-   442
ves para a natureza da psique, uma vez que, como realidade objetiva, esta estaria intimamente relacionada não só com os fenômenos fisiológicos e biológicos, mas também com os fenômenos físicos e, como é evidente, mais intimamente do que todos, com aqueles que pertencem ao domínio da Física atômica. Como minha exposição deve ter mostrado, trata-se, antes do mais, apenas de estabelecer determinada analogia, cuja existência, porém, não nos autoriza a concluir que isto já constitua a prova de uma conexão. No presente estado de nossos conhecimentos físicos e psicológicos devemos nos contentar com a mera semelhança de certas reflexões básicas. As analogias existentes, porém, são significativamente suficientes em si mesmas para justificar o destaque que lhes demos.

IX

Aspectos gerais da psicologia do sonho[*]

443   O sonho é uma criação psíquica que, em contraste com os conteúdos habituais da consciência, situa-se, ao que parece, pela sua forma e seu significado, à margem da continuidade do desenvolvimento dos conteúdos conscientes. Em geral, não parece que o sonho seja uma parte integrante da vida consciente da alma, mas um fato mais de natureza exterior e aparentemente casual. A razão para a posição excepcional do sonho está na sua maneira especial de se originar: o sonho não é o resultado, como os outros conteúdos da consciência, de uma continuidade claramente discernível, lógica e emocional da experiência, mas o resíduo de uma atividade que se exerce durante o sono. Esta maneira de se originar é suficiente, em si mesma, para isolar o sonho dos demais conteúdos da consciência, e este isolamento é acrescido pelo conteúdo próprio do sonho, que contrasta marcantemente com o pensamento consciente.

444   Um observador atento, todavia, descobrirá sem dificuldade que os sonhos não se situam totalmente à margem da continuidade da consciência, porque em quase todos os sonhos se podem encontrar detalhes que provêm de impressões, pensamentos e estados de espírito do dia ou dos dias precedentes. Neste sentido, portanto, existe uma certa continuidade, embora à primeira vista pareça uma continuidade *para trás*, mas, quem quer que se interesse vivamente pelo problema dos sonhos, não deixará de notar que os sonhos possuem também – se me permitem a expressão – uma continuidade *para frente*, pois ocasionalmente os sonhos exercem efeitos notáveis sobre a

---

[*] Publicado pela primeira vez em *Über die Energetik der Seele* [*Tratados psicológicos*. Vol. II, 1928].

A natureza da psique

vida mental consciente, mesmo de pessoas que não podem ser qualificadas de supersticiosas e particularmente anormais. Estas sequelas
ocasionais consistem, a maior parte das vezes, em alterações mais ou
menos nítidas de estados de alma.

É provavelmente por causa desta conexão mais ou menos frouxa   445
com os demais conteúdos de consciência que os sonhos são extremamente fugazes quando se trata de recordá-los. Muitos dos nossos sonhos escapam à tentativa de rememoração, logo ao acordarmos; outros só os conseguimos reproduzir com fidelidade muito duvidosa, e
são relativamente poucos os que podemos considerar realmente como
clara e distintamente reproduzíveis. Este comportamento singular quanto à reprodução se explica se considerarmos a qualidade das ligações
das representações que emergem no sonho. Ao oposto da sequência
lógica das ideias, que podemos considerar como uma característica especial dos processos mentais conscientes, a combinação das representações no sonho é essencialmente de natureza *fantástica*: uma forma
de associação de ideias ligadas numa sequência que, em geral, é totalmente estranha ao nosso modo realista de pensar.

É a esta característica que os sonhos devem o qualificativo vulgar   446
de *absurdos*. Mas, antes de formular semelhante julgamento, é preciso ter presente que o sonho e seu contexto constituem algo de incompreensível *para nós*. Um tal julgamento nada mais seria, portanto, do
que uma projeção de nossa incompreensão sobre o objeto. Mas isto
não impede que o sonho possua um significado intrínseco próprio.

À parte os esforços feitos ao longo dos séculos no sentido de ex-   447
trair um sentido profético dos sonhos, as descobertas de Freud constituem praticamente a primeira tentativa de penetrar o significado
dos sonhos. Não se pode negar a essa tentativa o qualificativo de "científica", porque este pesquisador nos indicou uma técnica que, segundo ele, e também muitos outros pesquisadores, alcança o resultado pretendido, ou seja, a compreensão do sentido do sonho, sentido
que não é idêntico aos significados fragmentários sugeridos pelo conteúdo manifesto do sonho.

Não é aqui o lugar de submeter a psicologia do sonho concebida   448
por Freud a uma discussão crítica. Tentarei, pelo contrário, descrever
de maneira sumária aquilo que hoje podemos considerar como aquisições mais ou menos seguras da psicologia onírica.

449 A primeira questão com que temos de nos ocupar é a de saber o que nos autoriza a atribuir ao sonho uma outra significação que se diferencia da significação fragmentária pouco satisfatória, sugerida pelo conteúdo manifesto do sonho. Um argumento de particular importância neste sentido é o fato de que Freud descobriu o sentido do sonho de *maneira empírica e não de maneira dedutiva*. A comparação das fantasias oníricas com as outras fantasias do estado de vigília em um mesmo indivíduo nos fornece um outro argumento em favor da possibilidade de um sentido oculto ou não manifesto do sonho. Não é difícil ver que estas fantasias do estado de vigília possuem, além de um sentido superficial e concreto, uma significação psicológica mais profunda. Por causa da brevidade que aqui devo me impor, não poderei citar o material aí colhido, mas gostaria de observar que um gênero muito antigo e muito difundido de narração imaginativa, representado de modo típico pelas fábulas de Esopo, oferece-nos uma boa ilustração para aquilo que podemos dizer a respeito do significado das fantasias. Há, por exemplo, uma narração fantástica das façanhas do leão e do burro. O sentido superficial e concreto da narrativa é uma fantasmagoria objetiva irrealizável, mas o sentido moral oculto é evidente para quem quer que sobre ele reflita. É característica a maneira como as crianças se satisfazem com o sentido exotérico da fábula e nela encontram vivo prazer.

450 A aplicação conscienciosa do processo técnico, para a análise do conteúdo manifesto do sonho nos fornece, de longe, o melhor argumento a favor de um sentido oculto do sonho. Isto nos leva ao segundo ponto capital, que é a questão do processo técnico. Também aqui não desejo criticar nem defender os pontos de vista e as descobertas de Freud, mas ficarei limitado ao que me parece definitivamente estabelecido. Se partirmos do fato de que o sonho é um produto psíquico, não temos, desde logo, absolutamente nenhum motivo para supor que sua natureza e sua destinação obedecem a leis e a fins totalmente diferentes daqueles que se aplicam a outros produtos psíquicos. Segundo a máxima de que "principia explicandi praeter necessitatem non sunt multiplicanda"[1], temos de tratar o sonho, analitica-

---

1. Não se deve multiplicar, sem necessidade, os princípios explicativos.

A natureza da psique

mente, como qualquer outro produto psíquico, enquanto nenhum outro fato contraditório não nos ensine um caminho melhor.

Sabemos que todo produto psíquico, encarado do ponto de vista causal, é a resultante de conteúdos psíquicos que o precederam. Sabemos, além disso, que esse mesmo produto psíquico, considerado sob o ponto de vista de sua finalidade, tem um sentido e um alcance que lhe são próprios dentro do processo psíquico. Este critério deve ser aplicado também aos sonhos. Para explicar psicologicamente os sonhos, devemos, portanto, primeiramente investigar as experiências precedentes, de que se compõem. Assim, no que diz respeito a cada uma das partes da imagem onírica, devemos remontar até os seus antecedentes. Vejamos um exemplo: Um indivíduo sonha que vai por uma rua. De repente, uma criança, que brinca e salta à sua frente, é atropelada por um automóvel. 451

Reduzamos as componentes da imagem deste sonho aos seus antecedentes, com a ajuda das recordações do sonhador: a rua, ele a reconhece como sendo uma certa rua que ele atravessou na véspera. Na criança ele identifica um filho do seu irmão que ele vira ao visitar este irmão no dia anterior. O acidente de carro lembra-lhe um acidente que se deu realmente alguns dias antes, mas de que só teve conhecimento através dos jornais. Como sabemos, o juízo corrente se contenta com uma redução deste gênero e se diz: "Ah, é por isso que tive este sonho". 452

Evidentemente uma tal redução é totalmente insuficiente do ponto de vista científico. O sonhador percorreu muitas ruas na véspera, e por que motivo o seu sonho escolheu justamente esta rua? Leu notícias a respeito de numerosos acidentes, e por que motivo escolheu este, de preferência a outros? A descoberta de um único acidente não é ainda suficiente, porque só a influência de várias causas é capaz de dar uma determinação verossímil das imagens do sonho. A recolha de material adicional se processa de acordo com o nosso princípio da rememoração, também chamado de *método das associações livres*. Essa recolha, como é fácil de entender, fornece-nos um material muito variado e muito heterogêneo cujo único traço em comum parece ser sua evidente relação associativa com o conteúdo do sonho; do contrário, nunca poderia ser evocado por meio desse conteúdo. 453

É também uma questão importante, do ponto de vista técnico, saber até que ponto pode se estender esta recolha dos materiais. Des- 454 de que todo o conteúdo da vida pode ser evocado na alma, teoricamente é possível também investigar, para cada sonho, toda a história passada do indivíduo. Entretanto, basta tão somente recolher o material absolutamente indispensável para compreender o sentido do sonho. A limitação do material é, evidentemente, um processo arbitrário, de acordo com o princípio de Kant segundo o qual compreender uma coisa nada mais é do que "reconhecê-la o quanto baste para as nossas intenções"[2]. Por exemplo, se procuramos saber quais foram as causas da Revolução Francesa, podemos incluir na recolha do material não só a história da Idade Média, como também a de Roma e da Grécia, mas isto, evidentemente, não é "necessário" para o nosso propósito, visto podermos igualmente compreender a gênese histórica da Revolução, baseada em material bem mais restrito. Na recolha do material para o estudo de um sonho, portanto, iremos até onde isto nos parecer necessário para extrair dele uma significação utilizável.

455 Exceção feita da referida limitação arbitrária, a reunião dos materiais escapa ao arbítrio do pesquisador, e o material reunido deve ser submetido a um processo de seleção e a uma elaboração cujo princípio é aplicado sempre na elaboração de material histórico ou de qualquer outro material empírico-científico. Trata-se, essencialmente, de um *método comparativo* cujo funcionamento, evidentemente, nada tem de automático, mas depende, em grande parte, da habilidade e dos objetivos do pesquisador.

456 Quando se trata de explicar um fato psicológico, é preciso não esquecer que todo fenômeno psicológico deve ser abordado sob um duplo ponto de vista, ou seja, do ponto de vista da *causalidade* e do ponto de vista da *finalidade*. É de propósito que falo de finalidade, para evitar toda a confusão com o conceito de *teleologia*. Por finalidade pretendo simplesmente designar a tensão psicológica imanente dirigida a um objetivo futuro. Em vez de "tensão dirigida a um objetivo futuro" poderíamos empregar também a expressão "sentido de um objetivo a alcançar". Todos os fenômenos psicológicos comportam em si um sentido desta natureza, mesmo os fenômenos puramente reativos, como sejam, por exemplo, as reações emocionais. A cólera provocada

---

2. Cf. introdução a *Die Logik*, p. 377.

A natureza da psique

por uma ofensa manifesta este sentido na vingança, e um luto ostensivo tem como finalidade despertar a compaixão dos outros.

Aplicando o ponto de vista causal ao material recolhido para o estudo do sonho, reduzimos o conteúdo manifesto do sonho a certas tendências ou ideias fundamentais descritas por este material. Estas tendências, como seria de esperar, são naturalmente muito gerais e elementares. Um jovem paciente, por exemplo, tem o seguinte sonho: "Encontro-me em um pomar alheio e olho uma maçã. Olho cautelosamente à minha volta para me certificar de que ninguém me viu". 457

O material associativo nos oferece o seguinte quadro: recorda-se de ter roubado uma vez, quando jovem, algumas peras de um pomar alheio. O sentimento de ter uma consciência culposa, particularmente acentuado no sonho, recorda-lhe uma situação da véspera. Encontrou na rua uma jovem conhecida que o deixava indiferente, e trocou com ela algumas palavras. No mesmo momento passou por eles um de seus conhecidos e repentinamente foi invadido por um curioso sentimento de embaraço, como se tivesse praticado um ato ilícito. Ele associa a maçã à cena do Paraíso Terrestre e ao fato de nunca ter podido compreender realmente por que o ato de comer do fruto proibido trouxera consequências tão graves para os nossos primeiros pais. Sempre se revoltara contra essa injustiça divina, uma vez que Deus tinha criado os homens com a sua forte curiosidade e seus apetites. 458

Uma outra associação era a de que o pai o castigara muitas vezes de maneira incompreensível, por certas coisas, e com particular severidade uma vez em que fora surpreendido a observar, às escondidas, algumas jovens que estavam a se banhar. A tudo isso vem se acrescentar a confissão de que recentemente ele começara um caso amoroso com uma criada, caso este, porém, que não chegara ainda a seu fim natural. Na véspera do sonho tivera um encontro com a criada. 459

Se considerarmos este material em seu conjunto, perceberemos que o sonho guarda uma relação muito clara com o acontecimento da véspera. O material associativo nos mostra que a cena da maçã, evidentemente, está a indicar uma cena erótica. Por estes e inúmeros outros motivos parece-nos também extremamente provável que o acontecimento da véspera repercutiu no sonho do jovem. Neste sonho ele colhe a maçã paradisíaca que, na realidade, ainda não colheu. 460

O restante material associativo se ocupa também com um outro acontecimento da véspera, ou seja, o estranho sentimento de estar com a *consciência* culposa e que dele se apoderou quando falava com uma jovem que lhe era indiferente. Também se refere ao pecado original no Paraíso e, por último, a um pecadilho erótico de sua meninice, tão severamente punido pelo pai. Todas estas associações convergem na ideia de *culpabilidade*.

461 Examinaremos este material primeiramente sob o ponto de vista causal desenvolvido por Freud, ou, em outras palavras, "interpretaremos" este sonho para usar uma expressão de Freud. Subsiste do dia anterior um desejo insatisfeito. No sonho esse desejo se realiza sob o *símbolo* da maçã. Por que a realização desse desejo só se efetua de maneira velada, ou seja, sob uma imagem simbólica, e não em um pensamento sexual claro? Freud apontaria para o elemento de culpabilidade, indubitavelmente presente neste material, e diria que a moralidade imposta ao jovem desde a infância e que se empenha em reprimir os desejos dessa natureza, imprimiu em uma inspiração inteiramente natural como esta um sabor penoso e incompatível. Por tal motivo, a ideia possível e recalcada só pode exprimir-se de maneira *simbólica*. E visto que há uma incompatibilidade entre estes pensamentos e o conteúdo moral da consciência, a instância psíquica postulada por Freud, e a qual ele denomina *censura*, procura impedir que este desejo penetre abertamente na consciência.

462 O ponto de vista da finalidade que oponho à concepção de Freud não implica, como expressamente o sublinho, uma negação das causas do sonho, mas antes uma interpretação diferente dos seus materiais associativos. Os fatos em si, ou sejam, essas associações, permanecem inalteráveis, mas o critério com que são julgados é diferente. Podemos formular a questão da seguinte maneira: Para que serve este sonho? Que significado tem e o que deve operar? Estas questões não são arbitrárias, porquanto podem ser aplicadas a qualquer atividade psíquica. Em qualquer circunstância, é possível perguntar-se "por quê?" e "para quê?", pois toda estrutura orgânica é constituída de um complexo sistema de funções com finalidade bem definida e cada uma delas pode decompor-se numa série de fatos individuais, orientados para uma finalidade precisa.

É claro que o sonho junta ao episódio erótico da véspera materiais que realçam em primeiro lugar o elemento de culpabilidade da ação erótica. A mesma associação já mostrara sua eficácia em um outro episódio da véspera, ou seja, no encontro com a jovem que lhe era indiferente, durante o qual o sentimento da consciência culposa também se associou espontânea e inesperadamente, como se o jovem tivesse cometido uma ação pecaminosa. Este episódio também desempenha um papel dentro do sonho, sendo aí intensificado ainda pela associação de materiais correspondentes e o episódio erótico da véspera é representado mais ou menos sob a forma do pecado original tão severamente punido por Deus.

Daqui deduzo que o autor deste sonho apresenta uma propensão ou tendência inconsciente a representar suas experiências eróticas como *faltas*. É característico como o sonho faz a associação com o pecado original cuja punição draconiana o jovem jamais compreendeu. Esta associação nos revela os motivos pelos quais o sonhador simplesmente não pensou: "O que estou fazendo não é correto". Evidentemente ele não sabe que poderia condenar sua ação erótica como moralmente pecaminosa. Mas é isto o que realmente acontece. Conscientemente, ele acredita que, do ponto de vista moral, sua conduta é totalmente indiferente, uma vez que todos os seus amigos procedem da mesma maneira, sendo ele, ainda, inteiramente incapaz, por outros motivos, de compreender por que se faz tanto estardalhaço em torno disto.

Pergunta-se, agora, se o sonho em questão tem sentido ou é absurdo. A resposta depende de uma questão muito importante, qual seja a de saber se o ponto de vista imemorial da ética tradicional é absurdo ou portador de significado. Não quero me perder nos meandros de uma discussão filosófica a respeito desta questão, mas simplesmente notar que a humanidade, sem dúvida, teve sérios motivos para inventar esta moral, pois, do contrário, não poderíamos compreender por que ela tem sofreado uma das suas tendências mais fortes. Se apreciarmos todo este conjunto de coisas segundo o seu justo valor, teremos de reconhecer que o sonho é cheio de significação, porque revela ao jovem a necessidade de considerar sua conduta erótica, alguma vez, sob o ponto de vista moral. Certas tribos primitivas têm, sob certos aspectos, leis extremamente severas a respeito da sexualidade. Isto nos prova que a moral sexual constitui, especialmente entre as funções psíquicas superiores, um fator não negligenciável e por isto merece ser plenamente levado em consideração. No caso em questão se poderia, portanto, dizer que o jovem, hipnotizado pelo exemplo de seus amigos, entrega-se impensadamente aos seus apetites eróticos esquecido de que o homem é um ser moralmente responsável, e submete-se, voluntária ou involuntariamente, à moral que ele próprio criou.

466 Neste sonho podemos ainda discernir uma função compensadora do inconsciente graças à qual os pensamentos, inclinações e tendências da personalidade humana que na vida consciente são muito valorizados, entram em ação, como que alusivamente, durante o sono, estado em que os processos conscientes são quase totalmente eliminados.

467 Aqui possivelmente me perguntarão: Que vantagem obtém o sonhador de tudo isto se ele é capaz de compreender o sonho?

468 A este respeito, tenho a observar que a compreensão não é um processo exclusivamente intelectual, porque, como nos mostra a experiência, imensas coisas, mesmo incompreendidas, intelectualmente falando, podem influenciar e até mesmo convencer um homem, de modo sumamente eficaz. Basta lembrar, neste sentido, a eficácia dos símbolos religiosos.

469 O exemplo aqui citado pode facilmente nos induzir a pensar que a função dos sonhos constitui uma instância "moral". O exemplo mencionado parece-nos confirmar isto, mas, se nos recordarmos da fórmula segundo a qual os sonhos encerram os materiais subliminares de um determinado momento, já não podemos falar de função "moral" em sentido estrito. Com efeito, convém observar que os sonhos daquelas pessoas cujo comportamento é aparentemente irrepreensível do ponto de vista moral, trazem à tona materiais que devemos classificar de "imorais" em sentido corrente. Assim é sintomático que Santo Agostinho se regozijava de não ser responsável pelos seus sonhos diante de Deus. O inconsciente é aquilo que não se conhece em determinado momento, e por isto não é de surpreender que o sonho venha acrescentar à situação psicológica consciente do momento todos aqueles aspectos que são essenciais para um ponto de vista total-

mente diferente. É óbvio que a função do sonho constitui um ajustamento psicológico, uma compensação absolutamente indispensável à atividade ordenada. No processo consciente de reflexão é necessário que, enquanto possível, tenhamos em mente todos os aspectos e consequências de um problema, de modo a encontrar a solução corrente. Este processo se prolonga automaticamente durante o estado mais ou menos inconsciente de sono, onde, como nos parece mostrar nossa experiência atual, apresentam-se ao sonhador – quando nada, apenas por alusão – todos aqueles pontos de vista que durante o dia foram insuficientemente considerados ou totalmente ignorados, isto é, que se mantiverem mais ou menos inconscientes.

Com relação ao tão discutido *simbolismo* do sonho, sua apreciação varia conforme o consideremos do ponto de vista causal ou final. A concepção causal de Freud parte de um desejo, de uma *aspiração recalcada, expressa no sonho*. Esse desejo é sempre algo de relativamente simples e elementar, mas pode se dissimular sob múltiplos disfarces. Assim, o rapaz de nosso sonho teria podido igualmente sonhar que devia abrir uma porta com uma chave, que voava de avião, que beijava a mãe etc. Por este caminho a escola freudiana chegou a ponto de interpretar – para citarmos um exemplo grosseiro – quase todos os objetos alongados vistos nos sonhos, como símbolos fálicos, e todos os objetos redondos e ocos, como símbolos femininos. 470

Do ponto de vista da finalidade as imagens oníricas possuem o seu valor próprio. Se, por exemplo, em vez da cena da maçã, o jovem tivesse sonhado que devia abrir a porta com uma chave, esta imagem modificada do sonho provavelmente teria fornecido material associativo essencialmente diferente, o qual, por sua vez, teria completado a situação consciente de maneira também diferente daquela do material associado à cena da maçã. Para este ponto de vista, a riqueza de sentidos reside na diversidade das expressões simbólicas, e não na sua *uniformidade de significação*. O ponto de vista causal tende, por sua própria natureza, para a uniformidade do sentido, isto é, para a fixação dos significados dos símbolos. O ponto de vista final, pelo contrário, vê nas variações das imagens oníricas a expressão de uma situação psicológica que se modificou. Não reconhece significados fixos dos símbolos, por isto considera as imagens oníricas importantes em si mesmas, tendo cada uma delas sua própria significação, em virtude 471 da qual elas aparecem nos sonhos. Em nosso exemplo, o símbolo, considerado sob o ponto de vista final, possui mais propriamente o valor de uma parábola: não dissimula, ensina. A cena da maçã nos recorda vividamente o sentimento de culpa, ao mesmo tempo em que dissimula o que aconteceu com nossos primeiros pais.

472   É evidente que chegaremos a concepções muito diversas do sentido do sonho, de acordo com o ponto de vista. Deseja-se saber, então, qual é a concepção melhor e mais correta. Para nós, terapeutas, de qualquer modo, termos uma concepção do sentido do sonho constitui acima de tudo uma necessidade prática e não meramente teórica. Se queremos tratar nossos pacientes, é preciso, por razões concretas, tentar nos assenhorear dos meios que, com eficácia, nos permitirão educá-los. Conforme o nosso exemplo claramente o demonstrou, a coleta do material associativo suscitou uma questão especialmente indicada para abrir os olhos do jovem para coisas que ele negligenciara sem dar por isto. Mas, negligenciando-as, era de si mesmo que ele descurava, pois possuía, como qualquer outra pessoa, uma consciência moral e necessidades de ordem moral. Procurando viver sem levar em conta este fato, sua existência tornou-se incompleta e exagerada ou, por assim dizer, desordenada, acarretando para a vida psíquica aquelas mesmas consequências que, para o corpo, resultam de um regime alimentar unilateral e incompleto. Para educar um indivíduo para a autonomia e para uma vida plena, é preciso levá-lo à assimilação de todas as funções que bem pouco ou mesmo nenhum desenvolvimento consciente alcançaram. Para isto, e por motivos terapêuticos, temos de levar em conta todos os aspectos das coisas que os materiais oníricos nos oferecem. Daqui se infere o quanto o ponto de vista final é capaz de concorrer para a educação prática da personalidade.

473   O ponto de vista causal está muito mais na linha do espírito científico atual, com seu modo de pensar rigorosamente causal. Por isto, quando se trata de dar uma explicação científica da psicologia onírica, a concepção causal de Freud parece extremamente sedutora e mais completa. Entretanto, não posso deixar de colocá-la em dúvida quanto a este aspecto, porque a psique não pode ser entendida em termos meramente causais, mas exige também uma abordagem finalista. Só a conjugação dos dois pontos de vista – que ainda não foram desenvolvidos de maneira cientificamente satisfatória, em virtude de

A natureza da psique

enormes dificuldades tanto teóricas como práticas – pode nos levar a uma compreensão mais completa da natureza do sonho.

Eu gostaria agora, ainda, de tratar brevemente alguns outros problemas da psicologia onírica, que ficam à margem da discussão geral do problema dos sonhos. Seja em primeiro lugar a questão da *classificação dos sonhos*, sem pretender exagerar sua importância teórica e prática. A cada ano tenho de examinar de mil e quinhentos a dois mil sonhos, e com base nesta experiência eu pude concluir que existem de fato sonhos típicos. Mas estes sonhos não são muito frequentes e, sob o ponto de vista final, perdem muito de sua importância que a interpretação causal lhe atribui em razão de sua significação simbólica fixa. Parece-me que os *motivos típicos* nos sonhos são de capital importância, porque eles permitem comparações com os motivos mitológicos. Muitos destes motivos mitológicos – em cuja coleta e levantamento se destaca eminentemente a figura de Frobenius – ocorrem também nos sonhos de muitas pessoas, amiúde precisamente com a mesma significação. A exiguidade de espaço não me permite tratar aqui detalhadamente desta questão, o que faço em outro local. Devo, porém, ressaltar que a comparação dos motivos típicos com os motivos mitológicos nos permite supor – como já o fizera Nietzsche – que o pensamento onírico é uma forma filogenética anterior de nosso pensamento. Em vez de multiplicar os exemplos, explico-me voltando ao sonho há pouco citado. Como devemos estar lembrados, este sonho introduz a cena da maçã como modelo típico da culpabilidade erótica. O pensamento abstrato teria dito: "*Faço mal em agir deste modo*". É, no entanto, característico que o sonho quase nunca se exprima nesta forma abstrata e lógica, mas sempre por meio de parábolas ou de linguagem simbólica. Esta é também uma característica das línguas primitivas, cujos rodeios floridos nos surpreendem sempre. Se pensarmos nos momentos das antigas literaturas, nas parábolas e comparações da Bíblia, por exemplo, verificamos que o que se exprime por meio de abstrações era então apresentado por meio de comparações e semelhanças. Mesmo um filósofo como Platão não desdenhou expressar certas ideias fundamentais por este meio.

Nosso organismo conserva os traços de sua evolução filogenética. O mesmo se dá com o espírito humano. Por isso, nada há de espantar quanto à possibilidade de que a linguagem figurada dos sonhos seja um vestígio arcaico de nosso pensamento.

476 Além disto, o roubo da maçã, no exemplo citado, é um destes motivos oníricos típicos que reaparecem com múltiplas variantes, em grande quantidade de sonhos. Esta imagem é também um motivo mitológico muito conhecido que encontramos não apenas na narrativa do Paraíso bíblico, como também em numerosos mitos e contos de fada, provenientes de todas as idades e latitudes. É um dos símbolos universalmente humanos, capazes de renascerem, autóctones, em cada indivíduo e em todas as épocas. Por esta forma, a psicologia onírica nos abre o caminho para uma *psicologia comparada* geral da qual podemos esperar que resulte uma compreensão do desenvolvimento e da estrutura da psique humana, análoga à que a anatomia comparada nos trouxe com relação ao corpo humano.

477 Os sonhos, portanto, comunicam-nos, numa linguagem figurada – isto é, por meio de representações sensoriais e imaginosas – pensamentos, julgamentos, concepções, diretrizes, tendências etc., que se achavam em estado de inconsciência, por terem sido recalcados ou simplesmente ignorados. Mas por se tratar de conteúdos do inconsciente e porque o sonho é a resultante de processos inconscientes, ele oferece-nos justamente uma representação dos conteúdos inconscientes, não de todos, mas apenas de alguns, daqueles que foram reunidos e selecionados associativamente em função do estado momentâneo da consciência. Eu considero esta observação de grande importância, sob o ponto de vista prático. Se quisermos interpretar um sonho corretamente, temos de possuir um conhecimento acurado da consciência nesse preciso momento, porque o sonho encerra o seu complemento inconsciente, ou seja, o material constelado no inconsciente em correlação com o estado momentâneo da consciência. Sem este conhecimento é impossível interpretar um sonho de maneira correta e satisfatória – a não ser, naturalmente, por um feliz golpe do acaso. Gostaria de esclarecer esta afirmação citando o seguinte exemplo:

478 Certo dia, um senhor veio-me consultar pela primeira vez. Disse-me ele que tinha curiosidade pelos mais diversos ramos da ciência e também se interessava pela psicanálise sob o ponto de vista literário. Declarou-me que se sentia perfeitamente bom de saúde e que, portanto, de modo nenhum devia ser tomado como paciente. Vi-

nha-me consultar unicamente por curiosidade psicológica. Acrescentou que era pessoa abastada e dispunha de tempo livre para se consagrar a tudo o que quisesse. Desejava conhecer-me para que eu o introduzisse nos segredos da análise e sua teoria. Achava, entretanto, que, como pessoa normal que era, pouco interesse representava para mim, sempre habituado a me ocupar com "loucos". Tinha-me escrito alguns dias antes, perguntando-me quando eu poderia recebê-lo. No correr da conversa, depressa chegamos ao problema dos sonhos e lhe perguntei incontinenti se ele não tinha tido um sonho, na noite precedente. Ele me respondeu afirmativamente e contou-me o seguinte sonho: "Acho-me em uma sala de paredes nuas, onde uma pessoa, uma espécie de enfermeira, recebe-me e quer obrigar-me a sentar a uma mesa sobre a qual se acha uma garrafa de quefir que eu deveria tomar. Eu desejava ir ao Dr. Jung, mas a enfermeira me respondeu que eu me encontrava num hospital e que o Dr. Jung não tinha tempo para me receber".

O conteúdo manifesto deste sonho já nos mostra que a expectativa da visita a mim constelou de algum modo o inconsciente. As associações foram as seguintes: compartimento de paredes nuas: "uma espécie de sala de recepção glacial, como num edifício público, ou uma sala de espera de hospital. Nunca estive como doente num hospital". – A enfermeira: "Repulsiva e estrábica. Lembrava-me uma cartomante, que era também quiromante e que uma vez consultei sobre meu futuro. Durante uma doença tive uma diaconisa como enfermeira". – A garrafa de quefir: "O quefir me repugna e eu sou incapaz de tomá-lo. Minha mulher toma-o continuamente e por isso eu zombo dela, pois tem a ideia fixa de que devemos fazer sempre qualquer coisa pela nossa saúde. Recordo-me também de ter estado em um sanatório – tratava-se de uma depressão nervosa – e aí tinha de tomar quefir". 479

Neste ponto eu o interrompi, perguntando-lhe indiscretamente se sua neurose havia desaparecido completamente a partir de então. Ele procurou esquivar-se o quanto pôde, mas acabou por confessar que, de fato, sua neurose continuava como dantes e que, na verdade, sua mulher vinha insistindo com ele, há muito tempo, para me consultar. Ele, porém, achava que seu estado nervoso não era de exigir consulta, pois não estava padecendo das faculdades mentais, enquanto, na verdade, eu só cuidava dos doidos. O que lhe interessava era unicamente conhecer minhas teorias psicológicas etc. 480

481   Este material nos revela em que sentido o paciente falsificava a situação: Correspondia mais a seu gosto apresentar-se diante de mim na qualidade de filósofo e psicólogo e relegar o fato de sua neurose a segundo plano. Mas o sonho o faz recordá-la desagradavelmente e o obriga a dizer a verdade. Tem de tragar este cálice amargo. A figura da cartomante revela-nos o conceito real que ele tinha de minha atividade. Como lhe faz ver o sonho, ele devia primeiramente submeter-se a um tratamento, antes de poder chegar até mim.

482   O sonho retifica a situação e acrescenta o material que ainda lhe está faltando, e, deste modo, melhora a atitude do paciente. Eis aí a razão pela qual temos necessidade da análise do sonho em nossa terapia.

483   Eu não queria, contudo, que, só com este exemplo, se ficasse com a impressão de que todos os sonhos se apresentam com tamanha simplicidade ou que todos sejam do mesmo tipo. É verdade que, na minha opinião, todos os sonhos têm um caráter compensador em relação aos conteúdos conscientes, mas longe de mim pensar que a função compensadora se apresente com tanta clareza em todos os sonhos como neste exemplo. Embora o sonho contribua para a autorregulação psicológica do indivíduo, reunindo mecanicamente tudo aquilo que andava recalcado, desprezado, ou mesmo ignorado, contudo, o seu significado compensador muitas vezes não aparece imediatamente, porque apenas dispomos de conhecimentos imperfeitíssimos a respeito da natureza e das necessidades da psique humana. Há, porém, compensações psicológicas, aparentemente muito remotas. Nestes casos, devemos lembrar-nos de que cada indivíduo, em certa medida, representa a humanidade inteira e sua história. E aquilo que foi possível em escala natural na história da humanidade, é possível também em escala reduzida, na vida de cada indivíduo. Em determinadas circunstâncias, este sentirá as mesmas necessidades pelas quais a humanidade tem passado. Não há razão, portanto, para nos espantar se virmos que as compensações religiosas desempenham papel tão importante. Que isto aconteça precisamente em nossa época, talvez com maior intensidade do que antes, não é senão uma consequência natural do materialismo reinante de nossa cosmovisão.

484   Que o significado compensador dos sonhos não é uma invenção nova nem o produto de uma interpretação tendenciosa, mostra-o antigo e bem conhecido sonho, descrito no capítulo IV (7-13) do livro

A natureza da psique   201

do Profeta Daniel. Nabucodonosor se achava no apogeu do seu poder, quando teve o seguinte sonho (que ele próprio narra):

> [7]...Parecia-me que via no meio da terra uma árvore, e era a sua
> altura desmarcada. [8]Era uma árvore grande e forte: e cuja al-
> tura chegava até o céu: a vista se estendia até as extremidades
> de toda a terra. [9]As suas folhas eram formosíssimas e seus fru-
> tos copiosos em extremo, e dela se podiam sustentar todas as
> castas de animais: as alimárias domésticas e selvagens habita-
> vam debaixo dela e as aves do céu pousavam sobre os seus ra-
> mos, e dela se sustentava toda a carne. [10]Eu estava vendo isto
> na visão da minha cabeça sobre o meu leito, e eis que o vigia e
> o Santo desceu do céu. [11]Ele chamou com voz forte e disse as-
> sim: Deitai abaixo pelo pé esta árvore e cortai-lhe os ramos;
> fazei-lhe cair as folhas, e desperdiçai-lhe os pomos, afugen-
> tem-se as alimárias que estão debaixo dela e enxotem-se as aves
> de cima dos seus ramos. [12]Deixai, todavia, na terra o tronco
> com as suas raízes e ele fique ligado com umas cadeias de ferro
> e de bronze, entre as ervas que estão fora no campo, e seja mo-
> lhado do orvalho do céu e sua sorte seja com as feras na erva
> da terra. [13]Mude-se-lhe o seu coração de homem e dê-se-lhe
> um coração de fera, e passem sete tempos por cima dele.

Na segunda parte do sonho a árvore se personifica, de modo que   485
é fácil verificar que a grande árvore é o rei que sonha, e o próprio Daniel interpreta o sonho também neste sentido. O sonho significa, sem
sombra de dúvida, uma tentativa de compensação do delírio de grandeza, o qual, segundo nos diz o relato a seguir, evoluiu para uma psicose real. A interpretação dos fenômenos oníricos como um processo
de compensação corresponde, a meu ver, à natureza do processo biológico em geral. A concepção de Freud situa-se nessa mesma direção
quando atribui também ao sonho um papel compensador, relativo à
manutenção do sono. Como Freud demonstrou, há muitos sonhos
que nos mostram como certos estímulos externos, capazes de arrancar do sono a quem sonha, são desfigurados de tal forma, que levam a
vontade de dormir a fortalecer a intenção de não se deixar perturbar.
Há igualmente, como Freud também demonstrou, inúmeros sonhos
nos quais certos estímulos perturbadores intrapsíquicos, como o aparecimento de representações pessoais capazes de desencadear pode-

rosas reações afetivas, são desfigurados de tal modo, que se encaixam num contexto onírico que disfarça as representações incômodas ao ponto de tornar impossível uma reação afetiva mais forte (e o sono não é perturbado).

486 Mas isto não nos deve impedir de ver que são *justamente os sonhos aquilo que mais perturba* o sono, e há mesmo certos sonhos em bem maior número do que se supõe, cuja estrutura tende a provocar – como de fato provoca – uma situação emocional tão perfeitamente realizada, que quem está dormindo é forçosamente arrancado do sono pelas emoções desencadeadas. Freud explica estes sonhos, dizendo que a censura não conseguiu reprimir a emoção incômoda. Parece-me que esta explicação não toma verdadeiramente em consideração a realidade dos fatos. São fartamente conhecidos os exemplos de sonhos que manifestamente e por forma a mais conveniente se ocupam com as experiências desagradáveis e as ocorrências da vida do estado de vigília, expondo com minuciosa e desagradável clareza justamente aqueles pensamentos mais importunos. A meu ver, não teria sentido falar aqui da proteção do sono e da dissimulação dos afetos como funções do sonho. Seria necessária nada menos do que uma inversão radical da verdade dos fatos para encontrar em tais sonhos uma confirmação da concepção freudiana neste sentido. O mesmo se pode dizer quanto aos casos em que as fantasias sexuais aparecem camufladas sob o conteúdo manifesto do sonho.

487 Cheguei, portanto, à conclusão de que a concepção de Freud, que não distingue essencialmente nos sonhos senão uma função de guarda do sono e de realização dos desejos, é demasiado *estreita*, ao passo que a ideia fundamental de uma função compensadora é certamente correta. Esta função, porém, só em parte se refere ao estado de sono, ao passo que seu significado principal está ligado à vida consciente. *Os sonhos, afirmo eu, comportam-se como compensações da situação da consciência em determinado momento.* Eles preservam o sono na medida do possível, quer dizer, funcionam obrigatória e automaticamente sob a influência do estado de sono, mas o interrompem, quando sua função o exige, isto é, quando seus conteúdos compensadores são suficientemente intensos para lhe interromper o cur-

so. Um conteúdo compensador apresenta-se particularmente intenso, quando tem importância vital para a orientação da consciência.

Já desde 1906 eu chamei a atenção para as relações de compensação existentes entre a consciência e os complexos autônomos, e sublinhei, simultaneamente, sua oportunidade[3]. O mesmo fez Flournoy, independentemente de mim[4]. Estas observações apontam para a possibilidade de impulsos inconscientes orientados para um fim. Convém, entretanto, ressaltar que a orientação finalista do inconsciente nada tem em comum com as intenções conscientes, e, de maneira geral, mesmo o conteúdo do inconsciente contrasta fortemente com o conteúdo consciente, como acontece de modo particular quando a atitude consciente se orienta exclusivamente em um determinado sentido, ameaçando perigosamente as necessidades vitais do indivíduo. Quanto mais unilateral for a sua atitude consciente e quanto mais ela se afastar das possibilidades vitais ótimas, tanto maior será também a possibilidade de que apareçam sonhos vivos de conteúdos fortemente contrastantes como expressão da autorregulação psicológica do indivíduo. Assim como o organismo reage de maneira adequada a um ferimento, a uma infecção ou a uma situação anormal da vida, assim também as funções psíquicas reagem a perturbações não naturais ou perigosas, com mecanismos de defesa apropriados. O sonho faz parte, segundo meu modo de entender, dessas reações oportunas, porque ele proporciona à consciência, em determinadas situações conscientes e sob uma combinação simbólica, o material inconsciente constelado para este fim. Neste material inconsciente encontram-se todas as associações que permanecem inconscientes por causa de sua fraca acentuação, mas que possuem suficiente energia para se manifestarem durante o sono. Naturalmente a oportunidade dos conteúdos do sonho não se evidencia à primeira vista, a partir dos conteúdos manifestos, mas torna-se preciso analisar o conteúdo manifesto para se chegar aos elementos compensadores de seu conteúdo latente. A maior parte dos mecanismos de defesa do organismo têm

488

---

3. Cf. *Über die Psychologie der Dementia praecox* [OC, 3].

4. FLOURNOY. *Automatisme téléologique antisuicide*, p. 113s.

esta natureza obscura, e, por assim dizer, indireta, e seu caráter salutar só foi conhecido depois de profunda e cuidadosa investigação. Recordemo-nos, por exemplo, do significado da febre e das supurações de uma ferida infectada.

489   Os processos psíquicos compensadores quase sempre são de natureza essencialmente individual, e esta circunstância aumenta consideravelmente a dificuldade de provar seu caráter compensador. Por causa desta peculiaridade, muitas vezes torna-se verdadeiramente difícil, particularmente para os principiantes neste domínio, perceber até que ponto o conteúdo de um sonho tem um significado compensador. Com base na teoria da compensação, estaríamos mais inclinados a admitir, por exemplo, que um indivíduo com uma atitude exageradamente pessimista em face da vida tivesse sonhos serenos e otimistas. Mas esta expectativa não se verifica senão no caso de alguém cuja índole permite que ele seja estimulado e encorajado neste sentido. Mas se o seu temperamento for um tanto diferente, assumirão, consequentemente, uma feição mais negra ainda do que a atitude consciente. Eles seguem então o princípio de que *similia similibus curantur* ("As coisas semelhantes se curam com coisas de natureza semelhante").

490   Não é fácil, portanto, estabelecer qualquer regra especial relativa ao tipo de compensação onírica que daí resulta. O seu caráter se acha sempre intimamente ligado a toda a natureza do indivíduo. As possibilidades de composição são numerosas e inesgotáveis, embora a experiência nos mostre que certos traços fundamentais acabam pouco a pouco por se cristalizarem.

491   Ao propor uma teoria das compensações, não pretendo de modo algum afirmar que ela seja a única teoria válida para os sonhos ou que ela explique plenamente *todos* os fenômenos da vida onírica. O sonho é um fenômeno extraordinariamente complexo, tão complicado e insondável quanto os fenômenos da consciência. Da mesma forma como seria inadequada a pretensão de entender todos os fenômenos da consciência por uma teoria que não vê neles mais do que a realização de desejos ou a manifestação de instintos, assim também é pouco provável que os fenômenos oníricos possam ser explicados a partir de uma visão tão simplista. Também não se pode considerar estes fenômenos meramente como elementos compensadores e secundários com relação aos conteúdos da consciência, embora a opinião geral

atribua à vida consciente, com relação à existência do indivíduo, uma importância incomparavelmente maior do que a concedida ao inconsciente. Mas esta opinião geral deve ser submetida ainda a uma revisão, porque quanto mais se enriquece a experiência, tanto mais se aprofunda também a convicção de que a função da inconsciência possui, na vida da psique, uma importância de que, por enquanto, talvez só tenhamos uma pálida ideia. Foi justamente a experiência analítica que descobriu, de modo cada vez mais claro, as influências do inconsciente sobre a vida consciente da alma – influências cuja exigência e significado a experiência havia ignorado até aqui. Em meu modo de ver, que se fundamenta em anos de experiência e em inumeráveis pesquisas, a significação da inconsciência para a atividade geral da psique é talvez tão grande quanto a da consciência. Se este ponto de vista é correto, então não se deve considerar apenas a função da inconsciência como compensadora e relativa no confronto com o conteúdo da consciência; também este conteúdo deve ser considerado como relativo, no que respeita ao conteúdo inconsciente, momentaneamente constelado. Neste caso, a orientação ativa para um fim e uma intenção seria um privilégio não só da consciência, mas também do inconsciente, de tal modo que este seria capaz, tanto quanto a consciência, de assumir uma direção orientada para uma finalidade. Se assim fosse, o sono teria então o valor de uma ideia diretriz positiva ou de uma representação orientada, de significado vital superior aos conteúdos da consciência momentaneamente constelados. Esta possibilidade que, na minha opinião, é real, concorda com o *consensus gentium* (consenso universal), pois na superstição de todas as épocas e de todos os povos considera-se o sonho como um oráculo que transmite a verdade. Descontados os exageros e radicalismos, sempre há uma parcela de verdade nesta representação universalmente tão difundida. Maeder sublinhou energicamente o significado finalista e prospectivo dos sonhos como função inconsciente apropriada, que prepara o caminho para a solução dos conflitos e problemas atuais, e procura descrevê-los com a ajuda de símbolos escolhidos às apalpadelas[5].

---

5. Cf. MAEDER. *Sur le mouvement psychoanalytique*, p. 389s.; *Über die Funktion des Traumes*, p. 692s.; *Über das Traumproblem*, p. 647s.

492   *Eu gostaria de distinguir a função prospectiva do sonho da respectiva função compensadora.* Esta última implica, em primeiro lugar, que o inconsciente, na medida em que depende da consciência, acrescenta à situação consciente do indivíduo todos os elementos que, no estado de vigília, não alcançaram o limiar na consciência, por causa de recalque ou simplesmente por serem demasiado débeis para conseguir chegar por si mesmo até à consciência. A compensação daí resultante pode ser considerada como *apropriada*, por representar uma autorregulação do organismo psíquico.

493   A função prospectiva é uma antecipação, surgida no inconsciente, de futuras atividades conscientes, uma espécie de exercício preparatório ou um esboço preliminar, um plano traçado antecipadamente. Seu conteúdo simbólico constitui, por vezes, o esboço de solução de um conflito, como Maeder o ilustrou muito bem. Não se pode negar a realidade dos sonhos prospectivos desta natureza. Seria injustificado qualificá-los de proféticos, pois, no fundo, não são mais proféticos do que um prognóstico médico ou meteorológico. São apenas uma combinação precoce de possibilidades que podem concordar, em determinados casos, com o curso real dos acontecimentos, mas que pode igualmente não concordar em nada ou não concordar em todos os pormenores. Só neste caso é que se poderia falar de profecia. A função prospectiva do sonho é muitas vezes francamente superior à combinação consciente e precoce das probabilidades, do que não devemos admirar-nos, porque o sonho resulta da fusão de elementos subliminares, sendo, portanto, uma combinação de percepções, pensamentos e sentimentos que, em virtude de seu fraco relevo, escaparam à consciência. Além disso, o sonho pode contar ainda com vestígios subliminares da memória que não se encontram mais em estado de influenciarem eficazmente a consciência. Do ponto de vista do prognóstico, portanto, o sonho se encontra muitas vezes em situação mais favorável do que a consciência.

494   Embora a função prospectiva constitua, na minha opinião, um atributo essencial, contudo, convém não exagerá-la, porque é fácil cair na tentação de ver no sonho uma espécie de psicopompo que seria capaz de guiar a existência por um caminho da vida, em virtude de uma sabedoria superior. Enquanto, por uma parte, há uma forte tendência a diminuir a importância psicológica do sonho, por outra,

A natureza da psique

também há, para aqueles que se ocupam constantemente com a análise onírica, o grande perigo de exagerar a importância do inconsciente para a vida real. Mas até aqui a experiência nos autoriza a admitir que o inconsciente possui uma importância quase igual à da consciência. Existem, com toda a certeza, atitudes conscientes que o inconsciente ultrapassa, isto é, existem atitudes conscientes tão mal adaptadas à natureza da individualidade como um todo, que a atitude inconsciente ou constelação dela nos dá uma expressão incomparavelmente superior. Mas isto nem sempre acontece. Antes, muitas vezes o sono contribui apenas com fragmentos para a atitude consciente, porque, justamente neste caso, a atitude consciente está, por um lado, quase inteiramente adaptada à realidade e, por outro, satisfaz mais ou menos também à natureza essencial do indivíduo. Neste caso, tomar em consideração, com maior ou menor exclusividade, apenas o ponto de vista oferecido pelo sonho, desprezando a situação consciente, seria inteiramente inadequado e só serviria para confundir e destruir a atividade consciente. Somente em presença de uma atitude manifestamente insuficiente e deficiente é que se tem direito de atribuir ao inconsciente um valor superior. Os critérios requeridos para uma tal apreciação constituem, naturalmente, um problema delicado. É evidente que nunca poderemos apreciar o valor da atitude consciente de um ponto de vista exclusivamente coletivo. Para isto será, antes, necessário um estudo minucioso da individualidade em questão, e só um conhecimento acurado nos permite determinar em que medida a atitude consciente não basta. Se ponho ênfase no conhecimento do caráter individual não significa de modo algum que se podem desprezar inteiramente as exigências do ponto de vista coletivo. Como sabemos, o indivíduo não se acha condicionado apenas por si só, mas também por suas ligações coletivas. Se a atitude consciente, portanto, for mais ou menos suficiente, a importância do sonho se limita à sua significação puramente compensadora. Este caso é a regra geral para o homem normal e que vive em condições externas e internas normais. Por estas razões, a teoria compensatória parece-me fornecer a fórmula exata e adequada à realidade dos fatos, porque ela confere ao sonho o significado compensador na autorregulação do organismo psíquico.

495   Quando o indivíduo se afasta da norma, com sua atitude consciente inadaptada, tanto objetiva como subjetivamente, a função do inconsciente, puramente compensadora em circunstâncias normais, adquire importância e ascende à categoria de *função prospectiva dirigente*, capaz de imprimir à atitude consciente uma orientação totalmente diferente e bem melhor do que a anterior, como o provou Maeder, com sucesso, nos seus trabalhos já mencionados. Nesta rubrica se incluem sonhos do gênero do de Nabucodonosor. É claro que sonhos desta natureza se encontram principalmente em indivíduos que se mantiveram abaixo de seu próprio valor. É igualmente claro que essa desproporcionalidade ocorre com muita frequência. Por isto, muitas vezes temos oportunidade de considerar os sonhos sob o aspecto de seu valor prospectivo.

496   Há ainda um outro aspecto do sonho a considerar e que não deve ser negligenciado. São numerosas as pessoas cuja atitude consciente é falha, não com respeito à adaptação ao ambiente exterior, mas no que se refere à manifestação do próprio caráter. Trata-se, portanto, de indivíduos cuja atitude consciente e esforço de adaptação ultrapassam as capacidades individuais, ou seja, parecem melhores e mais valiosos do que são na realidade. Este excedente de atividade exterior, naturalmente, nunca é conseguido por meios individuais, mas, em grande parte, graças às reservas dinâmicas geradas pela sugestão coletiva. Estas pessoas ascendem a um nível mais alto do que aquele que, por natureza, lhes compete, graças, por exemplo, à influência de um ideal coletivo, à atração de alguma vantagem social ou ao apoio oferecido pela sociedade. Interiormente, não estão à altura de sua proeminência exterior, pelo que, em todos estes casos, o inconsciente possui uma *função negativamente compensadora*, ou seja, uma *função redutora*. Claro está que uma redução ou depreciação nestas circunstâncias tem também caráter compensador, no sentido de uma autorregulação, e que esta função redutora pode ser também eminentemente prospectiva (haja vista o sonho de Nabucodonosor). Em geral associamos a palavra "prospectivo" à ideia de algo construtivo, preparatório e sintético. Mas, para que possamos entender a natureza desses sonhos redutores, devemos separar nitidamente a palavra "prospectivo" dessa, pois o sonho redutor produz um efeito que é tudo menos preparatório, construtivo ou sintético: o sonho redutor

A natureza da psique

tende, antes, a desintegrar, a dissolver, depreciar, e mesmo destruir e demolir. Evidentemente, isto não quer dizer que a assimilação de um conteúdo redutor tenha um efeito inteiramente destrutivo sobre o indivíduo como um todo. Pelo contrário este efeito é muitas vezes altamente salutar, porque afeta apenas a atitude e não a personalidade total. Mas este efeito secundário não modifica em nada o caráter do sonho, que é essencialmente redutor e retrospectivo e, por isto mesmo, não deveria ser qualificado de "prospectivo". Por isto é de recomendar, em vista de uma qualificação mais exata, que tais sonhos se chamem de sonhos *redutores*, e a função correspondente, de *função redutora do inconsciente*, embora, no fundo, trate-se sempre da mesma função compensadora. Devemos acostumar-nos ao fato de que o inconsciente nem sempre apresenta o mesmo aspecto, tanto quanto a atitude consciente. O inconsciente modifica suas aparências e sua função, da mesma forma que a atitude consciente, pelo que é extremamente difícil formar uma ideia concreta da natureza do inconsciente.

Foram, sobretudo, as investigações de Freud que esclareceram a função redutora. A interpretação freudiana dos sonhos se limita essencialmente às camadas inferiores pessoais recalcadas do indivíduo e seus aspectos infantis. Investigações posteriores estabeleceram a ponte de ligação com os elementos arcaicos, com os resíduos funcionais filogenéticos supraindividuais e históricos depositados no inconsciente. Podemos, portanto, afirmar hoje, com certeza, que a função redutora do sonho constela materiais compostos essencialmente de desejos sexuais infantis recalcados (Freud), de vontades de poder infantis (Adler) e de resíduos de pensamentos, sentimentos e instintos arcaicos e supraindividuais. A reprodução de tais elementos com seu caráter totalmente arcaico é apropriada, mais do que nenhuma outra coisa, para minar efetivamente uma posição excessivamente elevada, para lembrar ao indivíduo a insignificância do ser humano e reconduzi-lo aos seus condicionamentos fisiológicos, históricos e filogenéticos. Toda aparência de grandeza e de importância falaciosas se dissipa diante das imagens redutoras de um sonho que analisa sua atitude consciente com implacável senso crítico, pondo às claras materiais arrasadores que se caracterizam por um registro completo de todas as suas fraquezas e inquietações. É absolutamente impossível qualificar como prospectiva a função de um sonho desta natureza, pois tudo

497

nele, até à última fibra, é retrospectivo e conduz a um passado que se acreditava desde há muito sepultado. Esta circunstância, como é evidente, não impede que o conteúdo onírico seja compensador também em relação aos conteúdos da consciência e possua uma orientação natural finalista, porquanto a tendência redutora, em determinados casos, pode ter uma grandíssima importância na adaptação do indivíduo. Mas o conteúdo onírico possui também um caráter redutivo. Acontece com frequência que os pacientes espontaneamente experimentem a relação que existe entre o conteúdo onírico e a situação consciente, e conforme o conhecimento que lhes resulta desta percepção, eles veem no sonho um conteúdo prospectivo, redutivo ou compensador. Mas isto nem sempre é assim, e devemos mesmo sublinhar que, em geral, particularmente no início de um tratamento analítico, o doente tem uma tendência insuperável para se obstinar em conceber os resultados da investigação analítica de seus materiais em termos de sua atitude patogênica (geradora de doença).

498   Estes casos exigem um certo apoio da parte do analista para que o paciente possa chegar a um estágio em que seja capaz de uma compreensão correta do sonho. Este fato confere uma importância capital à opinião que o analista tem a respeito da psicologia consciente do enfermo, porque a análise do sonho não é meramente a aplicação prática de um método que se aprende como que mecanicamente, mas pressupõe um conhecimento íntimo das concepções analíticas – familiaridade que só se consegue, fazendo-se analisar a si próprio. O maior erro que um terapeuta pode cometer é supor no analisando uma psicologia igual à sua. Esta projeção pode estar certa uma vez, mas, na maior parte das vezes, permanecerá mera projeção. Tudo o que é inconsciente projeta-se, e, por esta razão, o analista deve estar consciente pelo menos dos conteúdos mais importantes do seu inconsciente, a fim de que as projeções inconscientes não venham a turvar o seu julgamento. Quem quer que analise os sonhos de terceiros nunca deveria esquecer que não há teorias simples e universalmente conhecidas dos fenômenos psíquicos, nem a respeito de sua natureza, de suas causas, nem de seus fins. Falta-nos, portanto, um critério geral de julgamento. Sabemos que há fenômenos psíquicos de toda espécie, mas nada sabemos ao certo a respeito de sua natureza. Tudo o que sabemos é que, embora a observação da psique, a partir de qualquer ponto de vista isolado, possa fornecer-nos pormeno-

res preciosos, nunca, porém, uma teoria satisfatória que nos permita também fazer deduções. A teoria da sexualidade e dos desejos reprimidos e a vontade de poder são pontos de vista que têm o seu valor, mas são incapazes de captar toda a profundidade e riqueza da psique humana. Se dispuséssemos de uma teoria como esta, poderíamos contentar-nos com a aprendizagem por assim dizer mecânica do método. Tratar-se-ia, então, apenas de interpretar certos sinais que representavam conteúdos cristalizados, bastando para isto saber de cor algumas regras semióticas. O conhecimento e a apreciação correta da situação da consciência seriam então supérfluos, como quando se faz uma punção lombar. Mas para infelicidade dos sobrecarregados analistas da nossa época a psique humana permanece refratária a todo método que procura abordá-la previamente apenas sob um de seus aspectos, com exclusão de todos os outros. No momento, tudo o que sabemos a respeito dos conteúdos do inconsciente é que eles são subliminares e complementares em relação à consciência e, portanto, essencialmente relativos. Eis a razão pela qual o conhecimento da situação da consciência é necessário para que se possa compreender um sonho.

Os sonhos redutores, prospectivos, compensadores em suma, estão longe de esgotar todas as possibilidades de interpretação. Há uma espécie de sonho que poderíamos chamar muito simplesmente de *sonho reativo*. Seríamos tentados a incluir nesta rubrica todos os sonhos que, no fundo, parecem ser apenas a reprodução de uma experiência consciente carregada de afeto se a análise de tais sonhos não desvendasse os motivos profundos que provocaram a reprodução onírica fiel dessas experiências. Verifica-se, de fato, que esta experiência possui também um aspecto simbólico que escapou ao sujeito e que é o único fator que provoca a reprodução onírica desta experiência. Estes sonhos, porém, não se incluem na classe dos reativos, mas somente aqueles em que certos fatos psíquicos produziram um trauma cujas formas não são puramente psíquicas, mas representam também uma lesão física do sistema nervoso. Esses casos de choques violentos foram muito numerosos durante a guerra, e aqui devemos contar com o aparecimento de muitos sonhos reativos puros nos quais o trauma é o fator mais ou menos determinante.

499

Embora seja muito importante para a atividade global da psique que o conteúdo traumático perca pouco a pouco sua autonomia, gra-

500

ças a uma repetição frequente e, deste modo, retome o seu lugar na hierarquia psíquica, contudo, dificilmente se poderia chamar compensador a um tal sonho que é, essencialmente, a repetição de um traumatismo. Aparentemente o sonho devolve uma parte autônoma que se separou da psique; mas torna-se, desde logo, notório que a assimilação consciente da parte reproduzida pelo sonho de modo nenhum atenua o abalo que determinou o sonho. O sonho continua com suas "reproduções" e o conteúdo traumático, tendo-se tornado autônomo, prossegue a sua obra por si mesmo, até a extinção completa do estímulo traumático. "Descobrir" antecipadamente o de que se trata não servirá de nada.

501 Na prática não é fácil decidir se um sonho é essencialmente reativo ou se reproduz apenas simbolicamente uma situação traumática. A análise, porém, pode resolver a questão porque, neste caso, a reprodução da cena dramática se interrompe se a interpretação é correta, ao passo que a reprodução reativa não é afetada pela análise do sonho.

502 Encontramos, evidentemente, os mesmos sonhos reativos, sobretudo em condições físicas patológicas, em que dores violentas influenciam decisivamente o desenrolar do sonho. Em minha opinião, os estímulos somáticos só excepcionalmente têm uma significação determinante. Geralmente esses estímulos se integram completamente na expressão simbólica do conteúdo inconsciente do sonho, ou, dito de outro modo: são utilizados como meio de expressão. Não é raro que os sonhos revelem uma combinação simbólica íntima e singular entre uma enfermidade física inegável e um dado problema psíquico, de forma que a perturbação física parece como que a expressão mímica de uma situação psíquica. Cito este dado singular, mais para ser completo do que propriamente para me demorar neste domínio particularmente problemático. Parece-me, contudo, que existe, entre as perturbações físicas e psíquicas, uma certa correlação cujo significado, em geral, deprecia-se, embora, por outro lado, seja desmesuradamente exagerado por uma certa corrente de pensamento que quer ver no distúrbio físico tão somente a expressão de uma perturbação psíquica, como é o caso, por exemplo, dos adeptos da Christian Science. Os sonhos trazem informações ocasionais de grande interesse para a questão da cooperação funcional entre o corpo e alma, sendo esta a razão pela qual menciono aqui esta questão.

Uma outra determinante do sonho que devemos reconhecer é o *fenômeno telepático*. Hoje não se pode mais duvidar da realidade universal deste fenômeno. Naturalmente é muito fácil negar a sua existência sem examinar os materiais que dele dão prova, mas isto seria uma atitude bem pouco científica, que não merece a mínima consideração. Tive ocasião de verificar que os fenômenos telepáticos exercem também influência sobre os sonhos, o que, de resto, tem sido afirmado por nossos antepassados desde tempos imemoriais. Certas pessoas são, neste particular, muito sensíveis e frequentemente têm sonhos de caráter fortemente telepático. Reconhecer a existência do fenômeno telepático não significa absolutamente reconhecer sem mais a teoria corrente a respeito da natureza da *actio in distans* (ação a distância). O fenômeno existe, sem nenhuma dúvida, embora a sua teoria não me pareça tão simples. Em todo caso, é preciso levar em conta a possibilidade de concordância das associações, de processos psíquicos paralelos[6] que, como foi provado, desempenham um grande papel, particularmente no seio da família, e se manifestam, entre outras coisas, por uma identidade ou semelhança muito grande de atitude. É preciso igualmente tomar em consideração a *criptomnésia*, fator particularmente enfatizado por Flournoy[7], e que pode, eventualmente, ocasionar os fenômenos mais espantosos possíveis. Desde que os materiais subliminares se manifestam, de uma maneira ou de outra, nos sonhos, não é de admirar que a criptomnésia neles surja às vezes como fator determinante. Tive ocasião de analisar, bastantes vezes, sonhos telepáticos entre os quais muitos cuja significação telepática era desconhecida no momento da análise. Esta análise proporcionava materiais subjetivos, como qualquer outra análise onírica, e, por tal fato, o sonho tinha um significado que se harmonizava com a situação momentânea do sujeito. Mas a análise não deixava em nada suspeitar que o sonho era telepático. Nunca encontrei, até o presente, um sonho cujo conteúdo telepático se encontrasse, sem sombra de dúvida, no material associativo colhido no decorrer da análise (isto é, no "conteúdo latente do sonho"). Encontrava-se invariavelmente na *forma manifesta do sonho*.

503

---

6. Cf. *Diagnostische Assoziationsstudien*. Vol. II, p. 95 [OC, 2].

7. *Des Indes à Ia planète Mars*, e *Nouvelles observations sur un cas de somnambulisme avec glossolalie*.

504   Em geral, a literatura dos sonhos telepáticos cita apenas aqueles durante os quais um acontecimento particularmente afetivo é antecipado "telepaticamente" no tempo e no espaço; aqueles, portanto, em que a importância humana do acontecimento (por exemplo, de um falecimento) por assim dizer ajuda a explicar ou pelo menos a compreender o seu pressentimento ou percepção à distância. Os sonhos telepáticos que tenho observado correspondem, na maioria, a este tipo. Um pequeno número, porém, distingue-se pela singularidade de que o conteúdo manifesto do sonho encerra uma verificação telepática que se refere a algo inteiramente banal e sem interesse, como, por exemplo, o rosto de uma pessoa desconhecida e indiferente, ou a um conjunto de móveis em um lugar e em condições indiferentes, ou à chegada de uma carta banal e desprovida de interesse etc. Naturalmente, constatando a ausência de interesse em tais sonhos, quero apenas dizer que, nem pelos interrogatórios habituais nem pela análise, descobri algum conteúdo onírico cuja importância "justificasse" o fenômeno telepático. Em casos como estes, mais ainda do que nos mencionados acima, seríamos tentados a pensar no que chamam de acaso. Infelizmente a hipótese do acaso pareceu-me sempre um *asylum ignorantiae*, um biombo para ocultar a própria ignorância. Por certo, ninguém poderá negar a existência de casos extremamente curiosos, mas o fato de prever a sua repetição com alguma probabilidade exclui de *per si* sua natureza aleatória. Naturalmente, nunca professarei que as leis que os regem sejam alguma coisa de "sobrenatural". Apenas afirmo que eles escapam ao alcance de nosso saber meramente acadêmico. Assim, os conteúdos telepáticos contestáveis possuem um caráter de realidade que zomba de qualquer expectativa de probabilidade. Embora sem me arriscar a uma concepção teórica a respeito desses fenômenos, creio, todavia, que é correto reconhecer e sublinhar sua realidade. Para a investigação dos sonhos este ponto de vista representa um enriquecimento[8].

505   Em oposição com a opinião freudiana bem conhecida segundo a qual o sonho em essência não é senão a "realização de um desejo", eu adoto, com meu amigo e colaborador A. Maeder, a opinião de que o

---

8. Sobre a questão da telepatia cf. RHINE. *New Frontiers of the Mind* (Novas fronteiras da mente...).

A natureza da psique   215

sonho é uma *autorrepresentação, em forma espontânea e simbólica, da situação atual do inconsciente*. Nossa concepção coincide, neste particular, com as conclusões de Silberer[9]. Esta concordância com Silberer me é tanto mais agradável quando resulta de trabalhos independentes um do outro.

Nossa concepção opõe-se, à primeira vista, à fórmula de Freud, só pela renúncia a exprimir o que quer que seja sobre o sentido do sonho. Nossa fórmula sustenta apenas que o sonho é a representação simbólica de conteúdos inconscientes. Não discute a questão se esses conteúdos são sempre ou não a realização de desejos. Pesquisas posteriores, como Maeder expressamente referiu, mostraram-nos claramente que a linguagem do sonho não deveria ser interpretada sempre em sentido concreto[10], ou seja, mostraram-nos que esta linguagem sexual é de natureza arcaica, naturalmente cheia das mais imediatas analogias, sem necessariamente coincidir, todas às vezes, com um conteúdo sexual verdadeiro. Por isto, é injustificado tomar a linguagem sexual do sonho sempre em sentido concreto, enquanto outros conteúdos são declarados simbólicos. Mas logo que as expressões sexuais da linguagem onírica são concebidas como símbolos de algo desconhecido, surge imediatamente uma concepção da natureza do sonho. Maeder descreveu isto com muita justeza através de um exemplo prático dado por Freud[11]. Enquanto se persistir em ver a linguagem sexual do sonho apenas do ponto de vista concreto, só poderá haver soluções imediatas, exteriores e concretas ou a correspondente inação, isto é, uma resignação oportunista ou a covardia e a preguiça habituais. Mas não há uma percepção do problema, nem a formulação de uma atitude a seu respeito. Mas logo se consegue isto quando se abandona o mal-entendido concretista, isto é, quando se deixa de tomar a linguagem sexual inconsciente numa acepção literal e de interpretar as personagens oníricas como se fossem pessoas reais.

Da mesma forma que nos inclinamos a supor que o mundo é tal como o vemos, com igual ingenuidade supomos que os homens são

506

507

---

9. Cf. a obra de Silberer sobre a "formação do símbolo", em *Jahrbuch für psychoanalytische und psychopathologische Forschungen*. Vol. III, 1911; Vol. IV, 1912.

10. Neste particular, nossos pontos de vista coincidem com os de Adler.

11. MAEDER. *Traumproblem*, p. 680s.

tais como os figuramos. Infelizmente ainda não existe, aqui, uma Física que nos mostre a discrepância entre a percepção e a realidade. Embora seja muito maior a possibilidade de erro grosseiro neste caso, do que nas percepções sensoriais, nem por isto deixamos de projetar nossa própria psicologia nos outros, com toda a tranquilidade. Cada um de nós cria, assim, um conjunto de relações mais ou menos imaginárias, baseadas essencialmente em projeções deste gênero. Nos neuróticos são até mesmo frequentes os casos em que projeções fantásticas constituem as únicas vias possíveis de relações humanas. Um indivíduo que eu percebo principalmente graças à minha projeção é *imago* (imagem) ou um *suporte de imago* ou *de símbolo*. Todos os conteúdos de nosso inconsciente são constantemente projetados em nosso meio ambiente, e só na medida em que reconhecemos certas peculiaridades de nossos objetos como projeções, como *imagines* (imagens), é que conseguimos diferenciá-los dos atributos reais desses objetos. Mas se não estamos conscientes do caráter projetivo da qualidade do objeto, não temos outra saída senão acreditar, piamente, que esta qualidade pertence realmente ao objeto. Todas as nossas relações humanas afundam em semelhantes projeções e quem não tivesse uma ideia clara deste fato, em sua esfera pessoal, bastaria lhe atentar aparar a psicologia da imprensa dos países beligerantes. *Cum grano salis* veem-se sempre as próprias faltas inconfessadas no adversário. Todas as polêmicas pessoais disso nos fornecem exemplos eloquentes. Quem não possuir um raro grau de autocontrole não pairará acima de suas projeções, mas, na maioria das vezes, sucumbirá a elas, pois o estado de espírito normal pressupõe a existência de semelhantes projeções. A projeção dos conteúdos inconscientes é fato natural, normal. É isto o que cria nos indivíduos mais ou menos primitivos aquela relação característica com o objeto, que Lévy-Bruhl designou, com acuidade, pelo nome de "identidade mística" ou "participação mística"[12]. Assim, todo contemporâneo normal, que não possua um caráter reflexivo acima da média, está ligado ao meio ambiente por todo um sistema

---

12. LÉVY-BRUHL. *Les fonctions mentales dans les sociêtés injérieures*, p. 140. É de lamentar que o autor tenha cancelado, em edição posterior de sua obra, o termo extremamente apropriado de "místico". É provável que ele tenha sucumbido à fúria dos estúpidos que viam na palavra "místico" os seus próprios disparates.

A natureza da psique

de projeções inconscientes. O caráter compulsivo de tais relações (ou seja, precisamente o seu aspecto "mágico" ou "místico-imperativo") permanece inconsciente para ele, "enquanto tudo caminhar bem". Mas logo que se manifestam distúrbios paranoides, todas estas vinculações inconscientes de caráter projetivo aparecem sob a forma de outras tantas vinculações compulsivas, reforçadas, em geral, por materiais inconscientes que, notemo-lo, constituíam, já durante o estado normal, o conteúdo dessas projeções. Por isto, enquanto o interesse vital, a libido, puder utilizar estas projeções como pontes agradáveis e úteis, ligando o sujeito com o mundo, tais projeções constituem facilitações positivas para a vida. Mas logo que a libido procura seguir outro caminho e, por isto, começa a regredir através das pontes projetivas de outrora, as projeções atuais atuam então com os maiores obstáculos neste caminho, opondo-se, com eficácia, a toda verdadeira libertação dos antigos objetos. Surge então um fenômeno característico: o indivíduo se esforça por desvalorizar e rebaixar, o máximo possível, os objetos antes estimados, a fim de poder libertar deles a sua libido. Como, porém a precedente identidade repousa sobre a projeção de conteúdos subjetivos, uma libertação plena e definitiva só pode realizar-se se a imago refletida no objeto for restituída, juntamente com sua significação, ao sujeito. Produz-se esta restituição quando o sujeito toma consciência do conteúdo projetado, isto é, quando reconhece o "valor simbólico" do objeto em questão.

É certo que essas projeções são bastante frequentes e tão certo quanto o desconhecimento de sua natureza. Sendo assim, não devemos nos admirar de que as pessoas desprovidas de senso crítico admitam, *a priori*, e como evidente à primeira vista, que, quando se sonha com o "Senhor X", esta imagem onírica denominada "Senhor X" é idêntica ao "Senhor X" da realidade. Este preconceito está inteiramente de acordo com a ausência geral de espírito crítico que não vê diferença entre o objeto em si e a ideia que se tem dele. Considerada sob o ponto de vista crítico, a imagem onírica – ninguém o pode negar – guarda apenas uma relação exterior com o objeto. Na realidade, porém, esta imagem é um complexo de fatores psíquicos que se *formou espontaneamente* – embora sob o influxo de certos estímulos exteriores – e, por consequência, compõe-se, essencialmente, de fatores subjetivos, característicos do próprio indivíduo, e que muitas vezes não têm absolutamente nada a ver com o objeto real. Compreendemos sempre os outros como a nós mesmos, ou como procuramos compreender-nos. O que não compreendemos em nós próprios, também não o compreendemos nos outros. Assim, por uma série de motivos, a imagem que temos dos outros é, em geral, quase inteiramente subjetiva. Como sabemos, uma amizade íntima com uma pessoa nem sempre é garantia de que o conhecimento que temos a seu respeito seja verdadeiramente objetivo.

509 Se começarmos – com a escola freudiana – por considerar como "irreais" ou "simbólicos" certos conteúdos manifestos do sonho, e por declarar que o sonho, quando fala de uma "torre de igreja", designa um "falo", estaremos apenas a um passo de afirmar que o sonho muitas vezes designa "sexualidade", mas nem todas as vezes designa realmente a sexualidade, e, igualmente, que o sonho fala do pai, mas, na realidade, refere-se ao próprio sonhador. Nossas *imagines* (imagens) são partes constitutivas de nossa mente, e quando o nosso sonho reproduz casualmente algumas representações, estas são, antes de tudo, *as nossas* representações, em cuja elaboração esteve envolvida a totalidade de nosso ser; são fatores subjetivos que, no sonho, agrupam-se de tal ou tal modo e exprimem este ou aquele sentido, não por motivos exteriores, mas pelos movimentos mais íntimos e imperceptíveis de nossa alma. Toda a elaboração onírica é essencialmente subjetiva e o sonhador funciona, ao mesmo tempo, como cena, ator, ponto, contrarregra, autor, público e crítico. Esta verdade tão singela forma a base dessa concepção do sentido onírico que designei pelo título de interpretação ao *nível do sujeito*. Esta interpretação, como diz o próprio termo, concebe todas as figuras do sonho como traços personificados da personalidade do sonhador[13].

510 Esta concepção não deixou de encontrar certa resistência por parte de muitos. Os argumentos de uns se baseiam nas premissas ingênuas da mentalidade normal corrente que acabamos de analisar. Os argumentos dos outros apelam para a questão de princípio: o que

---

13. Maeder já nos fornece vários exemplos de interpretação no nível do sujeito, em sua obra *Traumproblem*. Estes dois métodos de interpretação são discutidos detalhadamente em minha obra *Über die Psychologie des Unbewussten*, p. 150s. [Edição brasileira: *Psicologia do inconsciente*. Petrópolis: Vozes, 1978] [OC, 7/1].

A natureza da psique

é mais importante, o *nível do objeto* ou o *nível do sujeito*? De minha parte não vejo nenhuma objeção válida contra a probabilidade teórica do nível do sujeito. O segundo problema, em contrapartida, é consideravelmente mais difícil, porque uma imagem é, ao mesmo tempo, composta subjetivamente e condicionada objetivamente. Por isto, quando reproduzo em mim a imagem desse objeto, estou reproduzindo alguma coisa que é determinada, tanto subjetiva quanto objetivamente. Para decidir, em cada caso, qual é o aspecto predominante, é preciso primeiramente verificar se a imagem é reproduzida por causa de seu significado objetivo. Se eu sonho, por exemplo, com uma pessoa com que estou ligado por interesses vitais, a interpretação no mesmo nível do objeto é certamente mais verídica do que a outra. Se, ao invés, sonho com uma pessoa que, na realidade, é-me tão distante quanto indiferente, a interpretação em nível do sujeito é que se afigura mais verdadeira. Mas pode acontecer também – e é o que se dá frequentemente na prática – que a pessoa indiferente faça o sonhador pensar noutra pessoa com quem ele está ligado por algum laço afetivo. Noutros tempos, ter-se-ia dito que a figura indiferente foi substituída intencionalmente no sonho para encobrir o constrangimento gerado pela outra figura. Neste caso eu aconselharia a seguir a direção da natureza e dizer: a reminiscência manifestamente afetiva foi substituída, no sonho, pela figura indiferente do "Senhor X", o que me sugere a interpretação em nível do sujeito. Esta substituição é um trabalho do sonho, equivalente, na realidade, a um recalque da reminiscência desagradável. Mas se a reminiscência se deixa substituir tão facilmente, é porque ela não possui tanta importância. Sua substituição nos mostra que se pode despersonalizar este afeto pessoal. Eu poderia, por conseguinte, elevar-me acima deste afeto e não regredir à situação afetiva pessoal anterior, depreciando a despersonalização felizmente ocorrida, no sonho, como se se tratasse de um simples recalque. Creio que o mais judicioso seria considerar a substituição bem-sucedida da pessoa incômoda por uma indiferente como uma despersonalização do afeto pessoal anterior. Deste modo, o valor afetivo ou a correspondente carga libidinal se tornou impessoal ou, por outras palavras, libertou-se da ligação pessoal com o objeto, o que, de futuro, permite-me transpor para o nível do sujeito o conflito real anterior e procurar entender em que medida constitui ele apenas um conflito subjetivo. Para maior clareza, gostaria de ilustrar isto mediante um pequeno exemplo.

511 Certa vez tive com o Sr. A. um conflito pessoal, no decorrer do qual pouco a pouco cheguei à convicção de que a culpa estava mais do lado dele do que do meu. Nessa época tive o seguinte sonho: "Consultei um advogado em uma certa questão. Para meu grande espanto, ele cobrou-me nada menos do que cinco mil francos suíços, contra o que levantei os meus mais enérgicos protestos".

512 O advogado é uma reminiscência sem relevo de minha época de estudante. Mas este período de minha vida foi importante, porque foi nele que me envolvi em muitas questões e controvérsias. As maneiras bruscas do advogado me fazem pensar, com forte carga emocional, na personalidade do Sr. A. e no conflito em curso. Posso situar-me no nível do objeto e dizer: Por trás do advogado oculta-se o Sr. A., e é ele, portanto, quem quer me explorar. Mas não tem razão. Um estudante pobre por estes dias me pediu que lhe emprestasse cinco mil francos. O Sr. A. figura, portanto, um estudante pobre, necessitado de ajuda e, além do mais, incompetente, porque é um principiante nos estudos. Assim, uma pessoa como esta não tem direitos a exigir nem opiniões a emitir; eis o que seria a realização de meu desejo: o meu adversário, depreciado sem violência, seria posto de parte, e ficaria salvaguardada, assim, minha tranquilidade. Na verdade, porém, despertei justamente nesta parte do sonho, tomado da mais viva comoção, devido às pretensões descabidas do advogado. A "satisfação de meu desejo", portanto, não me deixou absolutamente tranquilo.

513 Indubitavelmente, por trás do advogado está a questão com o Sr. A. Mas é de notar que o sonho extraiu a apagada figura do jurista, de meus tempos de estudante. Ao advogado associo a ideia de líder judicial, de ergotismo e a pretensão de sempre estar com a razão, o que me traz lembranças de meus tempos de estudante, quando, certo ou errado, eu defendia, muitas vezes, meus pontos de vista com teimosia e pertinácia, argumentando a partir de uma posição de quem aparentemente estava com a razão, para conquistar, pelo menos, uma aparência de superioridade. Tudo isto – percebo-o agora claramente – não deixou de exercer certo papel em minha lide com o Sr. A. Eu sei que sou eu mesmo, isto é, uma parte de mim, inadaptada à minha

realidade presente, que, sob a aparência de falso direito que realmente não possuo, como de fato não possuía, exige de mim acima do que é devido. Sei também que minha contenda com A. não se extinguirá, porque o querelador que mora dentro de mim, sempre obstinado na defesa de seus direitos, não desiste de alcançar, afinal, uma solução "justa", a todo custo.

Esta interpretação me orientou para aquilo que me parece um resultado cheio de sentido, ao passo que a interpretação em nível do objeto revelou-se infrutuosa, pois não tenho o mínimo interesse em demonstrar que os sonhos são realizações de desejos. Quando um sonho me mostra que espécie de falta eu cometi, ele me dá a possibilidade de corrigir minha atitude, o que é sempre vantajoso. Naturalmente só se pode chegar a um resultado desta natureza através da interpretação equiparada ao sujeito.

Por mais clara que seja a interpretação do sujeito, num caso como este, ela pode perder seu valor, quando uma relação de importância vital é o conteúdo e a causa do conflito. Neste caso, é preciso referir a personagem onírica ao objeto real. O critério a empregar tira-se, para cada caso especial, do material consciente, exceto naqueles casos em que está em jogo a transferência. A transferência determina muito facilmente erros de apreciação, de sorte que o médico às vezes parece um *deus ex machina* absolutamente indispensável ou um requisito igualmente imprescindível da realidade. E é isto mesmo o que ele representa aos olhos do doente. Em tais casos, cabe ao médico decidir, com independência e controle de si próprio, em que medida ele próprio constitui um problema real para o paciente. A partir do momento em que o nível do objeto se torna monótono e infrutífero para a interpretação, sabe-se que é tempo de ver a figura do médico como um símbolo de conteúdos inconscientes e projetados do próprio paciente. Se o médico não faz isto, ele só terá uma alternativa: ou desvalorizar e destruir assim a transferência, reduzindo-a a desejos infantis, ou, pelo contrário, aceitar a realidade da transferência e sacrificar-se às suas exigências em favor do paciente (mesmo a despeito das resistências conscientes deste último). Esta segunda eventualidade acarreta muitos inconvenientes às partes interessadas, sendo, em geral, o médico o mais gravemente prejudicado. Se, pelo contrário, consegue-se elevar a figura do médico à categoria do sujeito, todos os conteúdos transferidos (projetados) podem regressar ao paciente com seu valor original. Em minha obra *O eu e o inconsciente* (*Die Beziehungen zwischen dem Ich und dem Unbewussten*), encontra-se um exemplo de retirada das projeções no decorrer da transferência[14].

516   Parece-me de todo claro que o leitor não especialista de análise não terá interesse nessas minhas discussões sobre o "nível do sujeito" e o "nível do objeto". Mas, quanto mais nos aprofundamos nos problemas suscitados pelo sonho, mais é preciso levar em consideração também os aspectos técnicos do tratamento prático. Para avançar neste terreno, foi preciso aquele inelutável constrangimento que todo caso difícil implica para o analista, pois este deve empenhar-se constantemente em aperfeiçoar seus meios de ação, a fim de estar em condições de prestar uma ajuda válida, mesmo nos casos mais difíceis. Devemos às dificuldades do tratamento diário de nossos doentes o fato de termos sido compelidos a formular pontos de vista que abalam alguns fundamentos de nossa mentalidade corrente. Embora a subjetividade de qualquer imago seja um dos chamados truísmos, contudo, esta constatação encerra um não sei quê de filosófico que soa mal aos ouvidos de certos autores. A razão deriva diretamente daquilo que dissemos acima: a mentalidade ingênua identifica a imago com o objeto. Tudo o que perturba este pressuposto, provoca um efeito irritante nesta classe de pessoas. Pela mesma razão, a ideia de um nível do sujeito desperta pouca simpatia porque também perturba o postulado ingênuo da identidade dos conteúdos da consciência com os objetos. Como nos mostraram claramente os acontecimentos do tempo de guerra[15], nossa mentalidade se caracteriza pela extrema ingenuidade com que se julga os adversários, e no julgamento que emitimos a seu respeito revelamos involuntariamente nossos próprios defeitos: simplesmente culpamos nosso adversário de todas as nossas próprias faltas que não temos coragem de confessar. Enxergamos todos os defeitos nos outros, criticamos sempre o nosso semelhante e queremos sempre educá-lo e corrigi-lo. Não vejo necessidade de apresentar exemplos para provar minhas afirmações: os exemplos

---

14. Cf. também Obras Completas, 7. Quanto às projeções no processo de transferência, cf. "Die Psychologie der Übertragung" ("Psicologia da transferência") [OC, 16/2].

15. Primeira Guerra Mundial.

A natureza da psique

mais convincentes se encontram nas páginas da imprensa diária. Mas não é preciso dizer que o que acontece em grande escala, pode acontecer também em ponto reduzido com cada um de nós. Nossa mentalidade é ainda tão primitiva, que somente em algumas funções e em alguns domínios ela se libertou da identidade mística originária com o objeto. O homem primitivo alia um mínimo de consciência de si mesmo a um máximo de ligação com o objeto, o qual é capaz de exercer diretamente sobre ele sua compulsão mágica. Toda magia e toda religião primitiva se fundam nestas ligações mágicas com o objeto, ligações que consistem simplesmente em projeções de conteúdos inconscientes sobre o objeto. Foi a partir deste estado inicial de identidade que se desenvolveu gradualmente a autoconsciência que caminha a par com a distinção entre sujeito e objeto. Foi esta diferenciação que levou o homem a perceber que certas propriedades atribuídas, outrora, ingenuamente, ao objeto eram, na realidade, conteúdos subjetivos. Embora os homens da Antiguidade tivessem deixado de acreditar que eram araras vermelhas ou irmãos do crocodilo, ainda se achavam envoltos em fantasias mágicas. Neste ponto, foi preciso esperar pelo Iluminismo do século XVIII para se dar um passo decisivo à frente. Mas ninguém ignora que nos encontramos ainda muito distante de uma autoconsciência que corresponda aos nossos conhecimentos atuais. Quando nos deixamos levar pela cólera até ao arrebatamento, por um motivo qualquer, não pensemos que a causa de nossa fúria esteja situada fora de nós, no objeto ou na pessoa que nos irritam. Na realidade, atribuímos a essas coisas o poder de nos colocar no estado de irritação e às vezes mesmo de nos causarem insônia ou indigestão. Por isto condenamos, despreocupadamente e sem freios, o objeto que nos irrita, ofendendo assim uma parte inconsciente de nós mesmos, que se encontra projetada no elemento perturbador.

Semelhantes projeções são legiões. Umas são favoráveis, isto é, 517 funcionam como pontes, facilitando a passagem da libido de uma margem para outra. Outras são desfavoráveis, mas, na prática, não constituem obstáculos, porque as projeções desfavoráveis em geral se localizam fora do círculo das relações íntimas. O neurótico, todavia, é uma exceção a esta regra: consciente ou inconscientemente ele desenvolve uma relação de tal intensidade com seu meio ambiente mais imediato, que não consegue impedir que as projeções desfavoráveis se alojem também nos objetos mais próximos e provoquem conflitos.

Isto o obriga – quando ele deseja e procura realmente a cura – a to- mar consciência de suas projeções primitivas, com uma acuidade mu- ito mais intensa do que a do indivíduo normal. É verdade que este úl- timo produz também as mesmas projeções, mas estas são mais bem distribuídas: o objeto fica mais perto das favoráveis e as desfavoráveis a maior distância. Como se sabe, é isto o que acontece com o primiti- vo: para ele, estrangeiro é sinônimo de inimigo e de mau. Entre nós, até o final da Idade Média, os termos "estrangeiro" e "miséria" se equivaliam. Esta repartição é adequada, sendo esta a razão pela qual o indivíduo normal não sente necessidade nenhuma de tornar consci- entes suas projeções, embora este estado seja perigosamente ilusório. A psicologia da guerra colocou isto fortemente em evidência: tudo o que a nossa nação faz, é bem-feito; tudo o que as outras nações fa- zem, é malfeito. O centro de todas as iniquidades e baixezas se acha sempre a uma distância de vários quilômetros, por trás das linhas ini- migas. Esta psicologia primitiva é também a de cada um de nós em particular. Por isto, qualquer tentativa para levar estas projeções eternamente inconscientes à consciência provoca forte antipatia. É certo que gostaríamos de manter melhores relações com nossos iguais, mas naturalmente com a condição de que correspondam às nossas expectativas, isto é, de que procedam como portadores submissos de nossas projeções. Entretanto, se estas projeções se tornarem consci- entes, elas podem dificultar nossas relações com os outros, porque deixa de existir a ponte de ilusão pela qual passam nossos impulsos de amor e de ódio, trazendo-nos alívio; deixa de existir essa ponte mediante a qual fazemos passar, com tanta facilidade e tão tranquila- mente, nossas pretensas virtudes de "reforma" e "reabilitação" dos outros. A consequência destas dificuldades é um represamento da li- bido que torna conscientes as projeções desfavoráveis. O sujeito vê-se então diante da tarefa de assumir, por própria conta e risco, to- das as baixezas e perversidades de que não hesitamos em julgar capa- zes os outros e contra as quais nos sentimos indignados durante uma vida inteira. O que há de exasperante neste procedimento é, de um lado, a convicção de que, se todos os homens agissem deste modo, a vida seria muito mais suportável e, de outro lado, a sensação da mais violenta resistência contra a aplicação séria deste princípio à própria

A natureza da psique

pessoa. Se os outros o fizessem, estaríamos no melhor dos mundos; mas a ideia de empreendê-lo pessoalmente já é de *per si* insuportável.

O neurótico, entretanto, é forçado por sua neurose a dar este 518 passo em frente, o que não sucede com a pessoa normal, que, em compensação, vive suas perturbações psíquicas, no plano social e político, sob a forma de manifestações de uma psicose de massa, como as revoluções e guerras, por exemplo. A existência real de um inimigo, sobre o qual se podem descarregar todas as nossas maldades, constitui um inegável alívio para a consciência. Pelo menos pode-se dizer, sem hesitação, quem é o demônio causador das perturbações. Pode-se ter plena certeza de que o causador do desastre se localiza no exterior e não, por exemplo, na própria atitude. Desde o momento em que temos uma noção clara das consequências um tanto desagradável da interpretação no nível do sujeito, impõe-se ao nosso espírito a objeção de que é certamente impossível que todas as qualidades más, cuja presença nas outras pessoas nos irrita, pertençam também a nós. Se assim fosse, todos os grandes moralistas, todos os educadores fanáticos e todos os reformadores do mundo seriam os piores de todos. Muita coisa se poderia dizer a respeito da coexistência do Bem e do Mal e, de modo mais geral, a respeito das relações diretas entre os pares de opostos, mas isto nos levaria para muito longe de nosso tema.

Não se deve evidentemente exagerar a interpretação no nível do 519 sujeito. Trata-se muito simplesmente de avaliar, de um modo um pouco mais crítico, o que é específico de cada domínio. O que me impressiona em um objeto pode ser uma qualidade real peculiar a este objeto. Mas, quanto mais subjetiva e mais emocional for esta impressão, tanto maior será a possibilidade de que esta qualidade resulte de uma projeção. Mas aqui é preciso fazer uma distinção muito importante entre a qualidade real inerente ao objeto, sem a qual provavelmente não haveria projeção sobre o objeto, e o valor, o significado ou a energia desta qualidade. Por certo não se exclui que uma qualidade se encontre projetada sobre um objeto que dela não contém o menor traço, como, por exemplo, a projeção de virtudes mágicas sobre objetos inanimados. Mas não é isto o que sucede com as projeções ordinárias de caráter ou de atitudes momentâneas. Em tais casos é frequente ver que o objeto oferece uma oportunidade de escolher a projeção, ou mesmo a provoca. Isto acontece quando o objeto (pessoa) *não está consciente* da qualidade projetada. *Com isto ela atua di-*

retamente sobre o inconsciente do interlocutor. Com efeito, qualquer projeção provoca uma *contraprojeção* todas as vezes que o objeto não está consciente da qualidade projetada sobre ele pelo sujeito. Assim, um analista reage a uma "transferência" com uma "contratransferência", quando a transferência projeta um conteúdo de que o próprio médico não tem consciência, embora exista realmente dentro dele[16]. A contratransferência é adequada e plena de sentido ou inibidora como a transferência do paciente, na medida em que tende a estabelecer relações mais favoráveis que são indispensáveis para a percepção da realidade de certos conteúdos inconscientes. Mas justamente como a transferência, também a contratransferência possui qualquer coisa de compulsivo, de mecânico, porque implica uma identificação "mística", isto é, inconsciente, com o sujeito. Ligações inconscientes desta espécie suscitam *sempre resistências* que são conscientes, se as disposições do sujeito são de tal natureza, que lhe permitam dispor livremente de sua libido, recusando-se a cedê-la por engodo ou sob pressão, e inconscientes, se o sujeito se compraz em que lha tomem. É por isto que a transferência e a contratransferência, quando os seus conteúdos permanecem inconscientes, criam relações anormais e insustentáveis que tendem para a própria destruição.

520 Mesmo admitindo-se que a qualidade projetada possa ser encontrada no objeto, nem por isto o significado prático da projeção deixa de ser puramente subjetivo, e incumbe inteiramente ao sujeito, porque sua projeção confere um valor exagerado a qualquer traço desta qualidade presente no objeto.

521 Mesmo quando a projeção corresponde a uma qualidade realmente presente no objeto, o conteúdo projetado não se acha menos presente no sujeito, onde forma parte da imago do objeto. Esta imago é uma grandeza psicológica distinta da percepção do objeto. Consiste numa imagem existente à margem de todas as percepções, mas sustentada por estas[17]. A vitalidade independente (autonomia relativa) desta imagem permanece inconsciente enquanto coincidir exatamente com

---

16. Sobre os conteúdos típicos das projeções, cf. "Die Psychologie der Übertragung" ("Psicologia da transferência"), [OC, 16/2].

17. Para ser completo, devo acrescentar que nenhuma imagem provém exclusivamente do exterior. Sua forma específica é devida em parte também a uma disposição psíquica *a priori*, ou seja, o *arquétipo*.

A natureza da psique

a vida real do objeto. É por isto que a autonomia da imagem não é reconhecida pela consciência, mas se projeta inconscientemente no objeto, isto é, contamina-se com a autonomia do objeto. Isto, naturalmente, confere ao objeto uma realidade esmagadora com relação ao sujeito, ou seja, confere-lhe um valor exagerado. Este valor decorre da projeção ou da identidade *a priori* da imago com o objeto, tendo como resultado o fato de que o objeto exterior se torna ao mesmo tempo um objeto interior. Eis aí como, por via inconsciente, o objeto exterior pode exercer uma influência psíquica direta sobre o sujeito, visto que, em virtude de sua identidade com a imago, de certo modo interfere diretamente no mecanismo psíquico do sujeito. Com isto, o objeto pode adquirir um poder "mágico" sobre o sujeito. Os primitivos dão-nos disso exemplos impressionantes: tratam os filhos ou mesmo as coisas as quais conferem uma "alma", da mesma maneira como tratam sua própria alma. Nada se atrevem a fazer contra eles, por medo de causarem injúria à alma que habita nas crianças ou nos objetos. É por isto que as crianças permanecem sem instrução, tanto quanto possível, até a puberdade, para de repente serem submetidas a uma educação tardia, frequentemente de aspecto terrificante (iniciação).

Disse eu mais acima que a autonomia da imago mantém-se inconsciente, porque é identificada com a imago do objeto. Sendo assim, a morte do objeto provocaria estranhos efeitos psicológicos, porque não desapareceria inteiramente, mas continuaria a existir sob uma forma impalpável. Realmente, como sabemos, é isto o que acontece. A imago inconsciente, que não possui mais um objeto correspondente, torna-se um fantasma e produz sobre o sujeito efeitos que, em princípio, não podemos distinguir dos fenômenos psíquicos. As projeções inconscientes do sujeito, que canalizaram conteúdos inconscientes para a imagem do objeto e a identificaram com este último, sobrevivem à perda real do objeto e desempenham um papel de grande importância na vida dos primitivos e dos povos civilizados, antigos e modernos. Estes fenômenos nos oferecem uma prova clara da existência relativamente autônoma de *imagines* de objetos no inconsciente. Se elas estão presentes no inconsciente, é porque decerto nunca foram conscientemente distinguidas dos objetos. 522

Qualquer progresso, qualquer realização no plano conceitual por parte da humanidade têm sido acompanhados de um progresso da consciência de si mesmo: O indivíduo se diferencia do objeto e se 523 posiciona diante da natureza como um ser distinto em relação a ela. Por isso, qualquer nova orientação da atitude psicológica deverá seguir também o mesmo caminho: é evidente que a identidade do objeto com a imago subjetiva confere ao objeto uma importância que propriamente não lhe pertence, embora a possua desde toda a eternidade, porque a identidade é um fato absolutamente original. Para o sujeito, porém, é um estado de primitividade que só perdurará enquanto não levar a graves inconvenientes. A supervalorização do objeto, porém, constitui justamente uma das circunstâncias particularmente capazes de prejudicar o desenvolvimento do sujeito. Um objeto "mágico" excessivamente acentuado orienta poderosamente a consciência subjetiva para o objeto e frustra qualquer tentativa de diferenciação individual que deveria começar com a separação da imagem no confronto com o objeto. Em outras palavras: é absolutamente, impossível manter a orientação geral da diferenciação enquanto fatores externos interferem "magicamente" na economia psíquica do sujeito. A separação, porém, das *imagines*, que confere aos objetos sua significação exagerada, devolve ao sujeito a massa de energia dissociada de que ele necessita urgentemente para seu próprio desenvolvimento.

524   Interpretar as imagens oníricas no nível do sujeito é, para o homem moderno, como se se retirassem as imagens ancestrais e os fetiches a um primitivo e se tentasse explicar-lhe que os seus "poderes de cura" são de natureza espiritual e residem não no objeto, mas na psique humana. O primitivo sente legítima aversão por essa ideia tão herética. Também o homem moderno percebe que é desagradável e mesmo, talvez, de algum modo perigoso romper a identidade que existe entre a imago e o objeto, consagrada desde tempos imemoriais. As consequências que isso traria para a nossa psicologia seriam quase inimagináveis: não haveria mais ninguém para acusarmos, ninguém a quem responsabilizarmos, ninguém ao qual ensinarmos o caminho da verdade, ninguém para corrigirmos ou para castigarmos! Pelo contrário, seria preciso começar, em tudo, por nós próprios; seria preciso exigir unicamente de nós próprios, e de mais ninguém, aquilo que exigimos dos outros. Sendo assim, compreende-se facilmente por que a interpretação das *imagines* oníricas no nível do sujeito não é um passo que nos deixe indiferentes, sobretudo não o é porque pode conduzir a atitudes unilaterais e a exageros, tanto numa direção como noutra.

A natureza da psique   229

Além destas dificuldades mais de ordem moral, existe também   525
um certo número de obstáculos intelectuais. Já me objetaram que a
interpretação no nível do sujeito representa um problema filosófico e
que a aplicação deste princípio conduz às limitações da cosmovisão e
que, por isto mesmo, perde o seu caráter de ciência. Não me parece
constituir motivo de surpresa ver a Psicologia abeirar-se da Filosofia,
porque a atividade pensante, base de toda Filosofia, é uma atividade
psíquica que, como tal, pertence ao campo da Psicologia. Quando
falo de psicologia, tenho em mente a alma humana com todos os seus
aspectos, e aqui se incluem a Filosofia, a Teologia e ainda muitas outras coisas. Subjacentes a todas as filosofias e a todas as religiões, estão os dados da alma humana que talvez constituam a instância der-
radeira da verdade e do erro.

Nossa Psicologia pouco se preocupa com a questão se os proble-   526
mas por ela suscitados se chocam com esta ou aquela concepção preexistente. Nossa atenção se concentra antes de tudo sobre necessidades de ordem prática. Se a questão das concepções do mundo é um
problema psicológico, precisamos de abordá-lo sem nos preocupar
em saber se a Filosofia está incluída ou não na Psicologia. De modo
análogo, os problemas de religião constituem para nós, primeiro que
tudo, uma questão de ordem psicológica. A psicologia médica em geral se mantém afastada destes domínios, e isto é uma carência lamentável que aparece claramente no fato de que as neuroses psicógenas
encontram frequentemente maiores possibilidades de cura em qualquer outro domínio do que na *Medicina acadêmica*. Embora seja eu
médico, e de acordo com o princípio de que *medicus medicum non
decimat* (um médico não ofende a outro médico), tenha motivos de
sobra para não criticar a profissão médica, mesmo assim devo confessar que os médicos nem sempre foram os melhores autores da Medicina psicológica. Muitas vezes tive ocasião de verificar, por própria
experiência, que os psicoterapeutas médicos procuravam exercer sua
arte daquele mesmo modo rotineiro que lhes fora inculcado pela natureza peculiar de seus estudos. Os estudos de Medicina consistem,
de um lado, em encher-nos a cabeça com uma quantidade enorme de
fatos teóricos que são apenas decorados, sem que se tenha um conhecimento real de seus fundamentos e, de outro lado, na aprendizagem
de habilidades práticas, que devem ser adquiridas segundo o princí-

pio: "primeiro agir, depois pensar". É por isto que, de todas as faculdades, a de Medicina é a que tem menos oportunidade de desenvolver a função do *pensamento*. Por isto, também já não é de espantar que até mesmo médicos adeptos da Psicologia sintam grande dificuldade em acompanhar minhas reflexões. Eles se habituaram a trabalhar com base em receituários e a aplicar mecanicamente métodos que eles próprios não desenvolveram. Mas esta tendência, como é fácil de imaginar, é a menos indicada para o exercício da psicologia médica, pois se apoia em teorias e métodos autoritários, impedindo o desenvolvimento de um pensamento independente. Assim verifiquei, por experiência própria, que mesmo certas distinções elementares e da maior importância para o tratamento prático, como, por exemplo, aquelas estabelecidas entre interpretação no nível do sujeito e interpretação no nível do objeto, entre ego e si-mesmo, entre sinal e símbolo, entre causalidade e finalidade etc., exigem demais de sua capacidade de pensar. Estas dificuldades talvez expliquem o apego obstinado destes médicos a concepções retrógradas e de há muito necessitadas de revisão. A prova de que não se trata apenas de um ponto de vista subjetivo de minha parte está no unilateralismo fanático e no isolamento sectário de certas organizações "psicanalíticas". Como todos sabem, esta atitude é um sintoma de *dúvida supercompensada*. Mas, na verdade, quem aplica critérios psicológicos a si mesmo?

527   A interpretação segundo a qual os sonhos são apenas satisfações de desejos infantis ou arranjos orientados para um fim determinado e destinados a satisfazer uma vontade de poder infantil me parece demasiado estreita e não leva devidamente em conta a natureza do sonho. Este, como cada elemento da estrutura psíquica, apresenta-se qual resultante de toda a psique. É por isto que devemos estar preparados para encontrar no sonho todos aqueles fatores que desde os tempos mais recuados tiveram sua importância na vida da humanidade. Da mesma forma que a existência humana, na sua essência, não se deixa reduzir a este ou àquele instinto fundamental, mas se constrói a partir de uma multidão de instintos, carências, necessidades e condicionamentos físicos e psíquicos, assim também o sonho não se pode explicar a partir deste ou daquele elemento, por mais sedutora que possa ser, na sua simplicidade, uma tal explicação. Podemos estar certos de que ela é errada, pois jamais uma simples teoria dos instin-

A natureza da psique

tos será capaz de apreender esta coisa poderosa e misteriosa que é a alma humana e, consequentemente, sua expressão, que é o sonho. Para fazer alguma justiça ao sonho, temos de recorrer a instrumentos que só poderemos obter através de laboriosa investigação nos diversos domínios das ciências do espírito. Mas não é com certos gracejos de mau gosto nem com a demonstração da existência de certos recalques que se resolve o problema do sonho.

Tenho sido acusado diretamente de alimentar tendências "filosóficas" (ou mesmo "teológicas"), querendo-se dizer com isto que eu pretendo explicar cada coisa "filosoficamente", e que minhas concepções psicológicas são "metafísicas"[18]. Se eu utilizo certos materiais filosóficos, religiosos e históricos, é *tão somente com a finalidade de apresentar as conexões psíquicas*. Se, neste contexto, emprego o conceito de Deus ou a noção, também metafísica, de energia, é porque se trata de imagens que existem na alma humana desde os seus primórdios. Não me canso de insistir que nem a lei moral, nem o conceito de Deus, nem nenhuma religião penetraram no homem vindos do exterior e caindo, de certo modo, do céu; *o homem, pelo contrário, encerra nuclearmente todas estas coisas dentro de si*, desde as origens, e, por isto, as recria sempre de novo, extraindo-as de seu próprio íntimo. É, portanto, inteiramente ocioso pensar que foi preciso que viesse o Iluminismo para dissipar tais fantasmas. A ideia de lei moral e a ideia de Deus fazem parte do substrato último e inarredável da alma humana. Por este motivo, toda psicologia sincera e não obcecada pelas concepções mesquinhas do Iluminismo se acha no dever de atacar de frente estes fatos. Não é com explicações superficiais nem com ironia que se pode excluí-los. Na Física, podemos prescindir de uma imagem de Deus; na Psicologia, pelo contrário, a noção de Deus é uma grandeza definitiva e imutável com a qual é preciso sempre contar, assim como com os "afetos", os "instintos", o "conceito de mãe" etc. É por causa, naturalmente, da eterna confusão entre objeto e imago que não se pode fazer uma distinção entre "Deus" e "imago de Deus", e, por isto, pensa-se que, ao falarmos da "imagem de Deus", referimo-nos ao próprio Deus e o interpretamos em sentido "teológi-

528

---

18. É uma referência à minha teoria dos "arquétipos". Mas o conceito biológico de *pattern of behaviour* (padrão de comportamento) não é também "metafísico"?

co". Não cabe à Psicologia enquanto ciência, supor uma hipostasiação da imago de Deus. Deve, porém, respeitando os fatos, contar com a existência de uma imagem de Deus. De modo análogo, conta com a presença do instinto, sem, contudo, arrogar-se a competência de dizer em que consiste o "instinto" em si. Todos sabem que espécie de fatos psicológicos se quer designar pelo termo de "instinto", por mais obscura que pareça a natureza do instinto como tal. Também é claro que a imagem de Deus, por exemplo, corresponde a um determinado complexo de fatos psicológicos e representa, assim, uma dada grandeza com a qual podemos operar. Mas saber o que Deus é em si mesmo constitui um problema que foge à competência de qualquer psicologia. Lamento ter de repetir semelhantes evidências.

529   Nas páginas precedentes procurei formular satisfatoriamente o que tinha a dizer a respeito dos pontos de vista gerais da psicologia onírica[19]. Propositadamente deixei de entrar em pormenores, tarefa que deve ser deixada à casuística. A discussão desses aspectos gerais levou-nos a abordar problemas mais vastos, que não poderíamos deixar de mencionar quando se trata de sonhos. Naturalmente, ainda restaria muita coisa a dizer a respeito dos objetivos da análise onírica, mas, como esta constitui o instrumento do tratamento analítico em geral, não poderíamos fazê-lo senão em correlação com uma descrição geral de todo o tratamento. Mas uma descrição pormenorizada da natureza do tratamento exigiria um certo número de trabalhos preparatórios diversificados que abordassem o problema sob diversos aspectos. A questão do tratamento analítico é extremamente complexa, embora certos autores se excedam em simplificações e pretendam fazer-nos acreditar que é muito fácil extirpar as "raízes" conhecidas do mal. É preciso acautelar-nos contra qualquer leviandade neste sentido. Eu preferiria que os grandes problemas suscitados pela análise fossem discutidos, com seriedade e profundidade, por inteligências sérias e capazes. Já estaria verdadeiramente na hora de a psicologia acadêmica ceder diante da realidade dos fatos e se interessar não só pelas experiências de laboratório, como também pela alma humana real. Não se deveria ver mais professores que proibissem

---

19. Na seção subsequente, completo muitos dos artigos escritos posteriormente.

seus alunos de se ocuparem com a psicologia analítica ou se utiliza-
rem de conceitos analíticos, como também não se deveria mais acusar
nossa psicologia de "recorrer, de maneira pouco científica, a experiências da vida de todos os dias". Sei que a Psicologia em geral poderia tirar o maior proveito de um estudo sério dos problemas dos sonhos se conseguisse se libertar, o mínimo que fosse, do preconceito
completamente infundado e leigo de que os sonhos são provocados
exclusivamente por estímulos somáticos. A exagerada importância
atribuída ao somático é também, em Psiquiatria, uma das principais
causas do atraso da Psicopatologia, que não se desenvolve enquanto
não for diretamente fecundada pela análise. O dogma segundo o qual
"as doenças mentais são doenças do cérebro" é um resquício do materialismo que floresceu por volta de 1870, e tornou-se um preconceito absolutamente injustificável que imobiliza qualquer progresso.
Mesmo a ser verdade que todas as doenças mentais fossem doenças
do cérebro, ainda assim não haveria motivo para se deixar de investigar o aspecto psíquico da enfermidade. Mas esse preconceito é utilizado para pôr em descrédito e condenar, antecipadamente, todas as
tentativas feitas neste sentido. *Mas a prova de que todas as doenças
mentais são doenças do cérebro nunca foi apresentada*, e nunca será,
porque seria preciso provar também que, se um indivíduo pensa ou
age desta ou daquela maneira, é porque tal ou tal proteína se dissociou ou se formou neste ou naquele tecido celular. Semelhante ponto
de vista conduz diretamente ao evangelho materialista: "O homem é
o que *come*". Este modo de pensar entende a vida do espírito como
processos de assimilação e desassimilação das células cerebrais. Estes
processos são necessariamente representados sempre por sínteses e
desintegrações de laboratório, pois representá-los conforme a vida os
cria é totalmente impossível, enquanto não pudermos refazer mentalmente o processo vital em si mesmo. Mas para defender a validez
da concepção materialista, seria preciso poder repensar todo o processo celular; se o conseguíssemos, teríamos ultrapassado já o materialismo, porque não se pode conceber a vida como uma função da matéria, e sim como um processo existente em si mesmo, ao qual estariam subordinadas força e matéria. A vida como função da matéria exigiria uma *generatio aequivoca* (abiogênese). Teremos muito ainda
que esperar até que semelhante prova se concretize. Nada nos autori-

za a conceber a vida, em geral, sob um ponto de vista exclusivista, arbitrário e materialista, que nunca será provado. Tampouco temos o direito de reduzir a psique a um mero processo cerebral, sem contar com o fato de que todas as tentativas em tal sentido são absurdas em si mesmas e resultaram sempre em absurdos todas as vezes que foram empreendidas. O fenômeno psíquico deve ser considerado, pelo contrário, em seu aspecto psíquico e não como um processo orgânico e celular. Por mais que se proteste contra as "fantasias metafísicas", quando alguém procura interpretar os processos celulares em sentido vitalista, não se identifica nenhuma incoerência no fato de se classificar de "científica" a hipótese física, embora esta seja tão fantasista quanto a primeira. Mas tal hipótese possui a vantagem de se harmonizar com o preconceito materialista, e, por isto, proclama-se como científico qualquer absurdo, desde que ele prometa reduzir o psíquico ao físico. Esperamos não esteja muito longe o tempo em que os nossos cientistas se libertem para sempre deste resíduo de materialismo vazio e antiquado.

X
Da essência dos sonhos[1]

A psicologia médica se distingue de todas as outras disciplinas científicas pelo fato de que deve lidar com os problemas mais complexos sem poder recorrer a dispositivos experimentais comprovados, a experiências sistematicamente repetidas em laboratório ou a dados logicamente explicáveis. Pelo contrário, ela se vê diante de uma infinidade de dados irracionais em perpétua mutação, porque a alma humana é talvez a coisa mais opaca, mais impenetrável e mais inabordável que o pensamento jamais estudou. Por certo, é preciso admitir que todos os fenômenos psíquicos estão ligados entre si por uma espécie de encadeamento causal, entendido este termo em seu sentido mais largo, entretanto, recomenda-se, precisamente neste domínio, não esquecer que a causalidade, em última análise, nada mais é do que uma verdade estatística. Por isto em certos casos talvez não pareça despropositado considerar pelo menos a possibilidade de uma irracionalidade absoluta, embora, por razões heurística, seja preciso contar sempre com a perspectiva causal. Também será aconselhável levar em conta uma das distinções conceituais clássicas, a da causa eficiente (*causa efficiens*) e a da causa final (*causa finalis*). Na ordem física, não é necessariamente mais frutuoso perguntar por que e como tal coisa se produz do que indagar com que finalidade ela se realiza.

Entre os numerosos problemas da psicologia médica há um particularmente delicado: é o dos sonhos. Seria uma tarefa igualmente interessante e difícil examinar os sonhos exclusivamente sob seus aspectos médicos, isto é, em relação com o diagnóstico e o prognóstico

---

1. Publicado pela primeira vez na *Ciba Zeitschrift* (Revista Ciba), IX, 1945 [aqui acrescido de alguns detalhes].

de certos estados patológicos. O sonho diz respeito, realmente, tanto à saúde como à doença, e, por isto, dada a sua raiz inconsciente, ele extrai elementos de sua composição também do tesouro das percepções subliminares, podendo nos proporcionar dados úteis ao conhecimento. Eu pude constatar muitas vezes este valor em casos nos quais o diagnóstico diferencial entre sintomas orgânicos e psicogênicos era difícil. Certos sonhos são também importantes para o prognóstico[2]. Mas neste domínio faltam ainda trabalhos preliminares indispensáveis, tais como compilações acuradas de casos observados, e semelhantes. Caberá aos médicos do futuro com formação psicológica fazer o registro sistemático dos sonhos por eles estudados; assim se teria ocasião de verificar que, em dado material onírico, encontram-se elementos que se referem à eclosão ulterior de uma doença aguda, ou mesmo a um fim fatal, acontecimentos, portanto, que não podiam ser previstos na época do registro. A investigação dos sonhos em geral é, em si, tarefa para uma vida inteira: o seu estudo detalhado exige a colaboração de muitos pesquisadores. É por isto que neste breve apanhado geral eu preferi descrever os aspectos fundamentais da psicologia onírica e sua interpretação, de modo a permitir, mesmo àqueles que não têm experiência neste domínio, uma visão dos problemas e da metodologia utilizada em sua investigação. O leitor familiarizado com esta matéria provavelmente haverá de concordar comigo que o conhecimento dos princípios fundamentais é mais importante do que a enfadonha multiplicação de casos que, de qualquer modo, é incapaz de suprir a falta de experiência pessoal.

532   O sonho é uma parcela da atividade psíquica *involuntária*, que possui, precisamente, suficiente consciência para ser reproduzida no estado de vigília. Entre as manifestações psíquicas, são talvez os sonhos aquelas que mais nos oferecem dados "irracionais". Parecem comportar um mínimo de coerência lógica e daquela hierarquia de valores que caracterizam os outros conteúdos da consciência e, por isto, são menos fáceis de penetrar e de compreender. Sonhos cuja estrutura satisfaz ao mesmo tempo à lógica, à moral e à estética constituem exceções. De modo geral, o sonho é um produto estranho e desconcertan-

---

2. Cf. meu artigo *Die praktische Verwendbarkeit der Traumanalyse* (A aplicação prática da análise dos sonhos), em *Wirklichkeit der Seele* (Realidade da alma)[OC, 16].

A natureza da psique   237

te, que se caracteriza por um grande número de "más qualidades",
como a falta de lógica, uma moral duvidosa, formas desgraciosas, con-
trassensos ou absurdos manifestos. Por isso é que são prontamente rejeitados como estúpidos, absurdos e desprovidos de valor.

Qualquer interpretação do sonho é uma afirmação psicológica   533
sobre o sentido de certos conteúdos psíquicos seus. Esta interpretação não deixa de apresentar seus perigos, porque o sonhador, de
modo geral, como de resto a maior parte dos homens, revela uma
sensibilidade muitas vezes espantosa, não só para observações errôneas, mas, e sobretudo, para observações acertadas. Como não é possível analisar o sonho sem a colaboração do próprio sonhador, exceto em casos inteiramente excepcionais, de modo geral é preciso agir
com muito tato, para não ferir desnecessariamente a sensibilidade
alheia, o que exige um esforço enorme por parte do médico. Que se
deve dizer, por exemplo, quando um paciente, contando-nos uma série de sonhos pouco decentes, lança-nos a pergunta: "Por que justamente *eu* devo ter esses sonhos repugnantes?" É melhor não responder a semelhante questão, porque a resposta é difícil por vários motivos, de modo particular para os principiantes: é muito fácil em tais
condições dizer alguma tolice, principalmente quando conhecemos a
resposta. A compreensão do sonho, de fato, é um trabalho tão difícil,
que há muito tempo eu estabeleci como regra, quando alguém me
conta um sonho e pede minha opinião, dizer, antes do mais, a mim
mesmo: "Não tenho a mínima ideia de que este sonho quer significar". Após esta constatação, posso me entregar ao trabalho da análise
propriamente dita do sonho.

Mas o leitor a esta altura estará certamente perguntando se vale a   534
pena, em geral, diante de um determinado caso, procurar qual seja o
significado de um determinado sonho, partindo da hipótese de que os
sonhos têm algum sentido em geral e de que é possível demonstrá-lo.

É fácil de provar, por exemplo, que um animal é vertebrado,   535
pondo a descoberto sua coluna vertebral. Mas como proceder, para
"pôr a descoberto" uma estrutura externa e significativa de um sonho? À primeira vista, parece que não há leis unívocas que presidam
à formação dos sonhos, nem procedimentos oníricos regulares, exceto no caso daqueles sonhos "típicos" bem conhecidos, como, por
exemplo, o *pesadelo*. Sonhos de medo e de angústia não são raros,
mas não constituem a regra. Ao lado deles, há os *motivos oníricos tí-*

picos, também conhecidos dos profanos, como, por exemplo, voar, subir escadas ou escalar montanhas, passear sem roupa suficiente, perda de dentes, além de outros temas, como a multidão, o hotel, a estação, a estrada de ferro, o avião, o automóvel, os animais que causam medo (serpentes) etc. Estes temas são muito frequentes, mas absolutamente não são suficientes para nos permitir concluir que a estrutura do sonho obedece a determinadas leis.

536   Há pessoas que de tempos em tempos têm repetidamente os mesmos sonhos. Isto acontece de modo particular na juventude, mas o fenômeno se prolonga também por um espaço de várias dezenas de anos. Trata-se, não poucas vezes, de sonhos muito impressionantes, em presença dos quais se tem a sensação de que "devem realmente significar alguma coisa". Esta sensação se justifica na medida em que, apesar da prudência de que nos cercamos, é impossível não admitir que uma determinada situação psíquica se repete de tempos em tempos, ocasionando o sonho. Mas uma "situação" é algo que, quando pode ser expresso logicamente, contém um *sentido* definido – exceto no caso em que se defenda obstinadamente a hipótese (certamente não comprovada) de que todos os sonhos têm sua origem em perturbações estomacais ou no fato de o sonhador dormir deitado de costas, ou coisa semelhante. Estes sonhos nos levam efetivamente a supor, pelo menos, um certo nexo causal. O mesmo se pode dizer, também, dos temas chamados "típicos", que se repetem várias vezes nas séries prolongadas de sonhos. Aqui também é quase impossível evitar a impressão de que "eles significam alguma coisa".

537   Mas como se chega a um significado plausível e como se pode confirmar a exatidão de nossa interpretação? Um primeiro método, que não é, porém, científico, consistiria em predizer acontecimentos futuros, com a ajuda de uma coleção escrita de sonhos, e verificar a exatidão da profecia, observando se o acontecimento predito ocorreu ou não, posteriormente, mas isto pressupõe que a função do sonho seja a de antecipar o futuro.

538   Uma outra maneira de descobrir diretamente o sentido do sonho consistiria talvez em voltar ao passado e reconstituir certas experiências pessoais anteriores, a partir da manifestação de determinados motivos oníricos. Embora isto seja possível em certa medida, contudo, este procedimento só teria um valor decisivo se nos permitisse conhecer fa-

tos que realmente aconteceram e que, no entanto, permaneceram inconscientes para o sonhador ou que este, em qualquer caso, não quisesse absolutamente revelar. Se não ocorre nem uma coisa nem outra, trata-se de uma simples lembrança cuja aparição no sonho não é contestada por ninguém e que, além do mais, é completamente irrelevante no que se refere à função significativa do sonho, porque o sonhador poderia muito bem nos informar conscientemente a este respeito. Infelizmente, estas duas hipóteses esgotam todas as possibilidades de provar diretamente a existência de um sentido para o sonho.

O grande mérito de Freud foi o de ter aberto uma pista para a pesquisa e a interpretação do sonho[3]. Ele reconheceu, antes de tudo, que não podemos empreender nenhuma interpretação sem a colaboração do próprio sonhador. As palavras que compõem o relato de um sonho não têm *apenas* um sentido, mas muitos. Se alguém sonha, por exemplo, com uma mesa, estamos ainda bem longe de saber o que a palavra "mesa" do sonho significa, embora a palavra "mesa" em si pareça suficientemente precisa. Com efeito, há qualquer coisa que ignoramos, e é que esta "mesa" é precisamente aquela mesa à qual estava sentado o pai do sonhador, quando lhe recusou qualquer ajuda financeira posterior e o expulsou de casa como um sujeito imprestável. A superfície lustrosa desta mesa está ali, diante de seus olhos, como o símbolo de uma inutilidade catastrófica tanto no estado de vigília, como nos sonhos noturnos. Eis o que o sonhador entende por "mesa". Por isto, precisamos da ajuda do sonhador para limitar a diversidade das significações verbais ao seu conteúdo essencial e convincente. Qualquer pessoa que não estava presente a esta cena pode duvidar de que a "mesa" representa um momento culminante e doloroso na vida do sonhador. Mas o sonhador não duvida, nem eu também. É claro que a interpretação do sonho é, antes e acima de tudo, uma experiência que só tem um significado imediato e evidente para duas pessoas.

A partir do momento em que conseguimos estabelecer que a "mesa" do sonho significa justamente aquela mesa fatal com tudo que ela implica, teremos interpretado, não ainda o sonho em si, mas pelo menos aquele motivo isolado, no que ele tem de fundamental, e

---

3. Cf. *Die Traumdeutung* (*Interpretação dos sonhos*).

teremos reconhecido o *contexto* subjetivo no qual se insere a palavra "mesa" do sonho.

541   Chegamos a este resultado, examinando metodicamente as *associações* do sonhador. Devo rejeitar, porém, os demais procedimentos a que Freud submete os conteúdos do sonho, porque foram demasiado influenciados pelo preconceito de que os sonhos são a realização de "desejos recalcados". Embora concordemos que existem também sonhos desta natureza, contudo, isto não é ainda suficiente para provar que todos os sonhos sejam a satisfação de desejos, assim como não o são todos os pensamentos da vida psíquica consciente. Não encontro nenhum motivo válido para admitir que os processos inconscientes sobre os quais se baseia o sonho sejam mais limitados ou mais monótonos em suas formas e conteúdos do que os processos conscientes. Antes, é mais plausível admitir que estes últimos podem ser reduzidos a tipos já conhecidos, porque na maior parte do tempo refletem a regularidade ou mesmo a monotonia do comportamento consciente.

542   Para determinar o sentido do sonho, eu desenvolvi, a partir das conclusões acima expostas, um procedimento que designo pelo nome de *reconstituição do contexto* e que consiste em procurar ver, através das associações do sonhador, para cada detalhe mais saliente, em que significações e com que nuança ele lhe aparece. Meu modo de proceder não difere daquele usado para decifrar um texto difícil de ler. O resultado obtido com este método nem sempre é um texto imediatamente compreensível, mas muitas vezes não passa de uma primeira, mas preciosa indicação que comporta numerosas possibilidades. Certa vez tratei um jovem que me contou, na anamnese, que estava noivo, e de maneira muito feliz, de uma jovem de "boa família". Nos sonhos, a personagem desta jovem assumia muitas vezes um aspecto pouco recomendável. Do exame do contexto deduziu-se que o inconsciente do paciente associava à figura da noiva toda espécie de histórias escandalosas, provenientes de outra fonte, o que lhe parecia absolutamente incompreensível e a mim naturalmente não menos também. A repetição constante destas combinações me levou, contudo, a concluir que existia no rapaz, apesar de sua resistência consciente, uma tendência inconsciente em fazer sua noiva aparecer sob essa luz equívoca. Ele me disse que, se tal coisa fosse verdadeira, isto representaria para ele um autêntico desastre. Sua neurose se manifestara algum tempo depois da

A natureza da psique

festa do noivado. Embora me parecessem inconcebíveis e sem sentido, as suspeitas a respeito da sua noiva me pareciam constituir um ponto de importância tão capital, que eu lhe aconselhei a fazer algumas investigações a respeito. As pesquisas mostraram que as suspeitas eram fundadas e o "choque" causado pela descoberta desagradável não só não abateu o paciente, mas o curou de sua neurose e também de sua noiva. Embora a reconstituição do contexto apontasse uma "incongruência" inadmissível, e conferisse, assim, aos sonhos uma significação aparentemente absurda, contudo, revelou-se exata à luz dos fatos descobertos posteriormente. Este fato é realmente de uma simplicidade exemplar, e me parece supérfluo sublinhar que pouquíssimos sonhos têm uma solução tão simples.

A reconstituição do contexto, todavia, é um trabalho simples e quase mecânico que tem um valor meramente *preparatório*. A produção subsequente de um texto legível, isto é, a verdadeira *interpretação do sonho*, pelo contrário, é geralmente uma tarefa exigente. Ela pressupõe *empatia* psicológica, capacidade de combinação, penetração intuitiva, conhecimento do mundo e dos homens e, sobretudo, um saber específico que se apoia ao mesmo tempo em conhecimentos extensos e numa certa *intelligence du coeur*. Todas estas condições preliminares, sobretudo a última, valem também para a *arte do diagnóstico médico* em geral. Não é preciso um sexto sentido para entender os sonhos, mas exige-se algo mais do que esquemas vazios, como os que se encontram nas coleções vulgares de sonhos ou aqueles que se desenvolvem quase sempre sob a influência de ideias preconcebidas. Devem-se evitar interpretações estereotipadas de motivos oníricos; justificam-se apenas as interpretações específicas às quais se chega pelo exame acurado do contexto. Mesmo quem possui uma grande experiência neste domínio vê-se sempre obrigado a confessar sua ignorância diante de cada novo sonho e, renunciando a qualquer ideia preconcebida, a preparar-se para qualquer coisa totalmente inesperada.

543

Por mais que os sonhos se refiram a uma determinada atitude da consciência do sonhador e a uma situação psíquica particular, suas raízes mergulham profundamente no subsolo obscuro e dificilmente conhecível de onde emergem os fenômenos da consciência. Por falta de uma expressão mais precisa, damos a este pano de fundo obscuro o nome de inconsciente. Não conhecemos sua essência em si mesma,

544

nem é possível observar senão determinados efeitos seus, cuja textura nos permite arriscar certas conclusões a respeito da natureza da psique inconsciente. Como o sonho constitui uma expressão extremamente frequente e normal da psique inconsciente, é ele que nos fornece a maior parte do material empírico para a exploração do inconsciente.

545 Como o sentido da maior parte dos sonhos não coincide com as tendências da consciência, mas revela divergências singulares, devemos admitir que o inconsciente, a matriz dos sonhos, tem um funcionamento independente. É o que eu designo por *autonomia do inconsciente*. Não somente o sonho não obedece à nossa vontade, mas muitas vezes se opõe, até mesmo muito fortemente, às intenções da consciência. Esta oposição, contudo, pode também não ser tão pronunciada. Às vezes o sonho diverge apenas fracamente da atitude ou da tendência consciente, e introduz apenas pequenas modificações. Às vezes há até mesmo casos em que ele pode coincidir ocasionalmente com o conteúdo e a tendência da consciência. Para caracterizar, em uma única palavra, este comportamento do sonho, o único conceito aceitável que me veio ao espírito foi o de *compensação*, pois que me parece o único em condições de resumir pertinentemente todas as modalidades de comportamento do sonho. A compensação deve ser estritamente distinguida da *complementação*. O complemento é um conceito muito limitado e muito limitativo, e por isso não é capaz de explicar, de maneira satisfatória, a função onírica. Com efeito, ele designa uma relação em que duas ou mais coisas se completam, por assim dizer, forçosamente[4]. A compensação, pelo contrário, é, como o próprio termo está dizendo, uma confrontação e uma comparação entre diferentes dados ou diferentes pontos de vista, da qual resulta um *equilíbrio* ou uma *retificação*.

546 Nesta perspectiva existem três possibilidades. Se a atitude consciente a respeito de uma situação dada da vida é fortemente unilateral, o sonho adota um partido oposto. Se a consciência guarda uma posição que se aproxima mais ou menos do centro, o sonho se contenta em exprimir variantes. Se a atitude da consciência é "correta" (adequada), o sonho coincide com esta atitude e lhe sublinha assim as

---

4. Com isto não estamos negando o princípio da complementaridade. O termo "compensação" indica apenas um refinamento psicológico desse princípio.

A natureza da psique 243

tendências, sem, contudo, perder a autonomia que lhe é própria.
Como, porém, nunca se sabe, ao certo, como se deve apreciar a situação consciente de um paciente exclui-se *a priori* uma análise dos sonhos sem o interrogatório do sonhador. Mas mesmo conhecendo a
situação consciente, nós ignoramos a atitude do inconsciente. Como
este último é não somente a matriz dos sonhos, mas também a matriz
dos sintomas psicógenos, a questão da atitude do inconsciente assume uma importância prática muito grande. Mesmo se julgo (e outros
comigo) apropriada a minha atitude, o inconsciente pode, por assim
dizer, ser "de outra opinião". Esta contradição é importante – notadamente no caso de uma neurose – porque c inconsciente é inteiramente
capaz de provocar toda espécie de distúrbios desagradáveis, através de
atos falhos, muitas vezes plenos de consequências, ou sintomas neuróticos. Estas perturbações provêm de um desencontro entre "consciente" e "inconsciente". Normalmente, deveria haver a harmonia, mas,
na realidade, ela ocorre muito poucas vezes, o que dá origem a uma
multidão imprevisível de inconvenientes psicógenos, que vão de acidentes e doenças graves até os inocentes *lapsus linguae*. Coube a Freud
o mérito de ter chamado a atenção para estas correlações[5].

Embora, na imensa maioria dos casos, a compensação tenha por   547
fim estabelecer um equilíbrio psíquico normal, e se comporte como
uma espécie de autorregulação do sistema psíquico, contudo, não podemos simplesmente nos contentar com esta verificação, pois a compensação, em certas condições e em determinados casos (como, por
exemplo, nas psicoses latentes), pode levar a um desenlace fatal (pre-
domínio das tendências destrutivas), como, por exemplo, o suicídio
ou outros comportamentos anormais que parecem "predetermina-
dos" no plano da existência de certos indivíduos portadores de tara.

A tarefa que nos impõe o tratamento da neurose é a de estabele-   548
cer aproximadamente a harmonia entre "consciente" e "inconsciente". Pode-se conseguir isto, como se sabe, de várias maneiras: pela
prática do "naturismo", pelo método da persuasão racional, pelo fortalecimento da vontade, ou pela "análise do inconsciente".

Como os métodos mais simples falham muitas vezes, e o médico   549
não sabe mais como continuar a tratar o paciente, a função compen-

---

5. Cf. *Zur Psychopathologie des Alltagslebens* (*Psicopatologia da vida diária*).

sadora dos sonhos oferece uma ajuda que é bem-vinda. Não queremos dizer que os sonhos dos homens modernos apontem imediatamente os meios terapêuticos apropriados, como se conta a respeito dos sonhos tidos durante a incubação (sono noturno) nos templos de Esculápio[6], mas eles esclarecem a situação do paciente, de uma maneira que pode favorecer grandemente o processo de cura. Esses sonhos nos trazem recordações, reflexões; relembram acontecimentos vividos outrora; despertam coisas que dormiam no seio da nossa personalidade, e revelam traços inconscientes nas suas relações com o meio ambiente. Por isto é raro que um indivíduo que tenha se submetido ao fatigoso trabalho de análise de seus sonhos com a competente assistência de um especialista, por um longo período de tempo, não veja seu horizonte se alargar e se enriquecer. Justamente por causa de seu comportamento compensador, a análise adequadamente conduzida nos descortina novos pontos de vista e nos abre novos caminhos que nos ajudam a sair da terrível estagnação.

550 Mas a ideia de compensação caracteriza apenas de maneira genérica a função do sonho. Quando se contemplam séries que comportam várias centenas de sonho, como acontece nos tratamentos prolongados e difíceis, a atenção do observador é atraída pouco a pouco para um fenômeno que no sonho isolado permanece escondido por trás da compensação. É uma espécie de *processo evolutivo* da personalidade. Inicialmente as compensações aparecem como ajustamentos momentâneos de atitudes unilaterais ou o restabelecimento de certos desequilíbrios da situação. Mas um conhecimento e uma experiência mais aprofundados nos mostram que estas ações compensadoras aparentemente isoladas obedecem a uma espécie de plano predeterminado. Parecem ligadas umas às outras e subordinadas, em sentido mais profundo, a um fim comum, de modo que uma longa série de sonhos não aparece mais como uma sucessão fortuita de acontecimentos desconexos e isolados, mas como um processo de desenvolvimento e de organização que se desdobra segundo um plano bem elaborado. Designei este fenômeno inconsciente, que se exprime espontaneamente no simbolismo de longas séries de sonho, pelo nome de *processo de individuação*.

---

6. Cf. MEIER, C.A. *Antike Inkubation und moderne Psychotherapie.*

A natureza da psique 245

Nenhum lugar seria mais apropriado para a apresentação de exem- 551
plos ilustrativos do que o estudo descritivo da psicologia onírica.
Mas esta tarefa, infelizmente, é totalmente impossível no quadro deste trabalho por razões técnicas. Por isto remeto o leitor a meu livro
Psychologie und Alchemie (*Psicologia e alquimia*)[7] que, entre outros,
contém um estudo sobre a estrutura de várias séries de sonhos, com
referência especial ao processo de individuação.

Por falta de estudos adequados, ainda não se sabe ao certo se as 552
longas séries de sonhos registrados fora do processo analítico nos
permitem deduzir a existência de um processo evolutivo que indique
a individuação em curso. O processo analítico, sobretudo quando inclui a análise sistemática dos sonhos, constitui o que Stanley Hall
muito apropriadamente chamou de *process of quickened maturation*
(processo de rápida maturação). Por isto é muito possível que os motivos que acompanham o processo de individuação só se manifestem
nas séries de sonhos registrados no curso do processo analítico, ao
passo que só aparecem nas séries "extra-analíticas" de sonhos a inter-
valos de tempo extremamente longos.

Lembrei, mais acima, que a interpretação dos sonhos exige, além 553
de outras qualidades, também um conhecimento específico. Se, de
um lado, acredito que um leigo inteligente, possuidor de algum conhecimento de psicologia, de uma certa experiência da vida e de um
certo treinamento, seja capaz de diagnosticar, de maneira praticamente correta, a compensação produzida pelo sonho, também acredito que é impossível compreender a natureza do processo de individuação que, como sabemos, está na base da compensação psicológica, sem sólidos conhecimentos no campo da mitologia, do folclore,
da psicologia dos primitivos e da história comparada das religiões.

Nem todos os sonhos têm a mesma importância. Os próprios pri- 554
mitivos distinguem entre "grandes sonhos" e "pequenos sonhos". Nós
os chamaríamos de sonhos "significativos" e sonhos "banais". Se os
examinarmos mais de perto, os "pequenos sonhos" nos aparecem
como fragmentos da fantasia noturna corrente, que derivam da esfera
subjetiva e pessoal, e sua significação se esgota no âmbito dos fatos or-

---

7. [OC, 12].

dinários de cada dia. Por isto os esquecemos facilmente, porque sua validade não ultrapassa as variações do equilíbrio psíquico. Os sonhos importantes, pelo contrário, ficam gravados muitas vezes na memória por toda a vida e constituem, não raramente, a joia mais preciosa do tesouro das experiências psíquicas vividas. Quantas pessoas encontrei ao longo de minha vida, que logo na primeira conversa se sentiam compelidas a dizer: "Um dia tive um sonho!" Às vezes era o primeiro sonho de que se lembravam e que ocorrera entre o terceiro e quinto anos de vida. Examinei grande quantidade destes sonhos e encontrei em muitos deles uma particularidade que os distinguia dos outros sonhos. Eles apresentam, com efeito, uma conformação simbólica que encontro também na *história do espírito humano*. Fato notável é que o sonhador sequer tem noção de que existam tais paralelos. Esta particularidade está presente também nos sonhos do processo de individuação. Estes sonhos contêm os chamados *motivos mitológicos* ou mitologemas, que chamei de arquétipos. Este termo designa formas especificas e grupos de imagens que se encontram, sob formas coincidentes, não só em todas as épocas e em todas as latitudes, mas também nos sonhos individuais, nas fantasias, nas visões e nas ideias delirantes. Tanto sua aparição frequente nos casos individuais como sua ubiquidade étnica provam que a alma humana é singular, subjetiva e pessoal apenas por um lado, mas coletiva e *objetiva* quanto ao mais[8].

555   É por isto que falamos, de um lado, de um inconsciente pessoal e, do outro, de um inconsciente *coletivo*. Este último representa uma camada mais profunda do que o inconsciente pessoal, que está próximo da consciência. Os "grandes" sonhos, isto é, os sonhos "importantes", provêm desta camada mais profunda. Além da impressão subjetiva que eles causam em nós, sua importância se revela já na própria conformação plástica, muitas vezes rica de força poética e de beleza. Tais sonhos ocorrem, o mais das vezes, em momentos cruciais da vida, como, por exemplo, na primeira infância, na puberdade e no meio da vida (dos 36 aos 40 anos) e *in conspectu mortis* [na iminência da morte]. Sua interpretação comporta, muitas vezes, dificuldades consideráveis, porque o material associativo que o sonhador pode

---

8. Cf. minha obra: *Über die Psychologie des Unbewussten* [edição brasileira: *Psicologia do inconsciente*. [OC, 7/1: Estudos sobre psicologia analítica. Petrópolis: Vozes, 2011].

A natureza da psique   247

fornecer é muito escasso. As formações arquetípicas, com efeito, não
se referem mais a experiências pessoais, mas a ideias gerais cuja significação principal reside em seu sentido intrínseco e não mais em quaisquer relações pessoais do sujeito ou em experiências de sua vida.
Assim, um jovem sonhou com uma grande serpente que montava
guarda a uma taça de ouro, sob uma cúpula subterrânea. Certa vez,
ele vira uma serpente gigante num jardim zoológico, mas era incapaz
de mencionar qualquer outra coisa que pudesse ter dado ocasião ao
sonho, exceto certas reminiscências dos contos de fadas. A julgar por
este contexto, de si mesmo insuficiente, o sonho, que se caracteriza-
va, justamente, pelo seu aspecto fortemente emocional, teria apenas
um significado indiferente. Mas tal contexto não explica o caráter
pronunciadamente emocional do sonho. Em semelhante caso é preciso recorrer ao mitologema no qual a serpente ou o dragão, o tesouro e a caverna representam uma provação que assinala uma etapa decisiva da vida do herói. A partir daí percebe-se claramente que se trata de uma emoção coletiva, isto é, de uma situação típica fortemente
afetiva, que não é, em primeiro lugar, uma experiência pessoal, mas
só se torna de tal natureza em fase posterior. Trata-se, primeiramente, de um problema humano geral que, por não ter ainda chamado a
atenção subjetiva, procura abrir caminho, de maneira objetiva, até à
consciência do sonhador[9].

Na força da idade, o homem ainda se sente jovem e longe da ve-   556
lhice e da morte. Mas por volta dos trinta e seis anos ele ultrapassa o
zênite de sua vida, sem tomar consciência da importância deste fato.
Se é um homem cuja disposição íntima e cujos dotes não toleram um
grau muito acentuado de inconsciência, talvez o reconhecimento da
importância deste momento lhe advenha sob a forma de um sonho
arquetípico que se imporá a seu espírito. Em vão ele procurará entender o sentido do sonho com a ajuda de um contexto onírico cuidadosamente elaborado, pois o sonho se exprime em formas estranhas e
mitológicas desconhecidas do sonhador. O sonho se serve de figuras
coletivas porque tem como finalidade exprimir um problema eterno
que se repete indefinidamente, e não um desequilíbrio pessoal.

---

9. Cf. o tratado *Einführung in das Wesen der Mythologie* I/B, publicado por Karl Kerényi e por mim [OC, 9].

557   Todos aqueles momentos da vida individual em que as leis gerais do destino humano rompem as intenções, as expectativas e concepções da consciência pessoal são, ao mesmo tempo, etapas *do processo de individuação*. De fato, este último é a *realização espontânea do homem total*. O homem enquanto consciente do próprio eu é apenas uma parte da totalidade vital, e sua existência não representa a realização deste todo. Quanto mais o homem se torna consciente do próprio eu, tanto mais se separa do homem coletivo que ele próprio é, e se encontra mesmo em oposição a ele. Como, porém, tudo o que vive tende para a totalidade, a atitude unilateral inevitável da vida consciente é corrigida e compensada constantemente pelas componentes essenciais da natureza humana, de modo a integrar definitivamente o inconsciente na consciência, ou melhor, a assimilar o eu a uma personalidade mais ampla.

558   Estas considerações são inevitáveis, se pretendemos entender o sentido dos "grandes" sonhos. Estes, com efeito, utilizam inúmeros mitologemas que caracterizam a vida do herói, esse personagem maior do que o comum dos mortais e de natureza semidivina. Trata-se de aventuras perigosas, de provas como as que encontramos nas iniciações. Há dragões, animais benfazejos e demônios. Encontramos o velho sábio, o homem-animal, o tesouro oculto, a árvore mágica, a fonte, a caverna, o jardim protegido por alta muralha, os processos de transformação e as substâncias da alquimia etc., tudo isto coisas que não apresentam nenhum ponto de contato com as banalidades da vida quotidiana. A razão para estas fantasias é que se trata de realizar uma parte da personalidade que ainda não existe e está somente em vias de realização.

559   A pintura do sonho de Nabucodonosor (Dn 4,7s.) (cf. § 484 desta obra) descreve a maneira como esses mitologemas se condensam e se modificam uns aos outros no decorrer do sonho. Embora aparentemente a imagem pretenda ser apenas uma representação desse sonho, contudo, o autor da pintura acrescentou outros elementos ao sonho, como logo perceberemos se estudarmos mais de perto os seus detalhes. A árvore que nasce do umbigo do rei (detalhe que não corresponde à história) é, portanto, a árvore genealógica dos antepassa-

A natureza da psique   249

dos de Cristo que nasce do umbigo de Adão, pai do gênero humano[10]. É por isto que ele traz na coroa a figura do pelicano que alimen-
ta os filhotes com o próprio sangue, famosa *allegoria Christi* (alegoria de Cristo). O pelicano forma também o quincunce, juntamente
com o tetramorfo, as quatro aves que ocupam o lugar dos símbolos
dos quatro evangelistas. Esse mesmo quincunce se encontra também
embaixo, constituído pelo cervo como símbolo de Cristo[11], e pelos
quatro animais que olham, com expectativa, para cima. Estas duas
quaternidades se aproximam, ao máximo, das representações alquímicas: em cima os *volatilia* (as aves) e embaixo os *terrena* (os animais ter-
renos), aqueles representados (geralmente) sob a forma de pássaros e
estes sob a forma de *quadrupeda* (quadrúpedes). Assim, na descrição
da imagem do sonho em questão entra não só a representação da árvore genealógica de Cristo e da quaternidade dos evangelistas, como também a ideia (alquímica) da dupla quaternidade ("superius este sicut
quod inferius") ("a região de cima é idêntica à região de baixo"). Esta
contaminação nos mostra de maneira extremamente concreta como os
sonhos individuais se comportam com os arquétipos. Estes últimos se
superpõem, se entrelaçam e se misturam, não somente entre si (como
aqui), mas também com elementos individuais isolados[12].

560

---

10. A árvore é também um símbolo alquímico. Cf. *Psychologie und Alchemie* (*Psicologia e alquimia*), p. 563 *et passim* [OC, 12].

11. O cervo é uma *allegoria Christi* (alegoria de Cristo), porque a lenda lhe atribui a capacidade de renovar-se a si próprio. Assim Honório de Autun escreve em seu *Speculum
Ecclesiae* (Migne, PL 162, col. 847): "Fertur quod cervus, postquam serpentem degluti-
verit, ad aquam currat, ut per haustum aquae venerum ejiciat; et tunc cornuam et pilos
excutiat et sic denuo nova recipiat" ("Conta-se que o cervo, depois de engolir uma serpente, corre até a água e, tomando um gole dela, vomita fora o veneno. Em seguida, des-
faz-se dos chifres e dos pelos, em lugar dos quais crescem novos"). Conta-nos o *Saint-Gra-
al* (Santo Graal) [publicado por HUCHER. Vol. II, p. 219 e 224] que Cristo algumas
vezes apareceu aos discípulos sob a forma de *cervo branco*, acompanhado de quatro
leões (= evangelistas). Mercúrio é alegorizado pela Alquimia em forma de cervo
(MANGET. *Bibliotheca Chemica*, II, tab. IX, fig. XIII, *et passim*), porque o cervo tem a
capacidade de se renovar a si mesmo: " Les os du cuer serf vault mouit conforter le cuer
humain" [DELATTE. *Textes latins et vieux français relatifs aux Cyranildes*, p. 346].

12. Quanto aos conceitos alquímicos utilizados nessa passagem, cf. *Psychologie und
Alcemie* (*Psicologia e alquimia*) [OC, 12].

Se os sonhos produzem compensações tão essenciais, por que então eles não são compreensíveis? Esta questão me tem sido dirigida frequentemente. Devemos responder que o sonho é um acontecimento natural e que a natureza não está de modo algum disposta a oferecer seus frutos de certo modo gratuitamente aos homens, na medida de suas expectativas. Muitas vezes se objeta que a compensação pode permanecer ineficaz, se não se entende o sentido do sonho. Mas isto não é assim tão claro, porque há muitas coisas que atuam sem serem compreendidas. Mas nós podemos, sem dúvida, aumentar consideravelmente sua eficácia pela compreensão, e muitas vezes isto se revela necessário, porque a voz do inconsciente pode também não ser ouvida. "Quod natura relinquit imperfectum, ars perficit". ("O que a natureza deixa inacabado, a arte completa!") (diz um provérbio da Alquimia).

561 Voltando agora à forma dos sonhos, encontramos aí simplesmente de tudo: desde a impressão rápida e fugidia como o raio, até às infindáveis elucubrações oníricas. Há, contudo, uma predominância de sonhos "médios" nos quais é possível reconhecer uma certa estrutura, uma estrutura que tem alguma analogia com a do drama. O sonho começa, por exemplo, com uma *indicação de lugar*, como: "Vejo-me numa rua; é uma avenida" (1): ou "Acho-me num grande edifício que me lembra um hotel" (2) etc. Segue-se, muitas vezes, uma indicação referente aos personagens da ação: por exemplo: "'Saio a passear com meu amigo X em um parque público. Numa bifurcação me encontro, de repente, com a Sra. F" (3); ou: "Estou sentado num compartimento da estrada de ferro em companhia de meu pai e minha mãe" (4); ou: "Estou de uniforme militar, cercado por numerosos camaradas de serviço" (5); etc. As indicações de tempo são mais raras. Chamo de *exposição* a esta fase do sonho. Ela indica o lugar da ação, os personagens que nela atuam e frequentemente a situação inicial.

562 A segunda fase é a do *desenvolvimento* da ação. Por exemplo: "Vejo-me numa rua; é uma avenida. Ao longe aparece um automóvel que se aproxima rapidamente. Sua maneira de movimentar-se é estranhamente insegura, e eu penso que o motorista deve estar embriagado" (1). Ou: "A Sra. F. parece muito excitada e quer me sussurrar rapidamente qualquer coisa que meu amigo não pode ouvir" (3). A

A natureza da psique   251

situação se complica de uma forma ou de outra, e se estabelece uma
certa tensão, porque não se sabe o que vai acontecer.

A terceira fase é a da *culminação* ou *peripécia*. Aqui acontece   563
qualquer coisa de decisivo, ou a situação muda inteiramente. Por exemplo: "De repente sou *eu* que estou no carro e aparentemente sou *eu*
mesmo o motorista embriagado. Mas não estou embriagado. Estou
apenas estranhamente inseguro e como que sem a direção do carro.
Não consigo mais controlar o carro e vou com ele de encontro a um
muro com grande barulho" (1). Ou: "De repente a Sra. F. fica lívida
como um cadáver e cai desmaiada no chão" (3).

A quarta e última fase é a *lise*, a *solução* ou o *resultado* produzido 564
pelo trabalho do sonho. (Há certos sonhos em que falta a quarta fase,
o que, em certas circunstâncias, pode representar um problema especial que não podemos discutir aqui.) Por exemplo: "Observo que a
parte dianteira do carro ficou toda amassada. É um carro alheio, que
eu desconheço. Eu próprio não estou ferido. Reflito com certa preocupação sobre minha responsabilidade" (1). Ou: "Pensamos que a
Sra. F. está morta. Mas trata-se, evidentemente, de um desmaio pas-
sageiro. Meu imigo X exclama: 'É preciso que eu vá buscar um médico'" (3). A última fase mostra-nos a situação final que é, ao mesmo
tempo, o resultado "procurado". No sonho 1 é evidente que, depois
de uma certa confusão de descontrole, surge uma nova consciência
reflexa, ou, antes, deveria surgir, porque o sonho é compensador.
No sonho 3 o resultado consiste na ideia de se aconselhar a assistência de uma terceira pessoa que seja competente.

O primeiro indivíduo (1) é um homem que perdeu um pouco a   565
cabeça em circunstâncias familiares difíceis e receava que acontecesse
o pior. O segundo sujeito (3) estava em dúvida quanto se devia ou
não recorrer à ajuda de um psicoterapeuta para a sua neurose. Natu-
ralmene estas indicações não constituem ainda a interpretação do sonho; elas apenas esboçam a situação inicial. Esta divisão em quatro
fases pode ser aplicada, praticamente sem dificuldade especial, à maior
parte dos sonhos, uma confirmação de que o sonho em geral tem
uma estrutura "dramática".

Como mostrei mais acima, o conteúdo essencial da ação onírica é   566
uma espécie de compensação extremamente matizada de uma atitude

unilateral errônea, desviada ou perturbada da consciência. Uma de minhas pacientes histéricas, uma aristocrata que se considerava, sem razão, uma pessoa infinitamente distinta, encontrava, em seus sonhos, uma série de vendedoras de peixe imundas e prostitutas embriagadas. Nos casos extremos, as compensações se tornam de tal modo ameaçadoras, que o medo e a angústia que elas suscitam levam à insônia.

567   O sonho pode desmentir o sujeito com a maior crueldade ou reconfortá-lo moralmente de maneira aparentemente muito criadora. O primeiro caso ocorre frequentemente com pessoas que têm um conceito muito bom de si mesmas, como a paciente há pouco mencionada; o segundo caso se dá com aquelas pessoas que se têm excessivamente na conta de humildes. No sonho pode acontecer, porém, não só que o orgulho seja humilhado, mas elevado a uma posição de eminência inverossímil que roça pelo ridículo, enquanto que o humilde pode ser rebaixado também de maneira inverossímil (*to rub it in*, como dizem os ingleses).

568   Muitas pessoas que têm algumas noções, porém insuficientes, a respeito dos sonhos e sua significação, quando se acham sob a impressão de certas compensações refinadas e aparentemente intencionais, incidem facilmente no preconceito de que o sonho tem realmente um objetivo moral que o sonho previne, repreende, consola, prediz etc. Persuadidas da onisciência do inconsciente, elas facilmente transferem para os sonhos a iniciativa de tomar as decisões necessárias e ficam decepcionadas quando verificam que os sonhos se tornam cada vez mais insignificantes. A experiência me tem mostrado que, quando se tem algum conhecimento da psicologia dos sonhos, é-se facilmente tentado a superestimar o papel do inconsciente, o que prejudica a força da determinação consciente. Entretanto, o inconsciente só funciona satisfatoriamente quando a consciência cumpre a sua tarefa até o limite do impossível. Um sonho pode, então, suprir o que ainda falta ou vir em nosso socorro, quando os nossos melhores esforços falharam. Se o inconsciente fosse efetivamente superior à consciência, seria simplesmente difícil ver em que consiste afinal a utilidade do inconsciente, ou por que motivo o fenômeno da consciência surgiu no transcurso da evolução filogenética como um elemento necessário. Se se tratasse apenas de um *lusus naturae* (um jogo da natureza), o fato de um indiví-

A natureza da psique   253

duo saber que o mundo existe, e ele também, não teria nenhuma significação. De qualquer modo, esta opinião é difícil de assimilar, e por razões psicológicas melhor seria evitar de colocá-la em evidência, mesmo sendo verdadeira, o que, felizmente, jamais conseguiremos demonstrar (como, aliás, também o seu oposto). Esta questão pertence
ao domínio da metafísica, domínio em que não existem critérios de
verdade. Entretanto, não pretendo absolutamente subestimar o fato
de que as considerações metafísicas são da maior importância para o
bem-estar da alma humana.

Ao estudar a psicologia do sonho, deparamo-nos com problemas   569
filosóficos e mesmo religiosos de alcance extraordinário, problemas
para cuja compreensão o fenômeno dos sonhos trouxe contribuições
decisivas. Não podemos, contudo, vangloriar-nos de possuir, desde
agora, uma teoria ou uma explicação universalmente satisfatória
para estes fatos tão difíceis de compreender. Ainda não conhecemos
suficientemente a natureza da psique inconsciente. Neste domínio, é
preciso realizar, com paciência e sem preconceitos, um imenso trabalho, ao qual ninguém recusará sua contribuição. O objetivo da pesquisa não é fazer-nos acreditar que estamos de posse da única teoria
correta, mas de nos levar gradualmente à verdade, pondo em dúvida
todas as teorias.

XI

Os fundamentos psicológicos da crença nos espíritos[1]

570 Se lançarmos um olhar para o passado da humanidade, encontraremos, entre muitas outras convicções religiosas, uma crença universal na existência de seres aeriformes ou etéreos que habitam em volta do homem e exercem sobre ele uma influência invisível, mas poderosa. Em geral esta crença é acompanhada da ideia de que estes seres são espíritos ou almas de pessoas mortas. Esta crença se encontra tanto entre os povos altamente civilizados como entre os aborígines australianos que ainda vivem na idade da pedra. Mas entre os povos civilizados do Ocidente a crença nos espíritos tem sido combatida há mais de um século pelo Racionalismo e Iluminismo científico, e reprimida em um grande número de pessoas cultas, juntamente com outras crenças metafísicas.

571 Mas, da mesma forma como estas crenças metafísicas continuam ainda vivas entre as massas, assim também acontece com a crença nos espíritos. Mesmo nas cidades mais esclarecidas e mais intelectualizadas ainda se fala de casas mal-assombradas, e os camponeses ainda acreditam que seu gado adoece de feitiço. Temos observado, ao invés, que justamente na idade do materialismo – esta inevitável consequência do Iluminismo racionalista – há um ressurgimento da crença nos espíritos em nível superior, e isto não como uma recaída nas trevas da superstição, mas como um interesse científico intenso, como uma necessidade de iluminar o caos sombrio dos fatos duvidosos, com a luz da verdade. Os nomes de Crookes, Myers, Wallace, Zoell-

---

1. Conferência pronunciada na British Society for Psychical Research, em Londres, julho de 1919.

ner e muitos outros autores ilustres simbolizam este renascimento e esta renovação da crença nos espíritos. Mesmo que se questione a natureza real de suas observações, mesmo que eles sejam acusados de erro e de se terem enganado, contudo, estes pesquisadores gozam do mérito moral imorredouro de se terem empenhado, com todo o peso de sua autoridade e de seu grande renome científico – pondo de lado qualquer temor pessoal – em acender uma nova luz neste domínio tenebroso. Eles não recearam nem os prejuízos acadêmicos nem o escárnio do público e, justamente numa época em que o pensamento dos eruditos sucumbe mais do que nunca à força da corrente materialista, foram eles que chamaram a atenção para os fenômenos de origem psíquica, que pareciam estar em completa contradição com o materialismo de sua época.

Por isto estes homens caracterizam uma reação do espírito humano contra a visão materialista do mundo. Considerando-se esta situação do ponto de vista da história, não é de espantar que eles tenham utilizado justamente a crença nos espíritos como a arma mais eficaz contra a simples verdade dos sentidos, porque a crença nos espíritos tem também a mesma significação funcional para o primitivo. A dependência extremada deste último em relação às circunstâncias a seu meio ambiente, as suas múltiplas necessidades e as tribulações de sua vida cercada por vizinhos hostis e por feras perigosas, e exposto frequentemente a uma natureza impiedosa, seus sentidos aguçados, seus apetites sensíveis, suas emoções mal controladas, tudo isto o prende a realidades físicas, de modo que ele corre sempre o perigo de assumir uma atitude puramente materialista e de se degenerar inteiramente. Sua crença nos espíritos, ou melhor, a percepção de uma realidade espiritual arranca-o constantemente dos laços que o prendem a um mundo puramente sensível e material, e lhe incute a certeza de uma realidade espiritual cujas leis ele deve observar tão cuidadosamente e com tanto temor quanto as leis da natureza física circundante. Por isto, ele vive realmente em dois mundos. A realidade física é, ao mesmo tempo, um mundo povoado de espíritos. Para ele, o segundo é tão real quanto o primeiro, não porque ele assim o pense, mas pela ingenuidade com que sente as coisas espirituais. Sempre que se perde esta ingenuidade, em contacto com a civilização e com seu espírito iluminista tão desastroso para o primitivo, cessa também a sua dependência em relação à lei espiritual, e ele, consequentemente, degenera. Mesmo o cristianismo não consegue se preservar deste processo de decadência, porque uma religião altamente desenvolvida como ele é exige também uma psique altamente desenvolvida para que possa fazer sentir seus benéficos efeitos.

573   Para o primitivo, o fenômeno dos espíritos é uma evidência imediata da realidade do mundo espiritual. Se examinarmos mais de perto o que estes fenômenos dos espíritos significam para ele, e em que consistem, depararemo-nos com os seguintes fatos: antes de tudo, que a *aparição de espíritos* não é rara entre os primitivos. Admite-se, em geral, que estas aparições são muito mais frequentes entre os primitivos do que entre os povos civilizados, e daí se conclui que a aparição de espíritos é mera superstição, porque ela jamais ocorre entre pessoas esclarecidas, exceto em casos patológicos. É fora de dúvida que o homem civilizado se ocupa muitíssimo menos com a hipótese dos espíritos do que o primitivo, mas, a meu ver, é também fora de dúvida que os fenômenos psíquicos são muito mais raros entre os civilizados do que entre os primitivos. Estou convencido de que um europeu que tenha realizado os mesmos exercícios e as mesmas práticas utilizadas por um curandeiro para tornar visíveis os espíritos, teria também a mesma experiência. Só que ele a interpretaria de maneira diferente, negando-lhe qualquer objetividade, mas isto não alteraria o fato em si mesmo. É sabido que o europeu tem também experiências psíquicas estranhíssimas quando forçado a viver em condições primitivas ou quando se encontra em situação psíquica fora do comum.

574   Uma das principais fontes da crença do primitivo nos espíritos é o *sonho*. Nos sonhos aparecem pessoas, muito frequentemente, como protagonistas, e a consciência primitiva acredita facilmente que se trata realmente de espíritos. É sabido que certos sonhos têm um valor infinitamente maior para o primitivo do que para o civilizado. Ele não somente fala, muitas vezes, de seus sonhos, mas lhes atribui também grande importância, de sorte que frequentemente se tem a impressão de que o primitivo é incapaz de distingui-los da realidade. Os sonhos não têm valor aos olhos dos civilizados em geral, mas entre estes há muitos indivíduos que atribuem grande importância a certos sonhos, justamente por causa de seu caráter estranho e impressionante. Esta peculiaridade confere certa plausibilidade à opinião de que estes sonhos são inspirações. Mas a inspiração implica um inspirador, um espírito, embora pouco se fale desta consequência lógica. Um exemplo bastante ilustrativo neste sentido é o fato de que, muitas vezes, nos so-

A natureza da psique   257

nhos aparecem figuras de pessoas falecidas. As mentes ingênuas acreditam facilmente que são as almas de mortos que voltam a se manifestar.

Uma outra fonte da crença nos espíritos são as *doenças psicógenas*,   575
os distúrbios nervosos, especialmente os de natureza histérica que parecem ser frequentes entre os primitivos. Como estas doenças se originam de conflitos psicológicos, o mais das vezes inconscientes, o paciente acredita que tais doenças são causadas por aquelas pessoas, vivas ou falecidas, que estão de algum modo ligadas a seu conflito subjetivo, Se é a figura de uma pessoa falecida, a reação natural é pensar que se trata de seu espírito que exerceu uma influência nociva quando em vida. Como os conflitos patógenos em geral remontam à infância e estão, assim, ligados a recordações em torno da figura dos pais, é natural que o primitivo atribua particular importância justamente aos espíritos de seus parentes falecidos. Estas relações são responsáveis pelo culto aos antepassados e parentes largamente difundido. O culto ao mortos é, antes de tudo, uma proteção contra a má vontade dos mortos. Quem se dedica ao tratamento de doenças nervosas sabe, por experiência, quão grande é a importância da influência exercida pelos pais sobre os doentes. Há um grande número de pacientes que se sentem verdadeiramente perseguidos pelos pais, mesmo que estes tenham morrido há muito tempo. As repercussões psicológicas da influência dos pais são tão poderosas que, como dissemos, muitos povos desenvolveram todo um sistema de culto aos seus mortos[2].

---

2. Durante minha expedição ao Monte Elgon [África Oriental], em 1925/1926, uma de nossas aguadeiras, uma jovem casada que vivia em um kraal (aldeia) da vizinhança, adoeceu, ao que parece, em consequência de aborto séptico, acompanhado de febre alta. Não podíamos tratá-la com os parcos meios de que dispúnhamos. Os parentes mandaram logo vir um "nganga", uma espécie de curandeiro. Este, assim que chegou, começou a dar voltas ao redor da cabana, em círculos cada vez mais largos, e a farejar o ar. De repente, estacou, em silêncio, junto a uma trilha que descia da montanha, e explicou que a doente era a filha única de pais mortos ainda muito jovens, que agora moravam lá no alto da floresta de bambu. Cada noite eles desciam de lá, e provocaram a doença na filha, a fim de que ela morresse e fosse fazer companhia a eles. Ordenou que à entrada da trilha que descia da montanha se construísse imediatamente uma "armadilha de espíritos", sob a forma de pequena cabana dentro da qual colocaram uma imagem de argila, representando a enferma, juntamente com "posho" (comidas). À noite, os espíritos dos pais entrariam nessa pequena cabana, pensando encontrar-se com a filha. Para nosso grandíssimo espanto, a doente se recuperou dentro de dois dias. Estava errado o nosso diagnóstico? O certo é que o enigma ficou sem resposta.

576   É fora de dúvida que as *doenças mentais* propriamente ditas desempenham um papel de muita importância na gênese da crença nos espíritos. Entre os povos primitivos, enquanto sabemos, estas doenças são, o mais das vezes, de caráter delirante, alucinatório e catatônico, e pertencem, aparentemente, ao vasto campo da esquizofrenia, uma enfermidade que abrange a maior parte das doenças mentais crônicas. Os doentes mentais foram considerados em todas as épocas e lugares como possuídos por espíritos maus. Esta crença é secundada pelas alucinações dos doentes. Estes são atormentados menos por visões do que propriamente por alucinações: ouvem "vozes". Trata-se, frequentemente, de vozes de parentes ou de pessoas de algum modo ligadas ao conflito subjetivo do paciente. A impressão que as pessoas ingênuas têm é a de que estas alucinações são produzidas por espíritos.

577   É impossível falar da crença nos espíritos, sem, ao mesmo tempo, considerar a crença nas almas. A crença nas almas é um correlato da crença nos espíritos. Como o primitivo acredita que o espírito, em geral, é o espírito de um morto, este espírito deve ter sido a alma de uma pessoa viva. Isto acontece sobretudo onde prevalece a crença de que o homem só possui *uma* alma. Mas esta crença não é universal, e frequentemente se pensa que o indivíduo tem duas ou mais almas, uma das quais sobrevive à morte e goza de relativa imortalidade. Neste caso, o espírito do morto é apenas uma das várias almas que o indivíduo tinha quando em vida. É, portanto, apenas uma parte da alma total, por assim dizer apenas um fragmento psíquico.

578   A crença nas almas é, por conseguinte, uma premissa necessária da crença nos espíritos, quando se trata da crença nos espíritos dos mortos. Mas o primitivo não acredita apenas nos espíritos dos mortos. Para ele, existem também demônios elementares que nunca foram almas humanas ou partes dessas almas. Este grupo de espíritos teria, portanto, uma origem diferente.

579   Antes de analisarmos mais detalhadamente os fundamentos psicológicos da crença nas almas, eu gostaria de recordar brevemente os fatos acima mencionados. Destaquei particularmente três fontes que constituem, por assim dizer, a verdadeira base da crença nos espíritos: a aparição de espíritos, os sonhos e os distúrbios patológicos da vida psíquica. O exemplo mais comum e mais normal é o sonho, e

A natureza da psique

sua grande importância para a psicologia do primitivo é amplamente reconhecida. Afinal, em que consiste o sonho?

O sonho é um produto psíquico, que surge, sem motivação consciente, no estado hípnico. Mas a consciência não se apaga inteiramente durante o sono; uma pequena parcela da mesma fica ativa. Assim, na maioria dos sonhos a pessoa ainda conserva uma consciência relativa de seu eu, embora seja um eu muito limitado e estranhamente modificado, conhecido como eu onírico. É apenas um fragmento ou a sombra do eu quando em estado de vigília. Só existe consciência quando há um conteúdo psíquico associado ao eu. O eu constitui um complexo psíquico solidamente constituído. Como quase nunca há sono sem sonhos, podemos admitir que a atividade do complexo do eu raras vezes cessa por completo. Via de regra, esta atividade é apenas limitada pelo sono. Neste estado, o eu vê os conteúdos psíquicos a ele associados, como se estivesse, por exemplo, diante dos fatos das circunstâncias da vida real. Por isto, durante o sonho geralmente nos encontramos em situações que não têm nenhuma semelhança com o estado de vigília, mas se parecem com situações da vida real. Da mesma forma como pessoas e coisas reais entram em nosso campo de visão durante o estado de vigília, assim também as imagens oníricas entram no campo da consciência do eu onírico como uma outra espécie de realidade. Temos a sensação não de que produzimos os sonhos, mas de que os sonhos vêm até nós. Não dependem de nosso arbítrio, mas obedecem às suas próprias leis. Constituem, manifestamente, complexos psíquicos autônomos formados com seus próprios materiais. Não conhecemos as fontes de seus motivos, por isso afirmamos que os sonhos provêm do inconsciente. Dizendo isto, admitimos a existência de complexos psíquicos autônomos que escapam ao controle de nossa consciência e surgem e desaparecem segundo suas próprias leis. Baseados em nossa vida em estado de vigília, acreditamos que somos nós que formamos nossos próprios pensamentos e dispomos deles sempre que o quisermos. Acreditamos conhecer a sua origem, bem como a razão e o fim pelos quais os possuímos. Todas as vezes que um pensamento se apodera de nós contra nossa vontade ou desaparece subitamente, independentemente de nossa vontade, sentimos que nos aconteceu algo de excepcional ou mesmo patológico. Por isto, parece-me que a diferença existente entre a atividade no estado de vigília e a atividade no estado hípnico é muito importante. No estado de vigília, a psique se acha aparentemente sob o controle da vontade consciente, mas no estado hípnico produz conteúdos que irrompem, quais seres estranhos e incompreensíveis, na consciência, como se viessem de um outro mundo.

581   O mesmo acontece com a visão ou aparição. Esta se assemelha ao sonho, só que ocorre no estado de vigília. Brota do inconsciente, juntamente com as percepções conscientes, e nada mais é do que uma irrupção momentânea de um conteúdo inconsciente na continuidade da consciência. O mesmo fenômeno se verifica nos distúrbios mentais. Aparentemente sem qualquer intermediário, o ouvido escuta não só os ruídos que lhe chegam do seu meio ambiente, as ondas sonoras vindas do interior; mas, estimulado por eles, escuta também a voz de determinados conteúdos psíquicos que nada têm a ver com os conteúdos imediatos da consciência[3]. Além dos julgamentos que o intelecto e o sentimento formulam com base em premissas definidas, surgem também opiniões e convicções que se impõem ao paciente, aparentemente oriundas de percepções reais, mas que, na verdade, derivam de fatores internos inconscientes. São as ideias delirantes.

582   O que estes três tipos de fenômenos têm em comum é o fato de que a psique em si não é uma unidade indivisível, mas um todo divisível e mais ou menos dividido. Embora as partes separadas estejam ligadas entre si, contudo, são relativamente independentes, a tal ponto que certas partes da alma jamais aparecem associadas ao eu, ou se lhe associam apenas raramente. A estas partes da alma chamei de *complexos autônomos* e fundei minha teoria dos complexos da psique sobre a sua existência[4]. Segundo esta teoria, o complexo do eu forma o centro característico de nossa psique. Mas é apenas um dentre vários complexos. Os outros complexos aparecem associados, mais ou menos frequentemente, ao complexo do eu, e deste modo se tornam conscientes, mas podem existir também por um longo período de tempo sem se associarem ao eu. Um exemplo excelente e muito conhecido deste fenômeno é a psicologia da conversão de Paulo. Embora pareça que o

---

3. Existem também casos em que as vozes repetem audivelmente os pensamentos conscientes do paciente. Mas estes casos são muito raros.

4. Cf. "Considerações gerais sobre a teoria dos complexos" [Tratado III deste volume].

A natureza da psique

momento da conversão tenha sido absolutamente repentino, contudo, sabemos por longa e variada experiência que uma transformação tão fundamental exige um longo período de incubação. E só quando esta preparação está completa, isto é, quando o indivíduo está maduro para a conversão, é que a nova percepção irrompe com violenta emoção. Saulo já era inconscientemente cristão desde muito tempo, e isto explicaria seu ódio fanático contra os cristãos, porque o fanatismo se encontra sempre naqueles indivíduos que procuram reprimir uma dúvida secreta. É por isto que os convertidos são sempre os piores fanáticos. A aparição de Cristo no caminho de Damasco assinala apenas o momento em que o complexo inconsciente de Cristo se associa ao eu de Paulo. O fato de Cristo lhe ter aparecido, então, de modo quase objetivo, como visão, explica-se pela circunstância de que o cristianismo de Saulo era um complexo inconsciente. Por isto é que este complexo lhe aparecia sob a forma de projeção, como não pertencendo a ele próprio. Ele não podia ver-se a si mesmo como cristão. Por isto ficou cego, em consequência de sua resistência a Cristo e só pôde ser curado de novo por um cristão. Sabemos, por experiência, que a cegueira psícógena em questão é sempre uma recusa (inconsciente) a ver. No caso de Saulo, esta atitude corresponde à sua resistência fanática ao cristianismo. Esta resistência, como nos mostra a Escritura, nunca desapareceu inteiramente em Saulo; ela irrompia ocasionalmente sob a forma de acessos, erroneamente explicados como epilepsia. Estes acessos correspondiam a um retorno subitâneo do complexo de Saulo, complexo que se dissociou com a conversão, como já acontecera com o complexo de Cristo.

Por questão de honestidade intelectual, não podemos dar uma explicação metafísica ao caso de Paulo, pois, do contrário, teríamos de explicar também metafisicamente todos os casos semelhantes ocorridos com nossos pacientes. Isto nos levaria a conclusões totalmente absurdas que repugnam não somente à razão como também aos sentimentos. 583

É nos sonhos, nas visões, nas alucinações patológicas e nas ideias delirantes onde mais claramente se destacam os complexos autônomos da psique. Como o eu não tem consciência destes complexos, os quais, por isto mesmo, são-lhe estranhos, eles aparecem primeiramente sob forma projetada. Nos sonhos eles são representados por 584 outras pessoas; nas visões são projetados, por assim dizer, no espaço, precisamente como as vozes nas perturbações mentais, se é que os doentes não as atribuem diretamente às pessoas que estão à sua volta. As ideias de perseguição, como sabemos, estão ligadas frequentemente a determinadas pessoas em que o paciente projeta as qualidades de seu próprio complexo inconsciente. Ele considera estas pessoas como inimigas, porque seu eu é hostil ao complexo inconsciente, mais ou menos como fazia Saulo em relação ao complexo de Cristo que ele desconhecia. Ele perseguia os cristãos como representantes deste complexo de que ele não se dava conta. Vemos este fenômeno se repetir constantemente em nossa vida quotidiana: encontramos indivíduos que não hesitam o mínimo em projetar suas próprias opiniões sobre pessoas e coisas, odiando-as ou amando-as com a mesma facilidade. Como a análise e a reflexão são processos complicados e difíceis, eles preferem julgar tranquilamente, sem se dar conta de que simplesmente estão projetando algo que trazem dentro de si e deste modo não percebem que são vítimas de uma estúpida ilusão. Não se apercebem da injustiça e da falta de amor que tal procedimento implica, e sobretudo não consideram a grave perda de personalidade que eles sofrem, quando, por mero desleixo, permitem-se ao luxo de transferir seus próprios erros ou méritos para outros. Sob qualquer aspecto, é extremamente inconveniente pensarmos que os outros são tão estúpidos e tão inferiores quanto nós próprios, e deveríamos tomar consciência do dano que causamos, transferindo espontaneamente nossas próprias boas qualidades para salteadores morais, sempre ávidos de novas presas.

585 Sob o ponto de vista psicológico, os *espíritos* são, portanto, *complexos inconscientes autônomos que aparecem em forma de projeção*, porque, em geral, não apresentam nenhuma associação direta com o eu[5].

586 Expliquei acima que a crença nas almas é um correlato necessário da crença nos espíritos. Enquanto os espíritos são considerados como estranhos e não fazendo parte do eu, o mesmo não sucede com

---

5. Isto não deve ser entendido como uma afirmação metafísica. Estamos ainda bem longe de resolver a questão se os espíritos existem em *si mesmos*. A Psicologia não se ocupa com as coisas como elas são em "si mesmas", mas exclusivamente com a maneira como os indivíduos as imaginam.

A natureza da psique

relação à alma ou às almas. O primitivo considera como incômoda ou perigosa a proximidade ou a influência de um espírito, e se sente aliviado quando consegue exorcizá-lo. For outro lado, porém, o primitivo considera a perda de uma alma como uma doença grave e atribui também qualquer enfermidade física grave à perda da alma. Há inúmeros ritos que servem para chamar o pássaro-alma de volta ao corpo do doente. Não se deve bater nas crianças, porque, do contrário, sua alma poderia ficar ofendida e se retirar delas. Para o primitivo, portanto, a alma é algo que lhe pertence e normalmente deveria estar presente, ao passo que os espíritos lhe parecem estranhos, e normalmente não deveriam ficar perto dele. Por isto, ele evita os lugares frequentados por espíritos, e, quando os visita, é com temor e por motivos religiosos ou mágicos.

A pluralidade das almas implica também uma pluralidade de 587 complexos relativamente autônomos, que podem se comportar como espíritos. Mas o eu vê os complexos das almas como formando parte de si próprio, e a perda da alma como patológica, ao contrário dos complexos dos espíritos, cuja ligação com o eu provoca a doença, e sua dissociação o restabelecimento. Por isto é que a patologia primitiva reconhece como fontes das doenças tanto a perda da alma como a possessão por espírito. As duas teorias se equivalem mais ou menos. Deveríamos, por conseguinte, postular a existência de complexos inconscientes que normalmente pertencem ao eu e de complexos que normalmente não deveriam estar ligados ao eu. Os primeiros são os complexos das almas, e os segundos os complexos dos espíritos.

Esta distinção familiar à crença primitiva corresponde exatamen- 588 te ao meu conceito de inconsciente. Segundo meu ponto de vista, o inconsciente se divide em duas partes rigorosamente distintas. Uma delas é o chamado inconsciente pessoal, que encerra todos aqueles conteúdos psíquicos esquecidos no decorrer da vida. O inconsciente ainda conserva traços desses conteúdos, mesmo depois que se perdeu qualquer lembrança consciente dos mesmos. O inconsciente contém igualmente todas as impressões ou percepções subliminares que não possuem energia suficiente para alcançar a consciência. A isto se acrescentam ainda as combinações de ideias inconscientes que são muito fracas e por demais imprecisas para transporem o limiar da consciência. Por fim, o inconsciente pessoal abrange também aqueles conteúdos incompatíveis com a atitude consciente. Trata-se, o mais das vezes, de um grupo inteiro de conteúdos que nos parecem moral, estética ou intelectualmente inadmissíveis, e que são reprimidos por causa de sua incompatibilidade. Como sabemos, o homem nunca pensa ou sente senão o que é belo, bom e verdadeiro. Mas quando se procura manter uma atitude ideal, reprime-se automaticamente tudo o que é incompatível com esta atitude. Se, como acontece quase sempre com o indivíduo diferenciado, uma função, como, por exemplo, o pensamento, acha-se particularmente desenvolvida e, deste modo, domina a consciência, o sentimento é relegado ao segundo plano e em grande parte mergulha no inconsciente.

589   O inconsciente pessoal é constituído deste material. A outra parte do inconsciente é o que chamo de *inconsciente impessoal* ou *coletivo*. Como o próprio nome indica, este inconsciente não inclui nenhum conteúdo pessoal, mas apenas conteúdos coletivos, ou aqueles conteúdos que não pertencem apenas a determinado indivíduo, mas a um grupo de indivíduos e, em geral, a uma nação inteira ou mesmo toda a humanidade. Estes conteúdos não foram adquiridos durante a vida do indivíduo; são produtos de formas inatas e dos instintos. Embora a criança não tenha ideias inatas, possui, contudo, um cérebro altamente desenvolvido, com possibilidades de funcionamento bem definidas. Este cérebro é herdado de seus antepassados. É a sedimentação da função psíquica de todos os seus ancestrais. A criança nasce, portanto, com um órgão que está pronto a funcionar pelo menos da mesma maneira como funcionou através da história da humanidade. É no cérebro que foram pré-formados os instintos e todas as imagens primordiais que sempre foram a base do pensamento humano, ou seja, portanto, toda a riqueza dos temas mitológicos[6]. Naturalmente, não é fácil provar, sem mais, a existência de um inconsciente coletivo em um indivíduo normal, mas de tempos em tempos aparecem representações mitológicas em seus sonhos. É nos casos de

---

6. Refiro-me aqui, não às formas existentes do tema, mas à sua estrutura fundamental pré-consciente (e, portanto, não diretamente observável). Esta estrutura pode ser comparada ao reticulado cristalino que existe em estado potencial na água-mãe, mas não deve ser confundido com o sistema axial, diversamente estruturado, do cristal individual.

A natureza da psique

perturbações mentais, e especialmente na esquizofrenia, em que mais nitidamente se destacam esses conteúdos. É nesses casos em que as imagens mitológicas frequentemente apresentam uma variedade surpreendente. Os doentes mentais muitas vezes produzem combinações de ideias e símbolos que não se pode atribuir às experiências de sua existência individual, mas unicamente à história do espírito humano. É o pensamento mitológico primitivo que reproduz suas imagens primordiais, e não a reprodução de experiências inconscientes[7].

O *inconsciente pessoal* contém, portanto, complexos que pertencem ao indivíduo e formam parte essencial da sua vida psíquica. Quando qualquer complexo que devia se achar associado ao eu se torna inconsciente, por ter sido reprimido ou por ter mergulhado nos subterrâneos da psique, o indivíduo experimenta uma sensação de perda. E quando um complexo perdido se torna, de novo, consciente, por exemplo, através do tratamento psicoterapêutico, o indivíduo sente que houve um aumento de força[8]. Muitas neuroses são curadas desta maneira. Mas quando, pelo contrário, um complexo do *inconsciente coletivo* se associa ao eu, isto é, torna-se consciente, o indivíduo sente este conteúdo como algo de estranho, de misterioso e, ao mesmo tempo, fascinante. Em qualquer caso, a consciência sofre profundamente sua influência, seja sentindo o complexo como qualquer coisa de patológico, seja alheando-se da vida normal. A associação de um conteúdo do inconsciente coletivo ao eu produz sempre um estado de "alienação" porque alguma coisa que deveria propriamente permanecer inconsciente, isto é, separada do eu, intromete-se na consciência individual. Se consegue remover este conteúdo da consciência, o indivíduo se sente aliviado e mais normal. A irrupção destes conteúdos é um sintoma característico que marca o início de muitas doenças mentais. Os doentes são assaltados por pensamen-

590

---

7. Cf. *Wandlungen und Symbolen der Libido* (*Transformações e símbolos da libido*) [nova edição: *Symbole der Wandlungen* (*Símbolos da transformação*). OC, 5]; e ainda SPIELREIN. *Über den psychologischen Inhalt eines Falles von Schizophrenie*, p. 329s.;
• NELKEN. *Analytische Beobachtungen über Phantasien eines Schizophrenen*, p. 504s.;
• MEIER. *Spontanmanifestationen des kollektiven Unbewussten*.

8. Esta sensação nem sempre é desagradável, pois o paciente fica até mesmo contente com a perda do complexo, até o momento em que ele começa a sentir as consequências desagradáveis desta perda.

tos estranhos e inauditos, o mundo parece mudado e as pessoas apresentam feições desfiguradas etc.[9].

591   Enquanto os conteúdos do inconsciente pessoal são sentidos como fazendo parte da própria alma do indivíduo, os conteúdos do inconsciente coletivo parecem estranhos e como que vindos de fora. A reintegração de um complexo pessoal produz um efeito de alívio ou, frequentemente, até mesmo a cura, ao passo que a irrupção de um complexo do inconsciente coletivo é um fenômeno profundamente desagradável e mesmo perigoso. O paralelo com a crença primitiva nas almas e nos espíritos é manifesto. *As almas dos primitivos correspondem aos complexos autônomos do inconsciente pessoal e os espíritos aos complexos do inconsciente coletivo.* Em linguagem científica diríamos prosaicamente que aquilo que o primeiro considera como almas ou espíritos são complexos psíquicos. Em vista do papel extraordinário que a crença nas almas e nos espíritos tem desempenhado na história da humanidade e também na atualidade, não podemos nos contentar apenas em constatar a existência de tais complexos, mas devemos penetrar um pouco mais profundamente em sua natureza.

592   É fácil demonstrar experimentalmente a existência destes complexos, através do experimento das associações[10]. Como se sabe, este experimento consiste no seguinte: o experimentador propõe uma palavra ao sujeito da experiência, e este deve reagir o mais depressa possível com a primeira palavra que lhe passe pela mente. O experimentador mede o tempo de reação com um cronômetro. De modo geral se esperaria que todas as palavras isoladas fossem respondidas mais ou menos com a mesma velocidade e que só as palavras difíceis determinassem um tempo de reação mais prolongado. Na realidade, porém, as coisas se passam de modo diferente. Há inesperadamente tempos de reação prolongados após palavras muito simples, ao passo que palavras mais difíceis são respondidas mais rapidamente. Uma

---

9. Aqueles que conhecem esta matéria possivelmente objetarão que minha descrição é unilateral, porque sabem que o *arquétipo*, ou conteúdo coletivo autônomo, não possui apenas um aspecto negativo, como o aqui descrito. Aqui, porém, limitei-me simplesmente à sintomatologia corrente que se pode encontrar em qualquer manual de Psiquiatria, e à atitude defensiva, igualmente comum, contra tudo o que é extraordinário. Evidentemente, o arquétipo tem também uma numinosidade positiva, que menciono abundantemente em meus escritos.

10. Cf. minha obra *Diagnostische Assoziationsstudien* [OC, 2].

investigação mais aprofundada nos mostrará que os tempos de reação mais prolongados geralmente ocorrem quando a palavra indutora atinge um conteúdo fortemente emocional. Além do tempo reacional prolongado, há ainda outras perturbações características cujos detalhes não podemos discutir aqui. Os conteúdos emocionais em geral se referem a coisas que o sujeito da experiência gostaria que os outros não conhecessem. Trata-se, em geral, de fatos penosos e, portanto, de conteúdos reprimidos ou mesmo de coisas que o próprio sujeito da experiência desconhece. Quando uma palavra indutora atinge um destes complexos, o sujeito da experiência não encontra nenhuma resposta, ou então as coisas que lhe ocorrem são em tal quantidade, que ele não sabe o que responder, ou repete mecanicamente a palavra indutora, ou dá uma resposta qualquer e imediatamente, ou a substitui por outra etc. Se, ao término do experimento, procura-se saber do sujeito da experiência as respostas que ele deu às diversas palavras indutoras apresentadas, verifica-se, em geral, que ele se recorda muito bem das reações ordinárias, mas se esquece das palavras ligadas a um complexo.

Estas peculiaridades revelam claramente as qualidades do complexo autônomo: ele determina perturbação no tempo da reação; bloqueia a resposta ou provoca pelo menos um retardamento desproporcional, ou produz uma reação inadequada e, em seguida, impede que o sujeito da experiência se recorde das respostas dadas. Interfere, assim, na vontade consciente, perturbando suas disposições. Por isto falamos de *autonomia dos complexos*. Quando submetemos um neurótico ou doente mental a este experimento, descobrimos que os complexos que perturbam as reações são, ao mesmo tempo, componentes essenciais da perturbação psíquica. Eles provocam não só as perturbações das reações, mas também os sintomas. Tenho visto casos em que certas palavras indutoras foram respondidas com palavras estranhas e aparentemente sem sentido, com palavras que brotavam inesperadamente da boca da pessoa testada. Era como se um ser estranho tivesse falado através dela. Estas palavras pertenciam ao complexo autônomo. Quando excitados por um estímulo exterior, estes complexos podem causar confusões repentinas na mente, emoções violentas, depressões, estados de ansiedade e angústia etc., ou se exprimem através de alucinações. Em uma palavra: comportam-se de tal sorte, que a crença primitiva nos espíritos parece constituir uma forma plástica de expressar tais fenômenos.

594   Podemos estender esse paralelo muito mais além. Certos complexos surgem depois de experiências dolorosas ou desagradáveis na vida do indivíduo. São experiências pessoais de natureza emocional, que deixam feridas psíquicas duradouras atrás de si. Uma experiência desagradável é capaz de sufocar, por exemplo, qualidades preciosas de uma pessoa. Isto dá origem a complexos inconscientes de natureza pessoal. O primitivo, neste caso, falaria, e com razão, de perda da alma, pois, na verdade, certas partes da psique aparentemente desapareceram. Uma parte dos complexos autônomos se originam destas experiências pessoais. A outra parte, porém, deriva de uma fonte totalmente diferente. Enquanto a primeira fonte é fácil de entender, porque diz respeito à vida exterior que todos podem ver, a outra é obscura e de difícil compreensão, porque se refere sempre a percepções ou impressões vindas de conteúdos do inconsciente coletivo. Comumente procura-se explicar racionalmente estas percepções interiores como provindas de causas externas, sem, contudo, atingir o âmago da questão. No fundo, trata-se de conteúdos irracionais, de que o indivíduo jamais teve consciência anteriormente, e que ele, portanto, tenta em vão descobrir em alguma parte fora de sua própria pessoa. O primitivo exprime este fato muito apropriadamente, declarando convencidamente que algum espírito estranho está envolvido no caso. Ao que sei, estas experiências interiores acontecem, ou quando algum fato exterior produz um abalo tão forte no indivíduo que sua concepção anterior da vida desmorona, ou quando os conteúdos do inconsciente coletivo por um motivo qualquer acumulam uma quantidade tão grande de energia que se tornam capazes de influenciar a consciência. A meu ver, isto acontece quando a vida de um povo ou de um grupo humano mais amplo sofre uma mudança profunda de natureza política social ou religiosa. Esta mudança implica ao mesmo tempo uma mudança na atitude psicológica. De hábito, as mudanças profundas na história são atribuídas exclusivamente a causas exteriores. Contudo, estou convencido de que as circunstâncias exteriores frequentemente são por assim dizer meras ocasiões para que se manifeste uma nova atitude perante a vida e o mundo, preparada inconscientemente desde longa data. Condições sociais,

políticas e religiosas gerais afetam o inconsciente coletivo, no sentido de que todos aqueles fatores que são reprimidos na vida de um povo pela concepção do mundo ou atitudes predominantes se reúnem pouco a pouco no inconsciente coletivo e ativam seus conteúdos. Em geral, um ou mais indivíduos dotados de intuição particularmente poderosa tomam consciência de tais mudanças ocorridas no inconsciente coletivo e as traduzem em ideias comunicáveis. Estas ideias se propagam rapidamente, porque ocorreram também mudanças semelhantes no inconsciente. Há uma disposição geral em aceitar as novas ideias, embora, por outro lado, elas encontrem também uma resistência violenta. As ideias novas não são apenas inimigas das antigas; elas surgem, em geral, também sob uma forma praticamente inaceitável para a antiga atitude.

Todas as vezes que os conteúdos do inconsciente coletivo são ativados eles produzem um forte impacto sobre a consciência, o que gera sempre uma confusão. Se a ativação do inconsciente coletivo é consequência do desmoronamento das esperanças e expectativas da vida, há o perigo de o inconsciente tomar o lugar da realidade. Este estado seria patológico. Se, pelo contrário, a ativação é o resultado de processos psicológicos no inconsciente, o indivíduo se sente ameaçado ou no mínimo desorientado, mas o estado resultante não é patológico, pelo menos quanto ao indivíduo. Todavia, o estado mental do povo como um todo poderia ser comparado a uma psicose. Se a tradução do inconsciente em uma linguagem comunicável for bem-sucedida, produz-se um efeito redutor. As forças instintivas presentes nos conteúdos inconscientes são canalizadas, graças à tradução, para a consciência e formam uma fonte energética capaz de desencadear, por sua vez, um entusiasmo perigoso[11].

Os espíritos nem sempre são perigosos e nocivos, mas podem produzir também efeitos benéficos quando traduzidos em ideias. Um exemplo bem conhecido desta transladação de um conteúdo do inconsciente coletivo na linguagem comum é o milagre de Pentecostes. Do ponto de vista do observador externo, os apóstolos estavam num

---

11. Esta descrição da gênese de uma psique coletiva foi escrita na primavera de 1919. Os acontecimentos a partir de 1933 a confirmam inteiramente.

270   Obra Completa — Vol. 8/2

estado de confusão extática[12]. Mas foi justamente a partir deste estado que eles comunicaram uma nova doutrina que deu expressão adequada e redentora às expectativas inconscientes do povo e se propa-
gou com espantosa rapidez através do Império Romano.

597   Os espíritos são complexos do inconsciente coletivo que tomam o
lugar de uma adaptação perdida ou tentam substituir uma atitude inadequada de todo um povo por uma nova atitude. Os espíritos são ou o
fruto de fantasias patológicas ou ideias novas, mas ainda desconhecidas.

598   Parece-me que a gênese psicológica dos espíritos dos mortos se
dá da seguinte maneira: com a morte do indivíduo todos aqueles sentimentos e emoções que o prendiam a seus parentes perdem sua aplicação à realidade e mergulham no inconsciente onde ativam um conteúdo coletivo que geralmente produz efeitos nocivos na consciência. Por isto, os Bataques e muitos outros primitivos afirmam que o
caráter dos indivíduos se deteriora quando eles morrem, de modo
que eles procuram sempre prejudicar os vivos de alguma forma. Eles
dizem isto, baseando-se certamente na experiência, tantas vezes repetida, de que uma ligação persistente com os mortos torna os viven-
tes menos aptos para a vida, e mesmo pode ser a causa de doenças
psíquicas. O efeito nocivo se manifesta imediatamente sob a forma
de perda da libido, depressão e enfermidades corporais. Há também
relatos gerais de acontecimentos ocorridos depois da morte e de apa-
recimentos de fantasmas e assombrações. Trata-se, sobretudo, de fatos psíquicos cuja existência não pode ser posta em dúvida. A fobia
da superstição, que estranhamente acompanha o Iluminismo pretensamente universal, é a responsável pela rápida eliminação de relatos
de fatos extremamente interessantes que, deste modo, perdem-se
para a ciência. Pude não somente obter muitos relatos deste gênero
junto a meus clientes, mas eu próprio observei diretamente alguns
destes fatos. Mas o material que pude recolher é muito escasso para
servir de base a uma hipótese factualmente verificável. Contudo, cheguei à convicção pessoal de que os fantasmas são realmente fatos psíquicos que se manifestam em sonhos, mas dos quais a nossa "sabedoria acadêmica" se recusa a tomar conhecimento.

---

12. At 2,13: "Estão cheios de vinho doce".

A natureza da psique

Neste trabalho, procurei esboçar uma interpretação psicológica   599
do problema dos espíritos até onde nos permitem os nossos conhecimentos atuais acerca dos processos inconscientes. Restringi-me de
todo aos aspectos psicológicos do problema e evitei, de propósito,
abordar a questão se os espíritos existem por si mesmos e se podem
nos manifestar sua existência através de efeitos materiais. Se evitei
tratar desta questão, não foi por considerá-la sem sentido, mas porque não tenho possibilidades de apresentar experiências que a de-
monstrem, de um modo ou de outro. Creio que o leitor estará tão
consciente quanto eu de que é extremamente difícil encontrar uma
demonstração satisfatória da existência independente dos espíritos,
porque as comunicações espíritas normais em geral nada mais são do
que manifestações ordinárias do inconsciente coletivo. Mas existem
algumas poucas exceções dignas de menção. Assim, gostaria de chamar a atenção para um caso notável, descrito por Stewart E. White
em uma série de livros. Aqui, as comunicações têm um conteúdo
muito mais profundo do que de ordinário. Assim, por exemplo, produz-se uma série de ideias arquetípicas, entre as quais o arquétipo do
si-mesmo, de modo que se poderia pensar que são passagens tiradas
de meus escritos. Descontada a possibilidade de um plágio consciente, parece-me que uma reprodução criptomnésica é de todo improvável. Creio que se trata, realmente, de uma reprodução genuína e espontânea. Em si nada existe de extraordinário em tudo isto, porque é
possível encontrar o arquétipo do si-mesmo por toda parte, tanto na
mitologia como nos produtos da fantasia individual. A tomada de
consciência espontânea dos conteúdos coletivos, cuja existência a
Psicologia descobriu, desde há muito tempo, no inconsciente, constitui parte da tendência geral das comunicações mediúnicas no sentido
de fazer passar os conteúdos do inconsciente para a consciência.
Estudei uma parte imensa da literatura espírita, justamente tendo em
vista as tendências que se manifestam nessas comunicações, e cheguei
à conclusão de que no espiritismo há uma propensão espontânea do
inconsciente no sentido de se tornar inconsciente sob uma forma coletiva. Os esforços dos "espíritos" têm por escopo fazer diretamente
com que os vivos se tornem conscientes, ou levar o recém-falecido – e
indiretamente também os vivos – a desenvolver seus esforços psicote-
rapêuticos. O espiritismo enquanto fenômeno coletivo persegue, por-

tanto, os mesmos fins que a psicologia médica, e, deste modo, produz, como bem nos indicam suas manifestações mais recentes, as mesmas ideias básicas – ainda que sob o rótulo de "ensinamentos dos espíritos" – que são características da natureza do inconsciente. Por mais desconcertantes que sejam tais fatos, eles nada provam, nem a favor nem contra a teoria dos espíritos. Mas a coisa muda inteiramente de aspecto quando se consegue provar casos de identidade. Não vou cometer a estupidez da moda que considera como embuste tudo aquilo que não consegue explicar. Provavelmente, pouquíssimas são as provas deste gênero que resistem ao critério da *criptomnésia* e, sobretudo, da *extrasensory perception* (percepção extrassensorial). A ciência não pode se dar ao luxo da ingenuidade em tais assuntos. Estas questões ainda estão por responder. Contudo, aos que se interessam pela psicologia do inconsciente recomendaríamos que leiam os livros de Stewart E. White[13]. O mais interessante dentre eles é, a meu ver, *The Unobstructed Universe*. Também *The Road I Know* é digno de nota, porque nos oferece excelente introdução ao método da *imaginação ativa* que venho utilizando há mais de 30 anos no tratamento da neurose, como forma de levar os conteúdos inconscientes até ao mesmo nível da consciência[14]. Nestes livros encontramos também a equação: região dos espíritos = região dos sonhos (inconsciente).

600   Quanto aos fenômenos parapsicológicos, parece-me que, via de regra, acham-se ligados à presença de um médium[15]. Eles são, pelo menos até onde minha experiência alcança, efeitos exteriorizados de complexos inconscientes. Estou, realmente, convencido de que se trata de exteriorizações. Observei, repetidamente, os efeitos telepáticos de complexos inconscientes, e também uma série de fenômenos parapsicológicos. Mas não posso ver em tudo isto uma prova da existência de espíritos reais; e até que surja uma prova irrefutável, deve-

---

13. Agradeço ao Dr. Künkel de Los Angeles a gentileza de ter chamado a minha atenção para os escritos de Stewart E. White.

14. Uma descrição sucinta deste método se encontra em "A função transcendente" [Tratado II deste volume] e também em *O eu e o inconsciente*. 2ª parte/III. Petrópolis: Vozes, 1978 [OC, 7/2].

15. Mas existem também exceções notáveis a esta regra (cf., por exemplo, os fantasmas e assombrações associados a um determinado lugar).

A natureza da psique

273

mos considerar o domínio destes fenômenos como um capítulo à parte da Psicologia[16]. Creio que a ciência deve impor esta restrição a si mesma. Contudo, não devemos jamais esquecer que a ciência é um assunto que interessa somente ao intelecto, e que esta é apenas uma dentre várias funções psíquicas fundamentais e, por isto, não é suficiente para nos proporcionar uma imagem global do mundo. Para isto é necessário pelo menos uma outra função, o sentimento. Este chega muitas vezes a convicções diferentes daquelas do intelecto, e nem sempre podemos provar que as convicções do sentimento são inferiores às do intelecto. Além disto, temos as percepções subliminares do inconsciente, de que o intelecto consciente não dispõe, e por isto são excluídas de uma visão geral do mundo. Deste modo temos toda a razão em atribuir apenas uma validade limitada ao nosso intelecto. Mas quando trabalhamos com ele, devemos proceder cientificamente e permanecer fiéis a um princípio empírico, até que surjam provas irrefutáveis contra sua validade.

---

16. Após haver recolhido experiências psicológicas de muitas pessoas e de muitos países, durante meio século, já não me sinto tão seguro como no ano de 1919, quando escrevi esta afirmação. Muitas vezes não me acanho de confessar que duvido de que uma abordagem e análise exclusivamente psicológicas façam justiça aos fenômenos em questão. Não somente as descobertas da Parapsicologia, como também as minhas reflexões teóricas, esboçadas em meu estudo publicado no *Eranos-Jahrbuch* XIV (1946), p. 485s. [cf. Tratado VIII deste volume], conduziram-me a certos postulados que muito se aproximam do domínio das concepções da Física nuclear, isto é, do contínuo espaço-tempo. Isto levanta a questão da realidade transpsíquica imediatamente subjacente à psique.

XII

Espírito e vida[*]

601   A conexão entre espírito e vida é um daqueles problemas cujo tratamento envolve fatores de tal complexidade, que devemos nos pôr em guarda, a fim de não nos emaranharmos na trama das palavras com que procuramos capturar os grandes enigmas. Pois, como poderemos inserir aqueles complexos quase ilimitados de fatos que chamamos de "espírito" ou "vida", na corrente do pensar, senão revestindo-os de conceitos verbais, também eles meras fichas de contar do intelecto? Esta dúvida quanto à validade do conceito verbal, por inconveniente que seja, parece-me particularmente oportuna quando nos apressamos a falar de coisas fundamentais. Por certo, "espírito" e "vida" são palavras familiares e mesmo velhas conhecidas, peças de xadrez movidas há milhares de anos, para diante e para trás, no tabuleiro do pensamento. Mas o problema deve ter surgido já nas brumas da pré-história, quando alguém fez a descoberta desconcertante de que o sopro vital que abandona o corpo no último *estertor* [*Röcheln*, em alemão] do moribundo, significa muito mais do que apenas o ar em movimento. Por isto provavelmente não é por mero acaso que palavras onomatopaicas, tais como *ruah* (hebraico), *ruh* (árabe) e *roho* (svahili) signifiquem "espírito", não menos claramente do que o grego πνεῦμα [*pneuma*] e o latino *spiritus*.

602   Apesar de estarmos familiarizados com o conceito verbal em questão, sabemos, de fato, o que é realmente o espírito? Ou estamos certos de que, empregando esta palavra, exprimimos, todos, uma só

---

[*] Conferência pronunciada a 29 de outubro de 1926, na Literarische Gesellschaft Augsburg (Sociedade Literária de Augsburgo) no quadro de uma série de conferências sobre o tema: "Natureza e espírito".

A natureza da psique   275

e mesma coisa? A palavra "espírito" não é um termo ambíguo e duvi-
doso, e mesmo desesperadamente ambíguo? O mesmo signo verbal –
"espírito" – é usado para expressar uma ideia transcendente e inexprimível; em sentido mais comum, é sinônimo do inglês *mind*. Designa também agudeza intelectual, mas significa também fantasma, as-
sombração. Pode igualmente expressar um complexo que produz os
fenômenos espíritas, como o das mesas girantes, os estalidos etc. Em
sentido metafórico, denota a atitude dominante no seio de um grupo
social particular – "o espírito que aí prevalece". Finalmente, é usado
para designar uma qualidade material, por exemplo: "espírito" de vinho, bebidas "espirituosas" em geral. Não se trata de uma brincadei-
ra de mau gosto – é parte da herança venerável de nossa língua, embora não deixe de ser também um peso que paralisa o pensamento,
um trágico obstáculo para todos aqueles que esperam subir às alturas
etéreas das ideias puras, usando as escadas das palavras. Com efeito,
quando pronuncio a palavra "espírito", por mais cuidado que eu tenha em definir o sentido que pretendo comunicar no momento em
que falo, não consigo de todo impedir que permaneça a aura de im-
precisão e de ambiguidade que a envolve.

Por isto devemos nos colocar a nós próprios a questão funda-   603
mental: Que significa propriamente a palavra "espírito", quando
usada em conexão com o conceito de vida? Em circunstância nenhuma se deve supor tacitamente que, no fundo, todo mundo sabe precisamente o que significam os termos "espírito" e "vida".

Não sou filósofo, mas empirista e, por isto, em todas as questões   604
difíceis, inclino-me mais a deixar que a experiência decida. Mas onde
não é possível encontrar uma base empírica tangível, prefiro deixar a
questão sem resposta. Por isto, o meu objetivo constante é reduzir os
fatores abstratos a seu conteúdo empírico, para ter alguma certeza de
conhecer também aquilo de que estou falando. Devo confessar que
ignoro o que seja simplesmente o espírito, da mesma forma como
não sei o que seja a vida em si. Conheço a "vida" somente sob a forma
de um corpo vivo; mas o que ele seja em si e por si, em seu estado abstrato, nem sequer obscuramente o consigo imaginar. Assim, em vez
de vida, devo falar primeiramente do corpo vivo, e, em vez de espírito, devo falar de fatores psíquicos. Isto não quer dizer que eu me des-
vie da questão inicialmente colocada para me entregar a uma reflexão sobre o corpo e a alma. Pelo contrário, espero que a abordagem

empírica nos ajude a encontrar uma base real para o espírito – e isto sem sacrifício para a vida.

605   O conceito de corpo vivo nos oferece muito menos dificuldades para nosso trabalho de elucidação do que o conceito geral de vida, porque o corpo é uma realidade visível e palpável, que corresponde mais à nossa capacidade de expressão. Por isto podemos facilmente admitir que o corpo é um sistema fechado em si, constituído de unidades materiais e adaptado às finalidades da vida e, como tal, é um fenômeno da entidade vital captada pelos nossos sentidos. Ou, dito em termos mais simples, é um arranjo adequado da matéria que torna possível a existência de um ser vivo. Com o fim de evitar qualquer confusão, eu gostaria de chamar a atenção para o fato de que na minha definição de corpo incluí uma componente que denomino vagamente de "entidade vital". Mas esta separação, que não pretendo defender ou criticar, quer apenas indicar que o corpo não deve ser entendido como um amontoado de matéria inerte, mas como um sistema material realmente pronto para a vida e que torna a vida possível, com a condição, porém, de que, mesmo estando pronto para a vida, este sistema não poderá viver sem a presença de um princípio vital. Pois, excluído o significado possível deste princípio vital, faltaria automaticamente ao corpo como tal algo que é estritamente necessário à sua vida, a saber: *o fator psíquico*. Conhecemos isto, diretamente, a partir de nossa experiência com nós mesmos, através da observação científica em animais vertebrados superiores e nos animais inferiores e mesmo nas plantas, pois nenhum argumento prova o contrário.

606   Podemos admitir que a "entidade vital" de que falamos acima é idêntica ao fator psíquico, por assim dizer diretamente percebida por nós na consciência humana, e, deste modo, restabelecer a antiquíssima e conhecida dualidade existente entre alma e corpo? Ou existem razões que nos permitam separar a "entidade vital" da alma? Isto nos daria a possibilidade de considerar a alma também como um sistema apropriado, como um arranjo não apenas de matéria pronta para a vida, mas de matéria viva, ou, mais precisamente, como um processo vital. Não tenho a mínima certeza de que esta hipótese alcançará aprovação geral, pois estamos de tal modo habituados a conceber o corpo e a alma como um composto vital, que dificilmente nos inclinamos a ver na alma apenas um aglomerado de processos vitais que se passam no corpo.

A natureza da psique

Até onde minha experiência me permite extrair conclusões gerais a respeito da natureza da alma, ela nos mostra que o processo psíquico é um fenômeno dependente do sistema nervoso. Sabemos, com razoável margem de certeza, que a destruição de certas partes do cérebro ocasiona deficiências psíquicas correspondentes. A medula espinhal e o cérebro consistem, essencialmente, através de conexões entre as vias sensoriais e motoras, o chamado *arco reflexo* ou arco diastáltico. Mostrarei o que isto significa, através de um exemplo simples muito elucidativo. Suponhamos que alguém toque com o dedo em um objeto aquecido: imediatamente, o calor excitará as extremidades dos nervos tácteis. O estímulo altera o estado de toda a via de transmissão nervosa até a medula espinhal e daí ao cérebro. Mas já na medula espinhal as células ganglionares que captam o estímulo táctil transmitem a mudança de estado às células ganglionares motoras vizinhas, as quais, por sua vez, enviam estímulos aos músculos do braço e provocam uma contração súbita da musculatura e a retração da mão. Tudo isto acontece com tanta rapidez, que a percepção consciente da dor muitas vezes só ocorre quando a mão já está retraída. A reação é automática e só posteriormente é percebida de maneira consciente. Mas o que acontece na medula espinhal é transmitido ao eu que percebe, em forma de imagem ou cópia, que podemos expressar através de um conceito e de um nome. Com base em tal arco reflexo, ou seja, em um estímulo que se dá a partir de fora, podemos formar uma ideia dos processos que estão na raiz da psique.

607

Tomemos agora um exemplo menos simples: Suponhamos que ouvimos um som indistinto cujo efeito inicial se reduz a um estímulo para escutarmos mais atentamente, para descobrirmos o que ele significa. Neste caso, o estímulo acústico desencadeia no cérebro toda uma gama de representações, de imagens, que se associam ao estímulo acústico. Parte delas se converte em imagens acústicas, parte em imagens visuais e parte em imagens sensoriais. Emprego a palavra imagem, aqui, simplesmente no sentido de representação. Uma entidade psíquica só pode ser um conteúdo consciente, isto é, só pode ser representada quando é representável, ou seja, precisamente quando possui a qualidade de imagem. Por isto chamo de imagens a todos os conteúdos conscientes porque são reflexos de processos que ocorrem no cérebro.

608

609   À série de imagens suscitada pelo estímulo auditivo subitamente se acrescenta uma imagem acústica, surgida da memória e acompanhada de uma imagem visual, a saber, o chocalhar de uma cobra cascavel. Isto vem seguido imediatamente de um alarme enviado a todos os músculos do corpo. O arco reflexo está completo, mas, neste caso, difere do anterior, pelo fato de um processo cerebral, isto é, uma série de imagens psíquicas, haver-se interposto entre o estímulo sensorial e o impulso motor. A tensão súbita do organismo reage sobre o coração e os vasos sanguíneos, provocando uma sucessão de processos que se refletem psiquicamente em forma de terror.

610   É deste modo que podemos formar uma ideia da natureza da psique. Ela é constituída de imagens reflexas de processos cerebrais simples, e das reproduções destas imagens em uma sucessão quase infinita. Estas imagens reflexas têm o caráter de *consciência*. A natureza da consciência é um enigma cuja solução eu desconheço. Do ponto de vista puramente formal, contudo, podemos dizer que um fator psíquico assume a qualidade de consciência quando entra em relação com o eu. Se não há esta relação, o fator permanece inconsciente. O esquecimento nos mostra muito bem quantas vezes e com que facilidade os conteúdos perdem sua ligação com o eu. Por isto, poderíamos comparar a consciência ao jato de luz emitido por um refletor. Só os objetos situados sob o cone de luz é que entram no campo de minha percepção. Um objeto que se acha casualmente na escuridão, não deixou de existir; apenas não é visto. Assim, o fator psíquico de que eu não tenho consciência existe em alguma parte, num estado que, com toda probabilidade, não difere essencialmente daquele em que é visto pelo eu.

611   A consciência, portanto, pode ser muito bem entendida como um estado de associação com o eu. Mas o ponto crítico é o eu. Que entendemos por eu? Apesar da aparente unidade do eu, trata-se evidentemente de um fator altamente compósito e variado, constituído de imagens provindas das funções sensoriais que transmitem os estímulos tanto de dentro como de fora; consiste igualmente em um imenso aglomerado de imagens resultantes de processos anteriores. Todas estas componentes sumamente variadas necessitam de um fator dotado de forte poder de coesão, qualidade esta que já identificamos na consciência. Por isto, parece-me que a consciência é o requisi-

A natureza da psique   279

to essencial para o eu. Mas sem o eu é impossível pensar em consciência. Esta aparente contradição se resolve, se considerarmos o eu
como o reflexo, não de um só, mas de muitos e variados processos e
suas interações, ou seja, daqueles processos e conteúdos que compõem a consciência do eu. A sua diversidade forma realmente uma
unidade porque a sua relação com a consciência atua como uma espécie de força gravitacional, atraindo as várias partes na direção daquilo que poderíamos chamar de centro virtual. Por esta razão não falo
simplesmente do eu, mas de um *complexo do eu*, na suposição fundamentada de que o eu tem uma composição flutuante e por isto é mutável e consequentemente não pode ser simplesmente o eu. Infelizmente não posso discutir aqui as mudanças clássicas do eu que encontramos nos doentes mentais ou nos sonhos.

Esta concepção do eu como um composto de elementos psíqui-   612
cos nos leva logicamente à questão: É o eu a imagem central, o representante exclusivo do ser humano global? Todos os conteúdos e funções estão relacionados com ele e expressos através dele?

Devemos responder negativamente a esta pergunta. A consciência   613
do eu é um complexo que não abrange o ser humano em sua globalida-
de: ela esqueceu infinitamente mais do que sabe. Ouviu e viu uma infinidade de coisas das quais nunca tomou consciência. Há pensamentos
que se desenvolvem à margem da consciência, plenamente configura-
dos e completos, e a consciência os ignora totalmente. O eu sequer tem
uma pálida ideia da função reguladora e incrivelmente importante dos
processos orgânicos internos a serviço da qual está o sistema nervoso
simpático. O que o eu compreende talvez seja a menor parte daquilo
que uma consciência completa deveria compreender.

O eu, portanto, só pode ser um complexo parcial. Talvez seja   614
ele aquele complexo singular e único cuja coesão interior significa a
consciência. Mas qualquer coesão das partes psíquicas não é em si
mesma a consciência? Não se vê claramente a razão pela qual a coesão de uma certa parte das funções sensoriais e de uma certa parte do
material de nossa memória deve formar a consciência, enquanto a
coesão de outras partes da psique não a forma. O complexo da função da vista, da audição etc., apresenta uma forte e bem organizada
unidade interior. Não há razão para supor que esta unidade não pos-

sa ser também uma consciência. Como bem nos mostra o caso da surda-muda e cega Helen Keller, bastam o sentido do tato e a sensação corporal para tornar possível a consciência e fazê-la funcionar, embora se trate de uma consciência limitada a estes dois sentidos. Por isto eu acho que a consciência do eu é uma síntese de várias "consciências sensoriais", na qual a autonomia de cada consciência individual se fundiu na unidade do eu dominante.

615 　　Como a consciência do eu não abrange todas as atividades e fenômenos psíquicos, isto é, não conserva todas as imagens nela registradas, e como a vontade, apesar de todo o seu esforço, não consegue penetrar em certas regiões fechadas da psique, surge-nos naturalmente a questão se não existiria uma coesão de *todas* as atividades psíquicas semelhante à consciência do eu, uma espécie de consciência superior e mais ampla na qual o nosso eu seria um conteúdo objetivo, como, por exemplo, o ato de ver, em minha consciência, fundido, como esta, com as outras atividades inconscientes em uma unidade superior. A consciência de nosso eu poderia certamente estar encerrada numa consciência completa, como um círculo menor encerrado em um maior.

616 　　Da mesma forma como o ato de ver, de ouvir etc., gera uma imagem reflexa de si próprio, a qual, quando relacionada com o eu, produz uma consciência da atividade em questão, assim também o eu, como já disse anteriormente, pode ser entendido como a imagem ou reflexo de todas as atividades por ele compreendidas. Seria de esperar que todas as atividades psíquicas produzissem uma imagem reflexa de si próprias, e que nisto consistisse sua natureza essencial; do contrário, não poderiam ser chamadas "psíquicas". Por isto, é difícil entender por que as atividades psíquicas inconscientes não devem ter a capacidade característica de produzir imagens de si mesmas, como as atividades conscientes. E como nos parece que o homem constitui uma unidade vital autônoma e completa em si mesma, a conclusão lógica e imediata seria que as imagens produzidas por todas as atividades psíquicas se acham englobadas em uma imagem total do homem todo que as contemplaria e as sentiria cientemente como um único eu.

617 　　Eu não teria condições de apresentar qualquer argumento essencial contra esta hipótese; mas ela me parece uma fantasia ociosa, na medida em que não se vê a necessidade de semelhante hipótese expli-

cativa. E mesmo tendo de admitir a possibilidade de uma consciência superior, para explicar a ocorrência de certos fatos psíquicos, isto não passaria de uma hipótese, porque provar a existência de uma consciência superior, diferente daquela que conhecemos, estaria infinitamente acima da capacidade da nossa razão. Haveria sempre a possibilidade de que as coisas que jazem nas trevas situadas para além das fronteiras da consciência sejam em tudo e por tudo diferentes daquelas que o mais ousado engenho especulativo pudesse imaginar.

No decorrer de minha exposição, terei oportunidade de voltar a esta questão. Por enquanto, a deixaremos de lado e nos dedicaremos à questão original da psique e do corpo. Do que acabamos de dizer creio que deve ter ficado claro que a psique é constituída *essencialmente* de imagens. A psique é feita de uma série de imagens, no sentido mais amplo do termo; não é, porém, uma justaposição ou uma sucessão, mas uma estrutura riquíssima de sentido e uma objetivação das atividades vitais, expressa através de imagens. E da mesma forma que a matéria corporal, que está pronta para a vida, precisa da psique para se tornar capaz de viver, assim também a psique pressupõe o corpo para que suas imagens possam viver. 618

A alma e o corpo são presumivelmente um par de opostos e, como tais, são a expressão de *uma* só entidade cuja natureza não se pode conhecer nem a partir das manifestações materiais exteriores nem através das percepções interiores e diretas. Como sabemos, segundo uma antiga crença, o homem surge do concurso de uma alma com um corpo. Mais correto seria falar de um ser vivo desconhecido sobre cuja natureza íntima o máximo que podemos dizer é que ela expressa vagamente a quintessência da vida. Externamente, este ser é um corpo material, mas, considerado do interior, parece constituído de uma série de imagens das atividades vitais que têm lugar no organismo. Os dois constituem uma só realidade, e nos acomete a dúvida se, no final de contas, toda esta separação entre alma e corpo nada mais seja do que mero expediente da razão para que percebamos os dois lados da mesma realidade, uma separação – conceitualmente necessária – de um só e mesmo fato em dois aspectos aos quais atribuímos indevidamente até mesmo uma existência autônoma. 619

A ciência até hoje não foi capaz de apreender o enigma da vida, nem através da matéria orgânica, nem através das misteriosas séries de 620 imagens que brotam da psique. Consequentemente ainda estamos à procura daquele princípio vital cuja existência devemos postular para além dos limites da experiência. Quem conhece os abismos da fisiologia fica aturdido, diante das suas manifestações, da mesma maneira como aquele que tem noções sobre a psique humana, terá uma sensação de desespero, só de pensar que este estranho ser especular jamais atingirá qualquer "conhecimento" por mais aproximado que seja.

621   Deste ponto de vista, alguém poderia facilmente abandonar qualquer esperança de dizer algo de preciso a respeito da natureza desta coisa vaga e fluida chamada espírito. Só uma coisa me parece clara: da mesma forma como o "princípio vital" é a quintessência da vida do corpo, assim também o "espírito" é a quintessência da natureza da alma; na realidade, o conceito de "espírito" é empregado promiscuamente com o conceito de "alma". Como tal, o "espírito" situa-se na mesma esfera transliminar da "entidade vital", isto é, no mesmo estado de indistinguibilidade. E a dúvida de que a alma e o corpo, em última análise, sejam uma só e mesma coisa, aplica-se também à aparente oposição entre espírito e "entidade vital". Também estes dois constituem uma só e mesma coisa.

622   Mas estes conceitos de quintessência são absolutamente necessários? Não podemos nos contentar com o contraste entre alma e corpo, já de *per si* bastante misterioso? Do ponto de vista das ciências naturais deveríamos simplesmente parar por aqui. Mas existe um ponto de vista que satisfaz às exigências da ética epistemológica e não somente nos permite, mas nos obriga mesmo a ir adiante e saltar por cima deste limite aparentemente intransponível. Este ponto de vista é o *psicológico*.

623   Até aqui tenho baseado minhas reflexões sobre o ponto de vista realista do pensamento científico, sem questionar o fundamento sobre o qual me sustento. Mas, para explicar rapidamente o que entendo por ponto de vista psicológico, devo mostrar que é possível duvidar seriamente da legitimidade exclusiva do ponto de vista realista. Tomemos como exemplo o que uma mente ingênua consideraria como a mais real de todas as coisas, a saber, a matéria. Ora, a respeito da natureza da matéria temos apenas suposições teóricas obscuras, que, por sua vez, nada mais são do que imagens produzidas pela alma. É minha percepção que traduz os movimentos ondulares ou as

A natureza da psique

emanações solares em luz. É minha alma, com sua riqueza de imagens, que confere cor e som ao mundo; e aquela certeza racional sumamente real que chamamos experiência é um aglomerado complicadíssimo de imagens psíquicas, mesmo em sua forma mais simples. Assim, em certo sentido, da experiência imediata só nos resta a psique mesma. Tudo nos é transmitido através da psique: traduzido, filtrado, alegorizado, desfigurado e mesmo falsificado. Achamo-nos de tal modo envolvidos em uma nuvem de imagens mutáveis e infinitamente cambiantes, que poderíamos exclamar com um conhecido e grande cético: "Nada é absolutamente verdadeiro – e até mesmo isto também não é totalmente verdadeiro". Tão espessa e enganadora é a névoa que nos cerca, que foi preciso inventar uma ciência exata, para que pudéssemos ter pelo menos um vislumbre da chamada "natureza real" das coisas. Mas este mundo quase supervivido nada tem de nebuloso para uma mente simples. Mas se a mergulharmos na alma do primitivo e fizermos com que ela contemple com a consciência do civilizado a imagem que o primitivo tem do mundo, ela terá uma percepção do grande crepúsculo em que ainda estamos vivendo.

Tudo o que sabemos a respeito do mundo e tudo aquilo de que temos uma consciência imediata são os conteúdos conscientes que fluem de fontes remotas e obscuras. Não tenho a pretensão de contestar nem a validez relativa do ponto de vista, a do *esse in re* (do ser real), nem a do ponto de vista idealista, a do *esse in intellectu solo* (do ser apenas no intelecto); gostaria apenas de unir estes opostos extremos através do *esse in anima* (do ser na alma) que é justamente o ponto de vista psicológico. Vivemos imediatamente apenas no mundo das imagens. 624

Se levarmos a sério este ponto de vista, as consequências daí resultantes serão de todo peculiares, pois verificaremos que não podemos submeter a validez dos fatos psíquicos nem ao exame da crítica epistemológica nem à verificação científica direta. A única questão que se põe aqui é se existe ou não um conteúdo consciente. Se existe, então é válido em si mesmo. Só podemos invocar a ciência se o conteúdo pretender ser a única asserção válida a respeito de algo que encontramos no mundo exterior; e só podemos apelar para a crítica epistemológica quando uma coisa que não se pode conhecer é apresentada ou postulada como cognoscível. Tomemos um exemplo conhecido de todos: a ciência nunca descobriu um Deus, e a crítica epis- 625 temológica prova que é impossível o conhecimento de Deus; mas eis que surge a alma com a afirmação da experiência de Deus. Deus é um dado psíquico da experiência imediata. Se assim não fosse, nunca se poderia falar de Deus. O fato é válido em si mesmo – não exigindo qualquer demonstração não psicológica – e inacessível a toda forma de crítica não psicológica. Pode ser, inclusive, a mais imediata e, por conseguinte, a mais real de todas as experiências, que não pode ser ridicularizada nem invalidada por argumentos. Só as pessoas com um sentido do tato fracamente desenvolvido ou obstinadamente supersticiosas é que se fecham totalmente a esta verdade. Enquanto a experiência de Deus não exigir uma validez universal ou não afirmar a existência absoluta de Deus, será impossível qualquer crítica, pois não se pode criticar um fato irracional como, por exemplo, a existência do elefante. Contudo, a experiência de Deus goza de validez mais ou menos universal, de modo que quase todos sabem aproximadamente o que significa a expressão "experiência de Deus". Tratando-se de um fato que ocorre com relativa frequência, esta experiência deve ser reconhecida por uma psicologia científica. Não podemos simplesmente passar por cima daquilo que é tratado desdenhosamente como superstição. Quando uma pessoa afirma que viu espíritos ou que está enfeitiçada – e para ela isto significa muito mais do que meras palavras – vemo-nos diante de um fato da experiência, e um fato tão comum, que todos sabem o que significam as palavras "espírito" e "feitiço". Por isto podemos estar certos de que em tais casos se trata realmente de um complexo de fatos psíquicos que, como tal, é tão "real" quanto a luz que vemos. Não sei como poderei provar a existência do espírito de uma pessoa falecida, na realidade empírica exterior, nem posso imaginar um processo lógico graças ao qual pudesse deduzir, com certeza, uma continuação da vida depois da morte, mas, não obstante, tenho de contar com o fato de que, em todas as épocas e em todos os lugares, a alma sempre afirmou ter experimentado a presença de espíritos, assim como tenho de levar em consideração que muita gente nega redondamente esta experiência subjetiva.

626   Depois desta explicação de caráter mais genérico, eu gostaria de voltar ao conceito de espírito que não fomos capazes de aprender a partir de nosso antigo ponto de vista. "Espírito" (como Deus) designa um objeto da experiência psíquica cuja existência jamais poderá

A natureza da psique   285

ser provada no mundo exterior nem ser conhecida por via racional, supondo-se aqui que estejamos usando a palavra "espírito" em seu melhor sentido. Se nos libertarmos do preconceito de que devemos reduzir todo conceito, seja a objetos da experiência externa, seja a categorias apriorísticas da razão, poderemos voltar nossa atenção e nossa curiosidade para aquele ser estranho e ainda desconhecido que chamamos espírito. É sempre útil, em tais casos, lançar um olhar sobre a provável etimologia da palavra, porque acontece muitas vezes que é justamente a história de uma palavra que lança uma luz surpreendente sobre a natureza do objeto psíquico que lhe está na origem.

O termo *Geist* no antigo alto-alemão e *gäst* no anglo-saxão significam um ser supraterreno, em oposição ao corpo. Segundo Kluge, o significado fundamental desta palavra não é de todo certo, embora pareça ter certa relação com o antigo norueguês *geisa*, estar com raiva; com o gótico *us-gaisyan*, ficar fora de si; com o suíço-alemânico, *úf-gaista*, enfurecer-se, e com o inglês *aghast*, agastado, irado. Dizer que um indivíduo "teve um acesso de raiva" significa que algo caiu sobre ele e o subjugou; que o demônio está montado nele; que está possesso e que alguma coisa penetrou no seu íntimo etc. No estágio pré-psíquico, e mesmo ainda hoje, na linguagem poética, que deve a sua força a seu primitivismo vital, as emoções e os afetos são personificados frequentemente sob a forma de demônio. "Estar apaixonado por alguém" significa que foi ferido pelas setas do cupido. Érica atirou o pomo da discórdia entre os homens etc. Quando ficamos "fora de nós, de tanta raiva", evidentemente já não somos idênticos a nós mesmos, mas estamos possuídos por um demônio, por um espírito.   627

A atmosfera primitiva em que surgiu pela primeira vez a palavra "espírito" ainda sobrevive em nós, embora a um nível psíquico situado um tanto abaixo da consciência. Mas, como nos mostra o espiritismo moderno, é preciso muito pouco para trazer à tona aquela parcela de mentalidade primitiva. Se a derivação etimológica (em si mesma assaz provável) corresponde à verdade, então "espírito" neste sentido é a imagem reflexa de um afeto personificado. Quando alguém, por exemplo, deixa-se arrebatar por afirmações imprudentes, dizemos que sua língua lhe escapa, o que equivale a afirmar que suas palavras se convertem em um ser independente que o arrasta para lá e para cá, como que fugindo com ele. Psicologicamente diríamos que   628 *todo afeto tende a se tornar um complexo autônomo*, tende a se desligar da hierarquia da consciência e, se possível, a arrastar o eu atrás de si. Não é de admirar, portanto, que a mente primitiva veja aí a atividade de um ser estranho e invisível, um espírito. Neste caso, o espírito é o reflexo do afeto autônomo e esta é a razão pela qual os antigos, muito apropriadamente, chamam os espíritos de *imagines*, imagens.

629   Voltemo-nos agora para outros sentidos em que se utiliza o termo "espírito". A frase: "Ele age no espírito de seu falecido pai", ainda tem duplo sentido, porque a palavra "espírito", neste caso, tanto se refere ao espírito de um morto quanto a uma atitude interior. Outras maneiras de dizer são: "criou-se um novo espírito", "agora sopra um espírito novo", significando com isto uma renovação de mentalidade. A ideia fundamental é, de novo, a de que um espírito se apossa das pessoas e das coisas, como se se tornasse, por exemplo, o *spiritus rector* (o espírito-guia) de uma casa. Também pode acontecer que alguém diga, com uma nota de preocupação: "Um espírito mau reina naquela família".

630   Aqui já não estamos mais diante de personificações de afetos, mas de visualizações de todo um modo de pensar e de sentir – ou expresso em linguagem psicológica – de uma atitude. Uma atitude má, expressa como um "espírito mau", tem, segundo uma concepção ingênua, quase a mesma função de um afeto personificado. Isto pode parecer surpreendente para muitas pessoas, porque ordinariamente por "atitude" se entende em "posicionar-se diante de uma determinada coisa", ou seja, pois, uma atividade do eu que implica uma intencionalidade. Entretanto, a atitude ou disposição interior nem sempre é o produto de uma volição, mas deve seu caráter peculiar, talvez com muito mais frequência, ao contágio, ao exemplo e à influência do meio ambiente. Como se sabe, existem pessoas cuja atitude má envenena a atmosfera; seu mau exemplo é contagioso: elas deixam nervosas outras pessoas, por seu caráter intolerável. Na escola basta um só aluno de mau caráter para corromper o espírito da classe inteira; e, inversamente, a disposição alegre e inocente de uma criança pode iluminar e transformar a atmosfera que, de outra forma, seria sombria, o que naturalmente só é possível quando a atitude de cada um, individualmente, é melhorada pelo bom exemplo. Uma atitude, portanto, pode se impor mesmo contra a vontade consciente:

A natureza da psique

"um espírito perverso corrompe os bons costumes". É na sugestão das massas onde isto mais se evidencia.

A atitude ou disposição, portanto, pode se impor à consciência, a partir de fora ou de dentro, como um afeto, e, por conseguinte, pode ser expressa em figuras de linguagem. À primeira vista, a atitude parece muito mais complicada do que um afeto. Mas um exame aprofundado nos mostra que não é assim, pois a maioria das atitudes, por assim dizer, baseia-se consciente ou inconscientemente em *sentenças* que têm frequentemente o caráter de um provérbio. Em certas atitudes identificamos imediatamente a sentença subjacente, e chegamos mesmo a descobrir a sua fonte. Muitas vezes, a atitude se caracteriza apenas por uma única palavra, que geralmente expressa um ideal. Acontece não poucas vezes que a quintessência de uma atitude não é uma sentença nem um ideal, mas uma personalidade que se reverencia e se imita.

A educação se utiliza dos fatos psicológicos e procura sugerir as atitudes adequadas mediante sentenças e ideais, muitos dos quais, na realidade, continuam a exercer sua influência ao longo de toda a vida, como princípio ou ideias-mestras duradouras. Elas se apoderam do homem, como os espíritos. A um nível mais primitivo, é inclusive a visão do mestre de doutrina, do poimen ou poimandres, que personifica o princípio orientador e o concretiza em uma figura simbólica.

Aqui nos aproximamos do conceito de "espírito", que ultrapassa de longe o sentido animístico do termo. Os aforismos ou os provérbios, via de regra, são o resultado de muitas experiências e esforços individuais, a suma de percepções e de conclusões, condensada em poucas palavras expressivas. Se submetermos a palavra bíblica "Possui como se não possuísseis" a uma análise rigorosa, procurando reconstituir todas aquelas experiências e reações de que resultou a quintessência da sabedoria de vida contida neste aforismo. não podemos deixar de admirar a plenitude e a maturidade da experiência de vida que está por detrás dela. É uma palavra "impressionante" que toca o sentido receptivo com grande força, e talvez dele se apodere duradouramente. Aqueles aforismos ou ideias que a mais rica experiência de vida e a mais profunda reflexão encerram, constituem aquilo que chamamos "espírito" no melhor sentido do termo. Se uma ideia-mestra deste gênero consegue uma dominação absoluta, nós dizemos que a vida

631

632

633

vivida sob sua guia é uma vida regida pelo espírito ou vida espiritual. E quanto mais absoluta e mais compulsiva é a influência da ideia-mestra, tanto mais ela possui a natureza de um complexo autônomo que se contrapõe à consciência do eu como um fato irresistível.

634   Não devemos perder de vista que tais máximas ou ideias-mestras – não excetuando sequer as melhores dentre elas – não são palavras mágicas cujo poder é absoluto; só adquirem domínio sob certas condições, isto é, quando há dentro de nós algo que lhes corresponde, ou seja, algum afeto que esteja pronto a se apoderar da forma apresentada. Somente através da reação dos sentimentos é que a ideia, ou o que possa ser o princípio orientador, torna-se um complexo dominante. Sem esta reação, a ideia continuaria um conceito submetido ao arbítrio da consciência, uma simples peça de calcular intelectual, sem poder de determinação. A ideia que for um mero conceito intelectual não pode ter influência na vida, porque neste estado ela não passa de uma palavra vazia de sentido; e inversamente, quando a ideia adquire a importância de um complexo autônomo, ela passa a atuar sobre a vida do indivíduo através de suas emoções e sentimentos.

635   Não devemos pensar que estas atitudes resultem de atos conscientes de nossa vontade e de uma escolha consciente. Quando dissemos, acima, que para isto é necessária também a ajuda das emoções e dos sentimentos, poderíamos também ter dito que, para além da vontade consciente, deve haver uma disposição inconsciente de produzir uma atitude autônoma. Não se pode propriamente *querer* ser espiritual, porque todos os princípios que podemos escolher ou que desejamos alcançar permanecem sempre dentro dos limites de nossas emoções e sentimentos e são submetidos ao controle de nossa consciência; por isto nunca podem converter-se naquilo que escapa ao domínio da vontade consciente. Trata-se, antes, da questão decisiva e crucial: que princípio deve reger nossa conduta.

636   Certamente uma pergunta que se fará a este respeito é se não haveria indivíduos para os quais o próprio livre-arbítrio constituiria o supremo princípio do agir, de modo que todas as suas atitudes seriam intencionalmente escolhidas por eles próprios. Não acredito que alguém haja atingido ou venha atingir esta semelhança com Deus, mas sei que há muitos que almejam este ideal, porque estão dominados pela ideia heroica da liberdade absoluta. De um modo ou de outro,

A natureza da psique

todos os homens são dependentes; todos são determináveis de alguma forma, pois não são deuses.

Acontece que nossa consciência não exprime a totalidade da natureza humana; é e permanece apenas uma parcela da mesma. Como se há de lembrar, em minhas considerações iniciais, mencionei a possibilidade de que a consciência de nosso eu não é necessariamente a única forma de consciência de nosso sistema, mas talvez esteja subordinada inconscientemente a uma consciência mais ampla, da mesma forma como os complexos mais simples estão subordinados ao complexo do eu.

Não sei como poderíamos provar que existe em nós uma consciência superior ou mais ampla do que a consciência do eu; mas, se existe tal consciência, ela deve perturbar sensivelmente a consciência do eu. Ilustrarei com um exemplo singelo o que pretendo dizer. Suponhamos que nosso sistema ótico tenha sua própria consciência e seja, por conseguinte, uma espécie de personalidade que eu chamarei de "personalidade visual". Suponhamos, ainda, que esta personalidade visual descobriu uma bela vista e que mergulhou em sua contemplação. De repente o sistema auditivo ouve a buzina de um automóvel. Esta percepção permanece inconsciente para o sistema ótico. O eu emite – também de modo inconsciente para o sistema ótico – uma ordem aos músculos, para que eles desloquem o corpo para uma outra posição no espaço. Este movimento subtrai subitamente o objeto do alcance da consciência visual. Se os olhos pudessem pensar, chegariam à conclusão de que o mundo iluminado se acha exposto a toda espécie de distúrbios obscuros.

Algo de semelhante aconteceria à nossa consciência se houvesse uma consciência mais ampla, uma consciência que, como já indiquei acima, seria uma imagem do homem todo. Existem, realmente, distúrbios obscuros desta natureza, que nenhuma vontade pode controlar e nenhum propósito pode remover? E existe em algum recanto dentro de nós algo de intocável que pudesse ser eventualmente a fonte de tais distúrbios? À primeira questão podemos responder, sem mais, pela afirmativa. Nas pessoas normais – para não falar dos neuróticos – podemos observar facilmente as interferências e os distúrbios mais evidentes, originários de uma outra esfera: o humor de uma pessoa pode mudar subitamente; uma dor de cabeça nos assalta inopinadamente; o nome de um conhecido que queríamos apresentar nos foge da mente; uma melodia nos persegue um dia inteiro; gostaríamos de fazer alguma coisa, mas a energia necessária para isto desapareceu de modo inexplicável; esquecemos aquilo que de maneira nenhuma desejaríamos esquecer; gostaríamos de pegar logo no sono, mas o sono nos foge, ou, se adormecemos, nosso sono é perturbado por sonhos fantásticos e angustiantes; procuramos pelos óculos que estão em nosso nariz, como se os tivéssemos perdido em algum lugar; esquecemos o novo guarda-chuva, mas não sabemos onde. Poderíamos multiplicar infinitamente a lista de casos. Quando estudamos a psicologia dos neuróticos, defrontamo-nos com distúrbios os mais paradoxais possíveis. Vemos surgir sintomas patológicos estranhíssimos, mas não encontramos nenhum órgão doente. A temperatura do corpo se eleva a mais de quarenta graus, sem que se detecte a menor perturbação no organismo; estados sufocantes de angústia se manifestam, sem nenhuma causa real; açodem ideias obsessivas, cujo caráter absurdo até o próprio paciente se dá conta; erupções cutâneas aparecem e desaparecem, independentemente de qualquer motivo real ou de qualquer terapia. Aqui também a lista seria interminável. Para cada caso encontra-se naturalmente uma explicação boa ou má, a qual, todavia, não serve absolutamente para o caso seguinte. Mas não pode haver nenhuma dúvida ou incerteza quanto à existência dos distúrbios.

640   Quanto à segunda questão, concernente à origem destes distúrbios, é preciso observar que a psicologia médica formulou o conceito de *inconsciente* e provou que estes distúrbios estão ligados a processos inconscientes. É como se nossa personalidade visual tivesse descoberto que existem também fatores determinantes invisíveis, ao lado de fatores visíveis. Se não estamos de todo enganados, parece-nos que os processos inconscientes longe estão de serem, ininteligentes. Falta-lhes, até mesmo estranhamente, o caráter de automatismo e de mecanismo. Por isto, eles jamais ficam abaixo dos processos conscientes, em questão de subtilezas; pelo contrário, muitas vezes eles ultrapassam, de muito, os conhecimentos e percepções conscientes.

641   Nossa personalidade visual imaginária poderia talvez duvidar que os distúrbios repentinos do seu mundo luminoso provenham de uma consciência. E, assim, também podemos duvidar da existência de uma consciência mais ampla, sem outro fundamento para esta dú-

A natureza da psique

vida senão a personalidade visual. Como, porém, não podemos chegar a esse estado de consciência mais ampla, e, por conseguinte, não podemos compreendê-la, seria correto, sob nosso ponto de vista, dar a esta esfera obscura o nome de inconsciente.

Neste ponto de nossa discussão retorno à minha hipótese inicial de uma consciência superior, porque o problema de que aqui nos ocupamos, ou seja, o de uma força do espírito que determina o curso de nossa vida, está ligado a processos que escapam ao controle da consciência do eu. Um pouco mais acima eu observei, de passagem, que uma ideia desprovida de força emotiva jamais poderá se converter em um fator que determinasse o curso de nossa existência. Também disse que o aparecimento de um determinado espírito – ou atitude – constitui uma questão de vida e morte. Com isto eu quis enfatizar que nossa consciência não está em condição de produzir um complexo autônomo a seu bel-prazer. O complexo não é autônomo, a não ser que nos ocorra forçosamente e nos mostre visivelmente sua superioridade em relação à vontade consciente. Ele também constitui um daqueles distúrbios que provêm das regiões obscuras da psique. Quando eu disse, anteriormente, que a ideia deve necessariamente suscitar uma resposta das emoções, eu me referi a uma prontidão inconsciente que, por causa de sua natureza afetiva, atinge uma profundidade inteiramente inacessível à nossa consciência. Assim, nossa razão consciente não é capaz de destruir as raízes dos sintomas nervosos. Para isto seriam necessários processos emocionais que têm o poder de influenciar o sistema nervoso simpático. Por isto, poderíamos dizer também que uma ideia compulsiva se apresenta aos olhos da consciência do eu como uma ordem incondicional, quando a consciência mais ampla a considera adequada. Todos os que têm consciência do seu princípio norteador sabem com que autoridade indiscutível ele dispõe e domina a nossa vida. Mas, em geral, a consciência se acha tão preocupada em alcançar os objetivos que ela tem em vista, que jamais leva em conta a natureza do espírito que determina o curso de sua vida.

Sob o ponto de vista psicológico, o fenômeno do espírito aparece, da mesma forma que qualquer complexo autônomo, como uma intenção superior – ou pelo menos de igual nível – do inconsciente. Se queremos fazer justiça à natureza daquilo que chamamos espírito, devemos antes falar de um inconsciente do que de uma consciência superior, porque o conceito de espírito exige que associemos a ele a ideia de superioridade em relação à consciência do eu. A superioridade do espírito não lhe foi atribuída por uma reflexão consciente. Pelo contrário, é uma qualidade essencial inerente à sua manifestação, como nos mostram com evidência os documentos de todas as épocas, desde a Sagrada Escritura até o *Zaratustra* de Nietzsche. Psicologicamente falando, o espírito se manifesta como um ser pessoal, às vezes com uma clareza visionária. No dogma cristão, é inclusive a Terceira Pessoa da Santíssima Trindade. Estes fatos nos mostram que o espírito nem sempre é uma ideia ou uma máxima que se possa formular, mas que nas suas manifestações mais vigorosas e mais imediatas ele desenvolve uma vida autônoma toda própria, que é sentida como a vida de um ser independente de nós mesmos. Enquanto um espírito puder ser designado e descrito através de um princípio inteligível ou de uma ideia clara, certamente ele não será sentido como um ser independente. Mas, quando a ideia ou princípio em questão é imprevisível, quando suas intenções são obscuras quanto à origem e aos seus objetivos, mas assim mesmo se impõem, o espírito é necessariamente sentido como um ser independente, como uma espécie de consciência e inescrutável e já não pode ser expressa em conceitos da razão humana. Em tais circunstâncias, nossa capacidade de expressão lança mão de outros recursos: cria um *símbolo*.

644 Por símbolo não entendo uma alegoria ou um mero sinal, mas uma imagem que descreve da melhor maneira possível a natureza do espírito obscuramente pressentida. Um símbolo não define nem explica. Ele aponta para fora de si, para um significado obscuramente pressentido, que escapa ainda à nossa compreensão e não poderia ser expresso adequadamente nas palavras de nossa linguagem atual. Um espírito que não pode ser traduzido em um conceito definido é um complexo psíquico situado nos limites da consciência de nosso eu. Ele não produz nem faz nada além daquilo que colocamos dentro dele. Mas um espírito que requer um símbolo para sua expressão é um complexo psíquico que encerra os germes fecundos de possibilidades incalculáveis. O exemplo mais ilustrativo e mais imediato é a eficácia do símbolo cristão, testemunhada pela história e cuja extensão é fácil de avaliar. Alguém que contemplar com isenção de ânimo o efeito produzido pelo espírito do cristianismo primitivo sobre a

A natureza da psique

mente dos homens medianos do século II, não pode se furtar ao espanto que isto lhe causa. Mas nenhum espírito era mais criativo do que este. Por isto, não é de admirar que ele fosse sentido como possuidor de uma superioridade divina.

É justamente esta superioridade sentida com tanta clareza que confere ao fenômeno do espírito um caráter de revelação e uma autoridade absoluta – certamente uma qualidade perigosa, pois o que poderíamos talvez chamar de *consciência superior* nem sempre é "superior" do ponto de vista de nossos valores conscientes, mas muitas vezes contrasta violentamente com nossos ideais aceitos. Estritamente falando, poderíamos denominar esta consciência hipotética simplesmente de consciência "mais ampla", a fim de não dar margem ao preconceito de que ela é necessariamente superior em sentido intelectual ou moral. Há muitos espíritos luminosos e tenebrosos. Por isto deveríamos estar preparados para aceitar a concepção de que o espírito não é algo de absoluto, mas relativo, que precisa de ser completado e aperfeiçoado *pela vida*. São inúmeros os casos de pessoas de tal modo possuídas pelo espírito, que o indivíduo já não vive, mas somente o seu espírito, e isto de maneira tal, que prejudica sua vida, em vez de torná-la mais rica e mais plena. Não quero absolutamente dizer com isto que a morte dos mártires cristãos foram atos de destruição sem objetivo e sem sentido; pelo contrário, tais mortes podem significar também uma vida mais plena do que qualquer outra; refiro-me, antes, ao espírito de certas seitas que negam totalmente a vida. Mas o que teria acontecido com o espírito se ele tivesse exterminado os homens? Naturalmente, a concepção montanista rigorosa estava de acordo com as exigências morais mais elevadas da época, mas destruía a vida. Por isto, creio que um espírito que esteja de acordo com nossos mais altos ideais encontra seus limites na própria vida. Por certo, ele é necessário à vida, porque, como sabemos muito bem, a pura vida do eu é sumamente inadequada e insatisfatória. Só uma vida vivida dentro de um determinado espírito é digna de ser vivida. É um fato estranho que uma vida vivida apenas pelo ego em geral é uma vida sombria, não só para a pessoa em si, como para aquelas que a cercam. A plenitude de vida exige muito mais do que apenas um eu; ela tem necessidade de um espírito, isto é, de um complexo independente e superior, porque é manifestamente o único que se acha em condições de dar uma expressão vital a todas aquelas virtualidades psíquicas que estão fora do alcance da consciência do eu.

646 Da mesma forma que existe uma paixão que almeja a uma vida cega e sem barreiras, existe também uma paixão que gostaria de sacrificar tudo ao espírito, justamente por causa de sua superioridade criadora. Esta paixão transforma o espírito em um tumor maligno que destrói absurdamente a vida humana.

647 A vida é um dos critérios da verdade do espírito. Um espírito que priva o homem de qualquer possibilidade de vida e só procura a satisfação em si mesmo é um espírito do erro, embora isto não aconteça sem a culpa do homem, que pode se entregar ou não aos impulsos do espírito.

648 A vida e o espírito são duas forças ou necessidades entre as quais o homem está colocado. É o espírito que confere um sentido à vida humana, criando-lhe a possibilidade de se desenvolver ao máximo. Mas a vida é indispensável ao espírito, porque sua verdade não é nada se não pode viver.

XIII

O problema fundamental da psicologia contemporânea[1]

Enquanto a Idade Média, a Antiguidade Clássica e mesmo a humanidade inteira desde seus primórdios acreditavam na existência de uma alma substancial, a segunda metade do século XIX viu surgir uma psicologia "sem alma". Sob a influência do materialismo científico, tudo o que não podia ser visto com os olhos nem apalpado com as mãos foi posto em dúvida, ou pior, ridicularizado, porque era suspeito de metafísica. Só era "científico" e, por conseguinte, aceito como verdadeiro, o que era reconhecidamente material ou podia ser deduzido a partir de causas acessíveis aos sentidos. Esta mudança radical não começou com o materialismo científico, mas foi preparada desde longa data. Quando a idade gótica, com seu impulso em direção às alturas, mas com uma base geográfica e uma concepção do mundo muito limitadas, ruiu, aluída pela catástrofe espiritual que foi a Reforma, a linha horizontal em que se desenvolve a consciência moderna interferiu na linha vertical do espírito europeu. A consciência deixou de se desenvolver para o alto, mas ampliou-se horizontalmente, tanto do ponto de vista geográfico como do filosófico. Foi a época das grandes viagens de descobrimento e da ampliação empírica de nossas concepções relativas ao mundo. A crença na substancialidade da alma foi substituída pouco a pouco pela convicção cada vez mais instransigente quanto à substancialidade do mundo material, até que, por fim, após quatro séculos, os

---

1. Conferência pronunciada no Kulturbund (Federação Cultural) de Viena, em 1931, e publicado pela primeira vez em *Europäische Revue*, vol. VII, 1931, ambas as vezes sob o título de *Die Entschleierung der Seele* (*Tirando os véus da alma*).

expoentes da consciência europeia, os pensadores e pesquisadores vissem o espírito em uma dependência total em relação à matéria e às causas materiais.

650 Seria, certamente, injusto atribuir à Filosofia ou às ciências naturais a responsabilidade por esta reviravolta total. Entretanto, houve sempre um número considerável de filósofos e homens de ciência inteligentes que não assistiram, sem protestar – por uma suprema intuição e com toda a profundidade de seu pensamento – a essa inversão irracional dos pontos de vista; alguns chegaram mesmo a se opor a ela, mas não encontraram seguidores, e sua resistência mostrou-se impotente face à onda irracional da preferência sentimental e universal pelo mundo físico. Não se pense que uma mudança tão radical no seio da concepção das coisas possa ser o fruto de reflexões racionais, pois não há especulação racional capaz de provar ou de negar tanto o espírito quanto a matéria. Estes dois conceitos – como qualquer pessoa inteligente de hoje poderá deduzir por si mesma – nada mais são do que símbolos usados para expressar fatores desconhecidos cuja existência é postulada ou negada ao sabor dos temperamentos individuais ou da onda do espírito da época. Nada impede a especulação intelectual de ver na psique um fenômeno bioquímico complexo, reduzindo-a, assim, em última análise, a um jogo de elétrons, ou, pelo contrário, de declarar que a presente ausência de regras que impera no interior do átomo é uma vida espiritual.

651 O fato de a metafísica do espírito ter sido suplantada no curso do século XIX por uma metafísica da matéria é, intelectualmente falando, uma mera prestidigitação, mas, do ponto de vista psicológico, é uma revolução inaudita da visão do mundo. Tudo o que é extramundano se converte em realidades imediatas; o fundamento das coisas, a fixação de qualquer objetivo e mesmo o significado final das coisas não podem ultrapassar as fronteiras empíricas. A impressão que a mente ingênua tem é a de que qualquer interioridade invisível se torna exterioridade visível, e que todo valor se fundamenta exclusivamente sobre a pretensa realidade dos fatos.

652 Qualquer tentativa de abordar esta mudança irracional de opinião sob o ponto de vista da Filosofia está fadada ao insucesso. Melhor é desistir, porque, se em nossos dias alguém sustentar que os fenômenos intelectuais e psíquicos se devem à atividade glandular, pode estar certo de que terá o aplauso e a veneração de seu auditório, ao pas-

so que, se um outro pretendesse explicar o processo de decomposição atômica da matéria estelar como sendo uma emanação do espírito criador do mundo, este mesmo público simplesmente deploraria a anomalia intelectual do conferencista. E, no entanto, ambas as explicações são igualmente lógicas, metafísicas, arbitrárias e simbólicas. Do ponto de vista epistemológico é tão válido afirmar que o homem descende de uma espécie animal, quanto as espécies animais do homem. Mas, como se sabe, este pecado contra o espírito da época produziu consequências desastrosas para a carreira acadêmica de Dacqué[2]. Não se deve brincar com o espírito da época, porque ele é uma religião, ou melhor ainda, é uma crença ou um credo cuja irracionalidade nada deixa a desejar, e que, ainda por cima, possui a desagradável qualidade de querer que o considerem o critério supremo de toda a verdade e tem a pretensão de ser o detentor único da racionalidade.

O espírito da época não se enquadra nas categorias da razão humana. É uma propensão, uma tendência sentimental, que, por motivos inconscientes, age com soberana força de sugestão sobre todos os espíritos mais fracos de nossa época e os arrasta atrás de si. Pensar diferentemente do que, em geral, atualmente se pensa, tem sempre o ressaibo de ilegitimidade e de algo perturbador; é considerado mesmo como algo de indecente, doentio ou blasfemo e, por isso mesmo, socialmente perigoso para o indivíduo que deste modo nada estupidamente contra a corrente. Da mesma forma como, no passado, era um pressuposto inquestionável que tudo o que existia devia a existência à vontade criadora de um Deus espiritual, assim também o século XIX descobriu a verdade, também inquestionável, de que tudo provém de causas materiais. Hoje não é a força da alma que constrói para si um corpo; ao contrário, é a matéria que, com seu quimismo, engendra uma alma. Esta mudança radical na maneira de ver as coisas seria para rir, se não constituísse uma das verdades cardeais do es-

653

---

2. O autor se refere a Edgard Viktor August Dacqué, paleontólogo e filósofo nascido em 1878 e falecido em 1945, o qual reformulou a teoria evolucionista de Darwin, ensinando que o homem estaria fundamentalmente presente sob uma forma metafísica original ao longo de toda a evolução, desde o estágio do réptil, anterior a Era Glaciária, até seu aparecimento como mamífero na Idade Terciária. Desta "forma original" humana teriam surgido diversas espécies animais. A forma atual do homem seria o termo de um processo de refinamento daquela forma humana inicial, o que contraria a tese de Darwin [N.T].

pírito da época. É popular e, portanto, decente, racional, científico e normal pensar assim. O espírito deve ser concebido como um epifenômeno. Tudo nos leva a esta conclusão, mesmo quando, em vez de "espírito", fale-se do "psique", e em vez de "matéria", usem-se os termos "cérebros", "hormônios" ou "instintos" e "pulsões". Repugna ao espírito da época atribuir uma substancialidade à alma, porque, a seus olhos, isto equivaleria a uma heresia.

654   Descobrimos agora que era uma presunção intelectual de nossos antepassados supor que o homem possui uma alma substancial, de natureza divina e, por conseguinte, imortal; que uma força própria da alma constrói o corpo, sustenta a vida, cura suas enfermidades, tornando a alma capaz de levar uma existência independente do corpo; que existem espíritos incorpóreos com os quais a alma tem intercâmbio, e um mundo espiritual para além de nosso presente empírico, do qual a alma extrai uma ciência das coisas espirituais cujas origens não podem ser procuradas no mundo visível. Mas nossa consciência mediana ainda não descobriu que é tão fantástico quanto presunçoso admitir que a matéria produz a alma; que os macacos geraram o homem; que foi de uma mistura harmoniosa de fome, de amor e de poder que nasceu a *Crítica da razão pura* (*Kritik der reinen Vernunft*) de Kant; que as células cerebrais fabricam pensamentos, e que tudo isto não pode ser de outro modo.

655   O que é, afinal, esta matéria todo-poderosa? É ainda um Deus criador, que, desta vez, despojou-se de seus antropomorfismos e assumiu a forma de um conceito universal cujo significado todos pretendem conhecer? A consciência geral se desenvolveu enormemente, tanto em extensão como em largura, mas, infelizmente, apenas em sentido espacial e não da duração; do contrário teríamos um sentido muito mais vivo da história. Se nossa consciência geral não fosse puramente efêmera, mas tivesse o sentido da continuidade histórica, saberíamos que na época da filosofia grega houve transformações análogas nos deuses, que poderiam nos levar a alguma crítica, em relação à nossa filosofia contemporânea. Mas o espírito da época se opõe drasticamente a estas reflexões. A história para ele nada mais é do que um arsenal de argumentos adequados que nos permitem dizer, por exemplo, que o velho Aristóteles já sabia que... etc. Esta situação nos obriga a perguntar de onde provém o poder inquietante do espírito da época. Trata-se, sem dúvida alguma, de um fenômeno de im-

A natureza da psique

portância capital, de um preconceito, em qualquer hipótese tão essencial, que não poderíamos abordar o problema da alma sem que lhe tenhamos dado a devida atenção.

Como disse anteriormente, a tendência incoercível a buscar explicações de preferência na ordem física corresponde ao desenvolvimento horizontal da consciência no decurso dos últimos quatro séculos. Esta tendência horizontal é uma reação à verticalidade exclusiva da era gótica. É um fenômeno da psicologia dos povos que, enquanto tal, desenvolve-se à margem da consciência individual. Exatamente da mesma maneira que os primitivos, agimos primeiramente de maneira totalmente inconsciente e somente muito mais tarde descobrimos por que é que agimos desta maneira. Entrementes, nos contentamos com toda espécie de racionalizações, todas elas inadequadas.

Se tivéssemos consciência do espírito da época, reconheceríamos nossa tendência a buscar explicações de preferência no âmbito físico, pela razão de que no passado se recorreu abusivamente ao espírito como fonte de explicação. Este conhecimento despertaria nosso sentido crítico com relação a esta nossa tendência. Diríamos: muito provavelmente cometemos agora exatamente o erro inverso que, no fundo, é o mesmo. Superestimamos as causas materiais, e somente agora acreditamos haver encontrado a explicação correta, movidos pela ilusão de que conhecemos melhor a matéria do que um espírito "metafísico". Mas a matéria nos é tão desconhecida quanto o espírito. Nada sabemos a respeito das últimas coisas. Somente esta constatação é capaz de nos restituir o equilíbrio. Mas isto não quer dizer que neguemos a estreita vinculação que existe entre a psique e a fisiologia do cérebro, das glândulas e do corpo em geral. Continuamos com a profunda convicção de que os conteúdos de nossa consciência são altamente determinados por nossas percepções sensoriais, e não podemos negar que a hereditariedade inconsciente imprime em nós traços imutáveis de caráter tanto físicos quanto psíquicos, e que fomos marcados indelevelmente pelo poder dos instintos que entrava ou favorece ou modifica de maneira diversa os conteúdos mais espirituais. Temos até mesmo de confessar que a alma humana, sob qualquer aspecto que a abordemos, apresenta-se, antes e acima de tudo, como uma cópia fiel de tudo o que chamamos matéria, empirismo, este nosso mundo, tanto em suas causas como em seus fins e em seu sentido. E, finalmente, depois de todas estas concessões, perguntamo-nos a nós mesmos se a alma, no fundo, não seria uma manifestação secundária, uma espécie de epifenômeno, e totalmente dependente do substrato físico. Tudo o que em nós é razão prática e participação nas coisas deste mundo responde em sentido afirmativo, e só nossas dúvidas quanto à onipotência da matéria é que nos poderiam levar a considerar, com um olhar crítico, este quadro científico da psique humana.

658   Esta concepção já foi acusada de assimilar a atividade psíquica a uma secreção glandular: o pensamento seria apenas uma secreção cerebral, e com isto temos uma "Psicologia sem alma". Nesta concepção, a alma não é um *ens per se*, uma entidade subsistente por si mesma, mas uma simples expressão de processos do substrato físico. Que estes processos tenham a qualidade de consciência é, segundo este ponto de vista, um fato que não se pode negar, porque, se assim não fosse (continua a argumentação), não poderíamos falar de psique em geral: não se poderia falar de nada, porque a própria linguagem deixaria de existir. A consciência, portanto, é considerada a condição *sine qua non* da vida psíquica; é a própria alma. Por isto, todas as "psicologias sem alma" modernas são psicologias da consciência para as quais não existe vida psíquica inconsciente.

659   Há, com efeito, não apenas *uma*, mas numerosas psicologias. Isto é curioso, porque, na realidade, há apenas *uma* matemática, apenas *uma* geologia, apenas *uma* zoologia, apenas *uma* botânica etc., ao passo que existem tantas psicologias, que uma universidade americana é capaz de publicar anualmente um grosso volume intitulado *Psychologies of 1930* etc. Creio que há tantas psicologias quantas filosofias, porque não existe apenas uma, mas numerosas filosofias. Digo isto porque entre a Filosofia e a Psicologia reina uma conexão indissolúvel, conexão esta que se deve à inter-relação de seus objetos; em resumo: o objeto da Psicologia é a alma, e o objeto da Filosofia é o mundo. Até recentemente, a Psicologia era um ramo da Filosofia, mas agora se esboça uma ascensão da Psicologia, que, como predisse Nietzsche, ameaça tragar a Filosofia. A semelhança interior das duas disciplinas provém de que ambas consistem em uma formação sistemática de opiniões a respeito de objetos que se subtraem aos passos de uma experiência completa e, por isto, não podem ser adequadamente apreendidos pela razão empírica. Por isso elas incitam a razão especulativa a elaborar conceitos e opiniões, em tal variedade e profusão, que, tanto na Filosofia como na Psicologia, seriam necessários nu-

A natureza da psique   301

merosos e grossos volumes para caber todas elas. Nenhuma dessas duas
disciplinas pode subsistir sem a outra, e uma fornece invariavelmente à
outra as premissas tácitas e muitas vezes também inconscientes.

A convicção moderna do primado da explicação física das coisas   660
conduziu, em última análise, a uma "psicologia sem alma", isto é, a
uma psicologia onde a atividade psíquica nada mais é do que um produto bioquímico. Aliás, não existe uma psicologia moderna, científica, cujo sistema explicativo se baseie exclusivamente no espírito. Ninguém, atualmente, poderia ousar fundar uma psicologia científica sobre o postulado de uma alma autônoma e independente do corpo. A
ideia de um espírito subsistente em si mesmo, de um sistema cósmico
fechado, que seria a premissa necessária à existência de almas individuais autônomas, é extremamente impopular, pelo menos entre nós.
Na verdade, devo acrescentar que, ainda em 1914, no decorrer de
uma Joint Session da Aristotelian Society, da Mind Association e da
British Psychological Society, assisti no Bedford College de Londres a
um simpósio cujo tema era: "Are individual minds contained in God
or not?" As almas individuais estão contidas ou não em Deus? Se alguém, na Inglaterra, duvidasse do caráter científico dessas sociedades
que abrigam a nata da intelectualidade inglesa, não encontraria nenhum benévolo ouvinte para escutá-lo. Na realidade, eu era talvez o
único dos assistentes a me espantar com um debate onde se recorria a
argumentos mais próprios do século XIII. Este fato nos mostra, porventura, que a ideia de um espírito autônomo cuja existência é um postulado axiomático, ainda não desapareceu, de todo, da intelectualidade europeia e se cristalizou no estado de fóssil medieval.

Esta recordação talvez nos encoraje a considerar a possibilidade   661
de uma "psicologia com alma", isto é, de uma teoria da alma baseada
no postulado de um espírito anônimo. A impopularidade de semelhante empreendimento não deve nos assustar, porque a hipótese do
espírito não é mais fantástica do que a da matéria. Não possuindo a
mínima ideia de como o psíquico possa emanar do físico, e sendo o
psíquico um fato inegável da experiência, temos a liberdade de inverter as hipóteses, ao menos neste caso, e supor que a psique provém de
um princípio espiritual tão inacessível quanto a matéria. Na verdade,
semelhante psicologia não poderá ser moderna, porque moderno é
negar esta possibilidade. Por isto, quer queiramos quer não, devemos

remontar à doutrina de nossos ancestrais sobre a alma porque foram eles que conceberam semelhantes hipóteses.

662   Segundo a velha concepção, a alma era essencialmente a vida do corpo, o sopro de vida, uma espécie de força vital que entrava na ordem física, espacial, durante a gravidez, o nascimento ou a concepção, e de novo abandonava o corpo moribundo com o último suspiro. A alma em si era um ser que não participava do espaço e, sendo anterior e posterior à realidade corporal, situava-se à margem do tempo, gozava praticamente da imortalidade. Esta concepção, evidentemente, vista sob o ângulo da psicologia científica moderna é pura ilusão. Como não é nossa intenção aqui fazer "metafísica", nem mesmo de tipo moderno, procuraremos ver, sem preconceitos, o que esta veneranda concepção contém de empiricamente justificado.

663   Os nomes que os homens dão às suas experiências são, muitas vezes, bastante reveladores. De onde provém a palavra alemã *Seele* (alma)? Os vocábulos *Seele* (alemão), *soul* (inglês), *saiwala* (gótico), *saiwalô* (antigo germânico) são etimologicamente aparentados com o grego *aiolos* que significa móvel colorido, iridescente. A palavra grega *psyche* significa também, como se sabe, borboleta. Por outro lado, *saiwalô* está ligado ao antigo eslavo *sila*, força. Estas relações iluminam a significação original da palavra alemã *Seele* (alma): a alma é uma força que move, uma força vital.

664   O nome latino *animus*, espírito, e *anima*, alma, têm o mesmo significado do grego *anemos*, vento. A outra palavra grega que designa o vento, *pneuma*, significa também espírito. No gótico, encontramos o mesmo termo sob a forma de *us-anan*, *ausatmen* (expirar), e no latim, *an-helare*, respirar com dificuldade. No velho alto-alemão, *spiritus sanctus* se traduzia por *atum*, *Atem*. Respiração, em árabe, é *rih*, vento, *ruh*, alma, espírito. A palavra grega *psyche* tem um parentesco muito próximo com esses termos, e está ligada a *psycho*, soprar, a *psychos*, fresco, a *psychros*, frio, e a *physa*, fole. Estas conexões nos mostram claramente que os nomes dados à alma no latim, no grego e no árabe estão vinculados à ideia de ar em movimento, de "sopro frio dos espíritos". É por isto, talvez, também que a concepção primitiva atribui um corpo etéreo e invisível à alma.

665   Compreende-se facilmente que a respiração, por ser um sinal de vida, sirva também para designá-la, da mesma forma que o movimen-

A natureza da psique

303

to e a força que produz o movimento. Uma outra concepção primitiva vê a alma como fogo ou uma chama, porque o calor é também um sinal da vida. Uma outra concepção primitiva, curiosa, mas frequente, identifica a alma com o nome. O nome do indivíduo seria sua alma, daí o costume de reencarnar nos recém-nascidos a alma dos ancestrais, dando-lhes os nomes deste últimos. Este ponto de vista, no fundo, outra coisa não é senão admitir que a consciência do eu é expressão da alma. Frequentes vezes a alma é confundida com a sombra e, por isto, considera-se uma ofensa mortal contra alguém pisar-lhe na sombra. É por isto que o meio-dia (a hora dos "espíritos meridianos") é uma hora perigosa, porque nesse momento a sombra diminui de tamanho, o que equivale a uma ameaça à vida. A sombra exprime aquilo que os gregos chamavam o *synopados*, "aquele que segue atrás de nós", o sentimento de uma presença viva e inapreensível, e por isto é que as almas dos defuntos eram também chamadas de sombras.

Creio que estas alusões são suficientes para mostrar de que modo o homem primitivo experimentou a alma. O psíquico aparece como uma fonte de vida, um *primum movens* (um primeiro motor), uma presença de natureza espiritual mas objetiva. Por isto o primitivo sabe conversar com sua alma: ela tem voz dentro dele, porque simplesmente não se identifica com ele nem com sua consciência. Para a experiência primitiva o psíquico não é, como para nós, a quintessência do subjetivo e do arbitrário; é algo de objetivo, subsistente em si mesmo e possuidor de vida própria.

666

Empiricamente falando, esta concepção se justifica perfeitamente, porque não somente no estágio primitivo como no homem civilizado o psíquico se revela como qualquer coisa de objetivo, subtraído em larga escala ao controle de nossa consciência. Assim não somos capazes, por exemplo, de reprimir a maior parte de nossas emoções, de transformar o mau humor em bom humor, de dirigir ou não dirigir nossos sonhos. Mesmo a pessoa mais inteligente pode se tornar, vez por outra, presa de ideias de que ela não consegue se libertar, apesar dos maiores esforços de vontade. Nossa memória pode dar os mais estranhos saltos, que apenas podemos assistir com passiva admiração; fantasias nos sobem à cabeça, sem que as tenhamos procurado ou esperado. Gostamos simplesmente de nos lisonjearmos com a ideia de sermos senhores em nossa própria casa. Na realidade, porém, dependemos, em proporções inquietantes, de um correto funciona-

667

mento do nosso psiquismo inconsciente e de suas falhas eventuais. Ora, se estudarmos a psicologia dos neuróticos, parece-nos de todo ridículo que haja ainda psicólogos que se ponham a equiparar a psique à consciência. E, como sabemos, a psicologia dos neuróticos só se diferencia daquela dos indivíduos considerados normais por traços muito insignificantes, porque, quem há, em nossos dias, que tenha a certeza absoluta de não ser neurótico?

668 Esta situação de fato nos permite admitir que a antiga concepção da alma como uma realidade autônoma e não somente objetiva, mas imediata e perigosamente arbitrária, tem a sua justificação. A suposição paralela de que esta entidade misteriosa e temível é, ao mesmo tempo, a fonte de vida, é também psicologicamente compreensível, porque a experiência nos mostra que o sentido do eu, ou seja, a consciência, emana da vida inconsciente. A criancinha apresenta uma vida psíquica sem consciência perceptível do eu, e é por isto que os primeiros anos da vida quase não deixam traços de lembranças. De onde surgem todas as ideias boas e salutares que nos vêm de repente ao espírito? De onde surgem o entusiasmo, a inspiração e o exaltado sentimento da vida? O primitivo sente a vida nas profundezas de sua alma; acha-se marcado até às raízes de seu ser pela atividade de sua alma geradora de vida, e é por isto que ele acredita em tudo o que age sobre sua alma, isto é, nos usos mágicos de toda espécie. Para ele, a alma é, portanto, a própria vida, que ele não imagina dominar, mas da qual se sente dependente sob todos os aspectos.

669 A ideia de imortalidade da alma, por inaudita que nos pareça, nada tem de supreendente para o empirismo primitivo. Não há dúvida de que a alma é algo de estranho. Ela não é localizável no espaço, embora tudo o que existe ocupe um certo espaço. Na verdade, achamos que nossos pensamentos se situam na cabeça, mas, quando se trata dos sentimentos, mostramo-nos inseguros, porque parece que eles residem mais na região do coração. Nossas sensações estão distribuídas por todo o corpo. Nossa teoria sustenta que a sede da consciência está na cabeça. Os índios Pueblos, porém, diziam-me que os americanos eram loucos, porque pensavam que suas ideias se achavam na cabeça, ao passo que toda pessoa de juízo sadio pensa com seu coração. Certas tribos negras não localizam seu psiquismo nem na cabeça nem no coração, mas no ventre.

A esta incerteza quanto à localização espacial acrescenta-se uma outra dificuldade, qual seja o fato de que os conteúdos psíquicos assumem um aspecto não espacial, logo que se distanciam da esfera da sensação. Que medida de comprimento podemos aplicar aos pensamentos? São pequenos, grandes, longos, delgados, pesados, líquidos, retos, circulares, ou o que mais? Se procuramos uma representação viva para uma entidade de quatro dimensões e que esteja, consequentemente, à margem do espacial, o melhor modelo que se nos apresenta seria o pensamento.

670

Tudo seria, portanto, muito mais fácil se fosse possível negar a existência da psique. Mas aqui nos defrontamos com a experiência mais imediata de algo existencial, implantado na realidade de nosso mundo tridimensional, mensurável e ponderável, e que, sob todos os pontos de vista e em cada um de seus elementos, é espantosamente diferente desta realidade, embora ao mesmo tempo a reflita. A alma poderia ser, ao mesmo tempo, um ponto matemático e possuir as dimensões do universo, das estrelas fixas. Não podemos nos antipatizar com a intuição primitiva segundo a qual uma entidade tão paradoxal toca o divino. Se a alma não ocupa um espaço, é incorpórea. Os corpos morrem, mas o que é invisível e inextenso pode deixar de existir? E mais ainda: a vida e a alma existem antes do eu e quando o eu desaparece, como no sonho e na síncope, a vida e a alma continuam a existir, como nos atestam nossas observações com outras pessoas e nossos sonhos. Por que a intuição primitiva negaria, em presença destes fatos, que a alma existe à margem do corpo? Devo confessar que nesta pretensa superstição não vejo mais absurdos do que nos resultados da pesquisa sobre a hereditariedade ou da psicologia dos instintos.

671

Compreenderemos facilmente que a antiga concepção tenha atribuído à alma um conhecimento superior e mesmo divino, se considerarmos que culturas antigas, a começar dos tempos primitivos, utilizaram sempre os sonhos e as visões como fonte de conhecimento. Com efeito, o inconsciente dispõe de percepções subliminares cujo espectro e extensão toca as raias do maravilhoso. Por reconhecerem este estado de coisas, as sociedades primitivas utilizavam os sonhos e as visões como importantes fontes de informações, e sobre esta base psicológica se elevaram antiquíssimas e poderosas culturas, como a hindu e a chinesa, que desenvolveram, filosófica e praticamente até os mínimos detalhes, a via do conhecimento interior.

672

673   A apreciação da psique inconsciente como fonte de conhecimento não é, de forma nenhuma, tão ilusória como nosso racionalismo ocidental pretende. Nossa tendência é supor que qualquer conhecimento provém, em última análise, do exterior. Mas hoje sabemos com certeza que o inconsciente possui conteúdos que, se pudessem se tornar conscientes, constituiriam um aumento imenso de conhecimento. O estudo moderno dos instintos nos animais, como, por exemplo, nos insetos, recolheu abundante material empírico que, pelo menos, nos prova que, se um ser humano se comportasse eventualmente como determinados insetos, possuiria uma inteligência superior à atual. Naturalmente é impossível provar que os insetos têm consciência de seu saber, mas para o sadio bom-senso é fora de dúvida que estes conteúdos inconscientes são também funções psíquicas. Do mesmo modo, o inconsciente humano contém todas as formas de vida e de funções herdadas da linhagem ancestral, de modo que em cada criança preexiste uma disposição psíquica funcional adequada, anterior à consciência. Mesmo no seio da vida consciente do adulto esta função instintiva inconsciente faz sentir constantemente sua presença e sua atividade: nelas se acham pré-formadas todas as funções da psique consciente. O inconsciente percebe, tem intenções e pressentimentos, sente e pensa justamente como a consciência. Disto temos prova suficiente no campo da Psicopatologia e do estudo da função onírica. Só há uma diferença essencial entre o funcionamento consciente e o funcionamento inconsciente da psique: a consciência, apesar de sua intensidade e de sua concentração, é puramente efêmera e orientada para o presente imediato e seu próprio ambiente. Além disto, ela só dispõe, pela própria natureza, de materiais da experiência individual, que recobre apenas alguns decênios. Outra espécie de memória é artificial e consiste essencialmente em papel impresso. Quão diferente é o inconsciente! Não é concentrado nem intensivo, mas crepuscular até à obscuridade. É extremamente extensivo e pode justapor paradoxalmente os elementos mais heterogêneos possíveis, e encerra, além de uma quantidade incalculável de percepções subliminares, o tesouro imenso das estratificações depositadas no curso das vidas dos ancestrais que, apenas com sua existência, contribuíram para a diferenciação da espécie. Se o inconsciente pudesse ser personificado, assumiria os traços de um ser humano coletivo, à margem das características de sexo, à margem da juventude e da velhice, do nas-

cimento e da morte, e disporia da experiência humana quase imortal de um a dois milhões de anos. Este ser pairaria simplesmente acima das vicissitudes dos tempos. O presente não teria para ele nem maior nem menor significação do que um ano qualquer do centésimo século antes de Cristo; seria um sonhador de sonhos seculares e, graças à sua prodigiosa experiência, seria um oráculo incomparável de prognósticos. Ele teria vivido, com efeito, um número incalculável de vezes, a vida do indivíduo, da família, das tribos e dos povos, e possuiria o mais vivo e mais profundo sentimento do ritmo do devir, da plenitude e do declínio das coisas.

Infelizmente, ou antes afortunadamente, este ser sonha. Pelo menos nos parece que este inconsciente coletivo não tem consciência de seus conteúdos, embora não tenhamos plena certeza disto, como no caso dos insetos. Parece também que este ser humano coletivo não é uma pessoa, mas antes uma espécie de corrente infinita ou quiçá um oceano de imagens e de formas que irrompem, às vezes, na consciência por ocasião dos sonhos ou em estados mentais anormais.

674

Seria simplesmente grotesco pretender classificar de ilusório este sistema imenso de experiências da psique inconsciente, porquanto nosso corpo visível e tangível é, também ele, um sistema de experiências dessa natureza, que ainda contém os traços de evoluções que remontam às primeiras idades e formam incontestavelmente um conjunto que funciona em vista de um determinado fim que é a vida, pois, do contrário, não poderíamos viver. A ninguém ocorreria a ideia de considerar a anatomia comparativa ou a fisiologia como um absurdo, e, por isto, não podemos dizer que a pesquisa do inconsciente coletivo ou a sua utilização como fonte de conhecimento seja uma ilusão.

675

Vista a partir do exterior, a alma parece ser essencialmente o reflexo de processos exteriores que delas são não somente as causas ocasionais, mas a origem primeira. Do mesmo modo, o inconsciente à primeira vista não parece explicável senão do exterior e a partir da consciência. Como se sabe, Freud fez essa tentativa em sua psicologia, mas ela só poderia chegar a resultados concretos se o inconsciente fosse realmente um produto da existência individual e da consciência. Todavia, o inconsciente preexiste sempre porque é a disposição funcional herdada de geração em geração. A consciência é um renovo tardio da alma inconsciente. Seria, sem dúvida, muito pouco correto querer explicar a vida dos ancestrais à luz de algum epígono

676

posterior; pelo que, no meu parecer, é errôneo colocar o inconsciente na dependência causal da consciência. Por isto, o contrário é certamente o mais verdadeiro.

677   Mas este ponto de vista era justamente o da antiga Psicologia que, embora conhecesse o imenso tesouro de experiências obscuras que jaziam ocultas sob o limiar da consciência individual e efêmera, não via a alma do indivíduo senão sob a dependência de um sistema cósmico espiritual. Para ela não se tratava apenas de hipótese, mas era absolutamente evidente que este sistema era uma entidade dotada de vontade e de consciência – ou mesmo uma pessoa – e a esta entidade ela chamou Deus, que se tornou, assim, a quintessência da realidade. Deus era o mais real de todos os seres, a *prima causa* (causa primeira) graças à qual, somente, a alma poderia ser explicada. Esta hipótese tem sua justificação psicológica, porque qualificar de divino, em relação ao homem, um ser quase imortal, possuidor de uma experiência quase eterna, não é de todo sem razão.

678   No que precede, tracei um quadro dos problemas de uma psicologia que não apela somente para a ordem física como princípio explicativo, mas para um sistema espiritual cujo *primum movens* não é a matéria e suas qualidades ou um estado energético, mas Deus. Nesta conjuntura, estamos expostos à tentação de, invocando a filosofia moderna da natureza, chamar Deus à energia ou ao *élan vital* e, assim, colocar num mesmo saco o espírito e a natureza. Enquanto tal empresa permanecer limitada às alturas nebulosas da filosofia especulativa, não oferece perigo. Mas se quiséssemos operar com esta ideia nas esferas mais baixas da experiência científica, não tardaríamos a nos envolver em confusões sem saída, porque nossas explicações devem ter significado prático: não exercemos uma psicologia com ambições meramente acadêmicas cujas explicações permanecessem letra morta. O que queremos é uma psicologia prática, verdadeira em seu exercício, ou seja, uma psicologia que nos forneça explicações confirmadas por seus resultados. Na arena da Psicoterapia prática o que procuramos são resultados concretos, e estamos proibidos de elaborar teorias sem interesse para nossos pacientes, ou que até mesmo pudessem prejudicá-los. Estamos aqui diante de uma questão muitas vezes de vida ou de morte – qual seja a de saber se nossas explicações devem apelar para a ordem física ou para o espírito. Não nos esqueçamos de que, do ponto de vista naturalista, tudo o que é

A natureza da psique 309

espírito é uma ilusão e que, por outro lado, o espírito muitas vezes deve negar ou superar um fato psíquico importuno, para assegurar sua própria existência. Se eu reconhecer apenas valores naturais, minha hipótese física minimizará, inibirá ou mesmo anulará o desenvolvimento espiritual de meu paciente. Se, pelo contrário, eu me orientar, em última análise, exclusivamente para uma explicação espiritual, desconhecerei e violentarei o indivíduo natural com seu direito a uma existência física. Grande parte dos suicídios cometidos no decurso de um tratamento psicoterápico se deve a procedimentos errados deste gênero. Pouco me importa que a energia seja Deus, ou que Deus seja energia, porque isto jamais chegarei a saber, mas eu tenho obrigação de saber as explicações psicológicas que é preciso dar.

A psicologia moderna não se fixou em um destes pontos de vista, 679 mas transita de um para outro, numa perigosa identificação que constitui uma das mais tentadoras ocasiões para um oportunismo desprovido de qualquer caráter. Aí está, sem dúvida, o grande perigo da *coincidentia oppositorum*, da libertação intelectual do dilema dos opostos. Que outra coisa poderia nascer da equivalência de duas hipóteses opostas senão uma indeterminação sem clareza e sem rumo definido? Em contraste com isto, salta imediatamente aos olhos a vantagem de um princípio explicativo unívoco, pois este nos permite uma posição que nos sirva de ponto de referência bem definido. Indubitavelmente estamos aqui diante de um problema muito difícil. Precisamos de uma realidade, de um fundamento explicativo real ao qual possamos apelar, e, no entanto, hoje é absolutamente impossível ao psicólogo moderno persistir no ponto de vista físico, depois de ter sentido claramente que a interpretação espiritualista é legítima. Mas também não pode adotar totalmente este caminho, pois é impossível deixar de considerar os motivos da validade relativa do ponto de vista físico. Nesta situação, para que lado se voltar?

Fiz as seguintes reflexões, numa tentativa de resolver este pro- 680 blema: o conflito entre natureza e espírito não é senão o reflexo da natureza paradoxal da alma: ela possui um aspecto físico e um aspecto espiritual que parecem se contradizer mutuamente, porque, em última análise, não compreendemos a natureza da vida psíquica como tal. Todas as vezes que o intelecto humano procura expressar alguma coisa que, em última análise, ele não compreendeu nem pode compreender, ele deve se expor, se é sincero, a uma contradição, deve decompô-la em seus elementos antitéticos, para que possa captar alguns de seus aspectos. O conflito entre o aspecto físico e o aspecto espiritual apenas mostra que a vida psíquica é, em última análise, qualquer coisa de incompreensível. É, sem dúvida alguma, nossa única experiência imediata. Tudo o que eu experimento é psíquico. A própria dor física é uma reprodução psíquica que eu experimento. Todas as percepções de meus sentidos que me impõem um mundo de objetos espaciais e impenetráveis são imagens psíquicas que representam minha experiência imediata, pois somente eles são os objetos imediatos de minha consciência. Minha psique, com efeito, transforma e falsifica a realidade das coisas em proporções tais, que é preciso recorrer a meios artificiais para constatar o que são as coisas exteriores a mim; é preciso constatar, por exemplo, que um som é uma vibração do ar de uma certa frequência e que uma cor é determinado comprimento de onda da luz. No fundo estamos de tal modo envolvidos em imagens psíquicas, que não podemos penetrar na essência das coisas exteriores a nós. Tudo o que nos é possível conhecer é constituído de material psíquico. A psique é a entidade real em supremo grau, porque é a única realidade imediata. É nesta realidade, a *realidade do psíquico*, que o psicólogo pode se apoiar.

681   Se tentarmos penetrar mais profundamente no significado deste conceito de realidade, parece-nos que certos conteúdos ou imagens provêm de um meio ambiente supostamente físico, de que nossos corpos fazem parte, enquanto outros procedem de uma fonte dita espiritual, aparentemente diversa do mundo físico, mas que nem por isso são menos reais. Que eu imagine o carro que desejo comprar ou estado em que atualmente se encontra a alma de meu falecido pai, que eu me irrite com um fato exterior ou com um pensamento são, psiquicamente falando, coisas igualmente reais. A única diferença é que uma se refere ao mundo das coisas físicas e a outra ao mundo das coisas espirituais. Se transponho minha noção de realidade para o plano da psique, onde esta noção está em seu verdadeiro lugar, o conflito entre a natureza e o espírito como princípios explicativos antitéticos se resolve por si mesmo. A natureza e o espírito se convertem em meras designações de *origem dos conteúdos psíquicos* que irrompem em minha consciência. Quando uma chama me queima, não duvido da realidade do fogo. Quando, porém, tenho medo de que apareça um espírito, eu me refugio por detrás do pensamento de que

isto não passa de uma ilusão. Mas, da mesma forma que o fogo é a imagem psíquica de um processo físico cuja natureza, em última análise, nos é ainda desconhecida, assim também o medo que tenho de fantasmas é uma imagem psíquica de origem espiritual, tão real quanto o fogo, porque o medo que eu sinto é tão real quanto a dor causada pelo fogo. A operação mental a que, em última análise, reduz-se o medo do fantasma, é para mim tão desconhecida quanto a natureza última da matéria. E da mesma forma como não penso em explicar a natureza do fogo por outro modo que não seja o recurso a noções químicas e físicas, assim também não me ocorre explicar o meu medo do fantasma senão por fatores espirituais.

O fato de a experiência imediata ser exclusivamente de ordem psíquica e, por conseguinte, que a realidade só pode ser de natureza psíquica, explica por que o homem primitivo considera os espíritos e os efeitos mágicos com o mesmo concretismo com que julga os acontecimentos físicos. Ele ainda não fragmentou sua experiência original em contrastes irredutíveis. Em seu universo se interpenetram o espírito e a matéria, e os deuses ainda passeiam por florestas e campos. O homem primitivo se acha ainda encerrado, tal qual uma criancinha malnascida, nos sonhos de sua alma e no mundo tal qual ele é realmente, não desfigurado ainda pelas dificuldades de conhecimento que se interpõem no caminho de um intelecto que dá os seus primeiros passos. Da desagregação do mundo original em espírito e natureza, o Ocidente salva a natureza na qual acredita por temperamento e em que se tem envolvido sempre e cada vez mais, através de todas as tentativas dolorosas e desesperadas de espiritualização. O Oriente, por sua vez, escolheu o espírito, proclamando que a matéria é *Maia* – ilusão – e continua mergulhado em seu torpor crepuscular, cercado pela miséria e pela sujeira asiáticas. Mas como há *uma* só Terra e o Oriente e o Ocidente não conseguiram rasgar a humanidade *una* em duas metades, a realidade psíquica mantém a sua unidade original e espera que a consciência humana progrida da crença em uma e da negação da outra realidade, para o reconhecimento das duas como elementos constitutivos de *uma* só alma.

682

A ideia da realidade psíquica poderia certamente ser considerada como a conquista mais importante da psicologia moderna se fosse reconhecida como tal. Parece-me que a aceitação geral desta ideia é apenas uma questão de tempo. Ela se afirmará, sem dúvida, porque

683

esta fórmula é a única que nos permite apreciar as múltiplas manifestações psíquicas em suas particularidades essenciais. Sem esta ideia, é inevitável que a explicação violente, em cada caso, uma das metades da psique, ao passo que, com ela, podemos ter a possibilidade de fazer justiça ao aspecto da vida psíquica, que é expresso na superstição, na mitologia, nas religiões e na filosofia. E, por certo, não se deve subestimar este aspecto do psiquismo. A verdade sensorial talvez satisfaça a razão, mas não revela jamais um sentido da existência humana que suscite e expresse também nossas emoções. As forças destas emoções são, muitas vezes, os fatores que decidem, em última análise, tanto no bem quanto no mal. Mas quando estas forças não se apressam em socorrer nossa razão, esta última se mostra impotente, na maioria das vezes. A razão e as boas intenções nos preservaram, porventura, da guerra mundial ou de qualquer outro absurdo catastrófico? Ou as maiores transformações espirituais e sociais, como, por exemplo, a economia medieval ou a expansão explosiva da cultura islâmica surgiram da razão?

684   Como médico não sou, naturalmente, atingido diretamente por estas questões universais; é de doentes que devo me ocupar. Até o presente a Medicina tem alimentado o preconceito de que se pode e se deve tratar e curar a doença; mas em tempos mais recentes ergueram-se vozes autorizadas, considerando esta opinião errada e preconizando o tratamento não da doença, mas do doente. Esta exigência também se impõe no tratamento dos males psíquicos. Volvemos cada vez mais nossa atenção da doença visível para o indivíduo como um todo, pois chegamos à conclusão de que precisamente o mal psíquico não consiste em fenômenos localizados e estreitamente circunscritos, mas, pelo contrário, estes fenômenos em si representam sintomas de uma atitude errônea da personalidade global. Por isto não podemos jamais esperar uma cura completa de um tratamento limitado à doença em si mesma, mas tão somente de um tratamento da personalidade como um todo.

685   Lembro-me, a este propósito, de um caso muito instrutivo: tratava-se de um jovem extremamente inteligente que, depois de estudar acuradamente a literatura médica especializada, tinha elaborado uma análise circunstanciada de sua neurose. Trouxe-me ele o resultado de suas reflexões sob a forma de monografia clara e precisa, notavelmente bem escrita e, por assim dizer, pronta para ser impressa. Pe-

A natureza da psique

diu-me que lesse o manuscrito e lhe dissesse o motivo pelo qual ele
ainda não se havia curado, quando, segundo seus julgamentos científicos, já deveria realmente estar. Tive de lhe dizer, depois da leitura,
que se fosse apenas o caso de compreender a estrutura causal da sua
neurose, ele deveria incontestavelmente estar curado de seus males.
Desde, porém, que ele não estava, achava eu que isto se devia a algum
erro fundamental de sua atitude para com a vida, erro que fugia à sintomatologia de sua neurose. Durante a anamnese, tive a atenção des-
pertada pelo fato de que ele passava muitas vezes o inverno em Saint-Mo-
ritz ou em Nice. Perguntei-lhe quem pagava as despesas dessas esta-
dias e acabei sabendo que era uma pobre professora que o amava e ti-
rava de sua boca o sustento diário para garantir essas vilegiaturas de
nosso jovem. Era nesta falta de consciência que estava a causa da neurose e da enfermidade e, por isto mesmo, a ineficácia de sua compreensão científica. Seu erro fundamental residia, aqui, numa atitude
moral. O paciente achou que minha opinião nada apresentava de científica porque a moral nada teria a ver com a ciência. Acreditava ele
que podia, em nome do pensamento científico, eliminar uma imora-
lidade que, no fundo, ele próprio não suportava e não admitia também que se tratasse de um conflito, pois aquela que o amava lhe dava
esse dinheiro de livre e espontânea vontade.

Podemos fazer as considerações científicas que quisermos a este   686
respeito, mas o fato é que a imensa maioria dos seres civilizados simplesmente não tolera semelhante comportamento. A atitude moral é
um fator real com o qual o psicólogo deve contar se não quer incorrer
nos mais tremendos erros. O mesmo se pode dizer quanto ao fato de
que certas convicções religiosas não fundadas na razão constituem
uma necessidade vital para muitas pessoas. Temos aqui, de novo, realidades psíquicas, capazes tanto de causar como de curar doenças. Quantas vezes não tenho ouvido um doente exclamar: "Se eu soubesse que
minha vida tem um sentido e um objetivo, não haveria necessidade de
toda esta perturbação dos meus nervos". Pouco importa que o paciente seja rico ou pobre, tenha família e *status*, porque estas circunstâncias
exteriores não bastam para dar sentido a uma vida. Trata-se, aqui,
muito mais de uma necessidade irracional de uma vida dita espiritual
que o paciente não encontra nem na universidade nem nas bibliotecas
e nem mesmo nas igrejas, pois ele pode aceitar aquilo que lhe oferecem
e que fala apenas a seu intelecto, mas não toca seu coração. Em caso se-

melhante, o conhecimento preciso dos fatores espirituais por parte do médico é de importância absolutamente vital, e o inconsciente do enfermo reforça esta necessidade vital, produzindo, por exemplo, nos sonhos, conteúdos cuja natureza deve ser qualificada de essencialmente religiosa. Ignorar a origem espiritual de tais conteúdos conduziria a um tratamento falho e, decorrentemente, a um fracasso.

687 Na realidade, as representações espirituais gerais são um elemento constitutivo indispensável da vida psíquica e se encontra em todos os povos que possuem uma consciência já de algum modo desenvolvida. É por isto que sua ausência parcial ou mesmo sua negação ocasional entre os povos civilizados deve ser considerada como uma degenerescência. Ao passo que a Psicologia, em seu desenvolvimento, até aqui se preocupa, sobretudo, com o condicionamento físico da alma. A tarefa da Psicologia no futuro será a de estudar as determinantes espirituais do processo psíquico. Mas a história natural do espírito se acha, hoje ainda, num estado só comparável ao das ciências naturais no século XIII. Mal começamos a fazer experiências.

688 Se a psicologia moderna pode se glorificar de ter arrancado todos os véus que encobriam a imagem da alma, foram certamente aqueles que ocultavam seu aspecto biológico aos olhos dos pesquisadores. Podemos comparar a situação atual com o estado em que a medicina se encontrava no século XVI quando se começou a estudar a anatomia, mas não se tinha ainda a mínima ideia do que fosse a fisiologia. Assim também nós só conhecemos a vida da alma de maneira muito fragmentária. Sabemos hoje, é verdade, que existem na alma processos de transformação, condicionados espiritualmente, e que estão, por exemplo, na base das iniciações bem conhecidas na psicologia dos povos primitivos ou dos estados psíquicos induzidos pela prática da ioga. Mas ainda não conseguimos determinar suas leis próprias. Sabemos apenas que grande parte das neuroses se deve a uma perturbação desses processos. A investigação psicológica não conseguiu arrancar os múltiplos véus que cobrem a face da alma, porque ela é inacessível e obscura, como todos os segredos profundos da vida. Tudo o que podemos fazer é dizer o que temos tentado e o que pensamos realizar no futuro, para nos aproximarmos de uma solução deste grande enigma.

XIV

Psicologia analítica e cosmovisão[*]

É quase impossível traduzir a palavra alemã *Weltanschauung* em   689
outra língua [em vernáculo significa aproximadamente cosmovisão ou
visão do mundo, que adotaremos na presente seção – N.T.]. Isto nos
indica que esta palavra possui um caráter psicológico todo próprio:
expressa não somente uma concepção do mundo – significado este fácil de traduzir –, mas também o modo como se considera (*anschaut*) o
mundo (*Welt*). A palavra "filosofia" significa algo de parecido com o
conceito de *Weltanschauung*, mas é limitado ao campo da inteligência,
ao passo que *Weltanschauung* abrange todas as espécies de *atitude em
relação ao mundo*, inclusive a filosófica. Assim, há *Weltanschauungen*
(cosmovisões) estéticas, religiosas, idealistas, realistas, românticas, práticas, para só mencionarmos apenas algumas possíveis. Neste sentido,
o conceito expresso por *Weltanschauung* tem muitos aspectos em comum com o conceito de "atitude", por isto poderíamos definir *Weltanschauung* como uma *atitude expressa em conceitos*.

Que se deve entender, então, por atitudes? Atitude é um concei-   690
to psicológico que designa uma constelação especial de conteúdos
psíquicos, orientada para um fim ou dirigida por uma ideia-mestra.
Se compararmos nossos conteúdos psíquicos com um exército, e ex-
primirmos as várias formas de atitudes mediante disposições especiais
desse mesmo exército, a atenção, por exemplo, seria representada
por tropas concentradas em estado de prontidão e cercadas por grupos de reconhecimento. Logo que se tenha suficiente conhecimento
da força e da posição do inimigo, a disposição das tropas se altera: o

---

[*] Conferência pronunciada em Karlsruhe, no ano de 1927. Nova redação publicada
em *Seelenprobleme der Gegenwart*. Psychologische Abhandlungen, III, 1931.

exército começa a se movimentar em direção a um determinado objetivo a ser atacado. A atitude psíquica se modifica de maneira análoga. Durante o estado de simples atenção a ideia dominante é a alerta: a própria atividade mental é reprimida ao máximo, juntamente com outros conteúdos subjetivos. Mas ao se fazer a passagem para uma atitude ativa, os *conteúdos subjetivos* aparecem na consciência – conteúdos estes que consistem em ideias finalistas e impulsos a agir. E da mesma forma que um exército tem um comandante e seu estado-maior, também a atitude psíquica tem uma ideia-mestra geral que é reforçada e fundamentada por um vasto material de experiências, princípios, afetos e outros mais da mesma natureza.

691   Quer dizer, nossas ações não são *inteiramente* simples, reações isoladas, para assim dizermos, a um determinado estímulo. Pelo contrário, cada uma de nossas reações e ações se processa sob a influência de fatores psíquicos complicados. Utilizando, de novo, a analogia militar, poderíamos comparar estes processos com a situação de um quartel-general. Para o soldado ordinário, pareceria que o exército bateu em retirada por ter sido atacado, ou que se lançou um ataque, porque se avistou o inimigo. Nossa consciência está sempre disposta a desempenhar o papel do soldado comum e a acreditar na simplicidade de suas ações. Na realidade, porém, a luta foi travada neste determinado lugar e neste dado momento porque havia, já com vários dias de antecedência, um plano geral de ataque que deslocou o soldado comum para este ponto. E este plano geral, por sua vez, não é simplesmente uma reação a informes de reconhecimento, mas uma iniciativa criadora do comandante, condicionada também pela ação do inimigo e talvez também por considerações políticas inteiramente de natureza não militar e desconhecidas totalmente do soldado comum. Estes últimos fatores são muito complexos e escapam quase de todo à compreensão do soldado comum, embora possam ser totalmente claros para o comandante do exército. Mas há também certos fatores que este último desconhece, quais sejam os seus condicionamentos pessoais e seus complicados pressupostos. Assim o exército se acha sob um comando simples e unificado, que é, porém, o resultado da operação coordenada de fatores infinitamente complicados.

692   A ação psíquica se processa também sobre uma base semelhante complicada. Apesar da aparente simplicidade do impulso, cada nuança de seu caráter particular, sua força e sua direção, seu curso no tem-

A natureza da psique

po e no espaço, sua finalidade etc., dependem de condições psíquicas especiais, isto é, de uma *atitude* que, por sua vez, é constituída por uma constelação de conteúdos cuja multiplicidade é quase incalculável. O eu é o comandante do exército; suas reflexões e decisões, suas razões e dúvidas, suas intenções e expectativas são seu estado-maior, e sua dependência em relação a fatores externos corresponde à dependência do comandante em relação às influências quase incalculáveis do quartel-general e das maquinações políticas que se travam por trás dos bastidores.

Creio que não sobrecarregamos nossa analogia se incluirmos nela a relação do *homem para com o mundo*: o eu individual como comandante de um pequeno exército em luta com seu meio ambiente, não raramente uma guerra em duas frentes: na vanguarda, a luta pela existência, e na retaguarda, a luta contra a natureza rebelde de seus próprios instintos. Mesmo para os não pessimistas, nossa existência parece mais uma luta do que qualquer outra coisa. O estado de paz é um desiderato, e é um acontecimento notável quando alguém sela a paz com o mundo e consigo mesmo. Precisamos de uma atitude cuidadosamente organizada, de acordo com o estado mais ou menos crônico de guerra, e se um indivíduo perfeito conseguisse uma paz duradoura da alma, sua atitude precisaria de um grau muito maior ainda de cuidadosa preparação e de uma elaboração detalhada, para que pudesse durar, o mais modestamente que fosse. Com efeito, é muito mais fácil, para a psique, viver em estado de movimento, em contínuos altos e baixos dos acontecimentos, do que em estado de equilíbrio permanente, porque nesse último estado – por perfeito e elevado que possa ser – há a ameaça constante de sufocamento e de um tédio insuportável. Assim, enganamo-nos a nós próprios, ao supormos que os estados de paz da alma, isto é, as disposições serenas, deliberadas, equilibradas e sem conflitos de ânimo – quando duradouras – dependem sempre de atitudes especialmente bem desenvolvidas.

Talvez alguém se admire de que eu prefira o termo "atitude" à palavra "cosmovisão" (*Weltanschauung*). Usando o conceito de atitude, deixo simplesmente em aberto a questão se se trata de uma cosmovisão consciente ou inconsciente. Alguém pode ser o comandante de seu próprio exército e travar com êxito a luta pela existência dentro e fora de si, e até mesmo alcançar um estado relativamente seguro de paz, sem possuir uma cosmovisão consciente. Mas não o consegui-

693

694

rá sem uma atitude. Só podemos falar verdadeiramente de cosmovisão quando alguém formular sua atitude de maneira conceitual ou concreta e verificar claramente por qual motivo e para que fim vive e age dessa ou daquela forma.

695   Mas, para que uma cosmovisão – perguntará alguém – se podemos viver perfeitamente sem ela? E poderia também perguntar-me: E para que uma consciência, se podemos viver muito bem sem ela? O que é, afinal de contas, uma cosmovisão? Na realidade, nada mais é do que uma consciência ampliada ou aprofundada. A razão pela qual existe uma consciência e por que é que esta última tende fortemente a ampliar-se e aprofundar-se é muito simples: é porque *sem a consciência as coisas vão menos bem*. Essa é, evidentemente, a razão pela qual a mãe natureza se dignou produzir a consciência, a mais notável de todas as curiosidades da natureza. Mesmo o primitivo quase inconsciente pode se adaptar e se afirmar, mas somente em seu mundo primitivo, e é por isto que ele, em outras condições de vida, torna-se vítima de incontáveis perigos, que nós, a um nível superior da consciência, podemos evitar sem esforço. É verdade que a consciência superior está exposta a perigos que o primitivo sequer imagina, mas o fato é que o homem consciente conquistou a terra, e o inconsciente não. Não é de nossa competência decidir se, em última análise, e de um ponto de vista supra-humano isto constitui uma vantagem ou um inconveniente.

696   A consciência superior determina a cosmovisão. Qualquer consciência dos motivos e das intenções é uma cosmovisão em germe. Todo aumento de experiência e de conhecimento é um passo a mais no desenvolvimento da cosmovisão. *E com a imagem que o homem pensante forma a respeito do mundo ele se modifica também a si próprio*. O homem cujo Sol gira ainda em torno da Terra é diferente daquele cuja Terra é um planeta do Sol. As ideias de Giordano Bruno sobre a infinitude não foram em vão: elas representam um dos inícios mais importantes da consciência moderna. O homem cujo cosmo está suspenso no empíreo é diferente daquele cuja mente foi iluminada pela visão de Kepler. O homem que ainda tem dúvidas quanto ao resultado da multiplicação de dois por dois é diferente daquele para o qual nada é mais certo do que as verdades apriorísticas da Matemática. Em outras palavras: Não é indiferente saber que espécie de cosmovisão possuímos, porque não formamos apenas uma imagem do mundo; esta imagem nos modifica também retroativamente.

A natureza da psique

O conceito que formamos a respeito do mundo é a imagem daquilo que chamamos mundo. E é por esta imagem que orientamos a adaptação de nós mesmos à realidade. Como já disse, isto não acontece de modo consciente. O soldado comum não tem conhecimento das atividades do estado-maior, enquanto que nós somos, ao mesmo tempo, o estado-maior e o comandante do exército. Mas quase sempre é necessária uma decisão enérgica para arrancar a consciência das preocupações impertinentes do momento e dirigi-la para os problemas mais gerais da atitude. Se não o fizermos, naturalmente permaneceremos inconscientes de nossa atitude e, neste caso, não temos uma cosmovisão, mas apenas uma atitude inconsciente. Se não nos dermos conta disto, os nossos motivos e intenções fundamentais permanecem inconscientes, e tudo parece muito simples e como se fora natural. Na realidade, porém, processos complicados estão em curso no pano de fundo, com motivos e intenções cuja sutileza não deixa nada a desejar. Por isto, existem muitos homens de ciência que evitam cultivar uma cosmovisão, porque, segundo eles, isto não seria científico. Mas estas pessoas, evidentemente, não se dão conta do que realmente estão fazendo, pois o que na verdade acontece é o seguinte: elas permanecem deliberadamente na incerteza quanto às suas ideias fundamentais; ou, em outras palavras: descem a um nível de consciência mais baixo e mais primitivo do que aquele que corresponderia à sua capacidade real. Uma certa crítica e um certo ceticismo nem sempre são indícios de inteligência; muitas vezes são justamente o contrário, em especial quando nos valemos do ceticismo para encobrir a falta de uma cosmovisão. Muitas vezes o que falta é mais coragem moral do que propriamente inteligência, pois não podemos ver o mundo sem nos ver a nós próprios, e da mesma maneira como o indivíduo vê o mundo, assim também se vê a si próprio, e para isto não se precisa de nenhuma coragem. Por isto é sempre fatal não ter nenhuma cosmovisão.

Ter uma cosmovisão significa formar uma imagem do mundo e de si mesmo, saber o que é o mundo e quem sou eu. Tomado ao pé da letra, isto seria exigir demais. Ninguém pode saber o que é o mundo, nem tampouco quem é ele próprio. Mas, *cum grano salis*, isto significa *o melhor conhecimento possível*. Ora, o melhor conhecimento possível exige saber e detesta suposições infundadas, afirmações arbitrárias e opiniões autoritárias, mas procura a hipótese bem fundada, sem esquecer que qualquer saber é limitado e está sujeito a erros.

699   Se a imagem que formamos a respeito do mundo não tivesse um efeito retroativo sobre nós, poderíamos contentar-nos com um simulacro belo ou divertido. Mas a autodecepção repercute sobre nós próprios, tornando-nos irreais, estúpidos e inúteis. Como lutamos com uma imagem ilusória do mundo, somos subjugados pelo poder soberano da realidade. Deste modo, aprendemos, pela experiência, como é importante e essencial termos uma cosmovisão bem fundamentada e cuidadosamente estruturada.

700   Uma cosmovisão é uma hipótese e não um artigo de fé. O mundo modifica a sua face – *tempora mutantur et nos in illis* ("os tempos mudam e nós com eles") –, pois só podemos apreender o mundo em uma imagem psíquica, e nem sempre é fácil decidir quando a imagem muda: se foi o mundo que mudou ou se fomos nós, ou uma coisa e outra. A imagem do mundo pode mudar a qualquer tempo, da mesma forma como o conceito que temos de nós próprios também pode mudar. Cada nova descoberta, cada novo pensamento pode imprimir uma nova fisionomia ao mundo. É preciso termos isto diante dos olhos, senão, de repente, ver-nos-emos em um mundo antiquado, que é, ele próprio, um resto ultrapassado de níveis inferiores da consciência. Todos nós um dia haveremos de morrer, mas é do interesse da vida adiar o mais que possível este momento; mas só conseguiremos isto se jamais permitirmos que a imagem que formamos do mundo se petrifique. Pelo contrário, cada nova ideia deve ser provada, para ver se acrescenta alguma coisa ou não à nossa cosmovisão.

701   Se me ponho agora a discutir o problema da relação entre psicologia analítica e cosmovisão, faço-o sob o ponto de vista que acabo de explicar, a saber: As descobertas da psicologia analítica acrescentam alguma coisa nova à nossa cosmovisão, ou não? Para tratar desta questão com proveito, precisamos primeiramente considerar a natureza da psicologia analítica. Com este termo designo uma corrente especial da psicologia que trata principalmente dos chamados fenômenos psíquicos complexos, ao contrário da psicologia fisiológica ou experimental que procura reduzir os fenômenos complexos, o quanto possível, a seus elementos. O termo "analítico" provém do fato de que esta corrente da Psicologia se desenvolveu a partir da "psicanálise" originalmente formulada por Freud. Este último identifica a psi-

A natureza da psique

canálise com sua teoria do sexo e da repressão, fixando-a, assim, em um corpo doutrinário. Por esta razão evito a expressão "psicanálise", quando discuto algo muito mais do que matérias de caráter meramente técnico.

A psicanálise freudiana consiste essencialmente em uma técnica que nos permite reconduzir à consciência os chamados conteúdos reprimidos que se tornaram inconscientes. Esta técnica é um método terapêutico, elaborado com a finalidade de tratar e curar neuroses. À luz deste método tem-se a impressão de que as neuroses surgiram porque certas lembranças ou tendências desagradáveis – os chamados conteúdos incompatíveis – foram reprimidas e tornadas inconscientes por uma espécie de ressentimento moral resultante de influências educativas. Sob este ponto de vista, a atividade psíquica inconsciente, ou aquilo que chamamos o inconsciente, aparece sobretudo como um receptáculo de todos aqueles conteúdos antipáticos à consciência, assim como de todas as impressões esquecidas. Por outro lado, não podemos nos fechar para o fato de que estes mesmos conteúdos incompatíveis derivam de instintos inconscientes, o que quer dizer que o inconsciente não é apenas um mero receptáculo, mas a matriz daquelas coisas das quais a consciência gostaria de se libertar. Mas podemos dar um passo adiante e dizer que o inconsciente cria também conteúdos *novos*. Tudo o que o espírito humano criou, brotou de conteúdos que, em última análise, eram germes inconscientes. Enquanto Freud enfatizou de modo especial o primeiro aspecto, eu acentuei o segundo, sem, contudo, negar o primeiro. Embora não se deva negligenciar o fato de que o homem procura evitar o máximo possível tudo o que lhe é desagradável e, por isto, esquece de pronto tudo o que não lhe convém, contudo, pareceu-me muito mais importante descobrir em que consiste realmente a atividade *positiva* do inconsciente. Sob este ponto de vista, *o inconsciente aparece* como *a totalidade de todos os conteúdos psíquicos in statu nascendi*. Esta verdadeira função do inconsciente é, no fundamental, apenas perturbada pela repressão, e esta perturbação da atividade natural do inconsciente é talvez a fonte mais importante das chamadas enfermidades psicógenas. A melhor maneira talvez de compreender o inconsciente é considerá-lo como um órgão natural dotado de uma energia criadora específica. Se, em consequência da repressão, seus produtos não encontram acolhida na consciência, surge uma espécie de repre-

702

samento, uma inibição não natural de uma função orientada para um fim, semelhantemente ao que ocorre com a bílis, um produto da função do fígado, quando impedida de fluir para o intestino. Em consequência da repressão, produzem-se escoamentos psíquicos falsos. Da mesma forma que a bílis penetra na corrente sanguínea, assim também o conteúdo reprimido se irradia para outros domínios psíquicos e fisiológicos. Na histeria são sobretudo as funções fisiológicas que são perturbadas; em outras neuroses, tais como as fobias, as obsessões e as neuroses compulsivas, são perturbadas principalmente as funções psíquicas, entre as quais os sonhos. Assim como se pode demonstrar a atividade dos conteúdos reprimidos nos sintomas orgânicos da histeria e nos sintomas psíquicos de outras neuroses (e também das psicoses), também se pode demonstrá-lo em relação aos sonhos. Em si, o sonho é uma função normal que pode ser perturbada por represamentos, como qualquer outra função. A teoria freudiana dos sonhos considera, e até mesmo explica, os sonhos exclusivamente sob este ângulo, como se nada mais fossem do que meros sintomas. Outros campos da atividade do espírito, como sabemos, são tratados da mesma maneira pela psicanálise – por exemplo, as obras de arte. Mas é aqui onde penosamente se manifesta a inconsistência desta teoria, pois uma obra de arte não é um sintoma, mas uma genuína criação. Uma atividade criativa só pode ser entendida a partir de si mesma. Mas se ela é considerada como um mal-entendido patológico, que é também explicado como uma neurose, a tentativa de explicação em breve assume um aspecto lamentavelmente curioso.

703   O mesmo se pode dizer do sonho. Este último é uma criação peculiar do inconsciente, que é meramente deformada e distorcida pela repressão. Uma explicação que visse no sonho apenas um sintoma de repressão erraria inteiramente o alvo.

704   Limitemo-nos, por enquanto, às conclusões da psicanálise de Freud. Segundo esta teoria, o homem aparece como um ser instintivo, que, sob vários aspectos, choca-se com as barreiras da lei, dos preceitos morais e com suas próprias percepções, e em consequência disto é compelido a reprimir certos instintos no todo ou em parte. O escopo deste método é encaminhar estes conteúdos instintivos à inconsciência e neutralizar a repressão por meio de correções conscientes. À alegação de que sua libertação constitui uma ameaça, responde-se dizendo que esses instintos nada mais são do que fantasias de

A natureza da psique

desejos infantis que podem ser suprimidos simplesmente por meios racionais. Também se admite que eles possam ser "sublimados", segundo o termo técnico que designa uma espécie de desvio desses instintos para uma forma apropriada de adaptação. Se alguém acredita que isto se possa fazer à vontade, engana-se redondamente. Só a necessidade absoluta pode efetivamente inibir um instinto natural. Onde não há esta necessidade ou uma exigência inexorável, esta "sublimação" não passa de uma autodecepção, uma nova repressão, desta vez um pouco mais sutil.

Esta teoria e esta concepção do homem contêm alguma coisa de válido para a nossa cosmovisão? Acho muito difícil. A ideia que norteia a psicologia interpretativa de Freud é o conhecidíssimo materialismo racionalista do final do século XIX. Deste materialismo não pode resultar uma concepção diferente do mundo e, consequentemente, também uma atitude diferente do homem em relação ao mundo. Por isto, não devemos esquecer que só em raríssimos casos a atitude é influenciada por teorias. Um meio muito mais eficiente é o recurso ao sentimento. Mas não consigo ver como uma apresentação teórica e seca possa atingir o sentimento. Eu poderia apresentar um relato estatístico detalhado sobre as prisões a meus leitores e eles cairiam no sono. Mas se eu os conduzisse através de uma prisão ou de um manicômio, eles não somente não cairiam no sono, mas ficariam profundamente impressionados. Foi alguma teoria que fez Buda? Não. Foi o espetáculo da velhice, da doença e da morte que lhe abrasou a alma.

Assim as concepções da Psicanálise, de Freud, parcialmente unilaterais e parcialmente errôneas, praticamente nada têm a nos dizer. Mas se olharmos para a Psicanálise de casos reais de neuroses e virmos os efeitos devastadores que as chamadas repressões produziram, as destruições que resultam da desconsideração de processos instintivos elementares, receberemos – para dizer o menos – uma impressão duradoura. Não há uma única forma de tragédia humana que não provenha realmente desta luta do eu contra o inconsciente. Quem alguma vez já viu o horror de uma penitenciária, de um manicômio ou de um hospital certamente sentirá um enriquecimento profundo de sua cosmovisão, que a impressão destas coisas terá deixado nele. E o mesmo lhe acontecerá se lançar um olhar sobre o abismo do sofrimento humano que está por detrás de uma neurose. Quantas vezes ouvi a exclamação: "Mas isto é horrível! Quem poderia pensar que fosse assim?" E é inegável que se recebe realmente uma impressão tremenda da força do inconsciente quando se tenta investigar, com a necessária consciensiosidade e minudência, a estrutura de uma neurose. É também meritório mostrar os bairros pobres de Londres, e quem os viu, viu muito mais do que alguém que não os viu. Mas trata-se apenas de um choque, e a pergunta: "O que se deve fazer em relação a isto?", continua sem resposta.

707   A Psicanálise removeu o véu dos fatos que somente poucos conheciam e tentou mesmo conviver com eles. Mas qual a sua atitude para com eles? Esta atitude é nova? Em outras palavras: A impressão profunda acima referida produziu algum resultado duradouro e fecundo? Isto alterou a imagem que tínhamos do mundo e melhorou nossa cosmovisão? A cosmovisão da Psicanálise é um materialismo racionalista; a cosmovisão de uma ciência essencialmente prática. E esta visão é inadequada para nós. Se atribuímos uma poesia de Goethe a seu complexo materno, se procuramos explicar Napoleão como um caso de protesto masculino e um São Francisco de Assis como um caso de repressão sexual, apodera-se de nós um profundo sentimento de insatisfação. Esta explicação é insuficiente, não faz justiça à realidade e ao significado das coisas. O que são, afinal, a beleza, a grandeza e a santidade? São realidades de suma importância vital, sem as quais a existência humana seria tremendamente estúpida. Qual é a resposta correta para o problema de tantos sofrimentos e conflitos inauditos? A verdadeira resposta deveria tocar uma corda que nos lembrasse pelo menos a grandeza do sofrimento. Mas, por mais desejável que seja, a atitude meramente racional e prática do Racionalismo ignora o verdadeiro *sentido do sofrimento*. O sofrimento é simplesmente posto de lado. Foi uma tempestade num copo d'água. Muita coisa recai nesta categoria, mas não todas.

708   O erro, como já mencionei, reside no fato de a chamada Psicanálise ter um conceito científico, mas puramente racionalista, do inconsciente. Quando falamos dos instintos, acreditamos que falamos de algo conhecido, mas, na realidade, estamos falando de algo que desconhecemos. Na realidade, tudo quanto sabemos é que certos efeitos nos advêm da esfera obscura da psique, e eles devem ser assumidos, de um modo ou de outro, na consciência, se queremos evitar as perturbações devastadoras de outras funções. É totalmente impossível dizer, de imediato, de que natureza são estes efeitos: se resultam

da sexualidade, do instinto de poder ou de outros instintos. São tão ambíguos ou mesmo polivalentes quanto o próprio inconsciente.

Já expliquei que, embora o inconsciente seja um receptáculo de tudo quanto foi esquecido, que passou ou foi reprimido, é também a esfera onde têm lugar todos os processos subliminares, como, por exemplo, as percepções sensoriais que são demasiado fracas para atingirem a consciência, e, por último, também a matriz de onde brota todo o futuro psíquico. Assim como sabemos que uma pessoa pode reprimir um desejo incômodo e, com isto, fazer com que sua energia contamine outras funções, também sabemos que o indivíduo pode impedir que uma ideia súbita que lhe seja estranha se torne consciente, de tal sorte que a energia desta flui para outras funções, causando-lhes perturbações. Presenciei muitos casos em que fantasias sexuais anormais desapareceram súbita e completamente no momento em que uma ideia nova ou um conteúdo novo se tornaram conscientes, ou em que uma enxaqueca cessou inteiramente de repente, assim que o enfermo se tornou consciente de um poema inconsciente. *Da mesma forma que a sexualidade pode exprimir-se impropriamente através de fantasias, assim também uma fantasia criadora pode exprimir-se impropriamente através da sexualidade.* Como dizia Voltaire: "En étymologie n'importe quoi peut désigner n'importe quoi" (em etimologia, qualquer coisa pode designar qualquer coisa), o mesmo podemos dizer do inconsciente. Em qualquer caso, nunca sabemos de antemão o que ele seja. Em relação ao inconsciente temos apenas dom do conhecimento *a posteriori*, e, além disto, é completamente impossível saber de antemão o que quer que seja a respeito do estado verdadeiro das coisas que se passam no inconsciente. Qualquer conclusão neste sentido é confessadamente não mais do que uma suposição.

Nestas circunstâncias o inconsciente nos parece como um no grande x a respeito do qual a única certeza que temos é a de que dele resultam efeitos importantes. Uma olhada sobre as religiões universais nos mostra como estes efeitos são importantes, historicamente falando. E um olhar sobre os sofrimentos do homem moderno nos mostrará a mesma coisa. Apenas nos expressamos um pouco diferentemente. Há mais de quinhentos anos dizia-se que uma mulher estava possuída do demônio; hoje dizemos que ela tem um ataque de histeria. Antigamente dizia-se que uma pessoa enferma estava enfeitiçada;

hoje dizemos que ela sofre de neurose gástrica. Os fatos são os mesmos, só que a antiga explicação era, psicologicamente falando, quase exata, ao passo que nossas descrições racionalistas dos sintomas são praticamente sem conteúdo. De fato, se eu digo que uma pessoa está possuída de um espírito mau, no fundo estou simplesmente querendo dizer que esta pessoa possessa não está realmente doente, mas sofre uma influência psíquica invisível que ela não tem condições de controlar. Este fator invisível é um *complexo autônomo*, um conteúdo inconsciente. Quando analisamos a psicologia de uma neurose, descobrimos um complexo que não se comporta como os conteúdos da consciência, isto é, vindo e indo a uma ordem nossa, mas obedece às suas próprias leis; em outras palavras: é independente, ou (para empregar um termo técnico) *autônomo*. Comporta-se exatamente como um diabrete que não se deixa captar. E quando o complexo se torna consciente – e tal é o objetivo da análise – o paciente exclama, talvez aliviado: "Então, era isto o que me perturbava?" Tem-se a impressão de que se conseguiu alguma coisa: os sintomas desaparecem; o complexo, como se diz, foi resolvido. Pode-se exclamar com Goethe: "Nós te explicamos, afinal!" Mas também devemos acrescentar, com Goethe: "E, mesmo assim, Tegel continua mal-assombrada!" Somente agora se revelou o verdadeiro estado das coisas; isto é, somente agora tomamos consciência de que este complexo jamais poderia ter surgido se nossa natureza não lhe tivesse conferido uma força propulsora secreta. Passarei a explicar o que quero dizer com isto, valendo-me de um pequeno exemplo:

711   Um cliente sofre de sintomas gástricos nervosos que consistem em contrações dolorosas semelhantes à fome. A análise revela uma ânsia infantil pela mãe, um assim chamado complexo da mãe. Os sintomas desaparecem com este novo conhecimento, mas, em compensação, permanece um forte anseio que não se aplaca com a simples explicação de que não passa de um complexo da mãe, de natureza infantil. O que antes era uma espécie de fome física e um sofrimento físico, agora se torna uma fome psíquica e um sofrimento psíquico. Anseia-se por alguma coisa e se sabe que era inteiramente errôneo associar este anseio à mãe, mas permanece o fato de um anseio sempre presente e implacável, e a solução deste problema é consideravelmente mais difícil do que reduzir esta neurose ao complexo da mãe. O anseio é uma exigência constante, um vazio interior e cruciante

A natureza da psique

que só pode ser esquecido uma ou outra vez, mas nunca ser vencido pela força de vontade. Sempre retorna. Inicialmente não se sabe a origem deste anseio, e talvez nem mesmo se saiba qual é propriamente o objeto deste anseio. Podemos fazer uma série de conjeturas sobre isto, mas tudo o que se pode dizer com certeza é que alguma coisa expressa esta exigência, para além do complexo da mãe, e continua a levantar sua voz, independentemente de nossa consciência e à margem de qualquer crítica. É a este algo que eu chamo de complexo autônomo. É desta fonte que brota a força propulsora que originalmente alimentou o anseio infantil pela mãe e, deste modo, produziu a neurose, porque uma consciência adulta deveria repelir tal anseio infantil e reprimi-lo como incompatível.

Todos os complexos infantis são, em última análise, conteúdos autônomos do inconsciente. A mente primitiva considerou estes conteúdos sempre como algo estranho e incompreensível, personificando-os como espíritos, demônios e deuses, e procurou satisfazer as suas exigências com ritos mágicos e sacrais. Reconhecendo corretamente que esta fome ou sede não podia ser saciada com alimento nem com bebida, nem retornando ao seio materno, a mente primitiva criou imagens de seres invisíveis, ciumentos e exigentes, mais influentes, mais poderosos e mais perigosos do que o homem; habitantes de um mundo invisível, mas fundidos com as realidades terrestres e tão identificados com elas, que há espíritos que habitam até mesmo nas panelas da cozinha. Os espíritos e a magia são as únicas causas das enfermidades para os primitivos. Os conteúdos autônomos foram projetados sobre estes seres sobrenaturais pelo primitivo. Nosso mundo, pelo contrário se libertou dos demônios, até ao último resquício, mas os conteúdos autônomos e suas exigências permaneceram. Eles se expressam parcialmente nas religiões; mas quanto mais a religião é racionalizada e enfraquecida – destino este quase inevitável –, tanto mais intricados e mais misteriosos se tornam os caminhos pelos quais os conteúdos do inconsciente chegam até nós. Um dos caminhos mais comuns é a neurose, que é a última coisa que alguém poderia esperar. Por neurose, em geral, entende-se qualquer coisa de inferior, uma *quantité négligeable* do ponto de vista médico. Trata-se de um grande equívoco, como vimos acima! Com efeito, por trás da neurose se escondem aquelas poderosas influências psíquicas que estão na base de nossas atitudes mentais e de seus poderosos princípios diretores. O materialismo racionalista, uma atitude mental aparentemente insuspeita, é, na realidade, um movimento psicológico de oposição ao misticismo. Este é o antagonista secreto que é preciso combater. O materialismo e o misticismo nada mais são do que um par psicológico de contrários, precisamente como o ateísmo e o teísmo. São irmãos inimigos, dois métodos diferentes de enfrentar de algum modo as influências poderosas do inconsciente: um negando-as e o outro reconhecendo-as.

713 Por isto, se me perguntassem qual é a coisa mais essencial que a psicologia analítica poderia acrescentar à nossa cosmovisão, eu responderia que é o reconhecimento de que existem conteúdos inconscientes que fazem exigências inegáveis ou irradiam influências com as quais a consciência terá de se defrontar, quer queira quer não.

714 Alguém poderá achar que minhas observações, até o momento, seriam insatisfatórias se eu deixasse, em sua forma indefinida, aquele "algo" que designei como conteúdo autônomo do inconsciente, e não tentasse, pelo menos, descrever o que nossa psicologia descobriu empiricamente acerca destes conteúdos.

715 Se, como admite a Psicanálise, isto trouxesse uma resposta satisfatória e definitiva, como, por exemplo, a de que a dependência infantil original em relação à mãe é a causa do anseio, então este reconhecimento representaria uma solução. Há casos em que a dependência infantil desaparece, de fato, quando o paciente tem uma visão completa a respeito de sua natureza. Mas tal fato não deveria nos induzir a acreditar que isto acontece em todos os casos. Em cada caso, alguma coisa permanece sem solução; às vezes o que resta resolver parece tão pouco, que o caso está praticamente encerrado; mas também pode acontecer em tal proporção, que nem o paciente nem o médico ficam satisfeitos com o resultado, e resta a impressão de que nada foi feito. Além disso, já tratei muitos pacientes que tinham consciência das causas de seu complexo até os mínimos detalhes, sem que isto, no entanto, representasse para eles uma ajuda substancial.

716 Uma explicação causal pode ser relativamente satisfatória do ponto de vista científico, mas, psicologicamente, existe algo de insatisfatório a seu respeito, porque não sabemos nada ainda quanto ao escopo da força propulsora que está na raiz do complexo – por exemplo, o sentido do anseio – nem o que se deve fazer a respeito dele. Se já sei que uma epidemia de tifo provém da água de beber contamina-

A natureza da psique

da, isto em si ainda não é o suficiente para acabar com a poluição dos mananciais. Por isto, só se tem uma resposta satisfatória quando sabemos em que consiste aquele algo que manteve a dependência infantil até à idade adulta, e qual é o seu escopo.

Se a mente humana viesse ao mundo como uma perfeita *tabula rasa*, estes problemas não existiriam, porque então a mente não conteria nada que não houvesse sido adquirido ou implantado nela. Mas a psique humana contém inúmeras coisas que nunca foram adquiridas, porque a mente humana não nasceu como uma *tabula rasa*, nem cada homem possui um cérebro inteiramente novo e único. Ele nasce com um cérebro que é o resultado do desenvolvimento de uma série interminavelmente longa de ancestrais. Este cérebro é produzido em cada embrião, com toda a sua perfeição diferenciada, e quando começar a funcionar, produzirá infalivelmente os mesmos resultados que já foram produzidos inúmeras vezes antes na série dos ancestrais. Toda a anatomia do homem é um sistema herdado, idêntico à constituição ancestral, que funcionará exatamente da mesma maneira como anteriormente. Consequentemente, a possibilidade de que se produza algo de novo e essencialmente diferente do antigo é extremamente reduzida. Todos aqueles fatores, portanto, que eram essenciais para nossos antepassados próximos ou remotos serão também essenciais para nós, porque são inerentes ao sistema orgânico herdado. São inclusive necessidades que se fazem sentir como carências.

717

Meus leitores não devem recear que eu lhes fale de ideias herdadas. Longe de mim! Os conteúdos autônomos do inconsciente ou, como os chamo, dominantes do inconsciente, não são ideias herdadas, mas potencialidades herdadas, para não dizer necessidades compulsivas de reproduzir aquelas ideias através das quais as dominantes do inconsciente sempre se exprimiram. Naturalmente, cada religião da terra e cada época têm sua linguagem própria, que pode variar ao infinito. Pouco importa que o herói da mitologia vença ora um dragão, ora um peixe, ou um outro monstro; o motivo fundamental é sempre o mesmo, e isto é um patrimônio comum da humanidade e não formulações passageiras das diferentes épocas e regiões.

718

Assim o homem nasce com sua complicada predisposição psíquica que é tudo menos uma *tabula rasa*. Mesmo a mais arrojada fantasia tem os seus limites determinados pela herança psíquica, e mesmo através dos véus da fantasia mais desenfreada transparecem aquelas domi-

719

nantes que são inerentes a mente humana desde tempos imemoriais. Consideramos um fato muito estranho, quando algum doente mental desenvolve fantasias que podem ser encontradas sob formas quase idênticas entre os primitivos. Mas mais estranho seria se assim não fosse.

720 À esfera de nossa herança psíquica chamei-a de *inconsciente coletivo*. Todos os conteúdos de nossa consciência foram adquiridos individualmente. Se a psique humana consiste única e exclusivamente na consciência, nada haveria de psíquico que não tivesse surgido senão no curso da vida individual. Neste caso, procuraríamos em vão qualquer condição ou influência prévia por detrás de um simples complexo parental. Com a redução ao pai e à mãe teríamos dito a última palavra, porque eles são as figuras que primeiro influíram em nossa psique consciente, com exclusão de tudo o mais. Na realidade, porém, os conteúdos da consciência não surgiram apenas através da influência do ambiente individual, mas foram influenciados e constelados também por nossa herança psíquica, ou seja, o consciente coletivo. Naturalmente a imagem da mãe individual é impressiva, mas sua impressividade toda particular é devida sobretudo ao fato de estar associada intimamente a uma disposição inconsciente, a um sistema ou imagem inata que é o resultado da relação simbiótica da mãe com o filho, existente desde todos os tempos. Onde falta a figura da mãe individual sob este ou aquele aspecto, verifica-se uma perda ou uma exigência à imagem coletiva da mãe de se realizar. Malogrou-se, por assim dizer, um *instinto*. Isto, muitas vezes, provoca distúrbios neuróticos ou pelo menos singularidades de caráter. Se não houvesse o inconsciente coletivo, a educação poderia conseguir tudo; poderíamos reduzir impunemente o homem a uma máquina psíquica, ou transformá-lo em um ideal. Mas todos estes esforços encontram fortes limitações, porque há dominantes do inconsciente que põem exigências quase impossíveis de realização.

721 Se no caso do paciente da neurose gástrica me perguntassem o que é que, no inconsciente – para além e acima do complexo da mãe pessoal –, mantém vivo um desejo ao mesmo tempo indefinível e cruciante, eu responderia que é a *imagem coletiva da mãe*, não da mãe pessoal, mas da mãe em seu aspecto universal.

722 Mas alguém poderá perguntar: Por que esta imagem coletiva provoca tal desejo? Não é fácil responder esta pergunta. Se pudéssemos ter uma ideia clara da natureza e do significado desta imagem

A natureza da psique   331

coletiva, que eu chamei de *arquétipo*, poderíamos entender facilmente seus efeitos.

Para explicar isto, eu gostaria de fazer a seguinte argumentação: 723
A relação mãe-filho é, de qualquer modo, a mais profunda e a mais
comovente que se conhece; de fato, por um certo tempo, a criança é,
por assim dizer, parte do corpo da mãe. Mais tarde, faz parte da atmosfera psíquica da mãe por vários anos, e, deste modo, tudo o que
há de original na criança acha-se indissoluvelmente ligado à imagem
da mãe. Isto é verdade não só nos casos individuais, mas é atestado
também pela história. É a experiência absoluta de nossa espécie, uma
verdade orgânica tão indiscutível como a relação mútua dos sexos.
Assim, aquela mesma intensidade extraordinária da relação que impele instintivamente a criança a se agarrar à mãe está naturalmente
presente também no arquétipo, na imagem coletivamente herdada da
mãe. Com o passar dos anos, o homem cresce e se desliga naturalmente da mãe, contanto que não se ache mais num estado de primitividade quase semelhante à do animal e já tenha alcançado um certo
estado de consciência e de cultura; mas não se desliga, por forma
igualmente natural, do arquétipo. Se ele é instintivo, sua vida trans-
corre sem livre escolha, porque a liberdade pressupõe sempre a consciência. Ela se desenvolve segundo determinadas leis inconscientes e
sem nunca se desviar do arquétipo. Mas, se existe uma consciência
relativamente eficiente, supervaloriza-se o conteúdo consciente, sempre em detrimento do inconsciente; daí surge a ilusão de que nada
acontece quando o indivíduo se separa da mãe, exceto quanto ao fato
de ele deixar de ser o filho dessa mãe individual. A consciência só reconhece conteúdos adquiridos individualmente; por isto, só reconhece a mãe individual e ignora que ela é, ao mesmo tempo, a porta-
dora e a representante do arquétipo, o qual é, por assim dizer, a mãe
"eterna". A separação da mãe, porém, só é completa quando o arquétipo está incluído nela. O mesmo se pode dizer, naturalmente, quanto ao desligamento do filho em relação ao pai.

O surgimento da consciência e, consequentemente, o de uma   724
vontade relativamente livre implica naturalmente a possibilidade de
o indivíduo se desviar do arquétipo. Este desvio provoca uma dissociação entre a consciência e o inconsciente, iniciando-se, então, a atividade perceptível e, frequentemente, bastante desagradável do inconsciente, sob a forma de uma fixação interior e inconsciente que se

expressa através de sintomas, isto é, de maneira indireta. Criam-se, então, situações em que se tem a impressão de que o indivíduo ainda não se desligou da mãe.

725   A mente primitiva não entendeu este dilema, mas o sentiu tanto mais agudamente, e por isto instituiu ritos sumamente importantes celebrados entre a infância e a idade adulta, como os ritos da puberdade e as cerimônias de iniciação masculina, com o fim inequívoco de produzir a separação do indivíduo em relação aos pais por meios mágicos. A celebração destas cerimônias seria inteiramente sem sentido se o primitivo acreditasse que a relação do indivíduo para com os pais não era igualmente mágica. "Mágico", porém, é tudo aquilo em que estão em jogo influências inconscientes. A finalidade destes ritos, contudo, não é apenas a de separar o indivíduo dos pais, mas a de introduzi-lo no estado de adulto. Para isto é necessário que ele já não olhe mais com saudades para os tempos da infância e, portanto, satisfaça os reclamos do arquétipo lesado. Faz-se isto, substituindo a relação íntima com os pais por uma nova relação, a saber, relação com o clã ou com a tribo. Muitas vezes certas marcas e incisões feitas no corpo, tais como a circuncisão e as cicatrizes, bem como as instruções místicas que o jovem recebe durante as iniciações, servem a este escopo. Frequentemente, as cerimônias de iniciação têm um caráter decididamente cruel.

726   Esta é a maneira como o primitivo, por razões que ele desconhece, procura satisfazer os reclamos do arquétipo. Uma simples separação com respeito aos pais não lhe parece suficiente, mas é necessária uma cerimônia drástica que se assemelhe a um sacrifício oferecido àquelas forças que poderiam atrasar a existência do jovem. Isto nos mostra também, de imediato, o poder que o arquétipo possui: *ele impele o primitivo a agir contra a natureza, para não se tornar sua vítima*. Este é, talvez, o início de qualquer cultura: as consequências inevitáveis da consciência, juntamente com a possibilidade de afastar o indivíduo de leis inconscientes.

727   Há muito tempo que estas coisas se tornaram estranhas para nosso mundo, mas isto não significa que a natureza tenha perdido alguma coisa de seu poder em relação a nós. Aprendemos apenas a subestimar este poder. Mas ficamos perplexos, quando nos indagam de que maneira encaramos os efeitos dos conteúdos inconscientes. Para nós, evidentemente, já não pode se tratar de ritos primitivos. Isto se-

A natureza da psique

ria um retrocesso artificial e ineficaz. Por isto temos já um espírito bastante crítico e bastante psicológico. Se me puserem esta questão, eu também me sentirei embaraçado, sem saber que resposta devo dar. Tudo quanto vos posso dizer é que tenho observado os caminhos que meus pacientes escolhem instintivamente para atenderem aos reclamos dos conteúdos inconscientes. Naturalmente ultrapassaríamos os limites de uma conferência se quiséssemos descrever aqui essas observações. Por isto, remeto os meus leitores à bibliografia especializada onde esta questão é tratada exaustivamente.

Se, nesta conferência, consegui de algum modo vos ajudar a re-   728
conhecer que os poderes que o homem sempre projetou no espaço sob a forma de deuses e honrou com sacrifícios continuam vivos e ativos em nossa própria psique, eu me darei por satisfeito. Este reconhecimento bastaria para mostrar que a multidão de práticas religiosas e de crenças que, desde tempos imemoriais, têm exercido um imenso papel na história da humanidade não é fruto de fantasias arbitrárias e de opiniões individuais, mas deve sua existência muito mais à influência de forças inconscientes que não podemos negligenciar, sem perturbarmos o equilíbrio psíquico. O exemplo do complexo da mãe que acima discuti é, naturalmente, apenas um dentre muitos. O arquétipo da mãe é um caso singular ao qual se poderiam facilmente acrescentar numerosos outros arquétipos. Esta multiplicidade de dominantes inconscientes explica a variedade de ideias religiosas.

Todos estes fatores continuam ainda ativos em nossa psique; so-   729
mente suas expressões e sua avaliação foram superadas, mas não sua existência real e sua efetividade. O fato de que agora podemos entendê-las como grandezas psíquicas é uma nova formulação, uma nova expressão que talvez nos permitam também descobrir novas maneiras de nos relacionarmos com eles. Considero esta possibilidade de suma importância, porque o inconsciente coletivo não é, de maneira alguma, um ângulo obscuro, mas o poderoso depósito das experiências ancestrais acumuladas ao longo de milhões de anos, o eco dos acontecimentos pré-históricos ao qual cada século acrescenta uma parcela infinitamente pequena de variações e de diferenciações. Como o inconsciente é um depósito do processo cósmico que se espelha, em última análise, na estrutura do cérebro e do sistema nervoso simpático, ele constitui, em sua totalidade, uma espécie de imagem intemporal e como que eterna do mundo que se contrapõe à nossa visão cons-

ciente e momentânea do mundo. Em outras palavras: ele significa nada menos do que um outro mundo, um mundo especular, se assim o quisermos. Mas, ao contrário da imagem especular, a imagem inconsciente possui uma energia própria, independente da consciência, energia graças à qual pode produzir efeitos psíquicos poderosos que não aparecem na superfície do mundo, mas influenciam-no tanto mais poderosamente a partir de dentro, a partir de nossas profundezas obscuras. Estes efeitos são invisíveis para aquele que não submete sua imagem momentânea do mundo a uma crítica adequada, e, deste modo, permanece oculto também a seus próprios olhos. Eu considero o fato de o mundo ter não somente um exterior, mas também um interior, e de ser não apenas visível exteriormente mas agir soberanamente sobre nós em um presente intemporal a partir dos recessos mais profundos e aparentemente mais subjetivos da alma, como um conhecimento que, apesar de ser uma sabedoria antiga, merece ser considerado, sob esta forma, como um fator novo no desenvolvimento de uma cosmovisão.

730   *A psicologia analítica não é uma cosmovisão, mas uma ciência*, e, como tal, ela nos proporciona o material de construção ou os instrumentos com os quais podemos construir, demolir ou mesmo reconstruir nossa cosmovisão. Hoje em dia há muitos que acreditam enxergar uma cosmovisão na psicologia analítica. Eu gostaria muito que ela fosse uma cosmovisão, porque isto me pouparia da fadiga da pesquisa e da dúvida, e eu poderia também vos dizer clara e simplesmente qual é o caminho que conduz ao paraíso. Infelizmente ainda estamos muito longe disto. Apenas faço minhas experiências em cosmovisão quando procuro ver com clareza qual é o significado e o alcance dos novos acontecimentos. E esta experimentação é, em certo sentido, um caminho, pois, no final das contas, nossa própria existência é um experimento da natureza, uma tentativa de realizar uma nova síntese.

731   Uma ciência não é jamais uma cosmovisão, mas apenas o instrumento com que podemos nos construir uma. A questão se utilizaremos ou não este instrumento depende, por sua vez, também de saber que espécie de cosmovisão já possuímos, porque não existe indivíduo sem cosmovisão. E mesmo em algum caso extremo, ele tem menos *aquela* cosmovisão que a educação e o seu meio ambiente lhe incutiram. Se esta cosmovisão lhe diz, por exemplo, que a "suprema felicidade dos homens neste mundo é a personalidade" (Goethe), ele se

apoderará, sem hesitação, da ciência e de suas conclusões, e as usará como um instrumento para construir uma cosmovisão para si mesmo – para sua própria edificação. Mas, se suas convicções herdadas lhe disserem que a ciência não é um instrumento, mas um fim em si, ele seguirá a referida divisa que vem se impondo cada vez mais e se tem mostrado decisiva na prática, durante estes últimos cento e cinquenta anos. Alguns indivíduos têm resistido desesperadamente a esta atitude, porque sua maneira de conceber o sentido e o desenvolvimento da vida culmina na ideia da perfeição da personalidade humana, e não na diferenciação dos meios técnicos a qual conduz inevitavelmente a uma diferenciação extremamente unilateral de um *único* instinto, como, por exemplo, do instinto do conhecimento. Se a ciência constitui um fim em si mesmo, a *raison d'être* (razão de ser) do homem está em ser ele um mero intelecto. Se a arte constitui um fim em si, o único valor do homem está na sua capacidade criativa, e o intelecto é relegado ao arsenal das coisas inúteis. Se a *busca do dinheiro* constitui um fim em si, a ciência e a arte podem tranquilamente recolher sua bagagem e partir. Ninguém pode negar que a consciência moderna se fragmentou quase irremediavelmente, na busca desses fins unilaterais e exclusivos. A consequência disto, porém, é que os indivíduos são educados para privilegiar apenas uma qualidade, em detrimento das outras, e eles próprios se tornam meros instrumentos.

Nos últimos 150 anos [sic] assistimos ao aparecimento de uma multiplicidade de cosmovisão – uma prova de que a ideia de cosmovisão perdeu o crédito, porque, quanto mais uma doença é difícil de tratar, tanto maior é o número desses remédios, e quanto maior é o número dos remédios indicados, tanto maior é o descrédito que sobre todos eles recai. A impressão que se tem é de que a cosmovisão se tornou um fenômeno obsoleto. 732

Dificilmente podemos imaginar que este desenvolvimento seja um mero acidente, uma aberração lamentável e sem sentido, porque uma coisa boa e válida em si mesma não pode desaparecer da vista, assim, de maneira lastimável e supeitosa. Ela deve conter algo de inútil e reprovável. Por isto devemos nos perguntar: O que há de errado em todas as cosmovisões? 733

A mim me parece que o erro fatal de cada cosmovisão até agora foi pretender se constituir em verdade objetivamente válida e, no fundo, numa espécie de evidência científica. Isto nos levaria à conclusão 734 inaceitável de que, por exemplo, o mesmo bom Deus deve ajudar alemães, franceses, ingleses, turcos e pagãos – numa palavra: a todos contra todos. A consciência moderna, com sua percepção mais ampla dos acontecimentos mundiais, recuou, horrorizada, diante de tal monstruosidade, unicamente para substituí-la por vários sucedâneos filosóficos. Mas verificou-se que estes sucedâneos, por sua vez, têm a pretensão de se constituir em verdades objetivamente válidas. Isto lança o descrédito sobre elas e, assim, chegamos, por fim, à fragmentação diferenciada da consciência, com consequências sumamente indesejáveis.

735   O erro fundamental de cada cosmovisão é a tendência estranha de querer ser a própria verdade das coisas, quando, na realidade, é apenas um nome que damos às coisas. Algum homem de ciência discutiria se o nome do planeta Netuno corresponde à natureza deste corpo celeste e, por conseguinte, se este é o seu único nome "verdadeiro"? Obviamente que não – e este é o motivo pelo qual a ciência é superior à cosmovisão, pois ela só trabalha com hipóteses. Somente a mente primitiva acredita no "nome verdadeiro". No conto de fadas, alguém pode reduzir a pedaços o corpo do pequeno Rumpelstilz, simplesmente pronunciando o seu verdadeiro nome. O chefe tribal oculta o seu verdadeiro nome e adota paralelamente um nome exotérico, para uso diário, a fim de que ninguém o enfeitice, conhecendo seu verdadeiro nome. No Egito, quando se sepultava o faraó, davam-lhe os verdadeiros nomes dos deuses, em palavras e em imagens, a fim de que ele pudesse obrigar os deuses a cumprir suas ordens, só com o conhecimento dos seus verdadeiros nomes. Para os cabalistas, a posse do verdadeiro nome de Deus significa a aquisição de um poder mágico. Em poucas palavras: para a mente primitiva, o nome torna presente a própria coisa. "O que ele diz, torna-se realidade", diz o antigo ditado a respeito de Ptah.

736   Toda cosmovisão padece um pouco desta primitividade inconsciente. Da mesma forma como a astronomia ignora se os habitantes de Marte já reclamaram contra o nome falso dado a seu planeta, assim também pode tranquilamente admitir que, para o mundo, é de todo indiferente o que pensamos sobre ele. Mas isto não quer dizer que devemos deixar de pensar nele. Na realidade, já nem o fazemos, mas a ciência continua a existir como filha e herdeira de antigas e decadentes cosmovisões. Mas o único que se empobrece com esta mudança de mãos é o homem. Na cosmovisão de velho estilo, o homem

A natureza da psique

candidamente substituiu as coisas pela própria mente, pois podia considerar sua face como a face do mundo e contemplar-se a si próprio com a imagem e semelhança de Deus, glória esta que outrora se pagava facilmente com alguns castigos do inferno. Mas o homem de ciência não pensa em si próprio; só pensa no mundo, no objeto: abdicou de si próprio e sacrificou sua personalidade ao espírito objetivo. Por isto é que o espírito científico é também eticamente superior à cosmovisão de estilo antigo.

Começamos, no entanto, a sentir as consequências deste atrofiamento da personalidade humana. Por toda a parte se levanta o problema de uma cosmovisão, o problema do sentido da vida e do mundo. Em nossa época, numerosas têm sido as tentativas no sentido de anular o curso do tempo e de cultivar uma cosmovisão de estilo antigo, ou seja, a teosofia ou, para empregarmos um termo mais palatável, a antroposofia. Nós temos necessidade de uma cosmovisão; em todo caso têm-na as gerações mais novas. Mas se não queremos retrogradar, qualquer nova cosmovisão deve renunciar à superstição da sua validade objetiva, e admitir que é apenas uma imagem que pintamos para deleite de nossa mente, e não um nome mágico com o qual tornamos presentes as coisas objetivas. A nossa cosmovisão não é para o mundo, mas para nós próprios. Se não formamos uma imagem global do mundo, também não podemos nos ver a nós próprios, que somos cópias fiéis deste mundo. Somente quando nos contemplamos no espelho da imagem que temos do mundo é que nos vemos de corpo inteiro. Só aparecemos na imagem que criamos. Só aparecemos em plena luz e nos vemos inteiros e complexos em nosso ato criativo. Nunca imprimiremos uma face no mundo que não seja a nossa própria; e devemos fazê-lo justamente para nos encontrarmos a nós próprios, porque o homem, criador de seus próprios instrumentos, é superior à ciência e à arte em si mesmas. Nunca estamos mais perto do segredo sublime de nossa origem do que quando nos conhecemos a nós próprios, que sempre pensamos já conhecer. Mas conhecemos melhor as profundezas do espaço do que as profundezas do nosso si-mesmo onde podemos escutar quase diretamente o palpitar da criação, embora sem entendê-la.

Neste sentido, a psicologia analítica nos oferece novas possibilidades, ao provar a existência de imagens fantásticas que surgem das profundezas obscuras da psique e nos permitem conhecer os processos que se desenrolam no inconsciente. Os conteúdos do inconsciente coletivo são, como já foi visto, o resultado do funcionamento psíquico de toda a nossa ancestralidade; em sua totalidade, eles compõem uma imagem natural do mundo, uma condensação de milhões de anos de experiência humana. Estas imagens são míticas e, portanto, *simbólicas*, porque expressam a harmonia do sujeito que experimenta, com o objeto experimentado. Evidentemente, toda mitologia e toda revelação provêm desta matriz da experiência, e todas as nossas ideias futuras a respeito do mundo e do homem provirão igualmente dela. Mas seria um equívoco acreditar que as imagens fantasiosas do inconsciente podem ser utilizadas diretamente como uma espécie de revelação. São apenas o material bruto que, para adquirir um sentido, precisa ainda de ser traduzido na linguagem do presente. Se esta tradução for bem-sucedida, o mundo tal qual o concebemos será unido de novo à experiência primordial da humanidade através do símbolo de uma cosmovisão; o homem histórico e universal estenderá a mão ao homem individual recém-nascido. Será uma experiência que se aproximará daquela do primitivo que se une ao seu ancestral-totem por meio de uma refeição ritual.

739   Sob esta luz, a psicologia analítica é uma reação contra uma racionalização exagerada da consciência que, na preocupação de produzir processos orientados, isola-se da natureza e, assim, priva o homem de sua história natural e o transpõe para um presente limitado racionalmente que consiste em um curto espaço de tempo situado entre o nascimento e a morte. Esta limitação gera no indivíduo o sentimento de que é uma criatura aleatória e sem sentido, e esta sensação nos impede de viver a vida com aquela intensidade que ela exige para poder ser vivida em plenitude. A vida se torna então insípida e já não representa o homem em sua totalidade. É por isto que tantas vidas não vividas caem sob o domínio do inconsciente. Os indivíduos vivem como se caminhassem com sapatos muito apertados. A qualidade de eternidade, que é tão característica da vida do primitivo, falta inteiramente em nossas vidas. Vivemos protegidos por nossas muralhas racionalistas contra a eternidade da natureza. A psicologia analítica procura justamente romper estas muralhas ao desencavar de novo as imagens fantasiosas do inconsciente que a nossa mente racionalista havia rejeitado. Estas imagens se situam para além das muralhas; fazem parte *da natureza que há em nós* e que aparentemente jaz sepultada em nosso passa-

A natureza da psique 339

do, e contra a qual nos entrincheiramos por trás dos muros da *ratio* (razão). A Psicologia procura solucionar os conflitos daí resultantes, não voltando à natureza, numa linha rousseauniana, mas nos conservando ao nível da razão que alcançamos com sucesso e enriquecendo nossa consciência com o conhecimento da psique primitiva.

Todo aquele que conseguiu esta visão descreve-a como uma impressão avassaladora, mas não é capaz de gozar desta impressão por muito tempo, porque imediatamente surge a questão como assimilar este novo conhecimento. A primeira constatação é a de que aquilo que se situa do lado de lá das muralhas é inconciliável com o que existe do lado de cá. Aqui se manifesta plenamente o problema da tradução em linguagem atual, ou talvez mesmo da criação de uma nova linguagem em geral. E isto já coloca o problema de uma cosmovisão – de uma cosmovisão que nos ajude a entrar em harmonia com o homem histórico que há em nós, de tal sorte que seus acordes profundos não sejam abafados pelos sons estridentes da consciência racional, ou a luz preciosa da consciência individual não se apague sob o peso das trevas espessas e infinitas da psique natural. Tão logo abordamos esta questão, devemos abandonar o terreno da ciência, porque agora precisamos da decisão criadora de confiar nossa vida a esta ou àquela hipótese. Em outras palavras: é aqui que começa o problema ético sem o qual é inconcebível qualquer cosmovisão.

Creio ter exposto com suficiente clareza minha afirmação de que a psicologia analítica não é uma cosmovisão, mas pode oferecer uma contribuição importante para a formação de uma.

740

741

XV

O real e o suprarreal[*]

742   Não conheço nada a respeito de uma suprarrealidade. A realidade contém tudo o que podemos saber, pois aquilo que age, que atua, é real. Se não age, não podemos nos dar conta de sua presença e, por conseguinte, não conhecemos nada a seu respeito. Por isto eu só posso falar de coisas reais e nunca de coisas irreais, suprarreais ou sub-reais, a menos que alguém, naturalmente, tivesse a ideia de limitar o conceito de realidade de tal maneira, que o atributo "real" só se aplicasse a um determinado segmento da realidade. Esta limitação à chamada realidade material ou concreta dos objetos percebidos pelos sentidos é um produto do modo de pensar subjacente ao chamado senso comum e à linguagem ordinária. Este modo de pensar procede em conformidade com o célebre princípio: *Nihil est in intellectu quod non antea fuerit in sensu* (nada existe no intelecto que antes não tenha passado pelos sentidos), e isto a despeito do fato de haver uma imensidade de coisas na mente que não derivam dos dados dos sentidos. Sob este aspecto, é "real" tudo o que provém ou pelo menos parece provir direta ou indiretamente do mundo revelado pelos sentidos.

743   Esta limitação da imagem do mundo é reflexo da unilateralidade do homem ocidental, da qual muitas vezes se tem inculpado, mas injustamente o espírito grego. A limitação do conhecimento à realidade *material* arranca um pedaço excessivamente grande, ainda que fragmentário, da realidade total, substituindo-o por uma zona de penumbra que poderíamos chamar de irreal ou suprarreal. A visão oriental do mundo desconhece esta perspectiva por demais estreita e, por isto, não tem necessidade de uma suprarrealidade filosófica. Nos-

---

[*] Publicado em *Querschnitt*. Vol. XII, 1933.

sa realidade, arbitrariamente circunscrita, acha-se continuamente ameaçada pelo "suprassensível", pelo "supranatural", pelo "supra-humano" e outras coisas semelhantes. A realidade oriental, evidentemente, inclui tudo isto. Entre nós, a zona de perturbação começa já com o conceito de psíquico. Em nossa realidade, o psíquico não pode exprimir senão um efeito de terceira mão, produzido originariamente por causas físicas, uma "secreção do cérebro" ou alguma outra coisa igualmente "saborosa". Ao mesmo tempo, atribui-se a este apêndice do mundo material a capacidade de superar e conhecer não só os mistérios do mundo físico, mas também a si próprio, sob a forma de "mente", e tudo isto sem que lhe seja reconhecida apenas como uma realidade indireta.

744 O pensamento é "real"? Provavelmente – segundo este modo de pensar – na medida em que se refere a algo que pode ser percebido pelos sentidos. Se não puder, será considerado "irreal", "imaginário" e "fantástico" e, deste modo, declarado como não existente. Isto acontece, praticamente, de maneira incessante, embora seja uma monstruosidade filosófica. O pensamento *existiu e existe*, mesmo que não se refira a uma realidade palpável, e produz inclusive efeitos exteriores, pois, do contrário, ninguém o perceberia. Mas como a palavra "existe" se refere – segundo o nosso modo de pensar – a algo de material, o pensamento "irreal" deve-se contentar com a existência de uma suprarrealidade nebulosa que equivale praticamente à irrealidade. E, no entanto, o pensamento tem deixado indícios indubitáveis atrás de si; talvez tenhamos especulado com eles e, com isto, aberto um doloroso rombo em nossa conta bancária mental.

745 Nosso conceito prático de realidade parece, portanto, que precisa de revisão, e tanto é assim, que a literatura comum e diária começa a incluir os conceitos de "super" e "supra" em seu horizonte mental. Estou de pleno acordo com isto, porque nossa imagem do mundo contém alguma coisa que não está inteiramente certa, ou seja: na teoria nos recordamos muito pouco, e na prática, por assim dizer, quase nunca, de que a consciência não tem uma relação direta com qualquer objeto material. Percebemos apenas as *imagens* que nos são transmitidas indiretamente, através de um aparato nervoso complicado. Entre os terminais dos nervos dos órgãos dos sentidos e a imagem que aparece na consciência se intercala um processo inconsciente que transforma o

fato psíquico da luz, por exemplo, em uma "luz"-imagem. Sem este complicado processo inconsciente de transformação, a consciência é incapaz de perceber qualquer coisa material.

746   A consequência disto é que aquilo que nos parece como uma realidade imediata consiste em imagens cuidadosamente elaboradas e que, por conseguinte, nós só vivemos diretamente em um mundo de imagens. Para determinar, ainda que só aproximadamente, a natureza real das coisas materiais, precisamos da aparelhagem e dos métodos complicados da Física e da Química. Com efeito, estas disciplinas são instrumentos que ajudam o intelecto humano a ver um pouco a realidade não física por trás dos véus enganosos do mundo das imagens.

747   Longe, portanto, de ser um mundo material, esta realidade é um mundo psíquico que só nos permite tirar conclusões indiretas e hipotéticas acerca da verdadeira natureza da matéria. Só o psíquico possui uma realidade imediata, que abrange todas as formas do psíquico, inclusive as ideias e os pensamentos "irreais", que não se referem a nada de "exterior". Podemos chamá-las de imaginação ou ilusão; isto não lhes tira nada de sua realidade. De fato, não existe nenhum pensamento "real" que, às vezes, não possa ser posto de lado por um pensamento "irreal" que, assim, mostra-se mais poderoso e mais eficiente do que o primeiro. Maiores do que todos os perigos físicos são os efeitos tremendos das ideias ilusórias às quais nossa consciência mundana nega qualquer realidade. Nossa tão decantada razão e nossa vontade desmedidamente superestimada às vezes são impotentes diante do pensamento "irreal". As potências cósmicas que regem os destinos de toda a humanidade, tanto para o bem como para o mal, são fatores psíquicos inconscientes, e são elas também que produzem a consciência, criando, assim, a *conditio sine qua non* para a existência de um mundo em geral. Nós somos subjugados por um mundo que foi criado por nossa psique.

748   Isto nos permite julgar as proporções do erro que nossa consciência ocidental comete ao atribuir apenas uma realidade derivada de causas materiais. O Oriente é mais sábio porque encontra a essência de todas as coisas fundadas na psique. A realidade do psíquico, isto é, a realidade psíquica, aquela única realidade que podemos experimentar diretamente, acha-se entre as essências desconhecidas do espírito e da matéria.

XVI

As etapas da vida humana*

Falar dos problemas das etapas da vida do homem é uma tarefa por demais exigente, pois esta significa nada menos do que traçar um quadro de toda a vida psíquica, desde o berço até à sepultura. No quadro de uma conferência, semelhante tarefa só pode ser levada a efeito em suas linhas gerais – e, naturalmente, não se trata de descrever a psicologia normal das diversas etapas da vida. Pelo contrário, trataremos apenas de certos problemas, isto é, de coisas que são difíceis, questionáveis ou ambíguas; numa palavra: de questões que nos permitem mais de uma resposta – e, além do mais, respostas que nunca são suficientemente seguras e inteiramente claras. Por este motivo, haverá não poucos aspectos que nossa mente terá de abordar com um ponto de interrogação. Pior ainda: haverá algumas coisas que deveremos aceitar com toda a boa-fé; e, ocasionalmente, teremos inclusive de nos entregar a especulações.

Se a vida psíquica fosse constituída de evidências naturais – como acontece ainda no estágio primitivo – poderíamos nos contentar com um empirismo decidido. Mas a vida psíquica do homem civilizado é cheia de problemas, e não pode ser concebida senão em termos de problema. Grande parte de nossos processos psíquicos são constituídos de reflexões, dúvidas, experimentos – coisas que a psique instintiva e inconsciente do homem primitivo desconhece quase inteiramente. É ao crescimento da consciência que devemos a existência de problemas; eles são o presente de grego da civilização. É o

---

* Conferência publicada parcialmente em *Neue Zürcher Zeitung*, 14/16 de março de 1930; nova redação sob o título de *Die Lebenswende* aparecida em *Seelenprobleme der Gegenwart*. Psychologische Abhandlungen, III, 1931.

afastamento do homem em relação aos instintos e sua oposição a eles que cria a consciência. O instinto é natureza e deseja perpetuar-se com a natureza, ao passo que a consciência só pode querer a civilização ou sua negação. E mesmo quando procuramos voltar à natureza, embalados pelo ideal de Rousseau, nós "cultivamos" a natureza. Enquanto continuarmos identificados com a natureza, seremos inconscientes e viveremos na segurança dos instintos que desconhecem problemas. Tudo aquilo que em nós está ligado ainda à natureza tem pavor de qualquer problema, porque seu nome é *dúvida*, e onde a dúvida impera, aí se enquadra a incerteza e a possibilidade de caminhos divergentes. Mas nos afastamos da guia segura dos instintos e ficamos entregues ao *medo*, quando nos deparamos com a possibilidade de caminhos diferentes, porque a consciência agora é chamada a fazer tudo aquilo que a natureza sempre fez em favor de seus filhos, a saber: tomar decisões seguras, inquestionáveis e inequívocas. E, diante disto, somos acometidos por um temor demasiado humano de que a consciência, nossa conquista prometeana, ao cabo não seja capaz de nos servir tão bem quanto a natureza.

751   Os problemas, portanto, nos compelem a um estado de soledade e de orfandade absoluta, onde nos sentimos abandonados inclusive pela natureza e onde somos obrigados a nos tornar conscientes. Não temos outra via de saída, e somos forçados a substituir nossa confiança nos acontecimentos naturais por decisões e soluções conscientes. Cada problema, portanto, implica a possibilidade de ampliar a consciência, mas também a necessidade de nos desprendermos de qualquer traço de infantilismo e de confiança inconsciente na natureza. Esta necessidade é um fato psíquico de tal monta que constitui um dos ensinamentos simbólicos mais essenciais da religião cristã. *É o sacrifício do homem puramente natural*, do ser inconsciente e natural, cuja tragédia começou com o ato de comer a maçã no paraíso. A queda do homem segundo a Bíblia nos apresenta o despontar da consciência como uma maldição. E é assim que vemos qualquer problema que nos obriga a uma consciência maior e nos afasta mais ainda do paraíso de nossa infantilidade inconsciente. Cada um de nós espontaneamente evita encarar seus problemas, enquanto possível; não se deve mencioná-los, ou melhor ainda, nega-se sua existência. Queremos que nossa vida seja simples, segura e tranquila, e por isto os problemas são tabu. Queremos certezas e não dúvidas; queremos resul-

A natureza da psique

tados e não experimentos, sem entretanto nos darmos conta de que as certezas só podem surgir através da dúvida, e os resultados através do experimento. Assim, a negação artificial dos problemas não gera a convicção; pelo contrário, para obtermos certeza e claridade, precisamos de uma consciência mais ampla e superior.

Esta introdução um tanto longa me pareceu necessária para explicar a natureza de nosso assunto. Quando temos de lidar com problemas, instintivamente nos recusamos a percorrer um caminho que nos conduz através de obscuridades e indeterminações. Queremos ouvir falar somente de resultados inequívocos e nos esquecemos completamente de que os resultados só podem vir depois que atravessamos a obscuridade. Mas, para penetrar na obscuridade, devemos empregar todo o potencial de iluminação que a consciência nos oferece. Como eu já disse, devemos até mesmo nos entregar a especulações, pois, ao tratarmos dos problemas psíquicos, tropeçamos continuamente em questões fundamentais que se tornaram domínio exclusivo dos ramos mais diversificados do conhecimento. Nós inquietamos ou mesmo irritamos o teólogo não menos do que o filósofo, e o médico não menos do que o educador, e tenteamos inclusive no campo específico do biólogo e do historiador. Esta extrapolação não se deve à nossa curiosidade, mas à circunstância de que a psique do homem é uma combinação estranha de fatores que são, ao mesmo tempo, o objeto particular de ciências de âmbito maior. De fato, foi a partir de si próprio e de sua constituição peculiar que o homem produziu suas ciências. Estas são sintomas de sua psique.

752

Se, por conseguinte, colocarmo-nos a questão inevitável de saber por que motivo o homem tem problemas, em geral, em constraste manifesto com o mundo animal, que não os tem, certamente nos envolveremos no complexo emaranhado de ideias produzidas por milhares de cérebros afiadíssimos no decurso dos séculos. Não farei trabalho de Sísifo nesta obra-prima de confusão, mas tentarei, simplesmente, apresentar minha contribuição para a solução desta questão básica.

753

Sem consciência, não existem problemas. Por isto, a questão deve ser formulada de outra maneira. Como surgiu a consciência no homem? Não o sabemos, porque não estávamos presentes quando os primeiros homens se tornaram conscientes. Mas podemos observar o despertar da consciência nas crianças pequenas. Qualquer pai pode

754

vê-lo, se prestar atenção. E o que podemos ver é o seguinte: quando a criança *reconhece* alguém ou alguma coisa, sentimos que a criança tem consciência. Indubitavelmente foi este também o motivo pelo qual a árvore do conhecimento, no paraíso, produziu frutos tão fatais.

755 Mas, o que é o conhecimento? Falamos de conhecimento quando conseguimos, por exemplo, ligar uma nova percepção a um contexto já existente, de tal modo que temos na consciência não somente a percepção dos sentidos, mas partes deste conteúdo igualmente. O conhecimento se baseia na percepção dos nexos dos vários conteúdos psíquicos entre si. Não podemos conhecer nenhum conteúdo que não esteja ligado com algum outro, e não podemos nos dar conta de sua existência se a nossa consciência ainda estiver neste nível inicial mais baixo. A primeira forma de consciência acessível à nossa observação e ao nosso conhecimento parece consistir, simplesmente, em perceber a conexão entre dois ou mais conteúdos psíquicos. Neste nível, por conseguinte, a consciência ainda está inteiramente ligada à percepção de algumas conexões e, por isto, é puramente esporádica e seu conteúdo não é mais lembrado posteriormente. É fato comprovado que não existe memória contínua dos primeiros anos de vida. Quando muito, o que existe são *ilhas de consciência*, que são como luzes isoladas ou objetos iluminados dentro da noite imensa. Mas estas ilhas de memórias não são aquelas conexões mais antigas que foram apenas percebidas; elas contêm uma nova série muito importante de conteúdos, isto é, aqueles conteúdos que pertencem ao próprio sujeito percipiente, o chamado ego. Inicialmente esta série é apenas percebida, como as séries originais de conteúdos, e é por esta razão que a criança, quando começa a falar de si própria, logicamente o faz na terceira pessoa. Só mais tarde, quando a série de conteúdos do eu ou o chamado complexo do eu, adquire energia própria – provavelmente como resultado de exercícios – é que surge o sentimento da subjetividade ou da egoicidade. Este é, provavelmente, o momento em que a criança começa a falar de si na primeira pessoa. Provavelmente é nesse estágio que tem início a *continuidade da memória*. Essencialmente ela seria, portanto, uma continuidade das reminiscências do eu.

756 No estágio infantil da consciência, ainda não há problemas; nada depende do sujeito, porque a própria criança ainda depende inteiramente dos pais. É como se não tivesse nascido ainda inteiramente,

mas se achasse mergulhada na atmosfera dos pais. O nascimento psíquico e, com ele, a diferenciação consciente em relação aos pais só ocorrem na puberdade, com a irrupção da sexualidade. A mudança fisiológica é acompanhada também de uma revolução espiritual. Isto é, as várias manifestações corporais acentuam de tal maneira o eu, que este frequentemente se impõe desmedidamente. Daí o nome que se dá a esta fase: "os anos difíceis" da adolescência.

Até este período, a vida psicológica do indivíduo é governada basicamente pelos instintos e por isto não conhece nenhum problema. Mesmo quando limitações externas se contrapõem aos impulsos subjetivos, estas restrições não provocam uma cisão interior do próprio indivíduo. Este se submete ou as evita, em total harmonia consigo próprio. Ele ainda não conhece o estado de divisão interior, induzido pelos problemas. Este estado só ocorre quando aquilo que é uma limitação exterior torna-se uma limitação interior, isto é, quando um impulso se contrapõe a outro. Em linguagem psicológica, isto quer dizer que o estado problemático, a divisão interior do próprio indivíduo, ocorre quando, ao lado da série dos conteúdos do eu, surge uma segunda série de igual intensidade. Esta segunda série tem uma significação funcional igual à do complexo do eu, e poderíamos chamá-la de segundo eu diferente do anterior, o qual, em dadas circunstâncias, pode até mesmo tomar o comando das mãos do primeiro eu. Isto produz a divisão interior do indivíduo ou seu estado problemático.

757

Lancemos um rápido olhar ao que acabamos de expor: a primeira forma de consciência que consiste em um mero conhecer é um estado anárquico ou caótico. O segundo estágio, aquele do complexo do eu desenvolvido, é uma fase monárquica ou monística. O terceiro estágio traz consigo de novo um avanço da consciência, ou seja, a consciência de um estado de divisão ou de dualidade.

758

Aqui abordamos o nosso verdadeiro tema: o problema das etapas da vida humana. Trataremos primeiramente dos problemas do período da juventude. Este estágio vai aproximadamente dos anos que se seguem imediatamente à puberdade até o meio da vida, que se situa entre os trinta e cinco e os quarenta anos.

759

Algum leitor talvez deseje saber por que começo com a segunda etapa da vida humana, como se a do estágio infantil fosse um estado

760

sem problemas. Normalmente, a criança ainda não tem nenhum problema pessoal, mas sua complexa psique constitui um problema de primeira grandeza para seus pais, educadores e médicos. Só o ser humano adulto é que pode ter dúvidas a seu próprio respeito e discordar de si mesmo.

761   Todos nós conhecemos as fontes dos problemas que surgem nesta fase da vida. Para a imensa maioria das pessoas são as exigências da vida que interrompem bruscamente o sonho da meninice. Se o indivíduo estiver suficientemente preparado, a passagem para uma atividade profissional pode efetuar-se de maneira suave. Mas se ele se agarra a ilusões que colidem com a realidade, certamente surgirão problemas. Ninguém pode avançar na vida sem se apoiar em determinados pressupostos. Às vezes estes pressupostos são falsos, isto é, não se coadunam com as condições externas com as quais o indivíduo se depara. Muitas vezes, são expectativas exageradas, subestima das dificuldades externas, injustificado otimismo ou uma atitude negativista. Poderíamos mesmo organizar toda uma lista de falsos pressupostos que provocam os primeiros problemas conscientes.

762   Nem sempre é a contradição entre os pressupostos subjetivos e os fatos externos que geram problemas; muitas vezes podem ser também as dificuldades psíquicas internas que existem, mesmo quando exteriormente tudo corre às mil maravilhas. Muitíssimas vezes é a perturbação do equilíbrio psíquico provocada pelo instinto sexual; outras vezes pode ser também o sentimento de inferioridade ocasionado por uma sensibilidade exagerada. Estes conflitos interiores podem existir, mesmo que a adaptação ao mundo exterior tenha sido realizada sem esforço aparente. Tem-se até mesmo a impressão de que os jovens que tiveram de lutar duramente com a vida, foram poupados de problemas internos, ao passo que aqueles que por este ou por aquele motivo não têm dificuldade de adaptar-se, defrontam-se com problemas de sexo ou conflitos provenientes de um sentimento de inferioridade.

763   As pessoas de temperamento problemático muitas vezes são neuróticas, mas seria grave equívoco confundir a existência de problemas com neurose, pois a diferença fundamental é que o neurótico é doente porque não tem consciência dos seus problemas, ao passo que o indivíduo problemático sofre com seus próprios problemas conscientes sem ser doente.

A natureza da psique 349

Se procurarmos extrair os fatores comuns e essenciais da varie- 764
dade quase inexaurível dos problemas individuais que encontramos
no período da juventude, deparamo-nos com uma característica peculiar a todos os problemas desta fase da vida: um apego mais ou menos claro no nível de consciência infantil, uma resistência às forças
fatais existentes dentro e fora de nós e que procuram nos envolver no
mundo. Alguma coisa dentro de nós quer permanecer como criança,
quer permanecer inconsciente, ou, quando muito, consciente apenas
do seu ego; quer rejeitar tudo o que lhe é estranho, ou então suje-
tá-lo à sua própria vontade; não quer fazer nada, ou no máximo satisfazer sua ânsia de prazer ou de domínio. Há em tudo isto alguma coisa da inércia da matéria: é a persistência no estado anterior, cuja consciência é menor em seu alcance, mais estreita e mais egoísta do que a
consciência da fase dualista, na qual o indivíduo se vê diante da necessidade de reconhecer e aceitar aquilo que é diferente e estranho
como parte e como uma espécie de ego.

A resistência se dirige contra a ampliação do horizonte da vida, 765
que é a característica essencial desta fase. Esta ampliação ou "diástole" – para empregarmos uma expressão de Goethe – começa bem
muito antes disto. Começa com o nascimento, quando a criança sai
dos estreitos limites do corpo da mãe, e aumenta incessantemente,
até atingir o clímax no estado problemático, quando o indivíduo começa a lutar contra ela.

Que lhe aconteceria, se ele simplesmente se convertesse naquela 766
sua parte estranha e diferente que é também ego, e deixasse simplesmente que o antigo eu se dissolvesse no passado? Este seria um procedimento aparentemente viável. O escopo da educação religiosa – a começar pela exortação a despojar-nos do velho Adão (Cl 3,9), até os ritos de renascimento dos povos primitivos – não é transformar o ser humano no homem novo e futuro, e fazer com que o velho desapareça?

A Psicologia nos ensina que, em certo sentido, não existe nada que 767
possa realmente se extinguir, e o próprio Paulo continuou com um es-
pinho na carne (2Cor 12,7). Quem se protege contra o que é novo e
estranho e regride ao passado está na mesma situação neurótica daquele que se identifica com o novo e foge do passado. A única diferença é que um se alheia do passado e o outro do futuro. Em princípio, os
dois fazem a mesma coisa: mantêm a própria consciência dentro de

seus estreitos limites, em vez de fazê-la explodir na tensão dos opostos e construir um estado de consciência mais ampla e mais elevada.

768 Este resultado seria o ideal se pudesse ser conseguido nesta segunda fase da vida. Na realidade, parece que a natureza não tem a menor preocupação em alcançar um nível superior da consciência; pelo contrário. E a própria sociedade não dá muito valor a tais proezas da psique; ela confere seus prêmios, em primeiro lugar, sempre ao feito, e não à personalidade. Esta última muitas vezes só é recompensada postumamente. Estes fatos nos obrigam a uma solução particular, qual seja a de nos limitarmos ao que é possível alcançar e a diferenciar determinadas capacidades, e é aqui onde se revela a verdadeira natureza do indivíduo socialmente eficaz.

769 A eficiência, a utilidade etc. constituem os ideais que parecem apontar o caminho que nos permite sair da confusão dos estados problemáticos. Elas são as estrelas que nos guiarão na aventura da ampliação e consolidação de nossa existência física; ajudam-nos a fixar nossas raízes neste mundo, mas não podem nos guiar no desenvolvimento da consciência humana, ou seja, daquilo a que damos o nome de cultura ou civilização. No período da juventude, todavia, este é o procedimento normal de decisão e, em quaisquer circunstâncias, é preferível a deixar-se simplesmente ficar mergulhado em problemas.

770 Esta dificuldade se resolve, portanto, adaptando-se tudo o que nos foi dado pelo passado às possibilidades e exigências do futuro. Limitamo-nos ao que é possível alcançar, e isto significa, psicologicamente falando, renunciar a todas as outras nossas potencialidades psíquicas: um perde uma parte preciosa de seu passado, e outro um pedaço precioso de seu futuro. Todos nós certamente nos recordamos de amigos e colegas de estudos, outrora jovens promissores e idealistas, que, quando os reencontramos anos mais tarde, parecem-nos indivíduos mirrados que cresceram espremidos em moldes estreitos. Estes são exemplos da solução acima indicada.

771 Os grandes problemas da vida nunca são resolvidos de maneira definitiva e total. E mesmo que aparentemente o tenham sido, tal fato acarreta sempre uma perda. Parece-me que a significação e a finalidade de um problema não estão na sua solução, mas no fato de trabalharmos incessantemente sobre ele. É somente isto que nos pre-

servará da estupidificação e da petrificação. Assim, a solução dos problemas do período da juventude, restrita apenas ao que é possível alcançar, também só é válida temporariamente, e no fundo dura muito pouco. Em qualquer circunstância, conquistar um lugar na sociedade e modificar a própria natureza original, de modo que ela se adapte mais ou menos a esta forma de existência, constitui um fato notável. É uma luta travada dentro e fora de si próprio, e comparável à luta da criança pela existência do eu. Mas essa luta muitas vezes escapa à nossa observação porque se processa na obscuridade; mas quando vemos a obstinação com que certos indivíduos se mantêm apegados a ilusões e pressupostos infantis e a hábitos egoístas etc., podemos ter uma ideia da energia que foi necessária, outrora, para produzi-los. E o mesmo acontece também com os ideais, as convicções, as ideias-mestras, as atitudes etc., que nos introduzem na vida durante o período da juventude e pelas quais lutamos: eles crescem juntamente com o nosso ser, aparentemente nos transformamos nele e, por isto, procuramos perpetuá-los a nosso bel-prazer com a mesma naturalidade com que o jovem afirma seu próprio eu, querendo ou não, diante de si próprio e do mundo.

Quanto mais nos aproximamos do meio da existência e mais conseguimos nos firmar em nossa atitude pessoal e em nossa posição social, mais nos cresce a impressão de havermos descoberto o verdadeiro curso da vida e os verdadeiros princípios e ideais do comportamento. Por isto, é que os consideramos eternamente válidos e transformamos em virtude o propósito de permanecermos imutavelmente presos a eles, esquecendo-nos de que só se alcança o objetivo social com sacrifício da totalidade da personalidade. São muitos – muitíssimos – os aspectos da vida que poderiam ser igualmente vividos, mas jazem no depósito de velharias, em meio a lembranças recobertas de pó; muitas vezes, no entanto, são brasas que continuam acesas por baixo de cinzas amarelecidas.

As estatísticas nos mostram que as depressões mentais nos homens são mais frequentes por volta dos quarenta anos. Nas mulheres, as dificuldades neuróticas começam geralmente um pouco mais cedo. Observamos que nesta fase – precisamente entre os trinta e cinco e os quarenta anos – prepara-se uma mudança muito importante, inicialmente modesta e despercebida; são antes indícios indiretos de mudanças que parecem começar no inconsciente. Muitas vezes é como que uma espécie de mudança lenta do caráter da pessoa; outras vezes são traços desaparecidos desde a infância que voltam à tona; às vezes também antigas inclinações e interesses habituais começam a diminuir e são substituídos por novos. Inversamente – e isto se dá com muita frequência – as convicções e os princípios que os nortearam até então, principalmente os de ordem moral, começam a endurecer-se e enrijecer-se, o que pode levá-los, crescentemente, a uma posição de fanatismo e intolerância, que culmina por volta dos cinquenta anos. É como se a existência destes princípios estivesse ameaçada, e, por esta razão, se tornasse mais necessário ainda enfatizá-los.

774　　O vinho da juventude nem sempre se clarifica com o avançar dos anos; muitas vezes até mesmo se turva. É nos indivíduos de mentalidade unilateral em que melhor se podem observar os fenômenos acima mencionados, muitos dos quais se manifestam ora mais cedo, ora mais tardiamente. Parece-me que o retardamento desta manifestação é ocasionado, frequentemente, pelo fato de os pais dos indivíduos em questão ainda estarem em vida. É como se a fase da juventude se prolongasse indevidamente. Tenho observado isto especialmente em pessoas cujo pai era de idade avançada. A morte do pai provoca então como que um amadurecimento precipitado e, diríamos, quase catastrófico.

775　　Sei de um homem piedoso, que era administrador da igreja e que, a partir mais ou menos dos quarenta anos, assumira uma atitude cada vez mais intolerante, insuportável em matéria de religião e moral. Seu temperamento tornara-se visivelmente cada vez mais sombrio, e, por fim, ele nada mais era do que uma coluna turva no seio da Igreja. Levou a vida assim, até aos cinquenta e cinco anos, quando, certa feita, no meio da noite, sentou-se repentinamente na cama e disse à mulher: "Agora descobri! Sou um verdadeiro patife!" Este reconhecimento da própria situação não deixou de ter suas consequências práticas. Nosso homem passou os últimos anos de sua vida no desregramento, e grande parte de sua fortuna foi esbanjada. Trata-se, evidentemente, de um indivíduo bastante simpático, capaz dos dois extremos!

776　　Todos os distúrbios neuróticos, bastante frequentes, da idade adulta têm em comum o fato de quererem prolongar a psicologia da fase juvenil para além do limiar da chamada idade do siso. Quem não conhece aqueles comovedores velhinhos que necessitam sempre de

A natureza da psique

reesquentar o prato de seus saudosos tempos de estudante, e só conseguem reavivar um pouco a chama da vida, recordando-se de seus tempos heroicos que se petrificaram num filisteísmo desesperante. Mas quase todos gozam de uma vantagem inestimável: não são neuróticos, mas em geral apenas pessoas tediosas e estereotipadas.

O neurótico é, antes, alguém que jamais consegue que as coisas corram para ele como gostaria que fossem no momento presente, e, por isto, não é capaz de se alegrar com o passado. Da mesma forma como antigamente ele não se libertou da infância, assim também agora se mostra incapaz de renunciar à juventude. Teme os pensamentos sombrios da velhice que se aproxima, e como a perspectiva do futuro lhe parece insuportável, ele se volta desesperadamente para o passado. Da mesma forma que o indivíduo preso à infância recua apavorado diante da incógnita do mundo e da existência humana, assim também o homem adulto recua assustado diante da segunda metade da vida, como se o aguardassem tarefas desconhecidas e perigosas, ou como se sentisse ameaçado por sacrifícios e perdas que ele não teria condições de assumir, ou ainda como se a existência que ele levara até agora lhe parecesse tão bela e tão preciosa, que ele já não seria capaz de passar sem ela.

777

Talvez isto seja, no fundo, o medo da morte? Parece-me pouco provável, porque a morte geralmente ainda está muito longe e, por isto, é um tanto abstrata. A experiência nos mostra, pelo contrário, que a causa fundamental de todas as dificuldades desta fase de transição é uma mudança singular que se processa nas profundezas da alma. Para caracterizá-la, eu gostaria de tomar como termo de comparação o curso diário do Sol. Suponhamos um Sol dotado de sentimentos humanos e de uma consciência humana relativa ao momento presente. De manhã, o Sol se eleva do mar noturno do inconsciente e olha para a vastidão do mundo colorido que se torna tanto mais amplo quanto mais alto ele ascende no firmamento. O Sol descobrirá sua significação nessa extensão cada vez maior de seu campo de ação produzida pela ascensão e se dará conta de que seu objetivo supremo está em alcançar a maior altura possível e, consequentemente, a mais ampla disseminação possível de suas bênçãos sobre a Terra. Apoiado nesta convicção, ele se encaminha para o zênite imprevisto – imprevisto, porque sua existência individual e única é incapaz de prever o seu ponto culmi-

778

nante. Precisamente ao meio-dia, o Sol começa a declinar e este declínio significa uma inversão de todos os valores e ideais cultivados durante a manhã. O Sol torna-se, então, contraditório consigo mesmo. É como se recolhesse dentro de si seus próprios raios, em vez de emiti-los. A luz e o calor diminuem e por fim se extinguem.

779 　　　Toda comparação claudica, mas esta, pelo menos, não claudica mais que as outras. Um aforismo francês resume a sabedoria desta comparação, com cinismo e resignação: *Si jeunesse savait, si vieillesse pouvait* (Se a juventude soubesse, se a velhice pudesse).

780 　　　Felizmente não somos sóis que nascem e se põem; do contrário, nossos valores culturais andariam mal. Mas há alguma coisa semelhante ao Sol dentro de nós, e falar em manhã de primavera, tarde de outono da vida não é mero palavrório sentimental, mas expressão de verdades psicológicas e até, mais ainda, de fatos fisiológicos, porque a virada do Sol ao meio-dia altera até mesmo certas características corporais. Especialmente entre os povos meridionais observa-se que as mulheres mais idosas adquirem uma voz rouca e profunda, bigodes incipientes, traços faciais duros e outras qualidades masculinas. Por outro lado, o físico masculino se atenua, assumindo traços femininos como a adiposidade e expressões faciais suavizadas.

781 　　　Há uma notícia interessante na bibliografia etnológica a respeito de um chefe guerreiro índio a quem o Grande Espírito apareceu em sonhos no meio da vida e lhe anunciou que a partir de então ele devia sentar-se entre as mulheres e crianças, usar vestes femininas e alimentar-se com comida de mulher. Ele obedeceu a este sonho, sem perder a reputação e o prestígio. Esta visão é a expressão fiel da revolução psíquica do meio-dia da existência e do começo de seu declínio. Os valores do homem e mesmo seu corpo tendem a converter-se em seus opostos, pelo menos alusivamente.

782 　　　Poderíamos comparar a masculinidade e a feminilidade e suas componentes psíquicas, por exemplo, com determinada provisão de substâncias utilizadas, por assim dizer, de modo desigual na primeira metade da vida. O homem consome grande quantidade de substância masculina e deixa apenas uma reserva menor de substância feminina, que agora deve ser utilizada. A mulher, pelo contrário, recorre à sua provisão de masculinidade até agora não utilizada.

Esta mudança é mais acentuada ainda no domínio do psíquico   783
do que no físico. Quantas vezes acontece que o homem abandona os
seus negócios entre os quarenta e cinco e cinquenta anos, e a mulher
veste calças e abre uma pequena loja na qual o homem talvez execute
tarefas de simples empregado. Existe um grande número de mulheres que só despertam para a responsabilidade social e para a consciência social depois dos quarenta anos. Na vida moderna de negócios,
particularmente na América, o *break down*, o colapso nervoso, é um
fato comuníssimo depois dos quarenta anos. Se examinarmos as vítimas, verificaremos que aquilo que entra em colapso é o estilo de vida
masculino até então prevalescente e o que resta é um homem femini-
zado. Inversamente, nestes mesmos círculos se observam casos de
mulheres que nessa fase da vida desenvolvem uma masculinidade e
uma dureza de inteligência fora do comum, que relegam os sentimentos e o coração a segundo plano. Muitas vezes estas mudanças
são acompanhadas de toda sorte de catástrofes matrimoniais, porque
não é muito difícil de imaginar o que acontece quando o homem descobre seus sentimentos ternos e a mulher a própria inteligência.

O pior de tudo é que pessoas inteligentes e cultas vivem sua vida   784
sem conhecerem a possibilidade de tais mudanças. Entram inteiramente despreparadas na segunda metade de suas vidas. Ou existem,
porventura, universidades que preparem essas pessoas para sua vida
futura e para suas exigências, da mesma forma como há universidades que introduzem os jovens no conhecimento do mundo e da vida?
Não! Entramos totalmente despreparados na segunda metade da
vida, e, pior do que isto, damos este passo, sob a falsa suposição de
que nossas verdades e nossos ideais continuarão como dantes. Não
podemos viver a tarde de nossa vida segundo o programa da manhã,
porque aquilo que era muito na manhã, será pouco na tarde, e o que
era verdadeiro na manhã, será falso no entardecer. Tratei um número muito grande de pessoas idosas e olhei para dentro da câmara secreta de suas almas para não mudar de ideia.

O homem que envelhece deveria saber que sua vida não está em   785
ascensão nem em expansão, mas um processo interior inexorável
produz uma contração da vida. Para o jovem constitui quase um pecado ou, pelo menos, um perigo ocupar-se demasiado consigo próprio, mas para o homem que envelhece é um dever e uma necessida-

de dedicar atenção séria ao seu próprio si-mesmo. Depois de haver esbanjado luz e calor sobre o mundo, o Sol recolhe os seus raios para iluminar-se a si mesmo. Em vez de fazer o mesmo, muitos indivíduos idosos preferem ser hipocondríacos, avarentos, dogmatistas e *laudatores temporis acti* (louvadores do passado) e até mesmo eternos adolescentes, lastimosos sucedâneos da iluminação do si-mesmo, consequência inevitável da ilusão de que a segunda metade da vida deve ser regida pelos princípios da primeira.

786   Disse há pouco que não temos escolas para os que chegaram aos quarenta anos. Mas isto não é totalmente verdadeiro. Nossas religiões têm sido sempre, ou já foram, estas escolas; mas para quantos de nós elas o são ainda hoje? Quantos dos nossos mais velhos se prepararam realmente nessas escolas para o mistério da segunda metade da vida, para a velhice, para a morte e a eternidade?

787   O ser humano não chegaria aos setenta ou oitenta anos se esta longevidade não tivesse um significado para a sua espécie. Por isto, a tarde da vida humana deve ter também um significado e uma finalidade próprios, e não pode ser apenas um lastimoso apêndice da manhã da vida. O significado da manhã consiste indubitavelmente no desenvolvimento do indivíduo, em sua fixação e na propagação de sua espécie no mundo exterior, e no cuidado com a prole. É esta a finalidade manifesta da natureza. Mas quando se alcançou – e se alcançou em abundância – este objetivo, a busca do dinheiro, a ampliação das conquistas e a expansão da existência devem continuar incessantemente para além dos limites do razoável e do sensato? Quem estende assim a lei da manhã, isto é, o objetivo da natureza, até à tarde da vida, sem necessidade, deve pagar este procedimento com danos à sua alma, justamente como um jovem que procura estender o seu egoísmo infantil até à idade adulta deve pagar seus erros com fracassos sociais. A preocupação em ganhar dinheiro, a existência social, a família, o cuidado com a prole são meras decorrências da natureza, mas não cultura. Esta situa-se para além da esfera dos objetivos da natureza.

788   Nas tribos primitivas observamos, por exemplo, que os anciãos quase sempre são guardiões dos mistérios e das leis, e é através destas, sobretudo, que se exprime a herança cultural da tribo. E como se passam as coisas entre nós, sob este aspecto? Onde está a sabedoria de nossos anciãos? Onde estão os seus segredos e as suas visões? Quase

sempre a maioria de nossos anciãos quer competir com os jovens. Na América do Norte o ideal é, praticamente, que o pai seja como o irmão de seus filhos e a mãe, se possível, a irmã mais nova de suas filhas.

Não sei até onde esta confusão é uma reação contra o exagero da dignidade atribuída aos velhos nem até que ponto é consequência de falsos ideais. Estes ideais existem, sem dúvida alguma, e o objetivo daqueles que os cultivam se situa no passado e não no futuro. Por isto eles procuram sempre voltar atrás. Devemos concordar com estas pessoas que é difícil ver que a segunda metade da vida oferece objetivos diferentes daqueles da primeira metade: expansão da vida, utilidade, eficiência, construção de uma boa imagem na vida social, canal seguro que leva a um bom casamento para seus filhos, e boas posições – não são objetivos suficientes? Infelizmente não são objetivos suficientes nem têm sentido para muitos que não veem na aproximação da velhice senão uma diminuição da vida e consideram seus ideais anteriores simplesmente como coisas desbotadas e puídas! Se tais pessoas tivessem enchido, já antes, a taça da vida até transbordar, e a tivessem esvaziado até a última gota, certamente seus sentimentos agora seriam outros; não teriam reservado nada para si; tudo o que quisesse pegar fogo estaria consumido, e a quietude da velhice seria bem-vinda para elas. Mas não devemos esquecer que só bem pouquíssimas pessoas são artistas da vida, e que a arte de viver é a mais sublime e a mais rara de todas as artes. Quem jamais conseguiu esvaziar o cálice todo com elegância e beleza? Assim, quantas coisas na vida não foram vividas por muitas pessoas – muitas vezes até mesmo potencialidades que elas não puderam satisfazer, apesar de toda a sua boa vontade – e assim se aproximam do limiar da velhice com aspirações e desejos irrealizados que automaticamente desviam o seu olhar para o passado.

É particularmente fatal para estas pessoas olhar para trás. Para elas, seriam absolutamente necessários uma perspectiva e um objetivo fixado no futuro. É por isto que todas as grandes religiões prometem uma vida no além, um objetivo supramundano que permite ao homem mortal viver a segunda metade da vida com o mesmo empenho com que viveu a primeira. Mas, se a expansão da vida e sua culminação são objetivos plausíveis para o homem de hoje, a ideia de uma continuação da vida depois da morte lhe parece questionável, quando não de todo inacreditável. Mas a cessação da vida só pode ser aceita como um objetivo razoável, se a vida é tão desgraçada, que só temos de nos alegrar quando ela chega ao fim, ou se estamos convencidos de que o Sol procura se pôr "para iluminar outros povos distantes", com a mesma consequência lógica que revela ao ascender para o zênite. Mas acreditar tornou-se uma arte tão difícil, hoje em dia, que está praticamente fora da capacidade da maioria das pessoas e, especialmente, da parte culta da humanidade. Acostumamo-nos demasiado com a ideia de que em relação à imortalidade e a questões semelhantes existe uma infinidade de opiniões contraditórias, mas nenhuma prova convincente. E como a "ciência" é a palavra-chave contemporânea carregada de uma força de persuasão aparentemente absoluta, o que nos interessa são provas "científicas". Mas as pessoas cultas que raciocinam sabem perfeitamente que uma prova desta natureza é uma impossibilidade filosófica. É absolutamente impossível sabermos o que quer que seja a respeito de tais coisas.

791   Permitir-me-ei ainda observar que, pelas mesmas razões, não podemos saber se algo se passa ou não depois da morte? Não há resposta, nem afirmativa nem negativa, para esta questão. Não dispomos de nenhum conhecimento científico preciso e claro a este respeito e, por este motivo, estamos na mesma situação em que nos achávamos quando perguntávamos se o planeta Marte era habitado ou não. Os habitantes de Marte (se os há) certamente pouco se preocupam em saber se afirmamos ou negamos sua existência. Eles podem existir ou não. O mesmo acontece com a chamada imortalidade – e, com isto, poderíamos dar por encerrado o problema.

792   Mas aqui minha consciência de médico desperta, lembrando-me que tem algo de importante a dizer-nos a respeito desta questão. Com efeito, tenho observado que uma vida orientada para um objetivo em geral é melhor, mais rica e mais saudável do que uma vida sem objetivo, e que é melhor seguir em frente acompanhando o curso do tempo, do que marchar para trás e contra o tempo. Para o psiquiatra, o velho que for incapaz de se separar da vida é tão fraco e tão doentio quanto o jovem que não é capaz de construí-la. Na verdade, em muitos casos trata-se, tanto em relação a um como ao outro, da mesma cupidez infantil, do mesmo medo, da mesma teimosia e obstinação. Como médico, estou convencido de que é mais higiênico – se assim posso dizer – olhar a morte como uma meta para a qual devemos

A natureza da psique

sempre tender, e que voltar-se contra ela é algo de anormal e doentio que priva a segunda metade da vida de seu objetivo e seu sentido. Por isto, acho que todas as religiões, com seu objetivo supramundano, são eminentemente racionais, do ponto de vista de uma higiene psíquica. Quando moro numa casa que eu sei que vai desabar sobre minha cabeça nos próximos dez dias, todas as minhas funções vitais são afetadas por estes pensamentos; mas se me sinto seguro, posso viver nela de maneira normal e confortável. Por isto, do ponto de vista da psiquiatria, seria aconselhável que só pudéssemos pensar na morte como uma transição, como parte de um processo vital cuja extensão e duração escapam inteiramente ao nosso conhecimento.

Embora a imensa maioria das pessoas não saiba o motivo pelo qual o organismo precisa de sal, contudo todas elas o exigem por uma necessidade instintiva. O mesmo acontece com as coisas da psique. A imensa maioria dos homens desde tempos imemoriais sempre sentiu a necessidade da continuação da vida. Esta constatação não nos conduz a um desvio; ela nos põe no centro da grande estrada real percorrida pela humanidade ao longo de sua existência. Por isto, pensamos corretamente em harmonia com a vida, mesmo que não entendamos o que pensamos. 793

Compreendemos já alguma vez o que pensamos? Só compreendemos aquele tipo de pensamento que seja uma mera equação da qual não se extrai senão o que aí se colocou. É a operação do intelecto. Mas, além deste, há também um pensamento nas imagens primordiais, nos símbolos, que são mais antigos do que o homem histórico e nascidos com ele desde os tempos mais antigos e, eternamente vivos, sobrevivem a todas as gerações e constituem os fundamentos da nossa alma. Só é possível viver a vida em plenitude, quando estamos em harmonia com estes símbolos, e voltar a eles é sabedoria. Na realidade, não se trata nem de fé nem de conhecimento, mas da concordância de nosso pensamento com as imagens primordiais do inconsciente que são as matrizes de qualquer pensamento que nossa consciência seja capaz de cogitar. E um destes pensamentos primordiais é a ideia de uma vida depois da morte. A ciência e estas imagens primordiais são incomensuráveis entre si. Trata-se de dados irracionais, condições *a priori* da imaginação que simplesmente existem e cujos objetivos e justificação a ciência só pode investigar *a posteriori*, como aconteceu, por exemplo, 794 com a função da tiroide, que era considerada como um órgão sem sentido, antes do século XIX. Para mim, as imagens primordiais são como que órgãos psíquicos, que eu trato com o máximo cuidado. Por isto algumas vezes preciso dizer a algum de meus pacientes mais idosos: "Sua imagem de Deus ou sua ideia de imortalidade atrofiou-se, e, consequentemente, o seu metabolismo psíquico caiu fora dos eixos. O antigo φάρμαχον ἀθανασίας, o remédio da imortalidade, era mais profundo e mais significativo do que imaginávamos".

795   Para concluir, eu gostaria de voltar, por um momento, à comparação com o Sol. Os cento e oitenta graus do arco de nossa vida podem ser divididos em quatro partes. O primeiro quarto, situado a leste, é a infância, aquele estado sem problemas conscientes, no qual somos um problema para os outros, mas ainda não temos consciência de nossos próprios problemas. Os problemas conscientes ocupam o segundo e terceiro quartos, enquanto no último quarto, na extrema velhice, mergulhamos naquela situação em que, a despeito do estado de nossa consciência, voltamos a ser uma espécie de problema para os outros. A infância e a extrema velhice são totalmente diferentes entre si, mas têm algo em comum: a imersão no processo psíquico inconsciente. Como a alma da criança se desenvolve a partir do inconsciente, sua vida psíquica, embora não seja facilmente acessível, contudo não é tão difícil analisar quanto a das pessoas muito velhas que mergulham de novo no inconsciente, onde desaparecem progressivamente. A infância e a extrema velhice são estados da vida sem qualquer problema consciente; por esta razão eu não as levei em consideração nesse meu estudo.

XVII

A alma e a morte[*]

Muitas vezes me tem sido perguntado o que é que eu penso a respeito da morte, desse fim não problemático da existência humana individual. A morte nos é conhecida simplesmente como um fim e nada mais. E o ponto final que se coloca muitas vezes antes mesmo de encerrar-se o período, e depois dela só existem recordações e efeitos subsequentes, nos outros. Mas para o interessado a areia escoou-se na ampulheta; a pedra que rolava chegou ao estado de repouso. Em confronto com a morte, a vida nos parece sempre como um fluir constante, como a marcha de um relógio a que se deu corda e cuja parada afinal é automaticamente esperada. Nunca estamos tão convencidos desta marcha inexorável do que quando vemos uma vida humana chegar ao fim, e nunca a questão do sentido e do valor da vida se torna mais premente e mais dolorosa do que quando vemos o último alento abandonar um corpo que ainda há pouco vivia. Quão diferente nos parece o significado da vida quando vemos um jovem a lutar por objetivos distantes e a construir um futuro, em comparação com um doente incurável ou um ancião que descem relutantes e impotentes à sepultura. A juventude tem – aparentemente – um objetivo, um futuro, um significado e um valor, enquanto a marcha para um fim é apenas uma cessação sem sentido. Se alguém tem medo do mundo, da vida e do futuro, todos consideram isto como lamentável, irracional e neurótico; o jovem é visto como um poltrão covarde. Mas, se o homem que envelhece sente um pavor secreto ou mesmo um temor mortal ao pensamento de que suas expectativas razoáveis de vida agora são apenas de tantos e

---

[*] Publicado pela primeira vez em *Europäische Revue*. Vol. X, 1934, a seguir em *Wirklichkeit der Seele* (Tratados psicológicos. Vol. IV, 1934).

tantos anos, então nos lembramos penosamente de certos sentimentos que trazemos dentro de nosso próprio peito, desviamos talvez o olhar para outro lado e encaminhamos a conversa para outro assunto. O otimismo com que julgamos a juventude fracassa nessa hora. Temos, naturalmente, um repertório de conceitos apropriados a respeito da vida, que ocasionalmente ministramos aos outros, tais como: "Todo mundo um dia vai morrer", "ninguém é eterno" etc., mas quando estamos sozinhos e é noite, e a escuridão e o silêncio são tão densos, que não escutamos e não vemos senão os pensamentos que somam e subtraem os anos da vida, e a longa série daqueles fatos desagradáveis que impiedosamente nos mostram ate onde os ponteiros do relógio já chegaram, e a aproximação lenta e irresistível do muro de trevas que finalmente tragarão tudo o que eu amo, desejo, possuo, espero e procuro; então toda a nossa sabedoria de vida se esgueirará para um esconderijo impossível de descobrir, e o medo envolverá o insone como um cobertor sufocante.

797   Assim como existe um grande número de jovens que, no fundo, tem um medo assustador da vida (que eles ao mesmo tempo desejam ardentemente), também existe um número, talvez ainda maior, de pessoas idosas que tem o mesmo medo em relação à morte. Tenho observado que aqueles que mais temem a vida quando jovens, são justamente os que mais têm medo da morte quando envelhecem. Quando são jovens, dizemos que eles opõem uma resistência infantil as exigências normais da vida, mas deveríamos dizer a mesma coisa quando são velhos, ou seja, que eles têm medo também das exigências normais da vida; mas estamos tão convencidos de que a morte não é senão o fim de um processo, que ordinariamente não nos ocorre conceber a morte como uma meta e uma consumação, como o fazemos, sem hesitação, com respeito aos objetivos e às intenções da vida jovem em ascensão.

798   A vida é um processo energético, como qualquer outro, mas, em princípio, todo processo energético é irreversível e, por isto, é orientado univocamente para um objetivo. E este objetivo é o estado de repouso. No fundo, todo processo nada mais é do que, por assim dizer, a perturbação inicial de um estado de repouso perpétuo que procura restabelecer-se sempre. A vida é teleológica *par excellence*, é a própria persecução de um determinado fim, e o organismo nada mais é do que um sistema de objetivos prefixados que se procura alcançar.

A natureza da psique   363

O termo de cada processo é o seu objetivo. Todo processo energético se assemelha a um corredor que procura alcançar sua meta com o máximo esforço e o maior dispêndio possível de forças. A ânsia do jovem pelo mundo e pela vida, o desejo de consumar altas esperanças e objetivos distantes constituem o impulso teleológico manifesto da vida que se converte em medo da vida, em resistências neuróticas, depressões e fobias, se fica preso ao passado, sob algum aspecto, ou recua diante de certos riscos sem os quais não se podem atingir as metas prefixadas. Mas o impulso teleológico da vida não cessa quando se atinge o amadurecimento e o zênite da vida biológica. A vida desce agora montanha abaixo, com a mesma intensidade e a mesma irresistibilidade com que a subia antes da meia idade, porque a meta não está no cume, mas no vale, onde a subida começou. A curva da vida é como a parábola de um projétil que retorna ao estado de repouso, depois de ter sido perturbado no seu estado de repouso inicial.

A curva psicológica da vida, entretanto, recusa-se a se conformar   799
com estas leis da natureza. A discordância às vezes começa já antes, na subida. Biologicamente, o projétil sobe, mas psicologicamente retarda. Ficamos parados, por trás de nossos anos, agarrados à nossa infância, como se não pudéssemos nos arrancar do chão. Paramos os ponteiros do relógio, e imaginamos que o tempo se deteve. Se alcançamos finalmente o cume, mesmo com algum atraso, psicologicamente nos sentamos aí para descansar, e embora nos sintamos deslizar montanha abaixo, agarramo-nos, ainda que somente com olhares nostálgicos, ao pico que outrora alcançamos; o medo que antigamente nos paralisava diante da vida, agora nos paralisa diante da morte. E embora admitamos que foi o medo da vida que retardou nossa subida, contudo, exigimos maior direito ainda de nos determos no cume que acabamos de galgar, justamente por causa desse atraso. Embora se torne evidente que a vida se afirmou, apesar de todas as nossas resistências (agora profundamente lamentadas), não levamos este fato em conta e tentamos deter o curso da vida. Com isto, nossa psicologia perde a sua base natural. Nossa consciência paira suspensa no ar, enquanto, embaixo, a parábola da vida desce cada vez mais rapidamente.

A vida natural é o solo em que se nutre a alma. Quem não conse-   800
gue acompanhar essa vida, permanece enrijecido e parado em pleno ar. É por isto que muitas pessoas se petrificam na idade madura, olham

para trás e se agarram ao passado, com um medo secreto da morte no coração. Subtraem-se ao processo vital, pelo menos psicologicamente, e por isto ficam paradas como colunas nostálgicas, com recordações muito vívidas do seu tempo de juventude, mas sem nenhuma relação vital com o presente. Do meio da vida em diante, só aquele que se dispõe a morrer conserva a vitalidade, porque na hora secreta do meio-dia da vida se inverte a parábola e *nasce a morte*. A segunda metade da vida não significa subida, expansão, crescimento, exuberância, mas morte, porque o seu alvo é o seu término. A recusa em aceitar a plenitude da vida equivale a não aceitar o seu fim. Tanto uma coisa como a outra significam não querer viver. E não querer viver é sinônimo de não querer morrer. A ascensão e o declínio formam uma só curva.

801   Sempre que possível, nossa consciência recusa-se a aceitar esta verdade inegável. Ordinariamente nos apegamos ao nosso passado e ficamos presos à ilusão de nossa juventude. A velhice é sumamente impopular. Parece que ninguém considera que a incapacidade de envelhecer é tão absurda quanto a incapacidade de abandonar os sapatos de criança que traz nos pés. O homem de trinta anos ainda com espírito infantil é certamente digno de lástima, mas um setuagenário jovem não é delicioso? E, no entanto, ambos são pervertidos, desprovidos de estilo, verdadeiras monstruosidades psicológicas. Um jovem que não luta nem triunfa perdeu o melhor de sua juventude, e um velho que não sabe escutar os segredos dos riachos que descem dos cumes das montanhas para os vales não tem sentido, é uma múmia espiritual e não passa de uma relíquia petrificada do passado. Está situado à margem da vida, repetindo-se mecanicamente até à última banalidade. Pobre cultura aquela que necessita de tais fantasmas!

802   Nossa longevidade comprovada pelas estatísticas atuais é um produto da civilização. Entre os primitivos só excepcionalmente se chega a uma idade avançada. Assim, quando visitei as tribos primitivas da África Oriental, vi pouquíssimos homens de cabelos brancos que poderiam ter estimativamente mais de sessenta anos. Mas eram realmente velhos e parecia que tinham sido sempre velhos, tão plenamente se haviam identificado com sua idade avançada. Eram exatamente o que eram sob todos os aspectos, ao passo que nós somos sempre apenas mais ou menos aquilo que realmente somos. É como se nossa cons-

A natureza da psique

365

ciência tivesse deslizado um pouco de suas bases naturais e não soubesse mais como se orientar pelo tempo natural. Dir-se-ia que sofremos de uma *hybris* da consciência que nos induz a acreditar que o tempo de nossa vida é mera ilusão que pode ser alterada a nosso bel-prazer. (Pergunta-se de onde a consciência tira a sua capacidade de ser tão contrária à natureza e o que pode significar tal arbitrariedade.)

Da mesma forma que a trajetória de um projétil termina quando ele atinge o alvo, assim também a vida termina na morte, que é, portanto, o alvo para o qual tende a vida inteira. Mesmo sua ascensão e seu zênite são apenas etapas e meios através dos quais se alcança o alvo que é a morte. Esta fórmula paradoxal nada mais é do que a conclusão lógica do fato de que nossa vida é teleológica e determinada por um objetivo. Não acredito que eu seja culpado de estar brincando aqui com silogismos. Se atribuímos uma finalidade e um sentido à ascensão da vida, por que não atribuímos também ao seu declínio? Se o nascimento do homem é prenhe de significação, por que é que a sua morte também não o é? O jovem é preparado durante vinte anos ou mais para a plena expansão de sua existência individual. Por que não deve ser preparado também, durante vinte anos ou mais, para o seu fim? Por certo, com o zênite a pessoa alcança obviamente este fim, é este fim e o possui. O que se alcança com a morte?

803

No momento em que talvez se poderia esperar, eu não gostaria de tirar uma fé subitamente de meu bolso e convidar meus leitores a fazer justamente aquilo que ninguém pode fazer, isto é, a acreditar em alguma coisa. Devo confessar que eu também jamais poderia fazê-lo. Por isto certamente eu não afirmarei agora que é preciso crer que a morte é um segundo nascimento que nos leva a uma sobrevida no além. Mas posso pelo menos mencionar que o *consensus gentium* (consenso universal) tem concepções claras sobre a morte, que se acham expressas de maneira inequívoca nas grandes religiões do mundo. Pode-se mesmo afirmar que a maioria destas religiões é um complicado sistema de preparações para a morte, de tal modo que a vida, de acordo com a minha fórmula paradoxal acima expressa, realmente nada mais é do que uma preparação para o fim derradeiro que é a morte. Para as duas maiores religiões vivas: o cristianismo e o budismo, o significado da existência se consuma com o seu término.

804

805   Desde a época do Iluminismo desenvolveu-se uma opinião a respeito da natureza da religião que, embora seja uma concepção errada, tipicamente racionalista, merece ser mencionada por causa de sua grande difusão. De acordo com este ponto de vista, todas as religiões constituem uma espécie de sistemas filosóficos, forjados pela cabeça dos homens. Um dia alguém inventou um Deus e outros dogmas e passou a zombar da humanidade com esta fantasia "própria para satisfazer desejos". Esta opinião é contraditada pelo fato psicológico de que a cabeça é um órgão inteiramente inadequado quando se trata de conceber símbolos religiosos. Estes não provêm da cabeça, mas de algum outro lugar, talvez do coração; certamente, de alguma camada profunda da psique, pouco semelhante à consciência que é sempre apenas uma camada superficial. É por isto que os símbolos religiosos têm um pronunciado "caráter de revelação" e, em geral, são produtos espontâneos da atividade inconsciente da psique. São tudo, menos coisa imaginada. Pelo contrário, eles se desenvolveram progressivamente, à semelhança de plantas, como revelações naturais da psique humana, no decurso dos séculos. Ainda hoje podemos observar em certos indivíduos o aparecimento espontâneo de autênticos e genuínos símbolos religiosos que brotam do inconsciente quais flores de espécie estranha, enquanto a consciência se mantém perplexa de lado, sem saber realmente o que fazer com semelhantes criações. Não é muito difícil constatar que esses símbolos individuais provêm, tanto em seu conteúdo quanto em sua forma, do mesmo "espírito" inconsciente (ou que outro nome tenha) que as grandes religiões da humanidade. Em qualquer caso, a experiência nos mostra que as religiões não são elaborações conscientes, mas provêm da vida natural da psique inconsciente, dando-lhe adequada expressão. Isto explica a sua disseminação universal e sua imensa influência sobre a humanidade através da história. Esta influência seria incompreensível se os símbolos religiosos não fossem ao menos verdades psicológicas naturais.

806   Sei que muitas pessoas têm dificuldades com a palavra "psicológico". Para tranquilizar estes críticos, eu gostaria, portanto, de acrescentar que ninguém sabe o que é a "psique", como ninguém sabe até onde a natureza da psique se estende. Uma verdade psicológica é, portanto, uma coisa tão boa e respeitável quanto uma verdade física que se limita à matéria, como aquela à psique.

A natureza da psique 367

O *consensus gentium* que se expressa nas religiões está em conso- 807
nância com a minha fórmula paradoxal acima referida. Por isto parece-me que considerar a morte como a realização plena do sentido da
vida e sua verdadeira meta, em vez de uma mera cessão sem sentido,
corresponde melhor à psique coletiva da humanidade. Quem professa
uma opinião racionalista a este respeito, isolou-se psicologicamente e
está em oposição com sua própria natureza humana básica.

Esta última frase contém uma verdade fundamental a respeito de 808
todas as neuroses, pois as perturbações nervosas consistem primariamente em uma alienação dos instintos, em uma separação da consciência em relação a certos fatos fundamentais da psique; por isto as
opiniões racionalistas se aproximam inesperadamente dos sintomas
neuróticos. Como este, elas consistem em um *pensamento dissimula-
do* que ocupa o lugar do pensamento psicologicamente correto. Este
último mantém sempre sua vinculação com o coração, com as profundezas da alma, com a raiz-mestra de nosso ser, porque – Iluminismo ou não iluminismo, consciência ou não consciência – a natureza
nos prepara para a morte. Se pudéssemos observar diretamente e re-
gistrar os pensamentos de um jovem, caso ele tivesse tempo e vagar
para sonhar em pleno dia, descobriríamos, ao lado de imagens da
memória, fantasias que se ocupam sobretudo com o futuro. Realmente, a maioria das fantasias é constituída de antecipações. Em geral as fantasias são atos preparatórios ou mesmo exercícios psíquicos
para lidar com certas realidades futuras. Se pudéssemos fazer a mesma experiência com uma pessoa que envelhece – naturalmente sem o
seu conhecimento – encontraríamos um número maior de imagens
da memória do que no jovem, por causa da tendência do idoso a
olhar para trás; mas, em compensação, encontraríamos também um
número espantosamente grande de antecipações do futuro, inclusive
da morte. Com o andar dos anos, acumulam-se assustadoramente os
pensamentos sobre a morte. O homem que envelhece – quer queira
quer não – prepara-se para a morte. Por isto eu penso que a própria
natureza se prepara para o fim. Objetivamente, é indiferente saber o
que a consciência individual pensa a respeito disto. Subjetivamente,
porém, há uma imensa diferença quanto a saber se a consciência
acompanha passo a passo a psique ou se ela se apega a opiniões que o
coração desconhece. De fato, é tão neurótico não se orientar, na ve-

lhice, para a morte como um fim, quanto reprimir, na juventude, fantasias que se ocupam com o futuro.

809   Na minha experiência bastante longa fiz uma série de observações com pessoas cuja atividade psíquica inconsciente eu pude seguir até imediatamente antes da morte. Geralmente a aproximação do fim era indicada através daqueles símbolos que, na vida normal, denotavam mudanças no estado psicológico – símbolos de renascimento, tais como mudanças de localidade, viagens e semelhantes. Muitas vezes pude acompanhar até acima de um ano antes os indícios de aproximação da morte, inclusive naqueles casos em que a situação externa não permitia tais pensamentos. O processo tanatológico começara, portanto, muito antes da morte real. Aliás, observa-se isto, frequentemente, também na mudança peculiar de caráter que precede de muito a morte. Globalmente falando, eu me espantava de ver o pouco caso que a psique inconsciente fazia da morte. Pareceria que a morte era alguma coisa relativamente sem importância, ou talvez nossa psique não se preocupasse com o que eventualmente acontecia ao indivíduo. Por isto parece que o inconsciente se interessa tanto mais por saber *como* se morre, ou seja, se a atitude da consciência está em conformidade ou não com o processo de morrer. Assim, uma vez tive de tratar de uma mulher de 62 anos, ainda vigorosa, e sofrivelmente inteligente. Não era, portanto, por falta de dotes que ela se mostrava incapaz de compreender os próprios sonhos. Infelizmente era por demais evidente que ela *não queria* entendê-los. Seus sonhos eram muito claros, mas também desagradáveis. Ela metera na própria cabeça que era uma mãe perfeita para os filhos, mas os filhos não partilhavam desta opinião, e os seus próprios sonhos revelavam uma convicção bastante contrária. Fui obrigado a interromper o tratamento, depois de algumas semanas de esforços infrutíferos, por ter sido convocado para o serviço militar (era durante a guerra). Entrementes a paciente foi acometida de um mal incurável que, depois de alguns meses, levou-a a um estado agônico o qual, a cada momento, podia significar o fim. Na maior parte do tempo ela se achava mergulhada numa espécie de delírio ou sonambulismo, e nesta curiosa situação mental ela espontaneamente retomou o trabalho de análise antes interrompido. Voltou a falar de seus sonhos e confessava a si própria tudo o que me havia negado antes com toda a obstinação possível, e

A natureza da psique

369

mais uma porção de outras coisas. O trabalho de autoanálise se pro-
longava por várias horas ao dia, durante seis semanas. No final deste
período, ela havia se acalmado, como uma paciente num tratamento
normal, e então morreu.

Desta e de numerosas outras experiências do mesmo gênero devo
concluir que nossa alma não é indiferente, pelo menos, ao morrer do
indivíduo. A tendência compulsiva que os moribundos frequentemente revelam de querer corrigir ainda tudo o que é errado deve
apontar na mesma direção.

810

Saber de que modo se deve, afinal, interpretar estas experiências é
um problema que supera a competência de uma ciência empírica e ultrapassa nossas capacidades intelectuais, pois, para se chegar a uma
conclusão, é preciso que se tenha necessariamente também a experiência real da morte. Este acontecimento, infelizmente, coloca o observador numa situação que lhe torna impossível transmitir uma informa-
ção objetiva de sua experiência e das conclusões daí resultantes.

811

A consciência se move dentro de estreitos limites, dentro do curto
espaço de tempo entre seu começo e seu fim, encurtado ainda mais em
cerca de um terço por períodos de sono. A vida do corpo dura um
pouco mais, começa sempre mais cedo e, muitas vezes, só cessa depois
da consciência. Começo e fim são aspectos inevitáveis de todos os processos. Todavia, se examinarmos de perto, verificamos que é extremamente difícil indicar onde começa e onde termina um processo, porque os acontecimentos e os processos, os começos e os fins constituem,
no fundo, um contínuo indivisível. Distinguimos os processos uns dos
outros, com o fim de defini-los e conhecê-los melhor, mas, no fundo,
sabemos que toda divisão é arbitrária e convencional. Este procedimento não interfere no contínuo do processo mundano porque "começo" e "fim" são, antes e acima de tudo, necessidades do processo de
conhecimento consciente. Podemos certamente afirmar, com bastante
certeza, que uma consciência individual chegou ao fim enquanto relacionada conosco. Mas não é de todo certo se isto interrompe a continuidade do processo psíquico, porque hoje em dia não se pode afirmar
a ligação da psique com o cérebro, com tanta certeza quanto há cinquenta anos. Primeiro que tudo, a Psicologia precisa ainda de digerir
certos fatos parapsicológicos, o que não fez até agora.

812

813   Quer dizer, parece que a psique inconsciente possui qualidades
que projetam uma luz inteiramente singular sobre sua relação com o
espaço e o tempo. Refiro-me aos fenômenos telepáticos espaciais e
temporais que, como sabemos, é mais fácil ignorar do que explicar.
Sob este aspecto, a ciência até agora escolheu (com bem poucas exceções) o caminho mais cômodo, que é o de ignorá-los. Devo, porém,
confessar que as chamadas capacidades telepáticas me causaram muita
dor de cabeça, porque a palavra-chave "telepatia" longe está de explicar o que quer que seja. A limitação da consciência no tempo e no espaço é uma realidade tão avassaladora, que qualquer desvio desta verdade fundamental é um acontecimento da mais alta significação teórica, pois provaria que a limitação no tempo e no espaço é uma determinante que pode ser anulada. O fator anulador seria a psique, porque o
atributo espaço-tempo se ligaria a ela, consequentemente, no máximo
como qualidade relativa e condicionada. Em determinadas circunstâncias, contudo, ela poderia romper a barreira do tempo e do espaço,
precisamente por causa de uma qualidade que lhe é essencial, ou seja,
sua natureza transespacial e transtemporal. Esta possibilidade de trans-
cender o tempo e o espaço, que me parece muito lógica, é de tão
grande alcance, que estimularia o espírito de pesquisa ao maior esforço possível. O desenvolvimento atual de nossa consciência, contudo,
está tão atrasado (as exceções confirmam a regra!) que, em geral, falta-nos ainda o instrumental científico e intelectual para avaliar adequadamente os fatos da telepatia quanto à sua importância para o conhecimento da natureza da psique. Refiro-me a este grupo de fenômenos, simplesmente para indicar que a ligação da psique com o cérebro, isto é, sua limitação no espaço e no tempo, não é tão evidente
nem tão indiscutível como até agora nos têm feito acreditar.

814   Quem conhece, um mínimo que seja, o material parapsicológico
já existente e suficientemente testado, sabe muito bem que os chamados fenômenos telepáticos são fatos inegáveis. Um exame crítico e
objetivo dos dados disponíveis nos permite verificar que algumas
dessas percepções ocorrem de tal maneira, como se não existisse o fator espaço, e outras como se não houvesse o fator tempo. Naturalmente
não podemos tirar daí a conclusão metafísica de que no mundo das
coisas "em si" não há espaço nem tempo, e que, consequentemente, a
mente humana se acha implicada na categoria espaço-tempo como

A natureza da psique

em uma ilusão nebulosa. Pelo contrário, verifica-se que o espaço e o tempo são não apenas as certezas mais imediatas e mais primitivas para nós, como são também empiricamente observáveis, porque tudo o que é perceptível acontece como se estivesse no tempo e no espaço. Em vista desta certeza avassaladora, é compreensível que a razão sinta a maior dificuldade em admitir a validade da natureza peculiar dos fenômenos telepáticos. Mas quem fizer justiça aos fatos não pode deixar de admitir que sua aparente independência em relação ao espaço e ao tempo é sua qualidade mais essencial. Em suma, nossas percepções ingênuas e nossas certezas mais imediatas não são, estritamente falando, mais do que evidências de uma forma de intuição psicológica *a priori* que exclui qualquer outra forma. O fato de sermos totalmente incapazes de imaginar uma forma de existir independente do tempo e do espaço não prova absolutamente que tal existência seja impossível. E da mesma forma como de uma aparente independência em relação ao espaço e ao tempo não podemos tirar a conclusão absoluta quanto à realidade de uma forma de existência independente do espaço e do tempo, assim também não nos é permitido concluir, a partir do caráter aparentemente espacial e temporal de nossas percepções, que uma existência independente em relação a espaço e ao tempo é impossível. Em vista dos dados fornecidos pela experiência, não somente nos é permitido, mas é imperioso duvidar da validez de nossa percepção espacial-temporal. A possibilidade hipotética de que a psique toque também em uma forma de existência independente em relação ao espaço e ao tempo constitui um ponto de interrogação que deve ser levado a sério, pelo menos por enquanto. As ideias e as dúvidas de nossos físicos modernos devem aconselhar aos psicólogos a serem prudentes, porque o que significa, filosoficamente falando, a "limitação do espaço" senão uma relativização da categoria espaço? Algo de semelhante pode facilmente acontecer com a categoria tempo (como também com a causalidade). As dúvidas a este respeito, hoje em dia, têm menos fundamento do que as de outrora.

A natureza da psique mergulha em obscuridades, para além dos limites de nossas categorias intelectuais. A alma encerra tantos mistérios quanto o mundo com seus sistemas de galáxias diante de cujas majestosas configurações só um espírito desprovido de imaginação é capaz de negar suas próprias insuficiências. Esta extrema incerteza da compreensão humana nos mostra que o estardalhaço iluminista é não somente ridículo, como também lamentavelmente estúpido. Se alguém, portanto, extraísse da necessidade do próprio coração, ou da concordância com as lições da antiga sabedoria da humanidade, ou do fato psicológico de que ocorrem percepções "telepáticas", a conclusão de que a psique participa, em suas camadas mais profundas, de uma forma de existência transespacial e transtemporal e que, por consequência, pertence àquilo que inadequada e simbolicamente é designado pelo nome de "eternidade", o único argumento que a razão crítica lhe poderia opor seria o *non liquet* (não está provado) da ciência. Tal pessoa, além disso, possuiria a inestimável vantagem de estar de acordo com uma inclinação presente na psique humana desde tempos imemoriais e universalmente existente. Quem por ceticismo, rebeldia contra a tradição, falta de coragem ou insuficiente experiência psicológica ou ignorância cega não extrai esta conclusão, tem muito pouca chance, estatisticamente falando, de ser um pioneiro do espírito, embora esteja firmemente certo de entrar em conflito com as verdades do próprio sangue. No fundo, jamais conseguiremos provar que tais verdades sejam ou não absolutas. É suficiente, porém, que elas existam como inclinações da psique, e sabemos demais o que seja entrar levianamente em choque com essas "verdades". Equivale à negação consciente dos instintos, isto é, a um desenraizamento, a uma desorientação, à falta de sentido da existência, ou que outros nomes possam ter estes sintomas de inferioridade. Um dos erros sociológicos e psicológicos mais fatais de que nossa época é tão rica, foi o de pensar, muitas vezes, que alguma coisa pode mudar de um momento para outro; por exemplo: que a natureza do homem pode mudar radicalmente, ou que podemos descobrir uma fórmula ou uma verdade que seja um começo inteiramente novo etc. Qualquer mudança essencial ou mesmo uma simples melhoria significa um milagre. O distanciamento das verdades do sangue produz uma agitação neurótica cujos exemplos abundam em nossos dias. Esta agitação, por sua vez, gera a falta de sentido da existência, falta esta que é uma enfermidade psíquica cuja amplidão e alcance total nossa época ainda não percebeu.

Referências

ALVERDES, F. "Die Wirksamkeit, von Archetypen in den Instinkthandlungen der Tiere". *Zoologischer Anzeiger*, CXIX 9/10, 1937, p. 225-236. Lípsia: [s.e.].

Artis auriferae quam chemiam vocant... 2 vols. Basileia [1593] [Vol. 1/1 Aurora consurgens quae dicitur aurea hora, p. 185-246. • Vol. II/2 MORIENO ROMANO: Sermo de transmutatione metallica (Liber de compositione alchemiae), p. 7-54].

Aurora consurgens. Cf. *Artis auriferae.*

AUTUN, H. de. "Speculum Ecclesiae". MIGNE. *Patrologia Latina*, CLXXII, col. 807s.

BASTIAN, A. *Ethnische Elementargedanken in der Lehre vom Menschen.* 2 partes. Berlim: [s.e.], 1895.

_____. Der Mensch in der Geschichte. *Zur Begründung einer psychologischen Weltanschauung.* 3 vols. Lípsia: [s.e.], 1860.

BLEULER, E. Die Psychoide als Prinzip der organischen Entwicklung. Berlim: Julius Springer, 1925.

_____. *Naturgeschichte der Seele und ihres Bewusstwerdens* – Eine Elementarpsychologie. Berlim: Julius Springer, 1921.

BROWN, G.S. "De la Recherche psychique considérée comme un test de la théorie des probabilités". *Revue Métapsychique*, 29/30, 1954, p. 87-96. Paris: [s.e.]

BUSEMANN, A. Die Einheit der Psychologie und das Problem des Mikropsychischen. Stuttgart: Klett V., 1948.

CARPENTER, W.B. *Principles of Mental Physiology.* Londres: [s.e.], 1874.

CONDILLAC, E.B. Traité des sensations. Londres/Paris: [s.e.], 1754.

_____. *Traité des sistêmes, ou l'on en demêle les inconvéniens et les avantages.* Haia: [s.e.], 1749.

Corpus Hermeticum. Cf. HERMES TRISMEGISTO.

CUMONT, F. *Textes et monuments figurés relatifs aux mystères de Mithra.* 2 vols. Bruxelas: [s.e.], 1899.

DELATTE, L. "Textes latins et vieux français relatifs aux Cyranides". *Bibliothèque de la Faculté de Philosophie et Lettres de l'Université de Liège*, CXIII, 1942, Liège: [s.e.].

DORN, G. [GERARDUS DORNEUS]. Cf. *Theatrum chemicum*.

DRIESCH, H. *Philosophie des Organischen*. 2. ed. melhorada e em parte refundida. Lípsia: Wilhelm Engelmann,1921.

_____. *Die "Seele" als elementarer Naturfaktor* – Studien über die Bewegungen der Organismen. Lípsia: [s.e.], 1903.

EGÍDIO DE VADE: Cf. *Theatrum chemicum*.

EISLER, R. *Weltenmantel und Himmelszelt* – Religionsgeschichtliche Untersuchungen zur Urgeschichte des antiken Weltbildes. 2 vols. Munique: [s.e.], 1910.

FECHNER, G.T. *Elemente der Psychophysik*. 2 vols. 2. ed. Lípsia: [s.e.], 1889.

FLOURNOY, T. "Automatisme téléologique antisuicide. Um cas de suicide empêché par une hallucination". *Archives de psychologie*, VII, 1908, p. 113-137. Genebra: [s.e.].

_____. "Nouvelles observations sur un cas de somnambulisme avec glossolalie". *Archives de psychologie*, I. 1902, p. 101-255. Genebra: [s.e.].

_____. *Des Indes à la planète Mars* - Etude sur un cas de somnambulisme avec glossolalie. 3. ed. melhorada. Paris/Genebra: [s.e.], 1900.

FRANZ. M.-L. von. "Der Traum des Descartes". *Zeitlose Dokumente der Seele (Studien aus dem C.G. Jung-Institut III)*. Zurique: Rascher V., 1952.

FUNK, P. *Ignatius von Loyola* – Die Klassiker der Religion VI. Berlim: [s.e.], 1913.

GOBLET D'ALVIELLA, E. *La migration des symboles*. Paris: [s.e.], 1891.

GONZALEZ, L. Cf. FUNK.

HARTMANN, E. von. *Philosophie des Unbewussten*. Lípsia: [s.e.], 1869.

HERMES TRISMEGISTO. *Corpus Hermeticum*. Basileia: [s.e.], 1532.

HILLEBRANDT. Cf. Lieder des Rigveda.

HIPÓLITO, E. [= Refutatio omnium haeresium]. WENDLAND, P. (org.). *Die griechischen Schriftsteller der ersten drei Jahrhunderte*. Lípsia: [s.e.], 1916.

HORAPOLO. *Hieroglyphica*. Basileia: [s.e.], 1518.

IRENEU. *Contra haereses*. In: MIGNE. *Patrologia Graeca*, VII, col. 433s.

JAMES, W. *The Varieties of Religious Expérience* – A Study in Human Nature. Londres: [s.e.], 1919.

A natureza da psique 375

_____. "Frederic Myers' Service to Psychology". *Proceedings of the Society for Psychical Research*. Vol. XVII. 1901, p. 13-23. Londres: [s.e.].

_____. *The Principies of Psychology*. 2 vols. Londres: [s.e.], 1891.

JANET, P. *Les névroses*. Paris: [s.e.], 1909.

_____. *L'Automatisme psychologique*. Paris: [s.e.], 1889.

JEANS, J. *Physik und Philosophie*. Zurique: Rascher, 1944 [Tradução].

JERUSALEM, W. *Lehrbuch der Psychologie*. 3. ed. Viena/Lípsia: [s.e.], 1902.

JUNG, C.G. "Symbolik des Geistes. Studien über psychische Phänomenologie". *Psychologische Abhandlungen*. Vol. VI. Zurique: Rascher, 1948 [Nova tiragem 1953 – OC, 9/1, 11 (1963) e 13].

_____. "Der Geist der Psychologie". *Eranos-Jahrbuch*. Vol. XIV, 1946. Zurique: Rhein, 1947.

_____. *Die Psychologie der Übertragung* – Erläutert anhand einer alchemistischen Bilderserie, für Ärzte und praktische Psychologen. Zurique: Rascher, 1946 [OC, 16, 1958].

_____. "Psychologie und Alchemie". *Psychologische Abhandlungen*, V. Zurique: Rascher, 1944 [Nova edição 1952 – OC, 12].

_____. *Über die Psychologie des Ünbewussten*. Zurique: Rascher, 1943 [Novas tiragens 1948, 1960 e 1966 (Paperback). [OC, 7,1964].

_____. *Paracelsica* – Zwei Vorlesungen über den Arzt und Philosophen Theophrastus. Zurique: Rascher, 1942 [OC, 16].

_____. "Wirklichkeit der Seele. Anwendungen und Fortschritte der neueren Psychologie". *Psychologische Abhandlungen*, IV. Zurique: Rascher, 1934. [Novas tiragens 1939 e 1947 – Die praktische Verwendbarkeit der Traumanalyse in: OC, 16, 1958].

_____. "Seelenprobleme der Gegenwart". *Psychologische Abhandlungen*, III, 1931. Zurique: Rascher [Novas tiragens 1933, 1939, 1946 e 1950 – Ziele der Psychoterapie in: OC, 16, 1958].

_____. *Die Beziehungen zwischen dem Ich und dem Ünbewussten*. Darmstadt: Reichl, 1928 [Novas tiragens. Zurique: Rascher, 1933, 1935, 1939, 1945, 1950, 1960 e 1966 (Paperback) [OC, 7, 1964].

_____. *Psychologische Typen*. Zurique: Rascher, 1921 [Novas edições 1925, 1930, 1937, 1940, 1942, 1947 e 1950 – OC, 6, 1960 e 1967].

_____. *Wandlungen und Symbole der Libido* – Ein Beitrag zur Entwicklungsgeschichte des Denkens. Lipsia/Viena: Deuticke, 1912 [Nova tiragem 1925 e 1938. Nova edição: *Symbole der Wandlung. Analyse des Vorspiels zu einer Schizophrenie.* Zurique: Rascher, 1952 – OC, 5].

_____. *Über die Psychologie der Dementia praecox* – Ein Versuch. Halle a.S.: Carl Marhold, 1907 [OC, 3].

_____. *Diagnostische Assoziationsstudien:* Beiträge zur experimentellen Psychopathologie. • Vol. I. Lípsia: Barth, 1906. • Vol. II, 1909 [Novas tiragens em 1911 e 1915 – Trabalho de Jung em OC, 2].

JUNG, C.G. & KERÉNYI, K. *Einführung in das Wesen der Mythologie* – Das göttliche Kind / Das göttliche Mädchen. Zurique: Rhein, 1951 [Contribuição de Jung em: OC, 9/1].

KERÉNYI, K. Cf. JUNG.

KERNER VON MARILAUN, A. *Pflanzenleben II:* Geschichte der Pflanzen. 2 vols. Lípsia/Viena: [s.e.], 1891.

KHUNRATH, H. *Amphitheatrum sapientiae aeternae solius verae.* Hanau: [s.e.], 1604.

_____. *Von hylealischen... Chaos.* Magdeburgo: [s.e.], 1597.

KÜLPE, O. *Grundriss der Psychologie, auf experimenteller Grundlage dargestellt.* Lípsia: [s.e.], 1893.

LÉVY-BRUHL, L. *Les Fonctions mentales dans les sociétes inférieures.* 2. ed. Paris: [s.e.], 1912.

LEWES, G.H. The Physical Basis of Mind. Londres: Lieder des Rigveda, 1877 [Traduzido e organizado por Alfred Hillebrandt. Gotinga, 1913].

_____. *Problems of Life and Mind.* Londres: [s.e.], 1874.

LIPPES, T. *Gundtatsachen des Seelenlebens.* Bonn: Neudruck, 1912.

_____. *Leitfaden der Psychologie.* 2. ed.. Lípsia: [s.e.], 1906 [Inteiramente refundida].

LOIOLA, I. Cf. FUNK.

MAEDER, A. "Über das Traumproblem". *Jahrbuch für psychoanalytische und psychopathologische Forschungen,* V. Lípsia/Viena: [s.e.], 1913, p. 647-686.

_____. "Sur le mouvement psychoanalytique". *L'Année psychologique,* XVIII. Paris: [s.e.], 1912, p. 389-418.

_____. "Über die Funktion des Traumes (mit Berücksichtigung der Tagesträume, des Spieles usw.)". *Jahrbuch für psychoanalytische und psychopathologische Forschunngen.* Vol. IV. Lípsia/Viena: [s.e.], 1912, p. 692-707.

MANGET, J.J. *Bibliotheca chemica curiosa*. 2 vols. Genebra: [s.e.], 1702.

MARAIS, E.N. *The Soul of the White Ant*. Londres: Methuen, 1937 [Tradução].

MEIER, C.A. *Antike Inkubation und moderne Psychotherapie*. Zurique: Rascher, 1949.

_____. "Moderne Physik – moderne Psychologie". *Die kulturelle Bedeutung der komplexen Psychologie, Festschrift zum 60*. Geburtstag von C.G. Jung. Berlim: Springer, 1935.

_____. "Spontanmanifestationem des kollektiven Unbewussten". *Zentralblatt für Psychotherapie*. Vol. XI. Lípsia: [s.e.], 1939, p. 284-303.

MORGAN, C.L. *Instinkt und Gewohnheit*. 1909 [Tradução].

MORIENO R. Cf. *Artis auriferae*.

MYLIUS, J.D. Philosophia reformata continens libros binos. Frankfurt: [s.e.], 1622.

NELKEN, J. "Analytische Beobachtungen über Phantasien eines Schizophrenen". *Jahrbuch für psychoanalytische und psychopathologische Forschungen*. Vol. IV. Lípsia/Viena, 1912, p. 504-562.

ORANDUS, E. & FLAMMEL, N. *His Exposition of the Hieroglyphical Figures etc*. Londres: [s.e.], 1624.

ORÍGENES. "In Jeremiam homilia". MIGNE. *Patrologia Graeca*, vol. XIII, col. 255s. [s.d.].

PARACELSUS [Theophrastus Bombastus von Hohenheim]. *Sämtliche Werke*. 15 vols. Munique/Berlim: Oldenburg, 1922-1935 [SUDHOFF, K. & MATTHIESEN, W. (orgs.)].

_____. *Das Buch Paragranum*. Lípsia: [s.e.], 1903 [STRUNZ, F. (org.)].

_____. *Erster (-Zehender) Theil der Bücher und Schrifften...* 10 vols. Basileia: [s.e.], 1589-1591. HUSER, J. (org.).

_____. *De vita longa*. BODENSTEIN, A. (org.) Basileia: [s.e.], 1562.

PAULUS, J. "Le problème de l'hallucination et l'évolution de la psychologie d'Esquirol à Pierre Janet". *Bibliothèque de la Faculté de Philosophie et de Lettres de l'Université de Liège*, vol. XCI. Liège/Paris: [s.e.], 1941.

PICAVET, F. *Essais sur l'histoire générale et comparée des théologies et des philosophies médiévales*. Paris: [s.e.], 1913.

PITRA, J.-B.F. Cf. EISLER.

REID, T. *Essays on the Active Powers of Man*. Edimburgo: [s.e.], 1788.

RHINE, J.B. *New Frontiers of the Mund.* Nova York/Toronto: Farrar & Rinehart, 1937 [Em alemão: Neuland der Seele. Stuttgart: Deutsche Verlagsanstalt, 1938].

RIPLEY, G. *Opera omnia chemica.* Kassel, 1649.

RIVERS, W.H.R. "Instinct and the Unconscious". *British Journal of Psychology,* vol. X., 1919/1920, p. 1-7. Cambridge: [s.e.].

SIEBECK, H. *Geschichte der Psychologie.* 2 partes. Gotha, 1880/1884.

SILBERER, H. "Über die Symbolbildung". *Jahrbuch für psychoanalytische und psychopathologische Forschungen.* Vol. III. Lípsia/Viena: [s.e.], 1911, p. 661-723 e vol. IV, 1912, p. 607-683.

SPIELREIN, S. "Über den psychologischen Inhalt eines Falles von Schizophrenie". *Jahrbuch für psychoanalytische und psychopathologische Forschungen.* Vol. III. Lípsia/Viena: [s.e.], 1911, p. 329-400.

SPINOZA, B. *Die Ethik.* 2ª parte: Über die Natur und den Ursprung des Geistes, Definitionen.. Lípsia: [s.e.], 1887 [STERN, J. (org.) – Tradução].

SZONDI, L. *Triebpathologie.* Berna: [s.e.], 1952.

_____. *Experimentelle Triebdiagnostik.* 2 vols. Bonn: [s.e.], 1947/1949.

Theatrum chemicum. 6 vols. Ursel/Estrasburgo: [s.e], 1602-1661 [Citado neste volume: I DORN, G. *Speculativa philosophia,* p. 255-310. • *Philosophia meditativa,* p. 450-472. • *De tenebris contra naturam et vita brevi,* p. 518-535. • Vol. II: *Egídio de Vade: Dialogus inter naturam et filium philosophiae,* p. 95-123.

THORNDIKE, L. *A History of Magic and Experimental Science.* – During the First Thirteen Centuries of our Era. 6 vol. Nova York: Macmillan, 1929-1941.

VILLA, G. *Einleitung in die Psychologie der Gegenwart.* Lípsia: [s.e], 1902 [Tradução].

VISCHER, F.T. *Auch Einer.* 2 vols. Stuttgart/Lípsia: [s.e.], 1884.

WOLFF, C.A. *Psychologia empírica methodo scientifica pertractata.* Frankfurt/Lípsia: [s.e.], 1732.

_____. *Vernünfftige Gedancken von Gott, der Welt und der Seele des Menschen.* 3. ed. Halle: [s.e.], 1725.

WUNDT, W. *Völkerpsychologie. Eine Untersuchung der Entwicklungsgesetze von Sprache. Mythus und Sitte.* 10 vols. Lípsia: [s.e.], 1910-1923.

Índice onomástico[*]

Abelardo 393
Adler, A. 497, 506[10]
Agostinho 275, 469
Agripa de Nettescheim 393
Alberto M. 393
Alverdes, F. 282[13]
Alvernus (Auvergne), G. 393
Araio (Aratus) 394
Aristóteles 655
Auvergne, G. 393

Bacon, F. 275
Bastian, A. 353
Bergson, H. 269, 278
Bleuler, E. 369, 395[48]
Bodenstein, A. 390
Bruno, G. 696
Burckhardt, J. 270[8]
Busemann, A. 368

Carpenter, W.B. 371[36]
Carus, C.G. 212, 355, 359, 361
Cherbury, H. 275
Condillac, E.B. 197
Crookes, Sir W. 571
Cumont, F. 394
Cusa, N. 406

Dacqué, E. 652
Delatte, L. 559[11]
Demócrito 278 [12]

Descartes, R. 276
Dessoir, M., 355
Dieterich, A. 228, 318
Dionísio A. 275[9]
Dorn, G. [Gerardus Dorneus], 389s.
Driesch, H. 368, 380

Eddington, Sir Arthur, 441
Eirenaeus, O. 394[96]
Eisler, R. 394
Esopo 449
Esquirol, E. 371[35]

Fechner, G.T. 352, 364[24], 426
Flammel, N. 394
Flournoy, T. 371[36], 488, 488[4], 503
Flüe, N. 413
Francisco, 707
Franz, M.-L. 388[54]
Freud, S. 141, 179, 184, 210, 212, 213, 216, 230, 296, 366, 371, 372, 373, 374, 383, 398, 447, 449, 450, 461, 462, 470, 473, 485, 486, 496, 505, 506, 509, 539, 547, 701, 702, 705
Frobenius, L. 474
Funk, P. 395[103]
Fürst, E. 228

Gerardus D., cf. Dorn, G.
Goblet d'Alviella, E. 228

---

* Os números se referem aos parágrafos do presente volume. Os números em índice ou números de chamada remetem às respectivas notas de pé de página.

Goethe, J.W. 384[41], 414, 707, 711, 765
Gonzales, L. 397[102]
Guilherme, A. 393
Guilielmus, A., cf. Guilherme, A.
Guilielmus, P., cf. Guilherme, A.
Guillaume, C. 393

Hartmann, E. 212, 355, 371
Hegel, G.W.F. 358, 359, 360
Heráclito 278
Herbart, J.F. 350
Hillebrandt, A. 395[104]
Hipólito, 394, 395
Honório, A. 559[11]
Horapolo 392[87], 394
Hubert, H. 254
Hucher, E. 559
Huser, J. 388[61], 390[69-77], 391[23]

Inácio de Antioquia, 388
Inácio de Loiola, 395
Ireneu, 388[54]

James, W. 210, 262, 267, 271, 356[21], 366[26], 382, 413
Janet, P. 152, 202, 351, 371, 374, 383, 586
Jeans, Sir James 416, 441
Jerusalem, W. 374
João da Cruz, 431
Jordan, P. 440[131]
Jung, C.G., Allgemeines zur Komplextheorie (Considerações Gerais sobre a Teoria dos Complexos), 582[4]
- Analytische Psychologie und Weltanschauung (Psicologia analítica e cosmovisão), 689s.
- Aula inaugural ETH 1934, 194s.
- Das Grundproblem der gegenwärtigen Psychologie (O problema fundamental da psicologia contemporânea), 649s.
- Der Geist der Psychologie (O espírito da psicologia), 282[13]
- Diagnostische Assoziationsstudien, 228, 503[6], 592[10]
- Die Bedeutung von Konstitution und Vererbung für die Psychologie (A importância da constituição e da herança para a psicologia), 220s.
- Die Beziehungen zwischen dem Ich und dem Unbewussten (Psicologia do inconsciente), 400[111], 515, 569[14]
- Die Enteschleierung der Seele (Retirando os véus da alma), 649s.
- Die Lebenswende (As etapas da vida humana), 749s.
- Die Psychologie der Übertragung, 519[16]
- Die psychologischen Grundlagen des Geisterglaubens (Os fundamentos psicológicos da crença nos espíritos), 570s.
- Die Struktur der Seele (A estrutura da alma), 283s.
- Geist und Leben (Espírito e vida), 601s.
- Instinkt und Unbewusstes (Instinto e inconsciente), 255s.
- Psychologie der Dementia praecox, 488
- Psychologie und Alchemie, 385[48], 388[51], 393[2], 402[114], 411[117], 551, 559[10, 13]
- Psychologische Determinanten des menschlichen Verhaltens (Determinantes psicológicas do comportamento humano), 232s.
- Seele und Tod (A alma e a morte), 796s.
- Seelenprobleme der Gegenwart, 400[111], 689s., 749s.
- Symbole der Wandlung, 270[8]
- Symbolik des Geistes, 420[123]
- Synchronizität als ein Prinzip akausaler Zusammenhänge (Sincronicidade como princípio de conexões acausais), 405[116], 418[122], 440[130]

- *Über die Psychologie des Unbewussten (Psicologia do inconsciente)*, 270[8], 278[12], 403[115], 509[13], 554[8]
- *Über psychische Energetik und das Wesen Träume (Energética psíquica e natureza dos sonhos)*, 441[136]
- *Vom Wesen der Träume (Essência dos sonhos)*, 530s.
- *Wirklichkeit der Seele (Realidade da alma)*, 531[2], 796s.
- *Wirklichkeit und Überwirklichkeit (O real e o suprarreal)*, 742

Kant, I. 212, 265, 276, 352, 358, 359, 454, 654
Keller, H. 614
Kepler, J. 696
Kerényi, K. e C.G. Jung 555[9]
Kerner, M.A. 268[6]
Keyserling, H., Conde de 283s.
Khunrath, H. 388, 395
Kluge, F. 627
Kretschmer, E. 221-222
Külpe, O. 374[38]
Künkel, F. 599[13]

Leibniz, G.W. 212
Lévy-Bruhl, L. 254, 329, 507
Lewes, G.H. 362[23], 371[36]
Lipps, T. 354s., 364, 417
Locke, J. 197[2]

Malebranche, N. 275, 276
Manget, J.J. 559[11]
Marais, E.N. 374[37]
Mauss, M. 254
Meier, C.A. 385[50], 440, 549[6], 589[7]
Migne, J.P. 559[11]
Monoimos 395
Morgan, C.L. 266, 398
Morieno, R. 388[52], 394
Myers, F.W.H., 356[21], 382[45], 571
Mylius, J.D. 388[52]

Nabucodonosor 163, 484, 495, 496, 559
Napoleão 707
Nelken, J. 589[7]
Nicolau, F. 413
Nietzsche, F. 162, 169, 212, 254, 344, 359, 398, 474, 643, 659

Ockham, G. 383
Otto, R. 216

Paracelso, T. 388, 392
Pauli, W. 438[128], 439[129]
Paulo [apóstolo], 162, 413, 582, 584, 767
Paulus, J. 371[35]
Picavet, F. 393[91]
Pitra, J.B. 394[100]
Platão 275, 336, 388, 416[121], 474
Prince, M. 202
Proclo 278

Reid, T. 265
Rhine, J.B. 441, 504[8] (cf. também "Experimento")
Ripley, G. 394
Rivers, W.H.R. 264, 271, 278, 377
Rousseau, J.-J. 739, 750

Saulo, cf. Paulo
Schelling, F.W.J. 212, 352, 358
Schopenhauer, A. 276, 358, 359, 361
Siebeck, H. 343
Silberer, H. 505
Sófocles 394
Spencer, H. 267
Spielrein, S. 589[7]
Spinoza, B. (Benedictus) 276
Stern, J. 276[11]
Sudhoff, K. 388[61, 64], 399[67, 69, 77, 79, 80, 82-36]
Szondi, L. 374[37]

Talleyrand 198
Thorndike, L. 393[90]
Veraguth, O. 198
Villa, G. 350[8]
Vischer, F. Th. 202, 360
Voltaire, 709

Wagner, R. 162
Wallace, A.R. 571
Wolff, C.A. 345, 352
Wundt, W. 210, 348, 349, 351, 352, 363, 365

Zeller, E. 417[19]
Zoellner, J.K.F. 571

Índice analítico[*]

Abreviatura: m.s.: motivo onírico
ou de sonho.
Abaissement du niveau mental
(Janet), 152, 430
Abóbada subterrânea, 555
Aborto séptico, 575
Abstração, 474
Ação inconsciente, 382
Acaso, 180, 441, 504
Acidentes, 546
Adaga, 149
Adão, 338[58], 559
Adaptação, como conceito finalista,
143
- funções de, 368
- ao mundo ambiente, 161, 323s.,
326, 340s., 394s., 697, 762
- perdida, 597
- processo momentâneo de, 132
- processo de, parte inadaptada em,
513
- reduzida, 166
Adolescência, "anos difíceis" da,
756
Advogado (m.s.), 511s.
Afetivo(s) afetiva(s)
- fatores, sua pressão, 183
- tonalidade, 280s.
Afeto(s), 247, 529, 634
- deslocamento, 167

- disfarce, dissimulação dos, 485,
510
- sob o efeito dos complexos, 593
- personificados, 510, 627
- subliminar, 362
África Oriental, 329, 441, 802
- Equatorial, 411
Agir, inconsciente, 295
Agitação, 815
Agônico, estado, 809
Água, 123, 336, 388, 396, 559
Água-benta, 336
Aion αἰών, 394
Alegoria, 644
Alemã, Filosofia, 358s.
Alemanha, 359, 430
Alienação, 590, 764s.
- dos instintos, 808, 815
Alimentação para atrair espíritos,
575[2]
Alimentos como deuses, 333
All-or-none-reaction (instinto),
264, 266, 272, 278, 376, 384
Alma(s), 441
- centelhas da, 388, 430
- complexo das, 587, 591
- como cópia, reflexo, 657, 675,
737
- e corpo, 502, 601-622, 653s.,
662, 671

---

[*] Os números se referem aos parágrafos do presente volume, exceto quando se mencionam as páginas. Os números em índice ou de chamada remetem às respectivas notas de rodapé.

- cortical, 368
- crença nas a., 577, 579, 586, 691
- como dado imediato da experiência, 283, 343, 421
- estrutura da, 252, 283-342
- etimologia, 663
- e experiência do mundo, 283
- e inconsciente, 298
- massificação da, 427
- medular, 368
- mistério da, 527, 530
- e morte, 796-815
- dos mortos, falecidos, 570, 665
- mudanças na, 773, 778
- do mundo, 393
- natureza da, 483, 607, 680
- pássaro-alma, 586, 845
- paz da, 693
- perda da, 586s., 594, 607
- substância, cuspe e sopro como sub. da, 411
- supraindividual, 316
- como ser transespacial, 662, 762
- universal, 388
- várias a. num só indivíduo, 218, 365, 577, 587, 591
Alquimia, 388s., 392s., 416, 558
Alucinação, alucinações, 170, 317, 593, 584
- acústicas, 258, 576, 581
- ambiente, mundo, adaptação ao, 324s., 339s., 494
Ameba, psicologia da a., 322
Amniótico, líquido, 336
Amor, 627
- e ódio, 517, 584
Amphitheatrum, 388[53]
Amplificação, 402s.
Analogia(s)
- criação de, 152
- da linguagem onírica, 506
- magia por, 313
- psíquica dos processos físicos, 326
- entre Psicologia e Física, 439[129], 440s.

- entre psique e espectro, 384, 441s.
Anatomia, 476, 675, 688
Ancestral, ancestrais, antepassado(s)
- imagens ancestrais, 524
- nome das almas dos, 665
- série, herança dos, 673, 717, 729, 738
Anel, de ouro, 229
Anemos ἄνεμος, 664
Anima, 664
Anima Catholica, 388
Animal, animais (abelhas, arara, besouro, besouro-rosa, borboleta da iúca, búfalo, burro, cachorro, carneiro, castor, cervo, Cetonia, aurata, cobra, cordeiro, crocodilo, cupim [térmita], dragão, escarabeídeo, escaravelho, formigas, formiga-corteira, gado, galinha, galos, insetos, leão, lebre, macacos, macaco com cabeça de cachorro, ornitorrinco, pardal, parasitas, pássaro, pavão, pega, peixes, pelicano, pomba, Proteus anguinus, quadrúpede, rouxinol, serpente, touro, unicórnio, verme, verme de Palolo, wavo), 322, 352 (Wundt), 364, 387, 390, 393s., 426, 535, 558
- culto aos a. 229
- Homem-Animal, 558
- instintos dos, 268, 272, 282
Ânimo, estado de, 167, 444
Animus, 664
Anjos, queda dos, 339
"Anos difíceis" da adolescência, 756
Ânsia, 711
Antecipação, 352, 493, 808
Antepassados, culto aos, 575, 738
Anthropos, Ἄνθρωποζ, 395
Antropoides, 191
Antroposofia, 737
Anunciação, a Maria, 319

Apercepção, 288, 293s., 366, 437
- subliminar, 362s.
Apocalipse, 426[125]
Apocatástase do instinto, 416
Apóstolos, 390, 596
Aquática, serpente, 335
Ar
- cor do, 414[120]
- em movimento, 664
Árabe, 664
Araras, 516
Arato, citações de, 394
Arcaicos, vestígios, resíduos no
inconsciente, 373, 398, 475, 497
Arcana, substância, 388, 392
Argila, imagem de, 575[2]
Argos, 394
Aristotelian Society, 660
Arma(s), 149
Arquetípicas, figuras, 254
Arquétipo(s), 230, 255, 336-339,
353, 412, 528[18], 722
- na Alquimia, 392
- ampliação espontânea dos, 403
- conceito, ideia, 270, 275, 417
- confrontação com os, 410
- definição, 254, 280, 435, 554
- como disposições, 353
- efeito sobre a formação de uma
imago, 521[1]
- energia dos, 425[124]
- experiência dos, 405
- do filho, da criança, 336s.
- funcionamento do, 411s.
- hereditariedade, 270[8]
- e os instintos, 283[13], 420, 427
- e intuição, 277
- da mãe, 336s., 723s.
- do marido, 336s.
- da mulher, 336s.
- natureza psicoide do, 414-417,
439s.
- número, 274
- e organização das ideias e
representações, 440
- do pai, 336s., 723

- e *pattern of behaviour*, 397-420
- em Platão, 275
- poder, 336, 726
- produção espontânea do, 599
- e religião, 426s.
- como scintillae, 388
- do si-mesmo, 599
- valor afetivo do, 411
Arrebatamento, estado de, 383
Arte, 176, 731, 737
- obra de a., 702
- de viver, 789
Artis auriferae, 388, 394[93]
Artista, 180
Artística(s)
- formulação, 173, 242, 254
- produção a. do conteúdo
inconsciente, 400s.
Árvore(s), 359[10]
- do conhecimento, 754
- dos desejos, 558
- genealógica, 559
- do Natal, 412
- (m.s.), 457, 484, 559
Assimilação, 195, 197, 198, 234,
430, 472, 496
- da consciência do eu, 204, 430,
557
- força de a. dos complexos, 204
- do inconsciente, 207, 209, 254,
409s., 413s., 430, 740
Associação, associações, 150, 152,
368, 590
- concordância de, 228, 503
- experimento das, 196, 198s.,
253, 296, 365, 592
- de ideias, 149, 266, 269, 668
- livres, 154, 167, 179 (Freud)
- método das, cf. interpretação dos
sonhos
Astarte, 336
Astrologia
- e Alquimia, 393
- fundamentos, 405[11]
Astronomia (Paracelso), 390
Astronomia, 736

Ateísmo, 712
Atenção, 294, 382, 690
- crítica, 160
Athîsta, 329, 411
Atitude(s) psicológica(s), 201, 338, 523, 630s.
- e adaptação, 495s.
- coletiva, 142
- complementar, 133
- consciente, 488, 494s., 545
- espiritual e moral, 144
- falsa, 684
- introspectiva da Filosofia oriental, 436
- mudança de, 142s., 482, 495, 514, 594
- em relação ao mundo, 689, 705
- patógena, 497
- pessimista, 489
- semelhança dentro de uma família, 503
- do sujeito, testado para com o experimento, 197
- tipos, 221-224, 250, 258
- visualização, 630
- e vontade, 630, 635
Atividade endopsíquica, 241
Atômico, atômica
- bomba, 421s., 424, 426, 428
- modelo, 417
Átomo, 278, 284, 422, 438, 652
Aurora consurgens, 388
Australianos, 570
Autoanálise, 165, 685, 809
Autoconfiança, 193
Autoconhecimento, 141, 426, 737
Autoconservação, instinto de, 237, 379
Autocontrole, 507, 515
Autodecepção, 699, 704
Autodestruição, 245
Autoerotismo, 432
Automática, escrita, 171, 253, 602
Automatisme ambulatoire, 383
Automatismo(s)
- distúrbios inconscientes, 640

- do instinto, 244, 383s.
- dos processos reflexos, 607s.
Automóvel (m.s.), 451s., 535, 562
Autonomia, das ciências experimentais, 346
- de um conteúdo traumático, 500
- do espírito, 379, 643, 645
- da imago do objeto, 521
- do inconsciente, 365, 546
- do indivíduo, 472s.
- do instinto, 379
Auto-observação da psique, 165
Autorregulação da alma (psique), 159, 483, 488, 492, 547
Autorrenovação lendária do cervo, 559[11]
Autorrepresentação do inconsciente, 505
Avenida (m.s.), 561s.
Aventuras do herói (m.s.), 558
Azoth, 388[58]
Azul, 414

Bataques, 598
Batismal, fonte, 336
Beleza, 707
Benedictio fontis, 336
Bíblia
- palavra bíblica, 633
- parábolas e comparações da, 474
- Sagrada Escritura, 643
- Antigo Testamento:
-- Gn, 307, 751
-- Is 23,14: 427[126]
-- Ez 1,21: 394
-- Dn 4: 484, 559
-- Zc 3,9: 394[95]
--- 4,10: 394
-- Tb 209
- Novo Testamento:
-- Mt 5,14: 390[74]
-- Lc 12,49: 391[81]
-- Jo 395
-- Jo 1,4-5: 389[67]
---12,31 e 16,11: 426
- At 2,13 (milagre de Pentecostes): 319, 596

--- conversão de Paulo, 413, 582, 584
-- Apocalipse, 426[126]
Bifurcação, 561
Bioquímico, fenômeno, psique como, 650s., 660
Blasfêmias de um possesso, 202
Borboleta, 663
- da iúca, 268, 277
Branco, cervo, 559
British Psychological Society, 660
Bronze, espada de (m.s.), 149
Buda, 705
Budismo, 804
Burro, 449

Cabala, 736
Cabana, miniatura de (armadilha para espíritos), 575
Cabeça(s), 639
- e coração, 689
- dor de, 639
Cabelos, 559[11]
Cachorro, 364
Cadeias de ferro e bronze, 484 (Dn 4,12)
Calcanhar, 303s.
Canina, macaco com cabeça, 364
Caprichos, 266
Caráter, astrológico
- e hereditariedade, 657
- individual, 494, 496
- mudança de, 773, 809
Carbono, átomo de, 284
Carbúnculo, 384[47]
Cartesiano(s)
- diabretes, 202
Cartomante, 479
Casa mal-assombrada, 571
Casos (cf. exemplos de sonhos)
- (Fürst) concordância de associações entre mãe e filha, 228
- enfermo mental produz símbolos, 228, 317
- mudez histérica, 295
- convulsões hístero-epiléticas, provocadas pelo fogo, 295

- solução de problemas durante o sonho, 299
- dores provocadas psiquicamente, 303
- homem com neurose se interessa por psicanálise, 478
- neurótico sonha com coisas desabonadoras para sua noiva. Confirmação das suspeitas e cura, 542
- autoanálise sem resultado por causa de falsa atitude para com a vida, 685
- paciente com sintomas gástricos de origem nervosa. Análise revela ânsia infantil pela mãe, 711
- mudança de caráter no meio da vida, 775
- pressentimento da morte em sonhos, 504
Catástrofes matrimoniais, 783
Catatônicas enfermidades, 576
Catégories de la phantaisie, 254
Catolicismo, 338
Cauda pavonis, 394[97]
Causa(s)
- causa efficiens e causa finalis, 530
- de um sonho, 452s.
Causal, causais
- ponto de vista, 166, 438, 451, 456s., 471, 473, 530, 716
Caverna, 555
- de Platão, 416[121]
Cegueira, 614
- periférica, 295
- psicógena, 582
Celeste, lugar ἐν οὐρανίῳ τόπῳ (Platão), 336
Celtas, 149
Células cerebrais, 528
Censura (Freud), 132, 461, 486
Centelha, v. scintillae, centelha(s) da alma
- da alma, 388, 394[93], 430
Central, núcleo de um complexo, 180
Centralização nas produções artísticas, 401, 411, 417

Cerebral, cerebrais
- células, 528
Cérebro, 368, 529, 607, 653s.,
729, 743, 812s.
- estrutura do, 227, 342, 589, 729
- fisiologia do, 658
- hereditariedade, 227, 589, 717
Cerimônia(s), 726
Cervo, 559
Ceticismo, 697
Céu(s), 388, 390, 484
- cor do c, 414[120]
Chama, alma como, 665
Chave (m.s.), 470
Chefe (tribal), 735, 781
Chifres, 559[11]
Chinês, chinesa
- Filosofia, 437
Choque, 499
Christian Science, 342, 503
Ciência(s), 278, 245a, 437, 600,
623, 625, 730s., 737, 752, 790,
794
- naturais, 327, 650
- e cosmovisão, 707
- procedimentos, 194, 222
-- e Psicologia, v.e.t.
Científica
- explicação c., 284
Cinco, 401[112], 559
Círculo, 401
Circuncisão, 725
Cisão, 253, 378
- da personalidade, 202, 365
Civilizado(s), consciência dos, 338
- o homem c. e o primitivo, 624,
656, 682, 739
Clã
- relação com o, 725
Clarividência, 440
Classe(s)
- dos conteúdos conscientes, 294
- "naturais", 226
Cobra, medo de, 266
Cólera, 456
Coletivo(s), coletiva(s)

- atitudes, 142
- consciência, 176, 405, 424s.
- emoção, 555
- ideal, 496
- inconsciente, 229s., 311s., 321,
325, 338, 342, 424, 425, 426,
555, 589-591, 673s., 720, 738
-- definição, 270, 281, 589
-- hipótese, 403
-- pesquisa do, 325
-- como problema ético, 410, 741
- normas, 344
- sugestão, 496
Combinação, combinações
- capacidade de
-- inconscientes, 132, 370
-- do médico, 543
Compaixão, 162, 456
Comparação, cf. parábola
Compensação e complementaridade,
132, 545
- psíquica, 132, 430, 483, 485,
488s., 498, 546, 557
Compensadora, função c. dos
sonhos, 483s., 489-491, 492,
496s., 545, 560, 564, 566, 568
Complementaridade, entre
Consciência e inconsciente, 132s.,
385
- na Física, 439[129], 440
- entre Psique e Psicologia, 440
Complexio oppositorum, v.
unificação dos contrários
Complexo(s), 197s., 200, 217s.,
253, 350, 580-593, 645, 710s.
- autonomia dos, 200s., 213, 217s.,
253, 580s., 591s., 628, 633s.
- afetivos, definição, 196, 201,
383, 592
- do eu, 204, 387, 580, 613, 755, 757s.
- como fator de perturbação, 198,
253, 365, 593
- identificação com o, 204
- incompatibilidade, 201, 212, 215,
253
- inconsciência, 204, 384, 390s.,
602

A natureza da psique

- indicadores, indícios dos, 203s.
- infantis, 712
- de inferioridade, 197
- origem, 204, 253, 594
- e personalidade fragmentária, 202, 252
- temor dos c, 207, 211
- teoria transcendente dos, 131-193, 194-219, 582
Comportamento
- dos espíritos, 278
- ético, 242
- humano, 194, 232-262, 270, 435
- perturbação do c., 194
Compreender (Kant), 454
Compreensão, 172, 174, 508
- de um sonho, 468, 533, 543, 556, 560, 809
Compulsão, compulsões (v. tb. neurose), 507, 516, 521
Compulsividade, 234, 241
Compulsivo, caráter (cf. compulsividade), 378, 412
- do *pattern of behaviour*, 386
Conceito(s), 242, 356
- dúvidas sobre o c. verbal, 601s.
- formação dos c. na Psicologia, 223
- hipostasiado, cf. hipostasiação
- sistema de c., 223, 353
Configuração, interpretação, 402, 411
Confissão (Credo), 426, 652
Conflito(s), 259s., 426, 515, 575
- moral, 204
- entre natureza e espírito, cf. espírito
- e sonho, 491, 510
- superação, solução, 491
Confusão da mente, 593, 595
Confusão dos sonhos, 152
Conhecimento, 357s., 362, 402s., 436, 440, 507s., 698, 812
- árvore do, 754
Condições psicológicas, 276, 622
- estado de c. da Psicologia, 345-349

- instinto do, 731
- necessário para a interpretação dos sonhos, 543, 553
- do objeto, 357
- teoria do, 358, 362, 439[129]
Consciência, 277, 294s., 382, 399, 610s., 613s.
- ampliada, 385, 387, 426, 428, 750
- analogia com as funções sensoriais, 367
- capacidade da, 256, 945
- coletiva, 176, 405, 424s.
- como complexo assimilador, 197
- continuidade da, 265, 444, 581
- desempenho da, 342
- desenvolvimento, evolução, 204, 412, 428, 437, 756-762
- "deslizante", 409
- dissociabilidade, 202
- dissociação, 339
- distúrbios da, 385, 546
- dupla, 35ls.
- estado momentâneo da, 477, 491, 498, 546
- do eu, 204, 366, 387, 423, 430, 613, 515
- múltipla, 388-396, 392
- finalidade da, 695
- funções de orientação da c., 258s.
- grau de clareza, 249, 385, 387, 580
- *hybris* da, 802
- ilhas de, 755
- e inconsciente, 132, 249, 342, 365, 374, 381-387, 488, 491, 546, 594, 673, 676
- individual, 227s., 340, 342, 344s., 351, 590, 720, 723
- inibição pela, 132, 136, 182s., 203, 347, 373
- limiar da, 132, 134, 270, 340, 362, 366s., 372, 440, 588, 677
- limitação da, 812s.
- localização da, 669s.
- luz da, 415, 427, 610
- moderna, 649, 696, 731

- mundo da c. e mundo dos
fenômenos, 437s.
- ocidental, 749
- primitiva, 387
- progresso, 681
- psicologia da, 349-355, 439, 659
- e psique total, 227, 294s., 324,
350s., 361s., 380, 385, 397s., 631,
659, 666, 720
- racional, 739
- relatividade da, 385, 397
- secundária no inconsciente, 366,
380, 385
- semelhança dos arquétipos com
a., 388
- de si mesmo, 523
- superior, 637-645, 696, 768
- supraconsciência e
subconsciencia, 352
- tomada de, 599
-- dos conteúdos, inconscientes,
157s., 384, 413, 439[129]
-- do estado de ânimo, 167
-- e individuação, 432
-- das projeções, 516s.
-- dos reflexos, 607, 609
- total, 249, 385
- vazio da, 155
Consciência moral, 458, 460, 518
- falta de, 685
Consciente
- capacidade de ser (tornar-se)
Consciente, 412
-- dos conteúdos inconscientes
- tornar-se, 244, 429, 754
Consciousness, field of (James), 382[45]
- a fringe of (James), 382, 397
Constelação, constelações
- dos conteúdos psíquicos, 198, 692
- do dragão, 394
- de estrelas fixas, 392
- onividente, 394
Constituição
- fisiológica, 221, 231, 727
- psíquica, 213
Conteúdos, 352

- afetivos, 178, 592
- autônomos, 254, 366, 712
- conscientes, 243, 251, 284, 354,
516, 720, 755
-- e inconscientes, 131, 387
- incompatíveis, 366, 372, 388, 702
- inconscientes (subliminares), 270,
301s., 321, 372s., 380s., 477, 507,
516, 531, 588s., 709
-- torná-los conscientes, 372, 383,
413
- irracionais, 594
- novos, 254, 702
- sintomatológicos, 366
- subjetivos, 690
- valor energético dos, 270, 363
Contexto, levantamento,
reconstituição do, 542s., 556
Conversão de Paulo, 413, 582
Convertido, 582
Convicção, 581
Convulsões histéricas, 295
Cor, cores
- do ar, 414[120]
- aversão a, 234
- do céu, 414[120]
- mística, 414
Coração, 484
- e cabeça, 686
- dores, 303s.
- "intelligence du coeur", 543
- como sede dos sentimentos, 669
Cordeiro, 229
Coroa, 229, 359
Corpo(s), 390, 604
- de sopro, 390
- vivo, 364s.
Corporal
- psique (Bleuler), 368
- sensação, 614
Corpus Hermeticum, 275[9]
Cortadeira, formiga (saúva), 398
Cortical, corticais
- alma, 368
- funções, 368
Cósmico, sistema, 677

Cosmos, 394, 695
Cosmovisão, 483, 525, 572, 594, 650, 689-741
Covardia, 506
Credo, 652
Crença, 427
Criador
- Deus como C., 665
Criador(es), criadora(s)
-- conteúdos inconscientes, 172s.
Criança
- e consciência do eu, 668
- disposição psíquica funcional da, 673
- e pais, 575, 720, 754, 756
- psicologia da, 755, 795
- recém-nascida, 589, 594
- tomada de consciência, 750, 754
- totalidade inconsciente da, 426
Criativo, o, 245, 339
- e sexualidade, 709
Criativo(s), criativa(s)
- atividade, 702
- ato, 737
- conteúdos de natureza, 254
- dotes, 135
Criptomnésia, 311, 319, 503, 599
Cristalino, reticulado, 589[6]
Cristão(s), cristã(s)
- dogmas, 336, 643
- ideia central, 396
- ódio aos, 582
Cristianismo, 162, 572, 751
Cristo, 336, 389, 394[103]
- como cervo, 559
- complexo de, 582s.
- como esposo, 336
- na missa, 313
- como pelicano, 559
- visão de (Paulo), 582
Cristóvão, São, 430
Crocodilo, 516
Cronos, 394
Crucial, questão (decisiva para o destino individual), 635, 642
CRUZ, 401

Culminação (fase do sonho), 563
Culpa, experiência erótica como, 463s., 471, 474
Cultura(s), 149, 150, 238, 672, 683, 750
- e indivíduo, 427
Cultural, culturais
- instinto, 243
- produto, 238, 726, 769
Cura, de mordida de serpente, 307
- de uma neurose, 526, 590
- tentativa natural de, 312
Curandeiro, 336, 411, 573, 575
Curativo, poder, 524
Cutâneas, erupções, 639

Decisão, inconsciente, 295
Dedos, espaço de dez, 395
Degeneração, 572, 687
Deisidaimonia δεισιδαιμονία, 427
Delirantes
- enfermidades, 576
- ideias, 554, 581
Dementia praecox, 297, 317
Demônio(s), 205, 366, 558, 578, 627, 712
- femininos, 332
Dente (m.s.), 535
Depressão, depressões, 166s., 169, 266, 593, 598, 773, 798
Desassossego (cf. agitação, inquietação), 240
Descobertas, 700
Desejos
- árvore dos, 558
- reprimidos, teoria dos, 498
- realização, satisfação dos, 805
- em sonhos, 461, 470, 487, 505s., 512, 541
- sonho como, 527
- teoria da realização dos, 491
Desenho, 180
Desenraizamento, 815
Desenvolvimento da individualidade, 523
Deserto, 335

Desintegração psíquica, 202
Desmaio (m.s.), 563
Despersonalização do afeto, 510
Desunião consigo próprio, 760
Determinação, força de d. da
consciência, 568
Determinantes do comportamento
humano, 235-262, 270
Deus, deuses, 359, 361, 406
- adoração, culto a., 411
- alimentos como, 333
- bacante (Nietzsche), 358
- dos católicos, 338
- como *complexio oppositorum*, 406
- conceito de, 528
- Criador, matéria como, 665
- e a Filosofia moderna da
natureza, 678
- o grande Deus (hino egípcio), 303
- herói divino, 326
- imagem, 528, 735
- e o inconsciente, 678, 728
- injustiça de, 458
- (Leibniz), 527
- dos mistérios eleusinos, 333
- nome, 735
- olho de, 394
- Deus-Pai, 336
- (Paracelso), 390
- dos primitivos, 278, 712
- semelhança com, 636
- o Sol como D., 329, 411
- transformações dos, 655
Devir e decadência das coisas, 673
Diabo, 332, 335, 426
- cartesiano, 202
- possuído pelo, 627, 710
Diabrete, 710
Diagnose, diagnóstico, 351, 543
Diálogo, 186, 199, 213
Diástole e sístole (Goethe), 765
Diferenciação, diferenciações
- da consciência, 344s.
- individual, 523
- de um instinto, 731
- e dissociação da psique, 254

Dilúvio, 428
Dinâmica, dinamismo
- dos afetos, 183
Dinamismo, 130
Dirigido, caráter
- atitude, 158
- dos conteúdos conscientes, 132,
136
- dos processos psíquicos, 294
Discípulos de Cristo, 559[11]
Discordância consigo próprio, 760
Disposição, disposições
- arquétipos como, 353
- hereditariedade como, 229, 248
- dos processos psíquicos futuros,
348
- típicas, 258
Dissimulação, disfarce dos afetos
nos sonhos, 485, 510
Dissociabilidade
- do estado de espírito primitivo, 217
- da psique, 161, 365-370
Dissociação (cf. dissociação
esquizofrênica, cisão, duplo,
parcelar, fragmentário), 378, 384
- esquizofrênica (cf. esquizofrenia),
254, 383, 430
- neurótica do eu, 430
- da personalidade, 207, 387, 396
- da psique, 365
Distúrbio(s), 638
- emocional, 168
- indigestão, 516
- nervosas, 575, 579
- neuróticas, 720
Divisão, dividir-se
- tendência psíquica a, 253
Divisibilidade da psique, 582
Divisível, parcial, psique, 204, 582
Djinns, 335
Doença(s), enfermidade(s)
- dos primitivos, 335, 587, 598, 712
- psicógena, 546, 575, 702
Dogmas cristãos, 336
Dogmatista, 785
Dominantes, 403, 423, 718, 728

Dor(es), 316, 680, 711
- no calcanhar, 303s.
- no coração, 303s.
- imaginária, 205
- influência da d. sobre os sonhos, 502
- percepção da, 607
Dote(s), 168, 170s., 400
Double conscience (Janet), 351, 365, 396
Double personnalité, 383
Dragão, dragões, 326, 335, 394, 415, 556, 558, 718
Duende, 203
Dupla, múltipla
- consciência, 351
- personalidade, 253, 383
Durée créatrice, 278
Dúvida, 526, 582, 750

Ecforia, 368
Educação
- de adulto, 786
- para o indivíduo, 472
- influência da, 161, 632s., 702, 731, 766
- religiosa, 766
- tardia, entre os primitivos, 521
Efésios (Carta de Inácio de Antioquia aos), 388
Egito, 313, 735
Egocentrismo, 432
Élan vital (Bergson), 678
Elementares
- demônios, 578
- ideias e. (Bastian), 353
Elementos, 388
Eletricidade, 406
Elfos, seres élficos, 202
Elgônis, 329, 411, 575[2]
Emocional, estado e. perturbado, 166, 168
Emoções, 667
Empatia, 543
Empíreo, 659
Empíricas, Ciências, 346

Empirista, Jung como, 604
Energeia ἐνέργεια, 441
Energético(s), energética(s)
- ponto de vista e (cf. ponto de vista finalista), 407, 441
- processo, 798
- relação e. entre os processos psíquicos e fisiológicos, 441
- tensão, 152
Energia
- conceito, 278, 441, 528
-- hipostasiado, 152-155
- como Deus, 678
- disponível, 167
- forma espiritual, 377
- e limiar da consciência, 270, 362s., 366
- psíquica, 415, 729
Energismo psíquico, 406
Enfeitiçamento, 571, 625
Enfermeira (m.s.), 478
Enfermidade(s), 705
Engrafia, 368
Eniantodromia, 425
Enteléquia, 388[60]
Entropia, 575
Entusiasmo, 595
Envelhecimento, 777, 785
Enxaqueca, 709
Epilepsia, 582
Epistemologia crítica, 359, 625
Epistemológica, ética, 622
Época, espírito da, 652s.
Equilíbrio psíquico, 547, 762
Érida, 627
Erínias, 206
Eros
- infantil, 146
Erótico, erótica
- complexo, 209
- experiência, 460, 463
Erro(s), 165, 705s., 746
Espírito do e., 647
Ervas do campo, 484
Escada, subida de (m.s.), 535
Escola, 630

Escolástica, 275
Escolásticos, 393
Escrita, lapsos de, 296
Esculápio, templos de, 549
Escura, noite e., da alma, 431
Escuridão, obscuridade, 396, 752
Esfera, globo, 401
- euclidiano, 440
- multidimensional, 438
- relativização, 440[121], 814
- e tempo, 257, 438, 440, 600[16], 813s.
-- independência em relação ao t. e e., 814
-- relativização psíquica, 440
Espada, 149s.
Espécie, instinto de conservação da, 238
Espectro, 384, 414
Espinhal, medula, 607
Espíritas, fenômenos, 602
Espiritismo, 341, 599, 628
Espírito
- autonomia, 379
- conceito, 601s., 626-629
- de Deus, 359, 388
- da época, 652
- fenômenos do, 574, 643
- hipótese do, 573, 599, 661
- história do e. humano, 554, 589
- "inato" (Paracelso), 390
- e instinto, 379s., 406s.
- e matéria, 251, 420, 649s., 682, 747
- mau, 576, 630, 710
- e natureza, 680s., 739
- natureza paradoxal do, 427
- primitivo, 217
- proposições do e., 544
- santo, 394
-- como pomba, 319, 336
- e vida, 601-648
Espíritos, 253, 278, 405, 570, 574s., 585s., 591, 594, 596s., 626s., 712
- aparição dos, 573, 579

- armadilha para espíritos, 575[2]
- complexo dos, 587
- crença nos, 210, 341, 570-578, 586, 591
- hora dos e. meridianos, 665
- dos mortos, 333, 335, 522, 570s., 598, 625
- sopro frio dos, 329, 664
"Espirituosas", bebidas, 602
Esposo
- Cristo como, 336
- e esposa, 336
Esquecimento, 154, 610, 639
Esquizofrenia, 183, 281, 297, 576, 589
Esquizofrênica
- dissociação, fragmentação, 254, 383, 430
- linguagem e. de poder, 360
Estação ferroviária (m.s.), 535
Estalido (espírita), 602
Estética, formulação, 173, 175s.
Estímulo(s)
- palavra-estímulo, 198
- psicológico, 235-240
- e reação desproporcionada, 264
- sensorial, 607s.
- somáticos, efeito dos e. s. sobre os sonhos, 502, 529, 536
Estrada de ferro (m.s.), 535, 561
Estrangeiro, o, 517
Estrela(s), 388, 390
Estrelado, céu, 392s., 396
Éter, 278
Etéreos, seres, 570, 664
Eternidade, 394, 785, 815
- qualidade de e. da vida, 739
Ética
- epistemológica, 622
Ético, problema e., inconsciente coletivo como, 410, 740
Eu
- confronto do e. com o inconsciente, 181, 706, 712s.
- consciência do eu, 204, 366, 387, 423, 430, 613, 615

A natureza da psique

- guiador, 181s., 692
- e inconsciente, 387
- inflação do eu, 176, 427
- e liberdade, 216
- luta contra o inconsciente, 706
- mudança do, 430, 611
- onírico (eu do sonho), 580
- ponto de referência dos
conteúdos inconscientes, 384, 387,
581, 611
- e psique total, 612, 614s., 637-642
- e o si-mesmo, 430
Eucaristia, espécie de, 388[55]
Eufemismo, 206s.
Eumênides, 206
Europeu(s), 573
Evangelistas, símbolos dos, 559
Evolução
- da humanidade, 135, 431
- processo evolutivo da
personalidade, 550
- traços, vestígios, 398, 475, 675
Exagero, 272, 279, 529
Exército, 690
Experiência, 136, 166, 209, 261,
352, 598, 625, 659, 671, 680, 682
- analítica, 491, 497s.
- do inconsciente coletivo, 673s.
- matriz da, 738
- do mundo, 288
- situação de experiência,
Experimentação, 195, 197
- de vida, 352, 633
- psicológica, 530
- de Rhine, 441
- de repetição, 199, 592
- valor da, 195
Experimentador
- físico, 440
- psicológico, 439[129]
Explicação (esclarecido), 710
Exposição (fase do sonho), 361
Êxtase, 597
Exteriorização, 600
Extra-sensory perception (ESP), 599
Extroversão e introversão, 169,
250

Fábulas, 449
Fadas, contos de, 325, 476
Falecidas, pessoas, que aparecem
em sonhos, 375
Fálico, símbolo, 336, 470
Falo, 317, 509
Fanatismo, 407, 425, 526, 582, 773
Fantasia(s), 146s., 228s., 294, 388,
449, 554, 667
- catégories de la phantaisie
(Hubert e Mauss), 254
- eróticas, 149
- espontâneas, 155, 166, 400, 403
- produzidas por fenômenos
luminosos, 396
- hipnagógica, 170
-- imagens da fantasia, 170, 400s.,
436, 738
- inconscientes, 132, 362
- dos primitivos e doentes mentais,
719
- sentido das, 449, 808
Fantasma(s), assombrações, 528, 602
- aparecimento de, 598
- medo de, 681
Fantásticas, ligações, f. das
representações nos sonhos, 445
Faraó, 307, 735
Faustiana, pergunta, 188
Fausto (Goethe), 414
Fé (cf. crença), 804
Febre, 488, 639
Fecundidade, 333
Fecundos, germes f. no símbolo,
644
Feitiçaria e doença, 335
Feminilidade, 782
Fenomenologia
- física, 260
- psicológica, 235-251 (em geral),
252-262 (em especial)
-- ponto de vista, 343
- religiosa, 254, 414
Fera, coração de, 484
Feridas psíquicas, 594
Fertilidade, deus da, 332

Fetiche, 335, 524
Filho, 336
- arquétipo do, 336s.
Filopsique (Bleuler), 368
Filosofia(s), 251, 261, 340
- alemã, 359s.
- de Bergson, 269, 278
- chinesa, 436, 683
- grega, 655
- de Hegel, 358
- hindu, 436
- medieval, 275, 319
- Natural, 327, 346, 678
- e Psicologia, 344, 357, 421, 436, 525, 569
Filosofia do Inconsciente, 368
Fim
- ciência como, 731, 737
Finalidade, 456
- psíquica, 488, 491
Finalista, ponto de vista, 451, 456, 462, 470
Física, 194, 251, 356, 417, 424, 437, 746, 815
- atômica, 442, 600
- imagens de Deus na, 528
- e Psicologia, 194, 381, 385, 417, 421, 439s., 814
Físico(s), física
- explicação baseada na ordem, 656
- fenômenos f. concomitantes da psique, 348
Fisiologia, 620, 675, 688
Fisiológico(s), fisiológica(s)
- o fisiológico e o psíquico, 231, 323, 376
- bases f. dos instintos, 374
- da Psicologia, 231, 232
Fobia, 297, 702, 798
- de galinha, 266
- de doença, 205
- supersticiosa (da superstição), 598
Fogo, 314, 681
- alma como, 665
- que provoca convulsões, 290

Folclore, 436
- dinamarquês, 202
Folclóricos, conhecimentos, 553
Folhas (folhagem), 484
Fome, 711
- impulso (instinto) da, 236, 336
Fonte(s), 169, 558, 559[11]
- batismal, 366
- da energia psíquica, 407, 414
Força(s)
- alma como f. motora, 663
- aumento da f. da alma, 590
- mágica, 278
- dos sentimentos, 683
Formadores, formuladores
- princípios, 173, 401
Formae rerum essentiales
(Khunrath), 388[60]
Formiga-cortadeira, 398
Fóton, 438
Fragmentação esquizofrênica, 430
Fragmentária, personalidade, 204
Francesa, Revolução, 454
Frutos (m.s.), 484
Função, funções, 131, 249s., 375s.
- conscientes e inconscientes, 295, 382, 383, 412, 673
- instintivas, 377, 673
- investigação da libido, 708s.
- matemática, 131
- de orientação, 258
- predominância de uma, 258, 588
- sonho como, 702
- transcendente, 131-193
Funciona, disposição psíquica, 673
Fúria, cólera, 516

Gado, 571
Galo(s), 390[76]
Ganglionar(es)
- células, 607
Garganta, bolo na, 303
Gástrica, gástricos
- neurose, 710s., 721
- sintomas, 711
Genealógica, árvore, 559

A natureza da psique   397

Generatio aequivoca, 529
Genius loci, 441
Gigante, 394
Gilgamesh, epopeia de, 209
Glandular, função, 794
Glândulas
- e instintos, 332
- produtoras de hormônios, 233, 374
Globus hystericus, 303, 309
Gnóstica, doutrina, 388
Gótico (idade), 649, 656
Graal, Santo, 559[11]
Gregos, 663s.
Guerra, 507, 516s., 684

Habilidade verbal e motora, 198
Harmonia
- estar em h. consigo próprio, 760
-- (Schopenhauer), 428
Hera, 394
Herança
- espiritual, 720
- da humanidade, 149
Hereditariedade
- inconsciente, 657
- pesquisa sobre a h., 671
Herói(s), 278, 558, 718
- divino, nascimento do, 326-330
- mito do, 326-329, 415, 555, 558, 718
Hierógamos, 336
Hindu, Filosofia, 436
Hino egípcio, 307
Hipnagógica, imagem da fantasia, 170
Hipnose, 440
Hipnotismo, 295
Hipocondríaco, 785
Hipostasiação
- da imago de Deus, 528
Hipótese
- nas ciências, 735
- do espírito, 661
- imagem do mundo como, 698
Histeria, 287, 702, 710
Histérico(s), histérica

- distúrbios h. como fonte da crença nos espíritos, 575
- mãe, 306
- mudez, 295
- uma paciente, 566
Hístero-epiléticas, convulsões, 295
Homem (varão), homens, 336s., 409, 773s., 782s.
Homem (ser humano)
- na alquimia, 390
- Homem-Animal, 558
- da Antiguidade, 516
- arcaico, 190
- civilizado, 161, 183, 686
- coletivo, 673
- descendente de uma espécie animal, 652
- diferenciado, 588
- como figura do Redentor, 229
- "o h. hediondo" e "o h. superior" (Nietzsche), 162
- da idade madura, 800
- imagem e semelhança de Deus, 736
- inconsciente, 344
- ingênuo, 204
- instintivo, 723
- da massa, 410, 425s.
- medieval, 395, 426
- moderno, 306, 426
- e c mundo, 693
- natural, 751
- ocidental, 743
- primordial, 395
- problemático, 763
- religioso, 409
- total, 430, 557
- como unidade vital, 369
Hormônios, 233, 374, 376, 653
Hospital, 479
Hóstia, 333
Hotel, 533, 561
Humor, 639, 667

Iacos, 333
Idade humana, 248, 705, 801
Idade Média, 380

Idade de ouro, 412
Ideal, 496, 631, 769
Idealismo, 624
Ideia(s), representação,
representações, conceitos
- herdadas, 229, 270, 320, 352s., 718
-- probabilidade de, 320s.
- ilusórias, 747
- inatas, 353, 435, 589
- ideias-mestras, 632s., 690
- nova, 700, 709
- origem, 669
- de Platão, 388
Identidade
- mística (Lévy-Bruhl), 507, 516,
519
- com o objeto, 516, 521-523, 528
- prova de, 599
- da psique com o contínuo físico,
440
Identificação
- com os arquétipos, 254
- com o Crucificado, 162
- da onividência com o tempo, 394
- com a profissão, 258
- com o si-mesmo, 430
I-Ging, 405
Igreja, 336, 426
- torre de i. (m.s.), 509
Iluminismo, 516, 528, 570s., 598,
805, 807s., 815
Imagem, imagens
- coletiva, 721s.
- como conteúdo consciente, 608
- da depressão, 167, 169
- de Deus, 389, 794
- das funções sensoriais, 611
- mundo das, 746
- do mundo dos fenômenos, 437
- dos outros, 508
- percepção de, 745
- primordiais (J. Burckhardt), 229,
794
- psíquicas, 681
- simbólicas, 388, 738
Imaginação

- ativa, 403s., 414, 599
Imaginar, limites da capacidade de,
814
Imagines, espíritos como, 628
Imago, 507, 521[17]
- Dei, 389 (Dorn)
- do objeto, 521s., 528
- subjetividade da, 516
Imortalidade, 577, 669, 790
Imprensa, psicologia da, 507, 516
Impulso(s), 240, 376, 756
- para a ação (agir), 690
- arcaicos, 281
Incongruência, 542
Inconsciência, 204, 249, 265, 344,
415, 571
Inconsciente, o, 229, 249,
338-341, 356-364, 568, 702, 729
- aspecto criativo do, 703
- autonomia, 365, 547
- conceito, 270, 339, 369[33], 382,
588, 640
- confronto com o, 181, 706, 712
- como consciência múltipla, 388-504
- eficácia, 156, 158, 184, 439, 491,
708
- esgotamento do, 439[129]
- estrutura do, 210, 218
- finalidade, 488, 491
- função redutora do, 496
- hipótese, 348s., 355s., 359, 370
- questão do i. sob o ponto de vista
histórico, 343-355
- influências, 164, 340, 713, 724
- irrupção, 360, 413, 430, 581, 590
- psicoide, 385
- rejeição do, 348s., 381
- separação (desvinculação) do, 139
- vontade de dirigir, 181
Inconscientes
- atividades, 269, 298s., 365s., 381s.
Incubação, sonhos de, 549
Indigestão, 516
Índios, 333
Individuação, processo de, 400,
430, 550
Individualidade, 344

A natureza da psique

Indivíduo, 428, 472, 494, 523
Indonésia, 441
Indutora, palavra, 198
Infância, 575, 799
Infantil, infantis
- dependência, 715
- desejo sexual (Freud), 497
- fantasia, 146
- redução a desejos, 515
- resistências i. contra a vida, 797
- vontade i. de poder, 497 (Adler),
527
Infecção
- medo de, 204
- proteção contra, 488
Inferioridade
- complexo de, 197
- sentimento de, 176, 762
- sintomas de, 815
Inferno, castigos do, 736
Infinitude, ideias de (Bruno), 696
Inflação do eu, 176, 426s., 430
- sonho como fonte de, 672
Iniciação, 521, 558, 688
Inimputabilidade, 200
Insetos, 673s.
Insônia, 394, 566
Inspiração, 574, 668
Instintiva(s)
- imagem (figura), 398s., 404, 414
Instinto(s), 236-243, 374, 377,
379, 384, 398s., 415, 528, 708
- afastamento, desvio do, 374, 720,
750, 808, 815
- e alma, 232s., 398
- e arquétipo, 222, 270s., 339,
404s., 425[124]
- atrofia dos, 161
- automatismo dos, 244, 384
- caráter compulsivo, 233, 376,
384, 412
- e compulsividade, 234, 235, 653
- e consciência, 272s., 750
- de conservação da espécie, 238
- criativo, 245

- definição, 264 (Rivers), 265
(Reid), 273
- determinantes do comportamento
humano, 232s., 270
- e espírito, 379
- fonte, 268, 339
- do homem, 271s., 398
- e inconsciente, 263-282
- e intuição, 269s.
- poder dos, 657
- de poder, 430
- psicologia dos, 671
- da reflexão, 243, 244
- e reflexo, 267, 271
- repressão, 704
- sentido, 398
- teoria dos, 491, 527
- tipos de, 398
- e vontade, 272, 399
Instrumentos, 731
Integração
- conceitos inconscientes, 193, 423,
426, 430
- tentativas de integração
patológica, 430
- da personalidade, 410
Intelecto, 600
Inteligência, 344, 390, 783
Intelligence du coeur, 543
Intenção, 200, 254
- consciente, 383, 673
- e os influxos inconscientes, 258
Intensidade(s)
- avaliação das int. psíquicas, 441
Interior(es)
- atitude, 629
- experiência, 209, 593
- imagem, 170
- necessidade, 265-268
- palavras, 170
Interpretação
- ao nível do objeto ou do sujeito,
509-528
Interrogatório cruzado, 199
Introversão, 169, 250
Intuição, intuições, 257, 269s.,
292, 395, 543, 594

- formas de, 270, 814
Investigação, 195
Ioga, 688
Irracionalidade
- no encadeamento dos fenômenos psíquicos, 152, 530
- do espírito da época, 652
- da realidade, 137
Ísis, 307
- serpente de, 313
Islão, 683
"Ismos", 366, 405, 425s.
Iúca, borboleta da, 268, 277

Jardim
- cercado de muros, 358
Judeus, 338
Julgamento(s), 136, 477, 581
- subliminar, 362
Jung
- Dr. Jung (m.s.), 478s.
Júpiter, luas de, 346
Juventude (idade), 555, 559, 796, 801

Karpistes χαρπιστής, 388[54]
Kiswahili, 441[135]
Koans, 431

Lágrimas, 303
Lamaico, sacerdote, 436
Lapis stanneus (Flammel), 394
Lares, 209
Latão, 394
Leão, 449
- o "leão moral" (Nietzsche), 164
- como símbolo de um evangelista, 559
Lebre, 229
Lembrança(s)
- e conhecimento, 290
- lacunas da (experimento de repetição), 199, 593
- traços, vestígios de, 668
Lenda, gênese, 325
Liber Sapientiae, 388
Liberdade, 216, 230, 247

- ausência de, 200, 216, 293
Libertação, sentimento de, 329
Libido, 507, 517
- conceito, 441
-- primitivo, 130, 411, 441[135]
- introversão, 169
- perda, 598
- regressão, 507
- represamento, 517
Ligação
- inconsciente, 519, 724
- com os mortos, 598
- com o objeto, 507, 510, 516, 521
Limiar psicofísico (Fechner), 352[11]
Língua, desenvolvimento da, 292
Língua lapsa, 296
Linguagem
- da Bíblia, 474
- comunicável, 595
- figura de, 311, 627
- formação da, 740
- lapsos de, 138, 204, 296, 546
- de poder, 360
- primitiva, 309, 474
- dos sonhos, 475, 506, 509
- simbólica, dos sonhos, 474, 477
Lise (fase do sonho), 564
Lógica, 189
Louco, 478
Loucura, 330
Lua, 330, 388, 394
- fase da, 411
Lúdico, lúdica(s)
- instinto, 240
Lugar
- indicação de l. nos sonhos, 562
- (m.s.) mudança de, 809
Lumen naturae, 389-392
Luminosidades, 387s., 395
Luminositas, 387s.
Luminosos, globos, 396
Luto, 456
Luz, 389-391
- caráter paradoxal da, 381, 438
- contraste obscuridade-clareza da consciência, 610

- "luz da natureza" (Paracelso), 390
- partículas de, 381, 388, 437
- percepção da, 623, 681, 745
- sementes de, 388
- virgem da, 388[55]

Maçã
- roubo da, cena do paraíso, 460s., 751
-- (m.s.), 458, 460, 471, 474, 476
Macaco(s), 266, 411, 654
- capacidade de aprendizagem do, 374[37]
Mãe, 149, 561 (m.s.), 720-723
- arquétipo da, 336, 528
- complexo da m., 707, 711, 721, 728
- e filha, 228
- e filho, 720, 723
- a Grande Mãe, 326, 336, 851
- histérica, 306
- retorno ao seio da, 712
- desligamento da, 723s.
Magia, 313, 516, 712
- dos nomes, da palavra, 209, 224, 356
Mágico(s), mágica(s), 336, 521
- força, 336
- *Papiro Mágico de Paris*, 318
- relação, 507, 725
- ritos, 340, 712
- magna mater, 336
Maia, 682
Mal-assombrada, casa, 571
Mana, 279[12], 335s., 341, 411, 441
Mandala, 396, 417, 436
Manicômio, 705
Maniqueísta, doutrina, 388
Mântico(s)
- experimento, 685
Mar, 326, 335, 394, 396, 415
- festa noturna sobre o, 396
- nascimento do seio do, 325, 329
Maria
- Anunciação a, 319
- culto a, 336

Marte, 736, 791
Martírio, morte pelo, 645
Masculinidade, 248, 782
Masculino, masculina(s)
- cerimônias de iniciação, 725
- orgulho, 303
Massa
- como forma de energia, 442
- homem da, 410, 425
- a menor partícula de, 417
Massas, sugestão das, 630
Massificação da psique, 427
Matemática, 696
Mater ecclesia, 336
Matéria, 368, 433, 605, 623
- e espírito, 653-682, 743
- e psique, 418, 441, 529
Materialismo, 483, 529s., 571, 649, 705, 707, 713
Medição
- na Física, 441
Medicina, 684, 688
- acadêmica, 526
Médico, 543
- e paciente, 140s., 145-148, 184, 286, 421, 472, 498, 515s., 519, 684s., 715
- médico-sacerdote egípcio, 313
- (m.s.), 478s., 481, 564s.
Médium, 599s.
Medo(s), temor(es), 211s., 244, 266, 593
- de cobras, 266
- dos espíritos, 681
- do inconsciente, 230, 351, 414, 530
- de infecções, 204
- por parte dos neuróticos, 639
- dos sonhos, 566
- do futuro, do mundo, da vida, 796
Medula espinhal, 607
Medular, alma, 368
Megalomania, 317
Meia-noite, mar da, 326
Melanésia, 411, 441
Melodia obsessiva, 266, 639

Melões, 388
Memória (cf. lembrança), 362,
368, 673
- e complexos, 253
- continuidade da, 755
- falhas de, 154
- imagens da, 808
- no inconsciente, 270, 295, 388,
493, 588
- e personalidade fragmentária, 202
- subliminar, 362
- traços, vestígios da m. nos
sonhos, 493, 549
Mental, mentais
- doenças, 297, 529, 576, 589
- doentes, enfermos, 611
-- experimento das associações
com, 593
-- que produzem imagens
mitológicas, 228, 278, 317, 589,
719
-- vozes ouvidas por, 170, 253, 581
- perturbações, 281, 507, 584, 589
Mentalidade (espírito) primitiva,
309, 712, 725, 735
Mente (cf. espírito, intelecto,
inteligência, razão), 381, 388, 472
Mercúrio, 388[58], 393
Mesa (m.s.), 478, 539
Mesas girantes (espiritismo), 602
Mestre, visão do mestre de
doutrina, 632
Metafísica, 528, 569, 651, 663
Método
- construtivo, 148
- redutivo, 146, 154
Mia keraia μία χεραία, 395
Microfísica, 439[129]
Mil, de mil olhos, mil pés, mil
cabeças, 394s.
Milagre
- de Pentecostes, 319, 596, 596[12]
Mimeseis μιμήσεις, 275
Mind Association, 660
Mistérios, 333, 788
Mística, 431

Misticismo, 712
Místico, mística(s)
- cor, 414
- instruções, 725
Missal, textos do, 314
Mito(s)
- lunar, 330
- natureza do, 325, 406
- pesquisas sobre, 254
- sistema conceitual no, 353
- gênese, surgimento do, 228, 325
Mitologema(s), 192, 392, 555
- interpretação, 436
Mitologia, 278, 330, 683, 718, 738
Mitológico(s), mitológica(s)
- imagens, 325
- motivos ou temas, 228, 325, 401,
476
-- e sonhos, 302, 474, 476, 589
- pressupostos, 192
Mitra
- culto de, 318
- touro de, 333
Modalidades psicológicas, 249s.
Modelagem, 180
Modelo
- na Física, 417
- da psique, 381
Mônada, 388, 395
Monstro, 718
Montanha (m.s.), 162, 535
Montanistas, 645
Moral, moralidade, 461, 465, 472,
528, 532, 568, 685, 697
Morte, 705, 786, 796-812
- como conteúdo (objeto) de
sonhos telepáticos, 504
- continuação da vida depois da,
625, 790
- espíritos e feitiçaria como causa
da, 335
- como finalidade, termo, 796,
803, 870s.
- pelo martírio, 645
- medo da, 778, 796
- nascimento da, 800

- suicídio, 678
Mortos
- culto aos, 575
- ligação com os, 598
- manifestação, reaparecimento em sonhos, 574
Motivação das ações instintivas, 272, 277
Motivos (temas)
- condensação dos m. em símbolos, 173
Motorista embriagado (m.s.), 563
Mudança, amor à, 240
Mulher, 198, 330, 336s., 773, 780
Multidão (m.s.), 535
Múltipla personalidade, 253, 383
Mulungu, 411
Mundo, 437s., 659, 729
- alma do, 393
- ambiente, adaptação ao, 324s., 339, 494
- experiência do, 283
- imagem, ideia do, 361, 370, 423, 438, 440, 696-699, 729, 743, 745
- reformadores do, 518
Mungu, 411, 441[135]
Muro(s) (m.s.), 563
Myriopos μνριωπός, 394

Namoro (m.s.), 459
Nascimento, 328, 765
- da morte, 800, 804
Natal, árvore de, 411
Natural, naturais
- Ciências, 327, 650
- e cosmovisão, 707
-- procedimentos, 194, 222
- explicação, 327
- forças, 393
Natureza, 339, 412[119]
- atos criadores, 339
- e cultura, 750, 787
- luz da (Paracelso), 398s.
- não psíquica, 437
- volta, retorno à (Rousseau), 739, 750

Necessidade interior (Kant), 265
Negro (indivíduo), 669
Nervoso, sistema
- centralizado, e psique, 227, 234, 368, 607s.
- e imagens da consciência, 745
- e processo instintivo, 266
- simpático, 613, 642, 729
Netuno, 735
Neurose(s), 518, 547, 714-721, 763
- casos de, 480, 542, 685
- causa, 255, 688, 808
- compulsiva, 297, 702
- cura, 526, 690
- explosão, irrupção, 207
- gástrica, 710, 721
- nas mulheres, 773
- psicologia da, 383, 667
- tratamento, 184, 548, 599, 702
Neurótico(s) (indivíduo), 134, 244, 639, 667
- experimento das associações com, 593
- projeções do, 527, 517s.
- sonhos, 480s., 542, 564
Neurótico(s) neurótica(s)
- dissociação, 207, 430
- resistências, 797
- sintomas, 684s.
Nganga, 575
Ninfas, 335
Noite, 326s.
Noiva (m.s.), 542
Nome, 208, 356, 663s., 735
Noturna
- serpente, 326
Numen, 441
Número, 131, 356
- série natural dos, 356
Numinosidade
- do arquétipo, 405, 411, 591
- complexos inconscientes, 383
Numinoso, o (Otto), 216

Objetivos prefixados do organismo, 798

Objeto
- imago do, 521, 529
- ligação com o, 507, 510, 516, 519
- mágico, 521
- nível do, interpretação ao, 509-529

Obscura(s)
- forma o, de existência da psique (alma), 358
- representações (Wundt), 210, 351
Observador, 440
- e objeto observado, 438
- psique como, 417, 421, 437
Obsessão, 702
Obsessivo(s), obsessiva(s)
- ideias, 200, 639
- melodias, 268, 639
- pensamentos, 266
Ódio, amor e, 517, 584
Olho(s)
- de Deus, 394
- multiplicidade de, 395
- do peixe, 394
- sete, 394
Onírico(s), onírica(s)
- estado, da psique coletiva, 674
-- do primitivo, 682
- estágio o. da consciência, 249, 580
- fantasia, 494
- pensamento (Nietzsche), 474
- personagens, 506
- séries, 526, 552
Onividência
- do Dragão, 394
- identificação da o. com o tempo, 394
Oportunidade do sonho, 488
Opostos, equilíbrio entre os, 181s., 189, 190
- par de, 401, 414
- Imperador e Papa, 426
- inconsciente coletivo e consciência coletiva, 423
- materialismo e misticismo, 713
- tensão entre os, 138

Oráculo, 491
Orgânico(s), orgânica(s)
- complexidades, 375
- processos, 613
Organismo, corpo vivo, 475, 488, 604s., 798
Organização das ideias e representações, 440
Organizações, 135
Orgulho, compensação no sonho, 567
Oriental, imagem o. do mundo, 743
Oriente
- e Ocidente, 682
Original, pecado, 426, 460, 463s., 751
Ornitorrinco, 192
Osíris, 333
Ouro, 394, 396
- anel de, 229
- idade de, 412
- taça de, 555
"outra" voz, 170, 186s.

Pacientes, enfermos, 141, 498, 575, 678
- educação dos, 472
Pai, pais
- arquétipo do, 336s.
- desligamento do p., 723
- (m.s.), 459s., 509, 539, 561
Pais (casal)
- desobediência dos primeiros, 339, 458, 471
- desligamento dos, 725
- primeiros p., 339, 458, 471
Paixão, 415
Palavra(s)
- palavra-estímulo, 198
- palavra indutora, 592
- significado das, 223, 539
Panoptes πανόπτης, 394
Papa, Papas, 336, 426
Papiro Mágico de Paris, 318
Parábola
- parábolas e comparações da Bíblia, 474

- como símbolo onírico, 471
Paradeigmata παραδείγματα, 275
Paradoxal, aspecto p. do arquétipo,
415, 427
Paradoxo(s)
- da alma, 397, 671, 680
- do espírito, 427
- físicos (materiais), 381, 438
- do koan, 431
Paraíso, 458, 460s., 476
Paralelismo
- psicofísico, 326, 572
Paralelos
- processos psíquicos p. nas
famílias, 503
Paranoides, distúrbios, 507
Parapsicologia, 600, 814
Parapsíquicos, fenômenos, 396,
405, 441, 600
Parasitas, 323
Parciais, psiques, 204
Pardal, 435
Parental, complexo, 146, 720
Parsifal (Wagner), 162
Participation mystique
(Lévy-Bruhl), 329, 507
Partie supérieure et inférieure
d'une fonction (Janet), 374-377
Pássaro(s), ave(s), 229, 336, 393,
484
- pássaro-alma, 586
Pastores, 632
Pattern of behaviour, 352, 383, 397s.
- e arquétipo, 397-420, 404, 528
Pavão, 390[76]
- cauda do, 394
- original, 426, 460, 463, 751
Peccatum originale, 426
Pedra, 314
- idade da, 570
Peixe(s), 718
- vendedora de (m.s.), 566
Pelicano, 599
Penates, 209
Pensamento(s), 242, 256, 362,
368, 422, 525s., 744, 794

- confusão do p. pela ação dos
complexos, 593
- inconsciente, 295, 382, 673
- obsessivos, 266
- onírico (Nietzsche), 474
- origem, 580, 658, 669
- primitivo, mitológico, 589
- e reconhecimento
(conhecimento), 288, 290
- reflexão, 241
- e sentimento, 259, 292, 388
- nos sonhos, 477
- subliminares, 493
- transmissão de p., 319
Pentádicas, figuras, 401[112]
Pentecostes, milagre de, 319, 596,
596[12]
Percepção, percepções, 256, 437,
445, 504, 507, 521, 572, 582,
619, 745
- a distância, 504
- formas de, 353
- funções da, 256s.
- inconscientes (subliminares), 269s.,
362s., 388
- processo de (cf. percepções
sensoriais), 288, 437
- sensoriais, 198, 288, 321, 657, 709
- dos sentidos, 680
- subliminares (cf. percepções
inconscientes), 254, 295, 321, 382,
493, 531, 600, 672, 709
Peripécia (fase do sonho), 563
Pérola, 229, 390
Perseguição por parte de
determinadas pessoas, 575, 584
Personalidade
- como felicidade suprema, 731
- integração da p., 410
- personalidade-mana, 336
- modificação da, 204, 253, 430,
547
- múltipla, 253
- parte inferior da, 409
- processo evolutivo da, 550
- renovação da p., 184

- e sociedade, 768
Personalística, interpretação p. do
inconsciente (Freud), 373
Personificação
- na arte e na religião, 254
- do inconsciente, 673
Personnalité, double p. (Janet), 383
Perturbação, perturbações, 194,
488
- da ação, 154
- da consciência, 385, 546
- do inconsciente, 702
- neuróticas, 702
- reações contra as p. psíquicas,
488
- sintomas de, 198
Perturbadores, estímulos p.
intrapsíquicos, 485
Pesadelo, 535
Pessimismo, 489
Pessoal, inconsciente, 270, 311,
321, 397, 555, 588
Pharmakon athanasias φάρμαχον
ἀθανασίας, 794
Philosophia sagax, 388
Pintura, 180
Planetas, 392, 394
- nomes dos, 735
Platônicos, os, 393[89]
Pneuma πνεῦμα, 319, 602, 664
Poder(es), 126, 405, 726
- complexo de, 209
- curativos, 524
- instinto de, 708
- linguagem esquizofrênica de, 360
-- de p. infantil (Adler), 497, 529
Poimen ou poimandres (visão), 632
Pomba, 319, 336
Pontifex maximus, 336
Ponto(s) de vista, 498
- apotropeico, 206
- das ciências naturais, 622
- epifenomenológico, 657
- fenomenológico na Psicologia, 343
- naturalista, 678
- psicológico, 621s.

Possessão, 204, 254, 576, 587,
627, 710
Povo(s)
- mudanças na vida de um p., 594
Prancheta, 171
Precognição, 402, 411
Preconceito(s), 137, 191, 626, 654
Premonição nos sonhos, 504
Primeiros pais, 339, 458, 471
Primitivo (indivíduo), primitivos
- e a alma, 426, 586, 591, 665s.
- crença do p. nos espíritos, 572
- instintos do, 272
- e o mito, 278, 327
- projeções, 517
- relação com o objeto, 507, 516,
521
- sexualidade, 237, 330, 465
- sonho do, 554
- temor do, 209
Primitivo(s), primitiva(s), 217
- homem, 204, 209, 340, 506
- linguagem, 309, 474, 627
- psique, 253, 507
Primordial, homem, 395
- imagem, imagens, 270[8], 278s.,
403, 589, 794
Princípio(s)
- de complementaridade, 545[4]
- formador, 401s.
- guia, norteador, 635s., 642
Prisão (cárcere), 705
Probabilidade(s), 441, 493
- cálculo de, 437
- campo de, 438
- expectativa de p. na telepatia, 504
- lógica da, 385
Problemas, solução de p. durante o
sonho, 299, 491
Process of quickened maturation
(Hall), 552
Profecia, 479, 493
Profeta, 359, 393
Profissão, 258
Prognose, prognóstico, 493, 531
Progresso, 523, 682

Projeção, projeções, 253, 507s., 514, 521
- dos complexos autônomos, 584, 711
- contraprojeção, 519
- cósmica, 392
- exemplos, 269, 507, 514
- do médico, 498
- mito como, 325
- do neurótico, 507, 517
- na religião, 338, 728
- retirada das, 515, 517
Pronuba yuccasella (borboleta ou mariposa da iúca), 268, 277
Prostitutas (m.s.), 566
Protestantismo, 338
Proteus anguinus, 323
Psicofísica (Fechner), 352
Psicogalvânico, fenômeno, 198
Psicógeno(s), psicógena
- acidentes, 546
- cegueira, 582
- neurose, 526
Psicoide, o (Driesch), 368
Psicoide, a (Bleuler), 368
Psicoide(s)
- inconsciente, 386[49], 417, 419
- processos, sistemas, 367s., 380, 386
Psicologia, 429, 525
- acadêmica, 365, 528
- sem alma, 649, 658, 660s.
- da ameba, 322
- analítica, 132, 279, 385, 701, 730, 738
-- e cosmovisão, 689-741
- antiga, 356, 677
- e ciências naturais, 346, 357, 417, 623
- científica, 429, 449, 660
- comparada, 476
- complexa, 215, 421
- do corpo, filopsique (Bleuler), 368
- empírica, 261, 343, 345, 351
- experimental, 345, 701
- fisiológica, 231, 232, 701

- Freud, teoria da, 212, 470, 509, 702
- história da, 343
- do inconsciente, 355, 436
- dos instintos (impulsos), 671
- médica, 346, 441, 526, 530, 640
- moderna, 214, 674, 688
- posição singular, 261, 421, 530
Psicológico, psicológica(s)
- determinantes, 232-262
- método, 421, 498, 600[12]
- pesquisa, 222
- teoria, 214
Psicopatologia, 195, 202, 254, 266, 281, 347, 365s., 387, 430s., 529, 673
- do dia a dia (Freud), 296
Psicopompo, 494
Psicose(s), 162, 203, 547, 597, 702
Psicossomáticos, fenômenos, 440
Psicótico, o, 135
Psique, 210, 252, 261, 283-342, 343-440, 380 (definição), 423, 437-442
- aspecto energético, 159, 441[134]
- etimologia, 663
- existência, realidade, 441, 671
- como fenômeno bioquímico, 650, 660
- como função glandular, 652, 657s.
- e inconsciente, 227, 491, 673, 813s.
- observadora, 417, 421, 437
- auto-observação, 165
- parcial, fragmentária, 204, 582
- como perturbadora do cosmos, 422, 593
Psiquiatria, 347, 359, 591
Psíquico(s), psíquica(s)
- constituição, 213
- processos, 197, 222, 441
Psíquico, o, 343-440, 498
- e o físico, 326, 661
- com objeto, 666
- realidade do, 365, 441, 680, 744
Psiquificação

- dos instintos, 234, 239, 241
- das modalidades, 248
- dos processos reflexivos, 241
Ptah, 735
Puberdade, 521, 555, 756
- ritos de p., 725
Pueblos, 669
Pulsões glandulares, 332
Purusha, 395

Quadrado, 401
Quadrupeda, 559
Qualidade(s)
- determinação psíquica, 441
- psíquicas, 417
Quantidade(s)
- determinação física, 340
- psíquica, 417
Quantitativo, quantitativa
- avaliação, 441
- determinação psicológica, 441
Quaternidades, 401, 559
Quatro, 559
Quefir (m.s.), 479
Queroneia, 394
Química, 746
Quincunce, 559
Quiromante, 479

Racionalismo, 705, 712
Racionalização da consciência, 739
Radioatividade, 356
Raiva, 627
Raízes, tronco com (m.s.), 484
Ratio, 739
Razão, 137, 258, 344, 359, 390,
436, 642s., 653, 659, 683, 747
- categorias de, 276, 626, 815
- pretensão de estar sempre com a,
513
Reação, reações, reação de defesa,
488
- afetivas emocionais, 456, 634, 642
- do complexo, 198, 226
- desproporcionadas, 264, 272
- contra o materialismo, 571

- às perturbações psíquicas, 198, 488
qualidade das, 196, 198
- contra a racionalização da
consciência, 739
- sistemas de, 339
- tempo de reação, 198, 592
- total, 188
- velocidade das, 196
Realidade, 421, 507, 623, 707,
742-748
- de Deus, 678
- da psique, 600, 680
Realismo, 624
Realização (fase do sonho), 562
Reativos, sonhos, 499
Recordação, recordações,
Reminiscência nos sonhos, 549
Redentor, figura, 229
Redução, 425s., 515
Redutor, sonho, 496
Reflexão, reflexões, 341
- instinto da, 241s.
- graças aos sonhos, 549
- subliminar, 362
Reflexivo, processo, 241
Reflexo, 198, 267, 368, 607
- e instinto, 267s., 271
- psiquificado, 214
Reforma, 649
Regressão
- da libido, 507
Reguladora, função r. dos
processos orgânicos internos, 613
Rei Nabucodonosor, 484, 559
Relação, relações
- anormal, através da transferência,
519
- fantástica, nos neuróticos, 507
- com nossos iguais (semelhantes),
517
- imaginárias, através de projeções,
507
- de importância vital como causa
de um conflito, 515
- entre mãe e filho, 723
- mágica, 725

A natureza da psique

- com o objeto, 507
Religião, religiões, 251, 340, 390
(Paracelso), 427, 683, 710
- Ciência das r., 421, 553
- conteúdo, objeto, 251, 406
- espírito da época como, 652
- finalidade, 340, 712, 786, 792, 804
- grandes, 278, 804
- opinião iluminista a respeito da r., 805
- origem, 338, 528
- primitiva, 516
- psicologia da, 405
Religioso(s), religiosa(s)
- compensação r. nos sonhos, 483
- condições, 594
- convicção, crença, 426, 686, 728
- educação, 766
- fenômenos, 254, 414
Renascimento (novo nascimento)
- ritos de, 766
- símbolos de, 809
Repetição, experimento, experiência de, 199, 592
Representação, representações, 608
- e arquétipo, 342, 420, 440
- inconscientes, 352, 363, 397[109]
- ligação das r. no sonho, 445
- obscuras (Wundt), 210, 351
Représentations collectives (Lévy-Bruhl), 254
Repressão (recalque), 212, 270, 321, 477, 492
- dos conteúdos do inconsciente coletivo, 425
- dos conteúdos incompatíveis, 366, 372, 510, 588
- da personalidade do eu, 254
- da sexualidade, 486, 707
- teoria da (Freud), 212[17], 701
Reprodução
- associativa de conteúdos perdidos, 372
- de elementos arcaicos, 497
- de experiências (vivências) carregadas de afeto, nos sonhos, 499

- das imagens primordiais, 589
- dos sonhos, 445, 532
Resignação, 506
Resistências, 519, 765, 797
Respiração, 664s.
Responsabilidade, 410, 783
- nos sonhos, 564
Retina, 437
Restrospectivos, sonhos, 496
Revelação, revelações, 426[125], 644s., 738, 805
Rigveda, 395
Rih, 664
Ritmo do devir e do declínio das coisas, 673
Ritos, 411, 586, 712, 725, 766
Ritual
- refeição, 738
Rodas, 394
Roho, 601
Rotação, 401
Roupa insuficiente (m.s.), 535
Rua (m.s.), 451s., 562
Ruah, 601
Ruah-Elohim, 388
Ruh, 601, 664
Rumpelstilz, 735
Runas, 149

Sabbatum sactrum, 314, 336
Sábio, o Velho, 538
Sacrifício, 726, 728
Sagrados, sagradas
- núpcias, cf. hierógamos sal, 336
Sala, de paredes nuas (m.s.), 479
Saliva, 370, 411
Santidade, 707
Santificação do fogo, 174
Santo, santos, 390, 484
- Espírito S., v. e t. Santo Graal, 553[11]
São Cristóvão, 430
Saudosismo, 725
Scintilla, scintillae, 388, 394[93], 430
Seitas, 645
Seletiva, atividade, 386
Semideus, 558

Semiótica(s)
- interpretação, 148, 366
- regras, 498
Semissonolência, 152
Sensação, sensações, 252
(definição), 352, 669s.
- como fato (elemento) psíquico
simplicíssimo, 349
- funções de, 367, 611
- inconscientes, 352[11], 354, 363
- e intuição, 259, 292
Sensibilidade, 249
Sensorial, sensoriais
- função, 326
- percepções, 197, 288, 321, 507,
709
Sensual, prazer, 238
Sensualismo, 197[2]
Sensus naturae (Agr. de
Nettesheim), 393
Sentença, 631
Sentido, significado
- ausência de, 739
- compreensão do, 148, 177
- do instinto (impulso), 398
- do mundo, 737
- plenitude de s. da experiência
(vivência) arquetípica, 405
- dos produtos inconscientes, 174
- dos sofrimentos, 407
- da vida, 683, 737, 796, 804
Sentimento, 188, 256, 29ls, 295,
374 [38], 382s., 384[41], 441, 600,
673, 705
- localização, 669
- subliminar, 362, 493
Sentimentos (emoções, afetos),
642, 683
Sepultura, objetos colocados junto
ao morto na, 735
Serpente(s), 305, 307-311, 535
(m.s.)
- aquáticas, 335
- cascavel, 609
- cura de mordida de, 307
- hino egípcio, 307

- de Ísis, 313
- que devora a própria cauda
(Uroboros), 416
- mordida de (m.s.), 307
- noturna, 326, 328
- com signos do Zodíaco no dorso,
394
- como símbolo sexual, 332
- visão de Inácio de Loyola, 395
Sete, 484
Sexo, 248
- problema de, 762
Sexual, sexuais
- fantasias, 149, 486
- instinto (impulso), 239, 762
- linguagem, dos sonhos, 506, 509
- simbolismo, 332s.
Sexualidade, 230, 238s., 332, 509,
709
- leis da s. entre os primitivos, 465
- repressão, 486, 707
- teoria da, 498, 701
Significativo(s), significativa(s)
Simbólica(s)
- imagens, 388
-- (Freud), 366, 461, 509
- interpretação, 148
- representações s. nos sonhos, 471
- significação, 474, 499, 505
Simbolismo
- da Alquimia, 388-394, 559[10]
- dos sonhos, 470, 491
- do tempo (sistema de símbolos),
394
Símbolo(s), 228, 366
- cristão, 644
- estereotipados, 173
- fálico, 336, 470, 509
- femininos, 470
- formação, 288s., 643s., 805
- pensamento nos, 794
- religiosos, 426, 468
- sexuais, 330, 332
- significados dos, 471
- e sinal, 148, 644
- suporte de, 507

A natureza da psique

- universalmente humanos, 476
Si-mesmo, o, 388, 396, 430, 599, 785
Sinal e símbolo, 148, 644
Sincronicidade, 394
- definição, 405[116]
- fenômenos de, 418, 440
Sincronístico(s)
- fenômenos, 405[116], 440
Síntese entre consciência e inconsciente, 403, 413
Sintética, visão s. do processo psíquico, 148
Sintoma(s)
- de atividade inconsciente, 295s.
- desligamento da libido em relação aos s., 390
- espírito, Ciências como s. da psique (alma), 344, 752
- gástricos, 711
- de muitas doenças mentais, 590
- neuróticos, 546, 639, 684, 702, 808
- psicógenos, 546
- sonho como s. da repressão, 703
Sintomáticos, atos, 154
Siso, idade do, 776
Sistema(s), 340, 637s., 677s., 717
Sístole e diástole (Goethe), 170
Sociedade, 410
Sofia, 336
Sofrimento, 707, 710
Sol, 388, 394, 411
- curso do, 326, 778, 795
- como Deus, 329s., 411
- e Lua, 330
- mulher do, 330
- nascer do, 329, 411
- como olho de Deus, 394
- pênis do, 317
Solução (fase do sonho), 564
Sombra(s), 409, 426, 665
Sonambulismo, 295, 809
Sonho(s), 304s., 388, 391 (Paracelso), 398, 400, 466-529, 489s., 530s., 530-569, 579s., 667

- análise dos, 482, 498, 501, 529, 548s.
- antecipatórios, 503s.
- causas, 294, 453, 462, 499s., 529, 538
- classificação dos, 474, 499
- composição, 269, 561s.
- conteúdos, 180, 436, 443, 486, 504, 532, 574
- efeitos, 444, 560
- eu do, 580
- exemplos, 149, 163s., 299, 305, 415s., 457s., 470s., 474, 478s., 484, 496, 511, 559, 561-564
- fases do, 561-564
- com fenômenos luminosos, 396
- como fonte de conhecimento, 672
- gênese (surgimento), 270, 443, 544, 580
- imagens oníricas, 148, 152, 508
- importância dos s. para a crença nos espíritos, 574, 579
- importância dos s. para a diagnose e a prognose, 531s.
- impressionantes, 209, 536, 554s., 574
- e inconsciente, 152, 302, 372, 505s., 532, 544, 580
- de incubação, 549
- intenção, 294, 568
- interpretação, 141, 149, 309s., 461, 462, 531, 533, 537, 539, 543, 553
-- método das associações livres, 453, 541
- no nível do sujeito e do objeto, 509-528
- linguagem dos, 474, 506, 509
- livro de, 537, 543
- de medo, 535
- de falecidos, mortos, 574
- motivos oníricos comuns, 228
-- típicos, 474, 476, 535
- personagens dos, 200, 506, 509s., 561, 574

- pesquisas sobre, 539, 673
- dos primitivos, 554, 574
- proféticos, 447, 493, 537
- prospectivos, 492s.
- psicologia do, 203, 387, 448s., 473, 531, 551
- reativos, 499
- redutivos, 496
- região (país) dos, 599
- religiosos, 686
- reprodutibilidade, 445, 499, 532
- retrospectivos, 496
- significado, sentido dos, 404, 446s., 450, 472, 506, 535s.
- simulação dos afetos nos, 486, 510
- solução de problemas durante os s., 299, 491
- telepático, 503
- teoria dos s. (Freud), 702
- típicos, 535
Sono, 153, 296, 466, 485-487
- e estado de vigília, 580s.
- perturbações, distúrbios, 485s., 516, 639
Sopro, respiração, 411
Spiritus, 574, 601
- sanctus, 661
Subconsciente, 352 (Fechner), 369, 383
Subcorticais, processos, 368
Sublimação, 704 subliminar(es)
- atividades psíquicas, 254, 321, 362, 366, 493, 588, 600
- compreensão intuitiva do Subliminar, 257
- conteúdos, 270
- subliminal consciousness (Myers), 356[21], 382[45]
Substância(s), 558
Substrato orgânico da psique, 227, 231, 368, 375, 380, 529, 657s.
Sugestão, 148, 150, 426, 496, 630, 643
Suicídio, 547, 678
Sujeito
- do conhecimento, 357, 426

- inconsciente, 352, 365, 369, 383s.
- nível do, 509, 510, 514, 516
- e objeto, 516, 522
Super-homem, 359 (Nietzsche), 430
Superstição, 426, 492, 571, 573, 625, 671, 683
- fobia da, 598
- da validade objetiva da cosmovisão, 737
Supraconsciência, 352, 369
Suprarrealidade, 743
Supuração, 488
Surdez
- e cegueira, 614
- histérica, 295
Symptosis (σύμπτωσις), 421
Synopados συνοπαδός, 665

Tabu(s)
- área-tabu da alma, 215
- motivo, tema de inúmeros, 415
Taça de ouro (m.s.), 555
Tanatológico, processo, 809
Tato, sentido do, 614
Tédio, 693
Teísmo, 712
Teleológico (dirigido para um fim), caráter
- do processo psíquico, 136, 400, 411, 456
- da vida, 790s., 798
Teleológico, ponto de vista, 456, 798
Telepatia, 440, 503, 600, 813
Temor, 207, 211, 750
- do primitivo, 209
- da vida, 777
Tempo, 394
- relativização do, 814
Tensões, 152s., 189
Teologia e Psicologia, 344, 421, 525
Teoria do inconsciente (Freud), 210
Teoria sobre a natureza da psique, 343-440

Teosofia, 737
Terapia, 140
Terra
- "aquática", 388
- fecundidade da, 333
- e o homem primordial, 395
- (m.s.), 396, 484
Terrena, 559
Terror, 609
Tesouro escondido, 390, 558
Tetramorfo, 559
Thesaurus (Paracelso), 390
Timeu (Platão), 570
Tipo(s) (Kretschmer), 222
- de atitudes, 224, 250, 258
- construção de tipos ideais, 221
- constitucional, 231
Tipológicos, métodos, 221, 226
Totalidade
- no ato criativo, 737
- consciente e inconsciente, 190, 213, 426, 430
- da psique, 143, 366, 385, 397, 582, 675
- realização da totalidade (tornar-se um todo), 430, 557
- tendência do ser vivo para a, 557
Touro, 333
Tradição, tradições, 149, 427
Transcendental, transcendentais, Transcendente
- função, 134, 145, 151s.
- teoria t. dos complexos, 131-193
Transe, 440
Transespacial, natureza/caráter, 813
Transespacialidade, 813
Transferência, 146, 514, 519
Transformação
- cultural, 683
- do homem, 766
- processos de, 745
-- da alma, 688
-- na Alquimia, 558
- substância de, 388
Transmarginal field (James), 382[45]

Tratamento analítico, 140, 156, 481, 529, 678, 684
Trauma
- como origem dos complexos, 204, 253, 594
- e sonhos reativos, 499
Três, 401
Triádico, triádicas
- formações, 401
Tribal, chefe, 735
Tribo
- relação com a, 725
Trigo, 333
Trindade, 336, 643
- visão de Nicolau de Flüe, 413
Tubular, campo de visão na cegueira periférica, 295

Ultravioleta, 414
Umbigo, 559
Unificação dos contrários, 401, 407, 624
Unilateralidade, 138, 255, 524
- das atitudes, 488, 546
- compensação da, 190
- da consciência, 178, 409, 425
- do desenvolvimento da evolução, 255, 258
- do homem ocidental, 743
- dos pontos de vista, 246, 498
Universo, 395
Uno, o, 389s.
Uroboros οὐροβόρος, 394, 416

Valor(es), 270
- ausência de valores sociais, 135
- dos complexos, 200
- v. exagerado, atribuído ao objeto, 520s.
- função do, 256
- predicados de, 198
Valorização
- supervalorização e subvalorização (subestima) dos produtos inconscientes, 176
Vela, 336

Velhice, 786, 795
Velocidade, 441
Veneno, 559[11]
Vento, 317s., 664
Ventre, como sede dos
sentimentos, 669
Verbal, significado, 539
Verdade, 345, 423, 425, 734s., 815
Verde, 484
Verme, 322
Vermelha, cor, 384, 414
Viagem (m.s.), 809
Viajar, impulso a, 240
Vida, 197, 375, 527
- ampliação da, 765, 790
- curso, desenrolar da, 778,
796-800
- experiência da, 352, 633
- finalidade, escopo, 789, 798s.
- fonte da, 666
- como função do átomo de
carbono, 284
- humana, etapas da, 479, 755,
759s., 764
- meio da, 555, 759, 772, 798
- metade da, 784-787, 801
- negação da, 645
- do primitivo, 789
- problemas da, 769s., 771
- e psique, 334, 368, 375, 606,
618s.
- sopro de, 662
Vidência, o que tudo vê, 394
Vigília, estado de, 299
Vingança, 456
Vinho, espírito de vinho, 569, 602
Violeta, cor, 441
Visão, visões, 318s., 396, 554,
573, 576, 632, 672
- campo de v. tubular, 295
- de Cristo por Paulo, 582
- de Ezequiel, 394
- da serpente por Inácio de Loyola,
395

- de Nabucodonosor, 484
- de Nicolau de Flüe, 413
Visual, personalidade, 638, 640
Vital
- força, 662
- instinto, 215
- necessidade, 686
- sentimento v. exaltado, 668
- sentimento
- extinção do, 739
Vitalismo, 529
Viver, a arte de, 789
Volatilia, 559
Vontade, 149, 159, 377s., 747
- atos de v. inconscientes, 363,
365, 380, 383
- e instinto (impulso), 245, 293,
371-380
- e consciência, 249, 642, 667, 677
- e constelação de complexos, 200,
254
- de Deus, 677
- e fenômenos psicossomáticos,
440
- influência sobre os sonhos, 532,
545, 580
-- e instinto, 272, 379
- liberdade e determinação, 247, 636
- e processo de individuação, 430
- como quantidade de energia, 166,
379, 397, 430
Voo (m.s.), 535
Voz(es)
- "outras", 170, 186
- audição de, 576, 584
- do doente mental, 253, 581

Zagreu, 162
Zaratustra (Nietzsche), 162, 254,
643
Zen-budismo, filosofia do, 431
Zodíaco, signos do, 394
Zorobabel, 394

Conecte-se conosco:

- **f** facebook.com/editoravozes
- ⓞ @editoravozes
- 𝕏 @editora_vozes
- ▶ youtube.com/editoravozes
- ⓦ +55 24 2233-9033

www.vozes.com.br

Conheça nossas lojas:

www.livrariavozes.com.br

Belo Horizonte – Brasília – Campinas – Cuiabá – Curitiba
Fortaleza – Juiz de Fora – Petrópolis – Recife – São Paulo

EDITORA VOZES LTDA.
Rua Frei Luís, 100 – Centro – Cep 25689-900 – Petrópolis, RJ
Tel.: (24) 2233-9000 – E-mail: vendas@vozes.com.br